Sprache und Sprechen, Band 36:

Rhetorik zwischen Tradition und Innovation

Sprache und Sprechen
Beiträge zur Sprechwissenschaft und Sprecherziehung

Herausgegeben von der
Deutschen Gesellschaft für Sprechwissenschaft
und Sprecherziehung e.V. (DGSS)

Redaktion:

Henner Barthel, Landau/Pfalz
Eva-Maria Krech, Halle
Freyr Roland Varwig, Bad Homburg

unterstützt von

Norbert Gutenberg, Saarbrücken
Christa M. Heilmann, Marburg
Carl Ludwig Naumann, Hannover
Margit Reinhard-Hesedenz, Saarbrücken
Brigitte Teuchert, Regensburg

Die Reihe wurde 1968 von Prof. Dr. W. L. Höffe und Prof. Dr. H. Geißner begründet. Die Bände 1–7 wurden in Verbindung mit der DGSS von W. L. Höffe und H. Geißner, die Bände 8–25 im Namen der DGSS von H. Geißner herausgegeben.

Annette Mönnich (Hrsg.)

Rhetorik zwischen Tradition und Innovation

Mit Beiträgen von

Siegwart Berthold – Doerte Bischoff – Matthias Dorn – Cornelia Ertmer
Gudrun Fey – Christine Findeis – Hellmut K. Geißner – Bettina Gruber
Norbert Gutenberg – Cornelia Köhler – Kerstin Köhler – Josef Kopperschmidt
Stephanie Kratz – Martin Kuhlmann – Veronika Langguth – Ralf Langhammer
Annette Lepschy – Karena R. Lindner – Thea M. Mertz – Annette Mönnich
Marita Pabst-Weinschenk – Wolfgang Preiß – Abraham Roelofsen
Cäcilie Skorupinski – Edith Slembek – Michael Thiele – Roland W. Wagner
Martina Wagner-Egelhaaf – Ellen Zitzmann

Ernst Reinhardt Verlag München Basel

Die Herausgeberin:

Dr. *Annette Mönnich*, Studium der Germanistik, kath. Theologie, Philosophie, Pädagogik und Sprechwissenschaft/Sprecherziehung an der Westfälischen Wilhelms-Universität Münster; Dozentin für Sprechwissenschaft/Sprecherziehung sowie für Deutschdidaktik an der Ruhr-Universität Bochum, Trainerin mit Schwerpunkt Rhetorik.

Die Deutsche Bibliothek – CIP-Einheitsaufnahme

Rhetorik zwischen Tradition und Innovation / Annette Mönnich (Hrsg.). Mit Beitr. von Siegwart Berthold ... – München ; Basel : E. Reinhardt, 1999
   (Sprache und Sprechen ; Bd. 36)
   ISBN 3-497-01499-0

© 1999 by Ernst Reinhardt, GmbH & Co KG, Verlag, München

Printed in Germany

Inhalt

III. Innovative Profile für Rhetorikseminare – zielgruppenspezifisch

Theologie

Wirtschaft und Verwaltung

Hochschule und Schule

I Historisch-systematische Beiträge zur Rhetorik

JOSEF KOPPERSCHMIDT

Zur Modernität der Rhetorik

Selbst wenn es sich mancherorts noch nicht herumgesprochen hat: über Rhetorik heute zu reden – zumal bei einem Interesse an diskursiven Anschlußchancen – lohnt sich eigentlich nur, wenn man über die Gründe redet, warum das notorische Klagen (bes. in Deutschland) über das theoretische Desinteresse an Rhetorik seit einiger Zeit mehr als obsolet ist.

Im folgenden möchte ich über einige Gründe dieses disziplinär wie philosophisch breit gestreuten Interesses an Rhetorik reden und mit diesen Gründen eine These abstützen, die sich wie folgt formulieren läßt: Das heutige theoretische (nur von ihm ist im folgenden die Rede) Interesse an Rhetorik beruht auf der *Aktualität der rhetorikimmanenten Voraussetzungen* der Rhetorik.

Unter diesen Voraussetzungen verstehe ich nicht die jeweiligen historischen und/oder kulturellen Besonderheiten, unter denen Rhetoriktheorien konzipiert wurden und werden (da mögen andere ruhig weiter nach „Eierschalen" suchen); vielmehr geht es mir um die allgemeinsten Voraussetzungen, die eingelöst sein müssen, damit überhaupt *rhetorische Praxis* möglich wird und damit sich dann eine entsprechende *rhetorische Theorie* für diese Praxis interessieren und nach den Chancen ihrer zielorientierten Methodisierung fragen kann.

Ich nenne diese allgemeinsten Voraussetzungen möglicher Rhetorik die *anthropologischen Voraussetzungen* der Rhetorik und reformuliere meine e. z. These wie folgt: Das aktuelle theoretische Interesse an Rhetorik beruht auf der Aktualität der rhetorikimmanenten Anthropologie bzw. allgemeiner gesagt: auf der Aktualität dessen, was die Rhetorik vom Menschen zu wissen behauptet.

Ich möchte an drei Beispielen drei elementare Voraussetzungen der Rhetorik skizzieren und mit ihnen drei Dimensionen des anthropologischen Wissens der Rhetorik etwas erläutern.

1. Zu den epistemischen Voraussetzungen der Rhetorik

Nach über 800 Seiten reflexionsintensiver Suche nach rezeptionsgeschichtlichen Spuren des berühmten Platonischen Höhlengleichnisses wagt sich Hans Blumenberg im letzten Kapitel seiner „Höhlenausgänge" selbst an ein „finales Höhlengleichnis"; genauer: an die Skizze von Mindestansprüchen, die an ein solches „finales Höhlengleichnis" zu stellen wären, wenn es denn „den philosophischen Problembestand der Gegenwart in ähnlicher Weise aufzufangen und darzustellen (in der Lage sein sollte), wie das für Platons berühmtes Gleichnis gilt (1989, S. 810). Blumenbergs ingeniöse Idee für diese Fiktion besteht darin, das heute mögliche Wissen über die Geschichte von Ideenlehre, Metaphysik und Ontologie sowie über die Gründe ihres (wahrscheinlich endgültigen) Scheiterns zu nutzen, um das Verhalten der Höhlenbewohner neu zu beurteilen. Denn a posteriori macht es ja nicht nur Sinn, sondern muß geradezu als vernünftig gelten, was die Höhlenbewohner in der Platonischen Parabel tun, nämlich: Sie wehren sich gegen „die Zumutungen höherer Wahrheiten", von denen Eingeweihte bloß in unverständlicher Rede zu stammeln wissen; und sie verteidigen einen „Beharrungswillen, den nicht „bloße Trägheit" erklärbar macht, sondern dessen „Dringlichkeit" sich aus einer ganz anderen Quelle speist: Blumenberg nennt es das „anthropologische" Wissen um die „Bedingungen von Selbsterhaltung". Den Widerwillen der Höhlenbewohner, die Höhle zu verlassen, versteht mithin nach Blumenberg, wer „das Risiko" versteht, „das in jedem Verlassen der erreichten und vertraut gewordenen, eben darin gefährdungsarmen Daseinsform als einer *Lebenswelt* liegt" (ebd. S. 811).

„Lebenswelt" wird verstanden als ein dichtes Netz von „Selbstverständlichkeiten", „Verläßlichkeiten", „Üblichkeiten". In Blumenbergs „finalem Höhlengleichnis" wird die Höhle erkennbar zum Sinnbild für das, was sie heute nur noch sein kann nach den leidvollen Erfahrungen mit den verschiedensten geschichtlichen Versuchen, Menschen (notfalls mit Gewalt) aus der bergenden Höhle ihrer Lebenswelt herauszuholen, angefangen von Platons autoritärem Idealstaat über die jakobinische Ratifikation von Rousseaus „volonté générale" bis zu den totalitären Heilsversprechungen des 20. Jahrhunderts mit ihren gelegentlich geno- und demozidalen Folgen: Die Höhle wird in einer radikalen Umwertung ihrer metaphorischen Funktion bei Platon und einer in seinem Schatten betriebenen Standardexegese zum positiven Bild einer „gefährdungsarmen Daseinsform", ja eines Schutzraums für die „ins Unterirdische Geflüchteten", die in der Höhle ihrer „Selbsterhaltung" sicher sein können, weil es die Höhle ist, die den Bedingungen ihrer Selbsterhaltung genau entspricht.

Die Sophisten und die Rhetoren waren Experten dieser Selbsterhaltung unter Bedingungen der Höhle. Entsprechend ist ihre Wissenschaft, die Rhetorik, angemessen auch nur bestimmbar, wenn sie nicht zur bloßen „Stilistik oder Ausdruckskunst" verharmlost oder gar als „Lehrfach" mißdeut wird, dessen Regelsystem sich in die 1242 Paragraphen des Lausbergschen „Handbuchs" pressen läßt. Dagegen setzt Blumenberg: Rhetorik war „eine Theorie des Menschen außerhalb der Idealität" (1981, S. 107). Nur als solche Theorie konnte die Rhetorik zur jahrhundertelangen Provokation für die Philosophie werden und nur als solche Theorie ist sie philosophisch bis heute von Belang, insofern „die von Platon gesetzte Feindschaft zwischen Philosophie und Rhetorik *in* der Philosophie selbst ... *gegen* die Philosophie entschieden ist" (1981, S. 105).

Das bedeutendste historische Beispiel einer solchermaßen philosophisch und nicht bloß technologisch ambitionierten Rhetoriktheorie dürfte immer noch Aristoteles' „Rhetorik" sein, die es mit Dingen „außerhalb der Idealität" zu tun hat, also mit Kontingenz, was nach Aristoteles meint, mit Dingen, die auch anders sein könnten, und, *weil* sie auch anders sein könnten, der deliberativen Klärung bedürfen, wie sie denn sein sollten (Kopperschmidt 1995, S. 74ff).

Ich fasse zusammen: Rhetorik hat – anders als die Philosophie Platonischen Typs – Verständnis für das Verhalten der Höhlenbewohner, weil es für ein Leben unter Bedingungen „fehlender Gewißheitsevidenz" (Blumenberg 1981, S. 105ff) ein vernünftiges Verhalten ist. Nur unter dieser Voraussetzung macht es auch Sinn, Strategien zu entwickeln, *wie* unter Bedingungen fehlender Gewißheitsevidenz bzw. – rhetorisch reformuliert – wie unter doxastischen Rahmenbedingungen soziale Kooperation auf der gewaltfreien Basis deliberativer Meinungsklärung und politischer Willensbildung möglich ist.

2. Zu den situativen und sozialen Voraussetzungen der Rhetorik

Das Gericht galt nicht nur genealogisch als Geburtsstätte der Rhetorik; das Gericht war auch modelltheoretisch von zentraler Bedeutung für die Rekonstruktion der situativen und sozialen Bedingungen, unter denen Rhetorik überhaupt erst nötig wird. Eine dieser Rekonstruktionen stammt von Platon und soll hier kurz nachgezeichnet werden (vgl. Niehues-Pröbsting 1987).

Im „Theaitet" (172ff.) analysiert Platon die forensische Situation im Sinne einer Modell- bzw. Laborsituation, an der sich in kontrastiver Präzisierung der Unterschied zwischen Rhetorik und Philosophie, zwischen rhetorischem und philosophischem Diskurs und – dies das eigentliche Interesse Platons – der Unterschied zwischen rhetorischer und philosophischer Existenzweise präzisieren läßt. Daß diese kontrastive Differenzierung bei Platon nur eine qualitative Diffenzierung zwischen einer defizitären und einer gelungenen Lebensform meinen kann, versteht sich fast von selbst; doch diese Bewertung muß den materialen Ertrag dieser Analyse nicht schmälern. Es sind besonders fünf Aspekte, die Platon an der forensischen Situation als typisch rhetorisch diagnostiziert:

– Die vor Gericht Agierenden müssen unter notorischem *Zeitmangel* handeln, d. h., es fehlt ihnen das, was konstitutiv ist für philosophische Disputation: Muße („schole"). „A-scholia" ist entsprechend das typische Kennzeichnen von Menschen, die ständig unter Bedingungen limitierter Zeit agieren müssen, ob sie nun die Wasseruhr wie bei Gericht treibt oder die Ungeduld von Zuhörern, die sie bei Laune halten müssen, oder – heute – das unerbittliche Diktat einminütiger sound-bites im Fernsehen.

– Der Zeitmangel der vor Gericht Agierenden ist freilich seinerseits bloß Symptom für einen massiven *Handlungsdruck*, dem diejenigen unterliegen, die einen Rechtsstreit ausfechten müssen, um weiter handeln zu können. Der sich im forensischen Zeitdruck artikulierende Handlungsdruck ist modelltheoretisch betrachtet exemplarischer Ausdruck eines Handelns unter Bedingungen, die Handlungsunterbrechungen, reflexionsermöglichende Handlungsmoratorien prinzipiell nicht zulassen. Nur die Kontinuität des Handelns nämlich garantiert die Existenz der Gesellschaft und kann ein kooperationsabhängiges Überleben in ihr ermöglichen.

– Zeit- und Handlungsdruck machen es weiter den vor Gericht Agierenden schlechterdings unmöglich, sich auf die zu verhandelnde Sache selbst so einzulassen, wie sie jeweils den Anspruch der Sache für sich allein interpretieren würden. Statt dessen müssen sie sich wechselseitig daraufhin kontrollieren, ob das, was sie jeweils sagen, von der anderen Seite oder dem Handlungsmächtigen als zur Sache gehörig angesehen wird, wie sie ständig einkalkulieren müssen, daß alles, was sie zur Sache sagen, von den Prozeßgegnern unmittelbar *parteilich* bewertet wird, nämlich zu wessen Nutzen oder Schaden es geeignet sein könnte. Entsprechend dürfen und werden beide Parteien auch auf keinen persuasionsstrategischen Vorteil verzichten.

– Eine unmittelbare Folge dieses strikt parteilichen Interagierens ist die prinzipielle Orientierung aller Redenden am jeweils eigenen *Interesse*. Plausibel, weil es nicht um die Klärung einer – und sei es auch noch so spannenden – theoretischen Frage geht, sondern um die eigene Existenz bzw. – so Platon – „um das eigene Leben". Die Handlungsrelevanz des forensischen Redens nötigt m. a. W. alle Beteiligte – anders als handlungsentlastete Refelxionsenklaven – zur permanenten Berücksichtigung möglicher Handlungsfolgen des Gesagten, d. h. zum *strategischen* Kommunikationsverhalten im Interesse einer möglichst effektiven sozialen Selbstbehauptung.

– Ein solches strategisches Kommunikationsverhalten beschreibt Platon mit Blick auf die forensische Situation verächtlich als Zwang, dem Herrn des Verfahrens „mit Worten zu schmeicheln". In der Tat! Wer, um sich und seine Interessen sozial zu behaupten, andere – wie vor Gericht – nur durch Reden für sich gewinnen kann, weil ihm andere Mittel nicht zur Verfügung stehen, der kann und darf nicht die *Meinungen* derer ignorieren, die Macht und Einfluß haben.

Das Gericht ist für Platon mithin der Ort, an dem sich modellhaft die Bedingungen ablesen lassen, denen sich „knechtisch" unterwerfen *muß*, wer sich durch Reden behaupten *will*, um sozial überleben zu *können*; es sind zusammengefaßt Bedingungen

– notorischen Zeitmangels
– permanenten Handlungsdrucks
– restriktiver Parteilichkeit
– strategischen Kommunikationsverhaltens und
– heteronomer Meinungsorientierung.

3. Zu den psychologischen Voraussetzungen der Rhetorik

Die im kalifornischen Exil verfaßte und 1947 publizierte legendäre „Dialektik der Aufklärung" enthält u. a. einen „Exkurs I", in dem Horkheimer und Adorno an der Gestalt des Homerischen Odysseus exemplarisch Aufklärung über die Aufklärung versuchen, indem sie den Preis zu taxieren versuchen, den „Menschen für die Vermehrung ihrer Macht bezahlen", indem sie alles zum „Substrat von Herrschaft" machen. In dem am Mast gefesselten und sich so dem Sirenengesang gefahrlos hingebenden Odysseus erkennen die Autoren das Modell einer „Selbstverleugnung" als dialektischer Bedingung möglicher „Selbstbehauptung"; dieses Modell liegt auch dem Polyphem-Abenteuer zugrunde.

Die Situation erfüllt erkennbar eine der wichtigsten Bedingungen, die für einen strikt kommunikativen Versuch ihrer Bewältigung typisch ist; es handelt sich um eine Situation totaler Ohn-macht: Odysseus ist mit seinen Gefährten in der Höhle des einäugigen Riesen eingeschlossen und auf Gedeih und Verderb dessen Launen ausgeliefert. Was Odysseus noch bleibt, ist das, was Menschen in solch einer Situation allein bleibt und worauf Odysseus sich von allen Homerischen Helden am besten versteht, das *Reden*. Rhetorik als „Notwehr" kann man das mit N. Bolz (1996, S.74) nennen: nur unter Notwehr-Bedingungen braucht man überhaupt Rhetorik, oder anders gesagt: Nur wer so ohn-mächtig wie Odysseus ist, muß versuchen, *durch Reden sein Leben zu retten*. Daß unter Voraussetzungen faktischer oder strukturell erzwungener Ohn-macht Rhetorik zu einer eigensinnigen Macht werden kann, die diese Ohn-macht nicht bloß kompensiert, sondern evolutionär transformiert, versteht sich von selbst und ist der andauernde Grund für das pragmatische Interesse an Rhetorik im Sinne von Sozialtechnik.

Freilich muß neben dieser oben bereits als „sozial" spezifizierten Voraussetzung auch eine andere Voraussetzung noch eingelöst sein, soll Rhetorik funktional Sinn machen; und diese andere Voraussetzung bezieht sich nicht so sehr auf Odysseus als auf Polyphem: Er muß prinzipiell durch Reden beeinflußbar sein. Die Shylocks mit ihrem strikt antirhetorischen Schwur, daß „keines Menschen Zunge Gewalt über (sie) haben soll", sie machen das Reden nicht nur unwirksam, sondern schlechterdings überflüssig: Vor Leuten, die sich die Ohren zuhalten (mag es im Fall Shylocks auch gute Gründe dafür geben), haben die Antonios nicht nur bei Shakespeare keine Chance, vermöchten sie auch noch so kunstgerecht zu reden („Der Kaufmann von Venedig" IV 1).

Polyphem, obwohl er fern jeder menschlichen Kultur lebt, ist für kunstgerechtes Reden durchaus zugänglich, wobei „kunstgerecht" in diesem Zusammenhang eine Rede meint, die eine der Elementarvoraussetzungen erfolgreicher Persuasion berücksichtigt, nämlich an das Wert-, Bedürfnis- und Plausibilitätssystem des jeweiligen Kommunikationspartners anzuschließen. Odysseus kennt seinen Polyphem und dessen Bedürfnisse, und so sagt er, als Polyphem sich anschickt, alle Gefährten des Odysseus zu verspeisen: „Nimm und trink, Kyklop! Auf Menschenfleisch ist Wein gut! / Daß du siehst, welch göttlichen Trunk wir hatten im Schiff" (Od. IX 347f).

„Odysseus" – so die suggestive Kommentierung dieser Stelle bei Horkheimer/Adorno – „schmiegt (!) dem Vertrauen Polyphems sich ein und dem von ihm vertretenen Beuterecht aufs Menschenfleisch"(S. 90), indem er ihm – stricto sensu – *nach dem Munde redet*. Er tut es nach einem „Schema der List", das typisch ist für Odysseus: „Naturbeherrschung durch Angleichung" (ebd. S. 81). Mit Hilfe dieser List ist Polyphem zwar erfolgreich zu übertölpeln, doch für den Übertölpelnden ist diese List nicht ganz ungefährlich. An Odysseus' „List des Namens" lesen Horkheimer/Adorno die immanenten Risiken dieser List exemplarisch ab.

Zur Erinnerung: auf die Frage Popyphems nach seinem Namen hatte Odysseus geantwortet, er heiße „outis" (Niemand). Als „Niemand" rettet sich Odysseus vor dem wütenden Kyklopen, nachdem er den im Rausch Schlafenden geblendet hatte, und als „Niemand" gibt er den Kyklopen auch noch dem Gespött der anderen Riesen preis, als der Kyklop sie um Hilfe gegen den „Niemand" ruft. „Selbstbehauptung" durch „Selbstverleugnung" nennen die beiden Interpreten die Pointe dieser Szene treffend (S. 91), in der sie ihre These exemplarisch beglaubigt finden, daß Selbstbehauptung, auch und gerade Selbstbehauptung durch Reden im Sinne des Nach-dem-Munde-Redens nicht umsonst zu haben ist. „Selbstverleugnung" deshalb, weil an dieser Namenslist prägnant die Dialektik einer Selbstbehauptung ablesbar wird, die das eigene Selbst retten will, indem sie es strategisch unkenntlich macht.

Eine Ahnung dieser riskanten Dialektik dürfte Odysseus selbst gehabt haben; zumindest wäre dies eine plausible Deutung der zunächst überraschenden Revokation seiner Namenslist, als er sich sicher fühlt:

„Hör', Kyklop! Sollte dich einst von den sterblichen Menschen/ Einer fragen, wer dir dein Auge so schändlich geblendet/ sag' ihm: ‚Odysseus, der Sohn Laertes', der Städte-verwüster,/ Der in Ithaka wohnt, der hat mein Auge geblendet'" (502ff).

In Anlehnung an Horkheimer/Adorno ließe diese Revokation sich motivational aus der Angst erklären, als der überleben zu müssen, als welcher er sich retten konnte, eben als „Niemand".

Hier wird, ohne das weiter ausführen zu können, einer der neuralgischen Punkte jeder reflektierten Rhetoriktheorie berührt, der freilich gemeinhin unter dem bereits o. g. irreführenden Titel „Schmeichelei" behandelt wurde und wird. Obwohl es keinen persuasiven Erfolg ohne kommunikativ erfolgreiche Anschlüsse an die jeweiligen Plausibilitäts- und Überzeugungssysteme der anderen gibt, muß dennoch, um überhaupt „Überreden" von „Überzeugen" unterscheiden zu können, zwischen rein strategischen und verständigungsorientierten Anschlüssen differenziert werden. An dem Polyphemabenteuer ist diese theoretisch notwendige Differenzierung freilich nicht mehr illustrierbar, wohl aber, was ihre Illustrationschance verhindert: Wer bei Strafe seines Lebensverlusts sich redend behaupten muß, hat keine ernsthafte Wahl mehr zwischen Verständigungsinteresse und Manipulation. Ohne eine einigermaßen symmetrische Beziehung zwischen den jeweiligen Kommunikationspartnern wird Reden statt zur evolutionären Alternative zur Gewalt, nur zu einer ihrer sublimierten Substitute. Damit wird zugleich klar, daß zur Voraussetzung von Rhetorik nicht nur eine Ohn-macht, die zum Reden als Mittel sozialer Selbstbehauptung nötigt, gehört, sondern auch eine Ohn-macht, die auf Reden nicht anders reagieren kann als mit Reden. Wer auch anders kann als sich dem Reden der anderen aussetzen zu müssen, der hat bereits die kommunikative Symmetrie unterlaufen, weil seine Ohn-macht nur eine seiner strategischen Optionen darstellt.

Für Aristoteles war diese reziproke Ohn-macht strukturell eingelöst in der Polis als einer (fraglos quantitativ recht kleinen elitären) Gemeinschaft von „Freien und Gleichen", die gemeinsame Werte und eine gemeinsame Vorstellung vom „guten Leben" miteinander verbinden, was hinreichende Verständigungsmöglichkeiten versprach für eine deliberative Befriedigung des politischen Kooperationsbedarfs. Als Modell, aber auch nur als Modell, bleibt diese Polis ein zeitlos attraktiver Versuch, der die reziproke Ohn-macht als Chance nutzt, kommunikative Formen möglicher Selbstbehauptung zu institutionalisieren. Was wir „Demokratisierung" nennen, ist ein nicht minder attraktiver Versuch, das politische Modell der Verständigung zwischen freien und gleichen Bürgern für möglichst viele Bereiche der Gesellschaft zu adaptieren.

Um noch einmal auf Odysseus zurückzukommen: Man muß diesen rhetorischen Anschlußvirtuosen ja nicht mögen, und im Vergleich zu Sokrates, der für das philosophische Gegenbild zur o. z. rhetorischen Existenzweise Platon natürlich Modell gestanden hat, dürfte ein Odysseus fraglos wenig Chancen haben. Der will nämlich – anders als Sokrates – leben, und zwar unter allen Bedingungen! Insofern mag man es mit Platon „knechtischen (Zwang)" schelten, sich den Bedingungen persuasiven Redens zu unterwerfen. Freilich sollte man ehrlicherweise hinzufügen: So kann nur jemand reden, der entweder stark genug ist, um sich ohne Reden sozial behaupten zu können und deshalb den vorgesellschaftlichen Naturzustand nicht fürchten muß, oder wer wie Sokrates Wichtigeres kennt als soziale Selbstbehauptung und damit den nachgesellschaftlichen Zustand einer leibfreien Existenz, die des Reden-Müssens nicht mehr bedarf, für sich bereits antizipiert hat, weshalb er vor Gericht auf Rhetorik verzichten kann. Für beide aber ist Rhetorik nicht erfunden. Rhetorik hat es mit dem Leben vor dem Tod zu tun und d. h.: mit einem Leben unter Bedingungen des Reden-Müssens, um sozial überleben zu können.

Das Porträt des Menschen, dessen Leben und Überleben unter dieser Überlebensbedingung steht, ist der homo rhetoricus. Ihn gibt es gottlob so wenig wie andere wissenschaftliche homunculi. Doch was dieser homo rhetoricus als rhetoriktheoretisches Konstrukt enthält, ist dies: Er kondensiert das, was die Rhetorik vom Menschen weiß. Dieses Wissen ist nicht besser als das anderer Disziplinen, nur eben anders, weil es in anderen Situationen und in anderen lebensweltlichen Kontexten methodisch gewonnen ist. Daß wir in den Strukturmerkmalen und Voraussetzungen rhetorischer Modellsituationen viele Analogien zu Strukturmerkmalen und Voraussetzungen entdecken, unter denen wir heute leben, erklärt das anhaltende theoretische Interesse an Rhetorik – quod erat demonstrandum.

Literatur

Blumenberg, H. (1981): Anthropologische Annäherung an die Aktualität der Rhetorik (1971), in: Blumenberg, H.: Wirklichkeiten, in denen wir leben, Stuttgart, S. 105ff
– (1989): Höhlenausgänge, Frankfurt/M.
Bolz, N. (1996): Das Verschwinden der Rhetorik, in: Plett, H. H. (Hg.): Die Aktualität der Rhetorik, München, S. 67ff.
Habermas, J. (1981): Theorie des kommunikativen Handelns, 2 Bde., Frankfurt/M.
– (1985): Der philosophische Diskurs der Moderne, Frankfurt/M.
– (1996): Die Einbeziehung des Anderen, Frankfurt/M.
Horkheimer, M./Adorno, Th. W. (1987): Dialektik der Aufklärung, in: Horkheimer, M.: Gesammelte Schriften, Bd. 5, Frankfurt/M., S. 25ff.
Kopperschmidt, J. (1997): Rhetorik – ein inter(multi-, trans-)disziplinäres Forschungsprojekt, in: Rhetorica XV/1, S. 81ff.
– (Hg.) (1991): Rhetorik. Bd. 1: Texttheorie, Darmstadt 1990; Bd. 2: Wirkungsgeschichte der Rhetorik, Darmstadt
– (Hg.) (1995): Politik und Rhetorik. Funktionsmodelle politischer Rede, Opladen
– (Hg.) (1999): Rhetorische Anthropologie
– /Schanze, H. (Hg.) (1989): Rhetorik und Philosophie, München
– /Schanze, H. (Hg.) (1994): Nietzsche oder „Die Sprache ist Rhetorik", München
– /Schanze, H. (Hg.) (erscheint München 1999): Fest und Festrhetorik. Zu Theorie, Geschichte und Praxis der Epideiktik
Lausberg, H. (1960): Handbuch der literarischen Rhetorik, München
Luhmann, N. (1997): Die Gesellschaft der Gesellschaft, 2 Bde., Frankfurt/M.
Niehues-Pröbsting, H. (1987): Überredung zur Einsicht, Frankfurt/M.
Österreich, P. L. (1990): Fundamentalrhetorik, Hamburg
Ptassek, P. (1993): Rhetorische Rationalität, München
Steinfath, H. (Hg.) (1998): Was ist ein gutes Leben? Frankfurt/M.

HELLMUT K. GEISSNER

Lasswells Fünferformeln

Zwischen alter Rhetorik und ‚new rhetorics'

1. Von der Rhetorik der Sophisten zur Publizistik

In den Anfängen der europäischen Rhetorik galt in der sophistischen Gesprächsrhetorik „Redner, Gegenredner und Hörer, Thema und Rede als System." (Baumhauer 1986, 205) Umgemünzt in Interrogativa fragten sie also: WER, *MIT WEM* und *ZU WEM, WORÜBER, WAS* und *WIE*. Die Sophisten lehrten die Stimmung der Zuhörer zu berücksichtigen (pathe), die richtige Situation, den rechten Augenblick, zu erkennen (eukairos), glaubwürdige Überzeugungsmittel (pithana) zu finden, vor allem Wahrscheinlichkeitsargumente (eikota), alles in eine klare Ordnung zu bringen (taxis) und angemessen (prepon), das heißt situationsbezogen, sachangemessen und hörverständlich darzulegen. Auf diese Weise suchten sie gemeinsam im öffentlichen Streitgespräch nach der Wahrheit.

Bei Platon findet sich eine Kurzformel: Alles Sprechen ist etwas von jemand für jemand (logos tinos tini ti), also: *WER* sagt *WEM WAS*. An anderer Stelle (Kratylos 384b) fügt er eine Situationsbestimmung hinzu „*WIE* es sich verhält". Bühler bezieht sich für sein ‚Organonmodell' (Bühler 1934, 11) ausdrücklich auf die Meinung Platons.

In der „Rhetorik" (techne rhetorike) des Aristoteles heißt es bald darauf:

> „Es besteht eine Rede aus dreierlei: jemand der redet, etwas, worüber er redet und jemand, zu dem er redet, und das Ziel (telos) liegt bei diesem, ich sage ausdrücklich beim Hörer." (Rhetorik 1358b)

Der Begriff ‚telos' bedeutet nicht nur Ziel, sondern auch Erfüllung, Vollendung, Hauptzweck, so daß es ohne Überdehnung des Begriffs auch als ‚Wirkung' verstanden werden kann, als Kommunikationseffekt. An anderer Stelle spricht Aristoteles davon, daß es nicht genüge zu wissen, *WAS* man sagen wolle, man müsse auch wissen „*WIE* man dies sagen soll." (1403b) Der Aristotelische Ansatz kann in Fragepronomina umformuliert werden: *WER* spricht *WORÜBER* zu *WEM WIE* mit welcher *WIRKUNG*.

Quintilian verlangt in seiner „Institutio oratoria" (1.Jh. n. Chr.), einer Adaption der Lehren griechischer Rhetorik ins Lateinische, bei der Schilderung des Geschehens (narratio) seien zu berücksichtigen: Person (persona), Sache (causa), Ort (locus), Zeit (tempus), Werkzeug (instrumentum) und Gelegenheit (occasio). Bei der Planung solle sich der Redeschüler also fragen: *WER, WAS,*

WO, WANN, AUF WELCHE WEISE (mit welchen Mitteln), *FÜR WELCHE SITUATION* (Gelegenheit). (Quintilian IV, 2.55)

Im 4. Jahrhundert verwendet Victorinus in seinem Cicero-Kommentar explizit Fragewörter: quis – persona (Person), quid – factum (Sache), cur – causa (Anlaß), ubi – locus (Ort), quando – tempus (Zeitpunkt), quemadmodum – modus (auf welche Weise), quibus adminiculis – facultas (mit welchen Stützen).

Um 1170 bringt schließlich Matthäus von Vendôme die Fragepronomina in die einprägsame Form eines Hexameters: „quis , quid, ubi, quibus auxiliis, cur, quomodo, quando." (*WER, WAS, WO, MIT WELCHEN MITTELN, WARUM, AUF WELCHE WEISE, WANN*).

Dieser ‚Inventionshexameter' wurde durch die Jahrhunderte in der Schulrhetorik überliefert, genau so wie die Lehre von den ‚officia oratoris': inventio, dispositio, elocutio, memoria, actio. Sie spielten eine entscheidende Rolle in den Progymnasmata, Übungen, aus denen sich der Aufsatzunterricht entwickelt hat (Asmuth 1977; Haueis 1992). Eine andere Traditionslinie findet sich in der ‚ars dictaminis', der Briefsteller-Literatur. Sie enthält Mustersammlungen, Formularbücher und Anleitungen, wie ‚kanzleigerechte' Schreiben zu verfassen sind. Als weitere Erscheinungsformen schriftlicher Rhetorik können die meist kirchlichen Sendschreiben betrachtet werden und weltliche Flugschriften.Im Grunde hat sich aus diesem Teilgebiet der Rhetorik, vor allem nach der Erfindung des Buchdrucks, die „Publizistik" entwickelt. Es ist erstaunlich, wie mit den Materialien sich die Kommunikationswege und -möglichkeiten verändert haben (Innis 1950; 1951 und Gumbrecht/Pfeiffer 1988).

Publizistik hat sich zunächst ausschließlich mit den Printmedien beschäftigt, heute aber ist sie weniger Zeitungswissenschaft als Wissenschaft von den elektronischen ‚Massen'-Medien und von deren Wirkungen in der Öffentlichkeit. Wie sich die der Tagesaktualität und Alltagskontroverse dienenden Flugblätter als Vorläufer von periodischer Presse und Propaganda verstehen lassen, so Kalenderliteratur und Schauerballadik, Märchen und Moritat als Vorläufer von Film und Fernsehen. Das gilt besonders für den Bänkelsänger, der auf Jahrmärkten, oft zur Drehorgel, aufsehenerregende Ereignisse, schauerliche Geschichten und rührselige Begebenheiten vortrug, sie auf realistischen Bildtafeln verdeutlichte, um sein Publikum dann mit einer ‚fabelhaften' Moral zu belehren.

Nicht nur die alten Persuasionsziele haben also publizistisch überlebt:‚docere, movere, delectare', sondern auch antike Aufbauformen. So findet sich noch bei Warren (1934) eine fünfgliedrige Frageformel: „Who, What, When, Where, Why". Die alten rhetorischen „Ws" wurden umetikettiert zu „journalistischen Ws". Bei Waples (1942) heißt es präziser: „Who communicates what by what medium under what conditions with what effect."

2. Der auf Formeln verkürzte Lasswell

Gemessen an dieser, die Kommunikationssituation einbeziehenden, Fragestellung ist jene Frageformel als dürftig zu bezeichnen, die zumindest in der Europäischen Wirkungsforschung behavioristischen und materialistischen Zuschnitts einiges Aufsehen erregt hat, die sog. Lasswellformel:

„Who
says what
in which channel
to whom
with what effect?" (Lasswell 1948, 37)

Es ist nur als wirkungsgeschichtliche Groteske zu bezeichnen, daß nicht das Gesamtwerk des an den Universitäten Chicago und Yale lehrenden Politologen Harold D. Lasswell (1902-1978) wirkt, sondern diese fünf Zeilen aus einem in ganz anderer Absicht geschriebenen kurzen Aufsatz. Lasswell interessierte sich damals für „The structure and function of communication in society"; speziell für die Analyse von control (Who), content (What), media (channel), audience (to whom) und effect. Er meinte, eine angemessene Art, einen Akt der Kommunikation zu beschreiben sei es, die genannten Fragen zu beantworten. Zwei Jahre zuvor hatte B. L. Smith als Lasswells Ko-Autor das Erkenntnisinteresse schon genauer beschrieben:

„If who says what, through what channels (media) of communication, to whom, what will be the results, and how can we measure what is said and it's result?" (1946, 121)

Wie nun könnte die groteske Adaption erklärt werden, außer mit einer nicht seltenen ‚punktuellen, Fast-Lektüre, die Lesende der Mühe einer genauen Erarbeitung eines kohärenten Gedankengangs enthebt? Es läßt sich vermuten, daß die Kanal-Metapher den Ausschlag gegeben hat. Kurz nach dem 2. Weltkrieg wurden mathematische Informationstheorie (Shannon & Weaver) und Kybernetik (Wiener) entwickelt. Für sie war ‚Kanal' die störungsfreie Übertragungsstrecke einer Anzahl von ‚Bit' zwischen einem Sender und einem Empfänger. Was in der nur am Transport bedeutungsloser Zeichen und an der Perzeption von Trägerinformationen interessierten Informationstheorie sinnvoll ist, verliert als widerstandslos adaptiertes „Sender-Empfänger-Modell" in Publizistik und Linguistik jeglichen Sinn, weil es diesen Wissenschaften (vorrangig) um die Kommunikation von Bedeutungen zwischen Menschen geht, um die Apperzeption der Sekundärinformationen, die von ‚situierten' Menschen konstitutiert werden. Situation sei, so sagt Lasswell,"a pattern of actors-in-an-environment" (1950, 4). Von einer nicht-ethnozentristischen Situationsanalyse fordert er in „Power and Personality":

„Situations need to be examined from culture to culture, social stratum to social stratum, crisis to intercrisis, and within the broad frame of references." (Lasswell 1948b, 107)

Während die ‚Adaptoren' die Kanalformel noch immer verklären, sogar von „Zauberformel" ist die Rede, hat Lasswell selbst den Ausdruck ‚Formel' nicht gebraucht, sie ist auch in seiner Festschrift (1969) nicht zu finden. Offenkundig war in der Medien-Euphorie die Kanal-Faszination so groß, auch paßte das Kanalmodell dem „vermarktungsorientierten Erkenntnisinteresse" der damaligen Kommunikationsforschung mit ihrer „massiven ideologischen Einfärbung" (Merten 1974, 163) in den Kram. Einige ergänzten die ‚Formel'. Braddock (1958) führt ‚circumstances' und ‚purpose' (Situation und Ziel) ein und kommt durch Untergliederung schließlich zu insgesamt 84 Fragestellungen. Derlei Umrankungen interessieren hier jedoch so wenig wie die völlig veränderten Methoden der Wirkungsforschung(z. B. Faßler 1997).

Wichtiger ist in der jetzigen Überlegung zweierlei; 1) daß es Lasswell nicht um Medien-Analyse ging, sondern um politische Analyse, deren Aufgaben und Möglichkeiten er wie folgt beschreibt:

„Political analysis is partly concerned with the discovery of *which people act which way under which conditions*. Conduct *in a given situation* can be partially predicted by noticing how those who are involved in it have responded to similar situations in the past, and *with what success*." (Lasswell 1938/1950, 214)(Hervorh. H. G.)

2) daß Lasswell selbst den ausschließlich als Medien-Kanal mißzuverstehenden Kanalbegriff schon in seiner nächsten Veröffentlichung aufgegeben und durch das traditionelle WIE ersetzt hat. Bereits 1952 fragt er: „*WER SAGT WAS WIE ZU WEM MIT WELCHER WIRKUNG*" (Lasswell 1952, 12) (Hervorh. H. G.).

Diese neue Formel wird groteskerweise ebensowenig zur Kenntnis genommen wie Lasswells frühere ‚Formeln': „*WER BEKOMMT WAS WANN WIE*" (1934, 3) und „*WELCHES VOLK HANDELT AUF WELCHE WEISE WIE MIT WELCHEM ERFOLG*" (1936, 214). Eine unverkürzte Rezeption Lasswells muß folglich nicht von einer Formel sprechen, sondern von Formeln.

Die wirkungsgeschichtliche Simplifizierung ist unverständlich, weil Lasswell sogar „Kanal" in ganz verschiedener Bedeutung verwendet. Er spricht in Anlehnung an Freud von „libidinal" und „ego channels" (1936, 193); stellt dar, daß revolutionäre Ideen durch die „vertrauten Kanäle" sickern, „durch die akzeptierten Ausdruckskanäle Kinderschwester, Lehrer, Pfleger, Eltern", und daß Propaganda „die zur Auslösung der gewünschten gemeinsamen Handlung geeigneten Symbole und Kanäle" nutzt. (1938, 38) In „Power and Personality" nennt er überdies speziell rhetorische ‚Kanäle': „public discussion, debate, oratorical techniques". (1948b, 18)

Lasswells beschäftigte sich seit dem Ende des 1. Weltkrigs mit Propagandaforschung: „Prussian Schoolbooks and International Amity" (1925), „Propaganda Techniques in the World War" (Diss. 1927), „The Psychology of Hitlerism" (1933). Während des 2. Weltkrigs leitete er (Library of Congress und Stanford University) zwei Untersuchungen zur Kriegspublizistik (1941). Er stellte Propaganda in größere politische und soziale Zusammenhänge: „World

Politics and Personal Insecurity" (1934), „Politics: Who gets what, when, how" (1936). Immer stärker interessierte er sich für die Auswirkungen von Macht: „Power and Personality" (1948b), „Power and Politics" (1948c), „Power and Society" (1950). Ein besonderes Interesse galt den sprachlichen und außersprachlichen Symbolen: „The Comparative Study of Symbols" (1952)

3. Lasswells indirekter Einfluß auf die „new rhetorics"

Harold Lasswell gilt als politischer Soziologe (Marvick 1977), der sich in Propagandaforschung und Inhaltsanalyse einen Namen gemacht hat, jedoch nicht als Rhetoriker. Er hat sich meines Wissens auch nirgendwo – wie Prakke meint – auf seine „rhetorischen Ahnen" bezogen. Eine interessante „Synopse von Wortmodellen", die allerdings erst bei Quintilian einsetzt und bei Prakke endet, gibt Klaus Merten (1974, 144). In der US-amerikanischen Rhetorik-Literatur blieb die sog. Lasswell-Formel nahezu ohne Wirkung. Es gibt zwar verschiedene Frageformeln (z. B. Gerbner, McCroskey, Fotheringham oder Del Hymes), aber sie beziehen sich nicht auf Lasswell. Das gilt auch für Frageformeln in deutschsprachigen Arbeiten zu Bereichen der rhetorischen Kommunikation (z. B. Geißner, Paschen, Varwig). Auch das fünfgliedrige Frageschema des „Fünfsatz" zur Planung und Analyse von Argumenten, z. B.:

Warum spreche ich, Was ist, Was soll sein, Welcher Weg führt von Ist nach Soll, Wo liegt der Zielpunkt (Geißner 1968, 1998)

stützt sich auf keine von Lasswells Fünferformeln.

Wenn in den verschiedenen Phasen der verschiedenen „new rhetorics"(Cohen 1994) gelegentlich ein Einfluß Lasswells gefunden werden kann, dann den seiner Content-Analysis. Während des 2.Weltkriegs erhielt mit den Ergebnissen von Gruppentheorie, Persuasions-, Propaganda- und Wirkungsforschung die „neue wissenschaftliche Rhetorik" (Schramm 1964) durch Psychologen, Soziologen und Politologen (Lewin, Berelson, Lazarsfeld, Festinger, Hovland, Lasswell) neue Impulse.

Eine konkrete Beziehung anderer Art findet sich bei Kenneth Burke. Während in Burkes „A Grammar of Motives" (1945) Persuasion der Schlüsselbegriff war, ist es in „A Rhetoric of Motives" (1950) die ‚Identifikation'. Das Konzept der Identifikation hat Burke, wie er in einem Interview erklärte (Cheney/Tompkins 1987, 2), von Lasswell übernommen, speziell aus einem Artikel, den Lasswell 1932 für die „Encyclopaedia of the Social Sciences" geschrieben hat. Dort heißt es:

„Identification is a process by which affections are guided by perceptions of similarity. Emotional relations within a large group become possible by interlocking identifications among those in visible contact, and by the sharing of symbols as a whole." (1932 I, 488)

Im Prozeß der Identifikation greifen psychische, soziale und politische Beziehungen (die Rede ist von Ähnlichkeiten; Burke spricht später sogar von ‚Consubstantialität') rhetorisch ineinander, d. h. mit der Intention, eine gemeinsame Basis für gemeinsames Handeln herzustellen. Das allerdings setzt voraus, daß die politischen Bedingungen eine derartige Identifikation zulassen, daß es sich um eine „freie Gesellschaft" handelt und nicht um einen „Besatzungs-Staat" (vgl. Lasswell „The Garrison State"). Zu einer freien Gesellschaft gehören, wie Lasswell in „Power and Society" schreibt, „notwendigerweise Debatte und Differenz"; denn „öffentliche Politik muß debattierbar sein" (1950, 49). Aus Meinungsverschiedenheit (Differenz) kann nur durch Streitgespräch (Debatte) vorübergehende (Prozeß, nicht Zustand) Identifikation werden. In rhetorischen Kommunikations-Prozessen kann jedoch Identifikation nur gelingen, wenn folgende politische Bedingungen gegeben sind:

„In demokratischen Gesellschaften beruht die vernünftige Wahl auf Aufklärung, und diese auf Kommunikation." (1948c, 51)

In einem Vortrag an der Universität Chicago über „Democracy and Education" (1994) hat Noam Chomsky die Bedeutung Lasswells „eines Gründers der Kommunikationstheorie" gewürdigt, besonders seine Beiträge zur Propagandaforschung seit den 30er Jahren.

„As a political scientist, Lasswell advocated a more sophisticated use of the new techniques of control the general public that was provided by modern propaganda. That would, he said, enable the intelligent men of the community, the natural rulers, to overcome the threat of the great beast who may undermine order because of, in Lasswell's terms, the ignorance and superstition of the masses." (1994)

Lasswell gehöre, so faßt Chomsky zusammen, zum „liberalen, progressiven Meinungsflügel", und das gilt nicht nur innerhalb der US-amerikanischen Demokratie; es gilt, weil noch immer trotz aller politischen Veränderungen „Unwissenheit und Aberglauben" vorherrschen; es gilt, aber keineswegs wegen einer seiner Fünferformeln.

Literatur

Asmuth, B. (1977): Die Entwicklung des deutschen Schulaufsatzes aus der Rhetorik. In: Rhetorik. (Hrsg. H. F. Plett), 276-292. München
Baumhauer, O. A. (1986): Die sophistische Rhetorik. Stuttgart
Braddock, R. (1958): An extension of the ‚Lasswell-Formula'. In: Journal of Communication 8, 88-93
Bühler, K. (1934): Sprachtheorie. Jena
Burke, K. (1945): A Grammar of Motives. New York
– (1950): A Rhetoric of Motives. New York
Cheney, G. and Ph. K. Tompkins (1987): Coming to Terms with Organizational Identification and Commitment. In: Central States Speech Journal 38, 1-15

Chomsky, N. (1994): Democracy and Education. Mellon Lecture, Loyola University, Chicago. October 19

Cohen, H. (1994):The History of Speech Communication:The Emergence of a Discipline 1914-1945. Annandale

Faßler, M. (1997): Was ist Kommunikation? München

Geißner, H. (1998): Der Fünfsatz. Ein Kapitel Redetheorie und Redepädagogik. In: Wirkendes Wort 4, 258-278

– (1968): Argumentationspraxis. In: Geißner H. et al. Gesprächsführung/Führungsgespräche. St. Ingbert, 115-134,

Gumbrecht, H. U. und K. L. Pfeiffer (Hrsg.) (1988): Materialität der Kommunikation. Frankfurt am Main

Haueis, E. (1992): Aufsatzlehre. In: Hist. Wörterbuch der Rhetorik (Hrsg. G. Ueding) Bd. 1, 1250-1258

Innis, H. A. (1950): Empire and Communication. Oxford

– (1951): The Bias of Communication. Toronto

Lasswell, H. D. (1925): Prussian Schoolbooks and International Amity. In: Social Forces 718-722,

– (1927): Propaganda Techniques in the World War. Chicago

– (1930): Psychopathology and Politics. Chicago

– (1932): Artikel in Encyclopaedia of the Social Sciences. Bd. 1, New York

– (1933):The Psychology of Hitlerism. In: Political Quarterly 4, 373-384

– (1934): World Politics and Personal Insecurity. New York

– (1935): Propaganda and Promotional Activities. An Annotated Bibliography. Minneapolis (mit R. D. Casey and B. L. Smith)

– (1936): Politics: Who gets what, when, how. New York

– (1948a): The Structure and Function of Communication in Society. In: The Communication of Ideas.(ed.: L. Bryson) New York, 37-51

– (1948b): Power and Personality. New York

– (1948c): Power and Politics. New York

– (1950): Power and Society. New York (mit A. Kaplan)

– (1952): The Comparative Study of Symbols. Stanford (mit D.Lerner und I. de Sola Pool)

– (1996): The Garrison State.(ed. J. Stanley), Chicago

Marvick, D. (ed.) (1977): Harold Lasswell on Political Sociology. Chicago & London

Merten, K. (1974):Vom Nutzen der Lasswell-Formel – oder Ideologie in der Kommunikationsforschung. In: Rundfunk und Fernsehen 2, 143-165

Prakke, H. (1965): Die Lasswell-Formel und ihre rhetorischen Ahnen. In:Publizistik 10, 285-291

Rogow, A. (ed.) (1969): Politics, Personality, and Social Sciences in the Twentieth Century. Essays in Honor of Harold D. Lasswell. Chicago

Schramm, W. (Hrsg.) (1964): Grundfragen der Kommunikationsforschung (dt.). München

Smith, B. L.(Co-author) (1946): Propaganda, Communication. Princeton

Waples, D. (1942): Communications. In: The American Journal of Sociology 47, 907

Warren, C. (1934): Modern News Reporting. New York

DOERTE BISCHOFF, STEPHANIE KRATZ und
MARTINA WAGNER-EGELHAAF

„Weibliche Rede – Rhetorik der Weiblichkeit"

Ein kulturwissenschaftliches Forschungsprojekt

Das Projekt

„Weibliche Rede – Rhetorik der Weiblichkeit" verbindet Rhetorik- und gender-Forschung. Es verfolgt zwei Frageperspektiven. Die erste, ‚Weibliche Rede', gilt einem konkreten rhetorik- und sozialgeschichtlichen Interesse, das nach der rhetorischen Praxis von Frauen fragt. Die zweite Perspektive ‚Rhetorik der Weiblichkeit' widmet sich der rhetorischen Instituierung von Weiblichkeit. Weiblichkeit wird dabei nicht als etwas natürlicherweise Gegebenes betrachtet, sondern als rhetorisch erzeugt. ‚Rhetorik' meint hier die sprachliche, bildliche, körperliche Medialität der Repräsentation in ihrer kulturellen Abhängigkeit. Hinter dem Ansatz des Projekts steht die These, daß beide Aspekte, die konkrete rhetorische Praxis von Frauen und die kulturelle Konstruktion von Weiblichkeit, zusammenhängen. Diesbezüglich richtet sich der Blick insbesondere auf die Rhetorik als prägende abendländische Bildungstradition. Ihre kritische Befragung nimmt eine Brückenfunktion zwischen den beiden Perspektiven des Projekts ein. Im Anschluß an Renate Lachmann betrachten wir die Rhetorik als Kulturmodell, das einerseits jahrhundertelang das Handwerkszeug gesellschaftlicher Partizipation durch Sprache zur Verfügung stellte und andererseits ein bis heute gültiges Repertoire zur Beschreibung sprachlicher Äußerungen bereithält und damit kulturell wirksame Ausschließungen und Wertsetzungen reflektiert.

Die Sprechwissenschaft versteht unter ‚Rhetorik' ‚rhetorische Kommunikation'; sie konzentriert sich auf den Bereich der actio. Hier trifft sie sich mit jenem Teil des Projekts, der mit ‚Weibliche Rede' überschrieben ist. Auch wir wollen wissen, wie konkrete Individuen gesprochen haben und sprechen. ‚Rede' schließt dabei das Sprechen als Interaktion sowie schriftliche Formen der Wortergreifung ein. Dem kulturwissenschaftlichen Blick des Projekts öffnet sich allerdings auch die historische Perspektive. Auch wenn die unmittelbare Verbesserung der Redefähigkeit außerhalb unserer Zuständigkeit liegt, teilen wir mit der Sprecherziehung den politischen Anspruch: Geht es dieser um die Förderung der Mündigkeit durch Mündlichkeit, wollen wir, indem wir auf die kulturelle Prägung des Redeverhaltens und der Redeinhalte hinweisen, männliche und weibliche Rede als Politikum erkennbar werden lassen. Eine Erweiterung des traditionellen instrumentalen Rhetorikverständnisses im Hinblick auf eine mediale Rhetorikauffassung, wie sie sich unter dem Oberbegriff der ‚neuen' Rhetorik findet, liegt der Frage nach der ‚Rhetorik der Weiblichkeit' zugrunde. Rhetorik wird in dieser Sicht nicht mehr als ein Ensemble von Strategien zur Effektivierung der Rede begriffen, sondern zielt auf die symbolische Verfaßtheit von Äußerungen und Handlungen, ihre ‚Rhetorizität'. ‚Alte' und ‚neue' Rhetorik sollen sich im Rahmen des Projekts wechselseitig beleuchten, insofern als etwa das performative Potential alter rhetorischer Strategien aufgezeigt werden soll.

Sprechwissenschaft und Linguistik haben untersucht, ob und wie sich das kommunikative Verhalten der Geschlechter unterscheidet. Die Sprecherziehung versucht, Frauen zu helfen, ihre rhetorischen und sprechtechnischen Defizite auszugleichen. Das Projekt geht einen Schritt hinter diese pragmatischen Schauplätze zurück, indem es danach fragt, welche Vorstellungen von Männlichkeit und Weiblichkeit aufgerufen werden wenn Männer und Frauen reden, bzw. wenn über Männer und Frauen geredet wird. Unser Interesse gilt der Rhetorizität kultureller Männlichkeits- und Weiblichkeitsimagines, z. B. allegorischen Darstellungsweisen. Es geht aber auch um die Rhetorizität der Geschlechterdifferenz selbst, die symbolisch und praktisch immer neu erzeugt wird. Hier ist nicht nur die politische, sondern auch die ästhetische Dimension der Geschlechterperformanz zu verfolgen.

Was bedeutet das konkret? Nimmt man das System der alteuropäischen Rhetorik in seiner kulturellen Wirkmächtigkeit ernst, hat man sich mit der antiken Rhetorik selbst auseinanderzusetzen, d. h. zu untersuchen, wie sie Weiblichkeit konfiguriert. Dies tut sie freilich nur an ihren Rändern und in vielsagender Beiläufigkeit. Aber genau diese ver- und zerstreuten Stellen nimmt das Projekt ernst, um ausgehend von ihnen etwas über die diskursiven Strategien zu erfahren, die der disziplinären Selbstkonstitution der Rhetorik und ihren genderpolitischen Ausschließungsmechanismen zugrundeliegen. Ein konkretes Beispiel: In der Einleitung zum zweiten Teil von *De inventione* erzählt Cicero, daß die Bürger von Croton einst ihren Juno-Tempel ausschmücken wollten und dafür den Maler Zeuxis engagierten. Als Abschluß seiner Arbeit wollte Zeuxis ein Bildnis Helenas schaffen, das, obwohl stumm und leblos, alle weibliche Schönheit in sich verkörpern sollte. Er ließ sich die schönsten Mädchen der Stadt zeigen und wählte fünf aus, deren Schönheiten er kombinieren wollte, da die wahre Schönheit seiner Meinung nach nicht in einem einzigen Wesen anzutreffen sei. Die Natur verleihe gleichsam nur Partialschönheiten, die sie stets mit gewissen Defekten zu verbinden pflege. Das kombinatorische Verfahren Zeuxis' zur Erstellung der idealen weiblichen Schönheit dient Cicero als Vergleich mit dem Verfahren seines eigenen rhetorischen Werks *De inventione*. Allerdings habe Zeuxis nur fünf Modelle gehabt, während ihm, Cicero, die Gesamtheit der rhetorischen Schriften zur Verfügung gestanden habe und sein Werk bei gleicher Geschicklichkeit daher noch berühmter werden könnte als das des Zeuxis. Der weibliche Körper dient also über den Umweg einer Bildwerdung, die das Verstummen der idealen weiblichen Schönheit impliziert, als Findeort (Topos) für die männliche Kunst der Rhetorik. Daß in dieser Vor-Bildfunktion keinesfalls die konkreten Frauen gemeint sind, wird deutlich in dem Hinweis auf deren imperfekte Natur, während freilich das männliche Meisterwerk der Rhetorik das Zeug hat, das Werk des Zeuxis noch zu übertreffen. Solche Stellen finden sich vielfach in den klassischen Texten der Rhetorik. Das Projekt untersucht aber etwa auch die Figuration antiker Rednerinnen, wie z. B. Aspasia und Hortensia, in der kulturellen Tradition sowie die literarische Gestalt mythologischer Frauenfiguren, die über ein agonales Verhältnis von Stimme und Körper definiert sind: Kassandra, Echo, Philomele u. a. Im übrigen ist auch die schöne Helena durch ihre Stimme markiert: Im 4. Gesang der *Odyssee* ist zu lesen, daß sie, als sich die griechischen Führer im Trojanischen Pferd versteckt hielten, jeden von ihnen mit der nachgeahmten Stimme seiner Frau ansprach, wodurch der Anschlag der Griechen um ein Haar vereitelt worden wäre. Die Stimme der schönsten Frau des klassischen Altertums ist also trügerisch; und in dem Maße, in dem sie nicht mit ihrer eigenen Stimme spricht, vereinigt sie die Stimmen aller Frauen auf sich. – Ein weiterer Schwerpunkt des Projekts liegt auf dem Zusammenhang zwischen dem sog. ‚Ende der Rhetorik' im 17./18. Jahrhundert und der Ausbildung der neuzeitlichen Geschlechtscharaktere. Und last but not least beschäftigen wir uns mit der Rhetorik der Frauenrechtlerinnen sowie den rhetorischen Strukturen moderner und postmoderner Geschlechterperformanz.

Nachdem bereits vom Verstummen der idealen weiblichen Schönheit in der Selbstbegründung der Rhetorik und von der trügerischen, nichtauthentischen Stimme Helenas die Rede war, konzentrieren sich die folgenden Ausführungen auf die ‚Stimme', der ja auch das Interesse der Sprechwissenschaft und Sprecherziehung gilt. Für das Projekt ist die Stimme allerdings kein ‚Phänomen' wissenschaftlicher Analyse, sondern Analysekategorie. Jacques Derrida hat die Funktion der Stimme als kultureller Repräsentantin von Sinnfülle und Präsenz herausgestellt. Diese Funktion spiegelt sich nicht nur im politischen Diskurs, wenn davon die Rede ist, daß wir unsere ‚Stimme' abgeben, auch der Gender-Diskurs hat sich die Metapher der Stimme zu eigen gemacht, um mit Titeln wie *In a Different Voice* oder *Gender Voices* die Problematik weiblicher Partizipation in Kultur und Politik zu reflektieren. Im Anschluß an Paul de Mans neue Rhetorik ist allerdings argumentiert worden, daß das Verleihen einer Stimme und damit eines Gesichts eine rhetorische Operation ist – Prosopopoia –, die nachträglich ein Subjekt der Rede setzt und der so installierten Redeinstanz zugleich die Authentizität abspricht (Menke 1992, 437).

Stimme

Daß die Würde der Rhetorik stets eine ambivalente war, die Geschichte der Rhetorik begleitet wurde von einer Geschichte der Rhetorik-Kritik, ist bekannt. Die gängige Erklärung für dieses zwiespältige Urteil lautet, daß Rhetorik eine Kommunikation bezeichne, die auf die persuasive Qualität von Sprache vertraue. Daß man sich vor dieser Über-Redung durch eine erhöhte Aufmerksamkeit bezüglich der rhetorischen Verfaßtheit von Rede – mündlicher wie schriftlicher – schützen könne, ist die Annahme, die hermeneutische Lektüren leitet. Das setzt eine Unterscheidbarkeit voraus zwischen dieser persuasiven Sprache und einer im Namen der Wahrheit sprechenden Sprache. Wenn man aber den an der ‚New Rhetoric‘ geschulten Blick darauf richtet, daß die Rhetorik gerade mit der Unentscheidbarkeit von rhetorischem und ‚wahrem‘ Sprechen befaßt ist und seit ihren antiken Anfängen den Versuch eines systematischen Umgangs mit dieser Unentscheidbarkeit darstellt, werden auch die Aporien lesbar, in die sich die Rhetorik zwangsläufig verstricken muß. Ein Feld, in das diese nicht hintergehbaren Ambivalenzen eingeschrieben sind, ist die Auseinandersetzung mit der Funktion der Stimme.

Aristoteles hat in seiner Schrift *De anima* die Stimme als bedeutungstransportierenden Ton des Belebten definiert (Aristot.an. II 8, 420b5-33). Damit etablierte er die traditionsbildende Opposition von Stimme und ‚bloßem‘ Geräusch als das, was von der symbolischen Verfaßtheit der Sprache nicht erfaßt wird. Mit Aristoteles‘ Konzeptualisierung rückt die Stimme aber vor allem in eine enge Verbindung mit dem menschlichen Innen der Seele und steht damit der Wahrheit nahe. Diese Verknüpfung erklärt die kulturelle Valenz der Stimme im abendländischen Denken, sie deutet aber auch auf die aporetische Position der Stimme in der Rhetorik. Einerseits wird ihr die Rolle zuerkannt, eine natürliche, unvermittelte, der Wahrheit verpflichtete Kommunikation zu garantieren; andererseits bedarf sie als Medium, das Affekte und Persönlichkeitsmerkmale des Redners transportieren soll, einer ausgefeilten Technik der Kultivierung. Um die Paradoxie in einen Satz zu fassen: Die Kunst der Persuasion muß der Natur der Wahrheit zur Geltung verhelfen. Einige Beispiele aus Ciceros *De oratore* mögen die These belegen, daß die Stimme als Artikulation immer schon von der Disartikulation bedroht ist.

Signifikant ist die Aufmerksamkeit, die Cicero für die Bindung der Stimme an die Materialität des Körpers aufbringt. Es geht um die Stimme als stets gefährdete Schnittstelle von Körper und Sprache, die einerseits die Garantie für Sinnfülle übernehmen soll, andererseits durch ihre Körperlichkeit störend in das Arrangement der Sinnproduktion eingreift. So sehr die „wunderbare Natur" der Stimme aufgrund ihres differenzierten Ausdrucks-Vermögens gelobt wird, so sehr ist Cicero mit diesem ‚Rest‘ der Stimme als potentieller Quelle von Zerstörung rednerischer Wirkung beschäftigt: „Man soll die Worte nicht mit schwachem Atem lispeln, noch zu betont mit Schnauben und gleichsam mit Keuchen ausposaunen." Daher ist „die Frage, wie man für seine Stimme Sorge trägt", eine Frage, um die man sich „nachdrücklich kümmern muß" (Cic. de orat. III, 225). Letztlich ist die Rhetorik der Stimme mit der Kontrolle des Unkontrollierbaren befaßt, wobei zuviel Kontrolle dazu führen kann, den Redner zu paralysieren: „Was ist für einen Redner so unentbehrlich wie die Stimme? Und doch wird, wenn es auf mich ankommt, keiner, der die Redekunst studiert, sich wie die Griechen und die tragischen Schauspieler zum Sklaven seiner Stimme machen" (Cic. de orat I, 252).

Am Verhältnis von Schauspieler und Redner wird die aporetische Konstruktion der Stimme als Wahrheitsgarantin einerseits und der Stimme als körperlichem Handicap andererseits besonders deutlich. Denn die Orientierung am Vorbild des Tragöden hilft dem Redner und bedroht ihn zugleich: „Auf diese Dinge gehe ich deshalb ausführlicher ein, weil die Redner, die für die Wahrheit selbst eintreten, dieses ganze Feld [der actio] geräumt, dagegen die Schauspieler, die die Wirklichkeit doch nur nachahmen, es in Besitz genommen haben. Und ohne Zweifel übertrifft die Wirklichkeit die Nachahmung in jedem Punkt. Doch wenn sie sich von selbst im Vortrag zur Genüge verkörpern würde, so bräuchten wir wahrhaftig keine Kunst. Weil aber die Bewegung des Gemüts, die der Vortrag vor allem auszudrücken oder nachzuahmen hat, oft so verworren ist, daß sie verdunkelt und beinahe überdeckt wird, muß das, was verdunkelnd wirkt, beseitigt und das, was hervortritt und ins Auge fällt, hervorgehoben werden" (Cic. de orat. III, 216). Der Redner muß also seine Stimme überreden, die Wahrheit zu sagen. Stellt sich die Frage, was da verdunkelnd wirkt und beseitigt werden muß.

In feministischer Sicht hat die Frage nach dem Autor die diskursive Relation zwischen männlicher Schrift und weiblichem Körper und damit die implizite Lokalisierung der Autorfunktion im männlichen Geschlecht zum Vorschein gebracht. Doch kommt mit der Frage nach dem Redner auch das kulturelle Geschlecht der Stimme ans Licht? Bedingt durch den Mythos der ‚natürlichen' Stimme ist der kulturelle Konnex von Stimme und Geschlechterdifferenz nicht in dem Maße Thema geworden wie die Ineinssetzung von Schrift und männlichem Geschlecht. Selbst einem zeitgenössischen Rhetorik-Forscher, der jüngst auf opulenten fünfhundert Seiten eine Geschichte der öffentlichen Stimme publizierte, ist die Frage nach dem Geschlecht der Stimme keine Zeile wert. Damit fällt Karl-Heinz Götterts *Geschichte der Stimme* hinter das zurück, was die Objekte seiner Studien zu lesen geben. Denn die Konzeptualisierung der vermeintlich geschlechtsneutralen, menschlichen Stimme in der antiken Rhetorik läßt erkennen, daß sich die kulturelle Wertschätzung der Stimme einem Ausschluß von Weiblichkeit verdankt. Die Selbst-Ausarbeitung einer den Ansprüchen der Beredsamkeit genügenden Stimme funktioniert über die Konstruktion eines weiblichen Mangels. Für Cicero jedenfalls liegt das, was der

Redner zu vermeiden habe, so offen zu Tage, daß es sich wie von selbst zu verstehen scheint: „Es gibt nämlich bestimmte Mängel, die jedermann vermeiden möchte: eine kraftlose oder unmännliche Stimme, ein gleichsam unmelodisches, mißtönendes und ungeeignetes Organ" (Cic. de orat. III, 42). Diese Verknüpfung von tiefer, kraftvoller, männlicher Stimme mit rednerischer ,Autorität' hat sich lange Zeit tatsächlich wie von selbst verstanden; sie ist in ihrer Konstruiertheit so gründlich vergessen worden, daß bis heute in der Öffentlichkeit sprechende Frauen ihre Stimme als größtes Handicap erfahren. Aporetisch ist ihre Situation nicht nur, weil Frauen, die sich mit ihrer Stimme in unsere Kultur hineinreden, einem klassischen double-bind ausgesetzt sind, in dem die Erfüllung der einen Handlungs-Verpflichtung, nämlich die Präsentation von Weiblichkeit, die Erfüllung der anderen Verhaltens-Anforderung, die Präsentation von Autorität, ausschließt. Sie ist aporetisch auch, weil sich niemand jenseits kultureller Topoi als Subjekt der Rede substantialisieren kann. Wenn sich herausstellt, daß der Gegensatz männliche vs. weibliche Stimme nur der ersteren eine positive Bestimmung zuschreibt, während letztere nur als Mangel, als Beraubung von ersterer markiert ist, dann stellt die abendländische Kultur keinen positiven Entwurf einer weiblichen Stimme zur Verfügung. Die Idealisierung einer männlichen Macht der Stimme wird zu einem Wert, deren Gegenteil Weiblichkeit als negatives Spiegelbild ist.

Eine sozialgeschichtliche Argumentation würde die Tatsache, daß die menschliche Stimme immer schon als männliche konzipiert war, auf den Ausschluß von Frauen aus den historisch relevanten öffentlichen Räumen zurückführen. Doch diese Erklärung greift aus diskursanalytischer Sicht zu kurz, da sie nicht das verdeckte Prinzip freilegen kann, das die Rhetorik der Stimme insgeheim konstituiert und das der Weiblichkeit der Stimme sehr wohl einen funktionalen Ort zuweist. Wenn man nämlich die oben skizzierte Ambivalenz der Stimme zwischen Artikulation und Disartikulation wieder in den Blick nimmt, dann läßt sich das Fehlen weiblicher Stimm-Konzepte auch strukturell lesen, dann hat die Imagination eines ungeeigneten, weiblichen Organs genau diese Gefahr der Sinn-Störung, der „Verdunkelung" des Sinns auf sich zu nehmen und ermöglicht überhaupt erst die Rhetorisierbarkeit der Stimme. Das unkontrollierbare mediale Rauschen, das die Bedeutung der stimmlichen Zeichen bedroht, wird als weiblich konzipiert, damit eine idealisierte, um dieses Rauschen bereinigte, sinnvolle männliche Stimme hörbar wird.

Der Ort einer weiblichen Stimme befindet sich dementsprechend nicht im rhetorischen System, aber auch nicht in einem diesem integrierbaren Außen; er ist vielmehr die bedrohliche Grenze der Artikulation. So gelesen ist die Frage Ciceros, „wie man für seine Stimme Sorge trägt", die Frage, wie man sie von ihren weiblichen Anteilen reinigen kann.

Philomele

Die Figuren weiblicher Rede als Grenze (rhetorischer) Artikulation wird im antiken Mythos von Philomele besonders eindrucksvoll gestaltet. Die Geschichte, wie sie vor allem Ovid in seinen *Metamorphosen* erzählt, verknüpft eine Szene weiblichen Verstummens infolge männlicher Gewalt mit einer anderen, weiblich konnotierten Artikulationsweise. Darüberhinaus verschränkt er charakteristische Weiblichkeitsbilder mit der Frage nach den Bedingungen und möglichen Orten weiblicher Rede. Wegen ihrer Schönheit wird Philomele zum Objekt des Begehrens für ihren Schwager Tereus, der sich, anstatt sie im Namen ihres Vaters und ihrer Schwester zu beschützen, an ihr vergeht. Damit macht er sich des „schwersten Verbrechens" (Ov. met. VI, 473) schuldig, das er geheimzuhalten versucht, indem er sie, ihren Tod vorschützend, in einer einsamen Hütte im Wald gefangenhält. Philomela droht dem Vergewaltiger mit einer öffentlichen Anklage, die sein Geheimnis offenbaren und ihn selbst stürzen würde: „Ich selbst, der Scham mich entschlagend, / Werde verkünden, was du getan. Sobald es nur möglich, / Werde ich treten vors Volk" (544ff). Um dies zu verhindern, schneidet Tereus ihr die Zunge heraus. Die Schändung des weiblichen Körpers wird so mit dem Raub der Zunge in Verbindung gebracht. Es handelt sich um ein Verbrechen, von dem nicht im Rahmen einer existierenden Redeordnung Zeugnis abgelegt werden kann. Der Weg, den Philomela schließlich findet sich zu artikulieren, ist aufs engste an Tereus' Gewalttakt geknüpft. Sie webt nämlich in weißen Stoff „die purpurnen Zeichen: der Untat Künder" (577f), die offensichtlich auf das Blut ihrer Wunde anspielen. Das ‚sprechende' Webstück, dessen Textur von der Schändung ihres Körpers erzählt, gelangt zu Philomeles Schwester Prokne, welche die Zeichen, ihrerseits verstummend, entziffert. Daraufhin begehen die beiden Frauen gemeinsam eine grausame Tat: sie zerreißen Itys, den Sohn Proknes und Tereus', und setzen ihn dem Vater zum Mahl vor. Die Rache der Schwestern geht also über die Drohung Philomelas, das Verbrechen öffentlich anzuklagen, hinaus. Der Entschluß wird „ohne noch weiter zu reden" (622f) gefaßt; die Tat selbst läßt sich als Handlungsexzeß beschreiben, der sich jeder sprachlichen Reflexion oder Distanzierung entzieht. Die Schändung des weiblichen Körpers wird in dieser Szene nicht angeklagt und damit zur Sprache gebracht. Vielmehr scheint in der Zerreißung des kindlichen Körpers und dem folgenden kannibalischen Sohnesmahl ein ‚Anderes' der Repräsentation auf: Genealogie, Verwandtschaftsstrukturen und Geschlechtsidentitäten werden destabilisiert. Wo der Körper des Vaters zuletzt den Sohn in sich trägt, ist eine monströse Umkehrung des Gebärmotivs angedeutet, die ‚natürliche' Ordnung außer Kraft gesetzt. Die ‚Sprache', in die der Frauen ihren Schmerz ausdrücken, sprengt jede soziale oder juristische Ordnung und damit auch die Ordnung der Rhetorik. Am Ende verwandeln sich alle drei Figuren in Vögel: Philomela – der am häufigsten zitierten Tradition zufolge (Pfeffer 1985, 10)- in eine Nachtigall, Prokne in eine Schwalbe und Tereus in einen Wiedehopf. Als nächtlich-sinnliche Zauber-Stimme, die das männliche System des Logos aus den Angeln hebt, wird die Nachtigall von zahlreichen kulturellen Zeugnissen aufgerufen und ist so zu einem zentralen Topos der weiblichen Stimme geworden.

Aufschlußreich ist, daß man das Philomele-Motiv in einem Text des 18. Jahrhundert wiederfindet, der in besonders pointierter Weise die weibliche Stimme als natürliche und unverstellte Ausdrucksform gestaltet. Sophie von La Roches *Das Fräulein von Sternheim* zählt zu den Texten des Empfindsamkeitsdiskurses, der sich ausdrücklich gegen ein rhetorisches Paradigma absetzt, indem er eine höfische, formelhafte und rhetorisierte Sprache einer authentischen Sprache des Herzens und der unmittelbaren Regungen des Körpers und der Seele gegenüberstellt. Wie in vielen anderen zeitgenössischen Texten wird dies über die Kategorie der Geschlechterdifferenz verhandelt. Einem männlichen Bösewicht, der alle Spielarten der Verstellung und Verführung beherrscht, wird die weibliche Verkörperung von Tugendhaftigkeit und Authentizität gegenübergestellt. Den Sieg letzterer inszeniert das Schlußbild: Es zeigt die gerettete Sophie als Mutter, deren Kind an ihrer Brust Tugend gleichsam unmittelbar einsaugt. In diesem Bild scheint eine nicht-rhetorische Unmittelbarkeit verwirklicht, auf deren ‚reine' Darstellung der Roman konsequent abzielt, wenn er beschreibt, wie Sophie nach und nach alle Mittel zu ihrer Selbst-Verteidigung genommen werden. Sie verliert ihre Eltern, ihre vertraute Umgebung und schließlich die Möglichkeit, sich ihrer Freundin Emilia in Briefen anzuvertrauen. Immer wieder gelingt es dem Bösen, sie in seine Gewalt zu bringen, bis er sie schließlich in eine einsame Hütte in den „schottischen Bleygebürgen" (La Roche 1983, 303) verschleppt. Gefangen in dieser zivilisationsfernen, lebensfeindlichen Umgebung, sieht sich Sophie ihrem Widersacher rückhaltlos ausgeliefert: „Die unaussprechliche Bosheit meines Verfolgers reißt mich dahin, wie eine schäumende Welle Kahn und Menschen in den Abgrund reißt. Diese Gewalt wurde ihm gelassen, und mir alle Hülfsmittel entzogen; bald wird ein einsames Grab meine Klagen endigen, und meiner Seele die Endzwecke zeigen, warum ich dieses grausame Verhängnis erdulden mußte" (La Roche 1983, 316). Zunächst vertraut sich Sophie noch ihrem Tagebuch an. Als ihr jedoch auch das Papier als letztes Medium ihrer Selbst-Bekenntnisse ausgeht, beschließt sie, „Cannevas", also Teile des ehemals weiten Kleides, das sie auf dem Leib trug, „zu sparen und Buchstaben hinein [zu] nähen" (La Roche 1983, 314). Die Anspielung auf den Philomele-Mythos ist deutlich. Sie manifestiert sich außerdem in dem Motiv des leeren Grabes, das in der Ovidschen Geschichte von Prokne ausgehoben wird, als sie die Schwester tot wähnt (Ov. met. VI, 568f). Auch Sophie wird ein Grab ausgehoben, das alle glauben macht, sie sei gestorben. So wird in beiden Texten die Artikulation des Weiblichen als des ‚Anderen' der Rhetorik mit dem Tod der Heldin verknüpft. Im dem Moment, in dem der Körper ‚spricht', jedes äußere Hilfsmittel, jede sprachliche Medialität überwunden ist, scheint zugleich der Tod dieses Körpers auf. Die empfindsame, authentische Sprache realisiert sich nur über einem Abgrund, der die Abwesenheit ihrer Quelle, des reinen Körpers, impliziert. Die Bezugnahme des Textes auf die Philomele-Figuration unterstreicht die so verhandelte Problematik weiblicher Rede. Denn offensichtlich bringt diese – als das vom Rhetorischen Ausgeschlossene – sich nicht wirklich unmittelbar zur Geltung, sondern wird auf eine Textfigur zurückgeführt, die ambivalent bleibt, da sie die sprechende Instanz der Darstellung entzieht.

Der Schluß der Ovidschen Geschichte, Sohnesmord und kannibalisches Mahl, findet in dem empfindsamen Briefroman keine Entsprechung. Das Schlußbild, das Sophie in einer Pieta-Konstellation zeigt, scheint vielmehr der monströsen Szene der Zerreißung des Sohnes durch die beiden Frauen entgegengesetzt. Und doch verdeckt es in seiner pathetischen Stilisierung nur unvollkommen die Spannungen, die der Text zwischen dem ursprünglichen, für sich sprechenden weiblichen Körper einerseits, dem geschändeten, mißbrauchten und verstümmelten Körper andererseits aufklaffen läßt. Während er eine eindeutige Botschaft zu predigen scheint, nämlich den Sieg der Tugend über das Böse, den Triumph des reinen, weiblichen Gefühls über die männliche Kunst der Verstellung, gibt er durch die verwendeten Bilder und intertextuellen Verweise noch eine andere Geschichte weiblicher Rede zu lesen. Die Festschreibung des Weiblichen im 18. Jahrhundert, in dem sich die Geschlechtscharaktere als neues diskursives Dispositiv herauskristallisieren, vollzieht sich nicht ohne Rest. An der Schnittstelle von rhetorischem und empfindsamem Diskurs werden charakteristische Ausschlußverfahren erkennbar. Im Roman manifestiert sich dies in der unverständlich-reduzierten Sprechweise Sophies: Sie stammelt, stottert, bringt errötend nur wenige, zusammenhanglose Wörter hervor oder sie schweigt gänzlich. Wird dagegen ihre (Gesangs-)Stimme als besonders rein und auf zauberhafte Weise betörend beschrieben, so erinnert dies an die Naturstimme der Nachtigall in der Philomele-Geschichte. In dieser intertextuellen Referenz scheint auf, was dort der Transformation in die Naturstimme vorausliegt: der Zusammenbruch der männlich dominierten Rede-Ordnung und damit der Möglichkeit, Zeugnis zu geben und Gerechtigkeit zu erfahren. So wird die Etablierung eines empfindsamen Diskurses als hochrhetorische Operation lesbar, die ihr Sinn-Universum über Bilder stabilisiert, die über seine Grenzen und Fixierungen hinausdeuten.

Das Projekt wurde von April 1997 bis Dezember 1998 vom Ministerium für Schule, Weiterbildung, Wissenschaft und Forschung des Landes Nordrhein-Westfalen gefördert.

Literatur

Aristoteles (1995): Über die Seele. [De anima.] Hrsg. v. Horst Seidl. Meiner, Hamburg
Cicero, Marcus Tullius (1960): De Inventione. De Optimo Genere Oratorum. Topica. With an English Translation by H. M. Hubell. Harvard University Press, Cambridge, Ma.
– (1991): De Oratore. Hrsg. v. Harald Merklin. 2. Aufl. Reclam, Stuttgart
Derrida, Jacques (1983): Grammatologie. Übers. v. Hans-Jörg Rheinberger und Hans Zischler. Suhrkamp, Frankfurt a. M.
Göttert, Karl-Heinz (1998): Geschichte der Stimme. Fink, München
Heilmann, Christa M.(Hrsg.)(1995): Frauensprechen – Männersprechen. Geschlechtsspezifisches Sprechverhalten. Ernst Reinhardt, München/Basel
Homer (1979): Odyssee. Übers. von Roland Hampe. Reclam, Stuttgart
Kotthoff, Helga (1996): Die Geschlechter in der Gesprächsforschung. Hierarchien, Theorien, Ideologien. In: Der Deutschunterricht 48, 9-16
Lachmann, Renate (1977): Rhetorik und kultureller Kontext. In: Plett, Heinrich F. (Hrsg.): Rhetorik. Kritische Positionen zum Stand der Forschung. Fink, München, 167-186
– (1978): Rhetorik und Kulturmodell. In: Slavistische Studien. Zum VII. Internationalen Slavistenkongreß in Zagreb 1978. Böhlau, Köln/Wien, 279-298
La Roche, Sophie (1983): Geschichte des Fräuleins von Sternheim. Hrsg. v. Barbara Becker-Cantarino. Reclam, Stuttgart
Menke, Bettine (1992): Verstellt. Der Ort der Frau. In: Vinken, Barbara (Hrsg.): Dekonstruktiver Feminismus. Literaturwissenschaft in Amerika. Suhrkamp, Frankfurt a. M., 436-476
de Man, Paul (1979): Autobiography as De-facement. In: Modern Language Notes 94, 919-930
Gilligan, Carol (1982): In a different voice. Psychological Theory and Women's Development. Harvard University Press, Cambridge
Graddol, David, Joan Swann (1982): Gender Voices. Blackwell, Oxford u. a.
Ovid, Publius Naso (1988): Metamorphosen. Deutscher Taschenbuch Verlag, Zürich und München
Pfeffer, Wendy (1985): The Changes of Philomel. The nightingale in medieval literature. Peter Lang, New York
Wegmann, Nikolaus (1988): Diskurse der Empfindsamkeit: Zur Geschichte eines Gefühls in der Literatur des 18. Jahrhunderts, Metzler, Stuttgart

EDITH SLEMBEK

Poesiealben als rhetorisches Genre

Die satirische Zeitschrift Eulenspiegel titelte vor kurzem „Die Parteien dichten zur Wahl – Aus den Poesiealben des Untergrunds". Was dabei herauskommt ist satirisch- ironischer Kitsch, so recht passend in die Welt der Poesie-Alben? Bei Kitsch darf auch Guildo nicht vergessen werden „... ich denke gern an die Zeit zurück/ als ich noch täglich in ein Poesialbum schrieb ... piep, piep, piep, ich hab dich lieb"

Belächelt, gerührt, erinnert, kitschig. Dennoch: Die meisten Frauen hatten selber ein Poesiealbum, oder sie schrieben doch wenigstens in diejenigen ihrer Freundinnen. Und wenn sie heute (sprech-) erzieherisch mit 10 bis 12jährigen Mädchen arbeiten, dürfen sie wahrscheinlich erneut in Alben schreiben.

Von der Idee her manifestiert der Eintrag in ein Poesiealbum einerseits die aktuelle Beziehung zwischen Personen, andererseits soll er in späteren Jahren an die schreibende Person erinnern.

1951	*Schön wie ein Engel schwebe,*
	Zufriedenheit um Dich,
	noch lange, lange lebe,
	und denke oft an mich.

1951, 1978	*Trennen uns einst ferne Orte,*
	so behalte dennoch lieb,
	deren Hand einst diese Worte
	nieder auf dies Blättchen schrieb.

1978 – 1995	*Wenn Du einst nach vielen Jahren*
	hier in dieses Album blickst,
	und Du kommst zu dieser Seite,
	denke dann an mich zurück!

Beides, Freundschaft heute und sich Erinnern später, können als Gründe dafür angesehen werden, daß die Einträge sorgfältig geschrieben sind. Oft sind noch vorgezeichnete Linien zu erkennen oder vorsichtig korrigierte Schreibfehler. Die Besitzerin selber ermahnt nicht selten dazu, achtsam mit ihrem Album umzugehen und dokumentiert das auf der ersten Seite:

> *Liebe Leute groß und klein,*
> *haltet mir mein Album rein.*

Im allg. werden die Einträge mit eigenen Zeichnungen, Lackbildern, vor allem mit Blumen oder Engelmotiven, seltener auch Fotos, geschmückt.

Poesiealben sind das einzige mir bekannte Genre, das heute Mädchen vorbehalten ist. Daher scheint es interessant zu untersuchen, welche Sprüche und Weisheiten darin enthalten sind und welche Normen in ihnen tradiert werden. Normen prägen Bewusstsein, ermöglichen Handlungsweisen. Veränderte Handlungsweisen setzen veränderte gesellschaftliche Möglichkeiten voraus. Sie entwickeln sich aus verändertem Bewusstsein. Das offene oder heimliche Einwirken auf das Bewusstsein ist rhetorisch. Wenn sich also gesellschaftliches Bewusstsein verändert hat, müssten sich auch die Normen, die für Mädchenerziehung gelten, verändert haben, was sich schließlich in veränderten Sprüchen in den Poesiealben spiegeln müßte.

Zur Geschichte

„Poesie-Alben" besitzen heute in Deutschland, der alemannischen und französischen Schweiz und in Österreich Mädchen zwischen 10 und 12 Jahren. Das war nicht immer so. Die frühesten Bücher dieser Art sind um 1500 nachgewiesen. Sie sind als „Stammbücher" bekannt. In sie wurden die Angehörigen eines Geschlechts eingetragen. Schließlich erweitert sich der Gebrauch unter dem Adel, d. h. Bekannte tragen sich mit einem Denkspruch oder einem Wappen in das Stammbuch ein. Mit dem aufsteigenden Bürgertum erscheinen im frühen 18. Jh. „Studentenstammbücher". Da Frauen zu dieser Zeit vom Studium ausgeschlossen waren, wurden Stammbücher fast ausschließlich von Männern gehalten. Gebildete Bürger ließen ihre Söhne studieren oder schickten sie auf Bildungsreisen. Dabei sammelten die jungen Männer Einträge in ihre Stammbücher. Ziel war es, einerseits den Namen des Studenten bekannt zu machen, andererseits möglichst Protektion von hochstehenden Personen zu erreichen und zu dokumentieren. Namen und Widmungen von Fürsten, Adligen, Professoren, Bürgermeistern und Pfarrern im Stammbuch waren ein guter Nachweis für Kontakte mit angesehenen Personen. Im allg. lag das Stammbuch nicht in Buchform vor, sondern es bestand aus losen Blättern. Auf diese Weise ließ sich eine Hierarchie herstellen, die höchsten Personen erschienen auf den vorderen Seiten und je niedriger der soziale Stand der Person war, desto weiter hinten wurde sie eingeordnet, oder auch aussortiert.

Angermann sieht darin eine „gütige Förderung durch Ältere und respektvolle Verehrung durch den Jüngeren". (1971, 25) Das Stammbuch ist also kein Selbstzweck, sondern sein Besitzer verfolgt damit bestimmte Ziele: Er möchte Leser von seiner Bedeutung überzeugen, Unterstützung, auch finanzielle gewinnen – oder ganz allgemein, seine Karriere günstig beeinflussen. Es gehört nicht viel Phantasie dazu, in den Einschreibungen die alten rhetorischen Ziele zu finden: docere, movere, delectare.

Übrigens haben auch bekannte Dichter Stammbuchsprüche verfaßt: Goethe, Schiller, Mörike und viele andere. Gelegentlich wurde das Bestreben der Besitzer der Stammbücher nach Einträgen als impertinent empfunden: „endlich sind die stammbücher durch die betteley der liederlichen besitzer sehr verächtlich geworden, dasz in einer gewissen provinz ein königlicher befehl herausgekommen, die, so mit stammbüchern betteln, in den karren zu spannen." (Grimm 1960, 647) Die Ambivalenz Stammbüchern gegenüber zeigt sich auch in dem Hebbelschen Zweizeiler:

deutsche litteratur, du schwierigstes stammbuch der völker!
jeder schreibt sich hinein, wie es ihm eben gefällt.

Im Laufe des 18. Jh. tragen sich vermehrt Mit-Studenten, Verwandte und Bekannte in die Stammbücher ein, d. h. Personen, zu denen eine persönliche Beziehung bestand. Darin zeigt sich eine Wandlung vom „Dokument NÜTZLICHER Beziehungen" zum „Dokument PERSÖNLICHER Beziehungen".

Wenn es sich um persönliche Beziehungen handelt, dann wird verständlich, daß nun auch junge Frauen aus bürgerlichen Kreisen Stammbücher führen. In diese tragen sich vor allem weibliche Verwandte und Freundinnen ein, männliche Verwandte dagegen seltener. Die Einträge können aus Gedichten bestehen, gemeinsame Erlebnisse schildern oder Wünsche für die Zukunft zum Ausdruck bringen.

Zu Beginn des 19. Jh. ist das Stammbuch zwar auch noch ein studentisches Genre, aber immer häufiger besitzen auch Schüler/innen aus bürgerlichen Kreisen in den Städten Stammbücher. Mit der veränderten Funktion verändern sich auch die Inhalte; es werden jetzt meist Gedichte gewählt, die Gefühl und Gemüt ansprechen. Nach dieser Art von Poesie bürgert sich der Begriff „Poesiealbum" mehr und mehr ein. „Stammbuch" und „Poesiealbum" stehen jedoch weiterhin nebeneinander, es gibt keine saubere Trennlinie. In Österreich ist es bis heute üblich von „Stammbuch" zu reden, während sich in Deutschland „Poesiealbum" durchgesetzt hat. Allerdings ist die Sitte, längere gefühlsbetonte Gedichte einzutragen bereits in der 2. Hälfte des 19. Jh. einer Vorliebe für sentenzhafte Aussprüche und einzelne Gedichtstrophen gewichen.

Daß im Laufe des 19. Jh. immer mehr Schüler und Schülerinnen Poesiealben schätzen, weist auf ein deutlich jüngeres Alter der Besitzerinnen hin. In protestantischen Gegenden werden sie oft zur Konfirmation geschenkt und enthalten Einträge von Mitkonfirmand/innen, Verwandten und Freund/innen. Gegen Ende des 19. Jh. sind Poesiealben schließlich auch in den unteren Sozialschichten verbreitet und sowohl in der Stadt, als auch auf dem Land üblich. „Als es um die Jahrhundertwende in allen Bevölkerungsschichten, in der Stadt ebenso wie auf dem Lande, eine Selbstverständlichkeit wurde Poesiealben zu schenken und zu benutzen, bedeutete das eine erhebliche Ausweitung gegenüber der Zeit etwa ein Jahrhundert vorher" (Angermann, 1971, 25).

Zu Beginn des 20. Jh. scheiden Jungen als Besitzer von Poesiealben weitgehend aus, auch als Eintragende findet man sie nur noch selten. Bis zum Ende des 20. Jahrhunderts ist das Poesiealbum ein Genre, das fast ausschließlich Mädchen vorbehalten ist. Frauen aller Altersstufen, die ich nach ihren Poesiealben frage, rezitieren ohne langes Nachdenken viele der Sprüche, die in ihren Poesiealben standen, und die sie selbst in Poesiealben ihrer Freundinnen eingetragen haben als sie junge Mädchen waren. In vielen Fällen hatten sie die Sprüche aus den Poesiealben ihrer Mütter, manchmal auch ihrer gleichaltrigen Freundinnen abgeschrieben. Erstaunlich ist, daß sie in relativ frühem – bis nach der Mitte des 20.Jh. ungefähr mit 12 bis 14 Jahren – Alter gelernt und offensichtlich so fest in der Person verankert werden, daß sie noch mit 30, 40, 50 Jahren zitiert werden können. (Für schulisch gelernte Gedichte gilt das offensichtlich nicht) Wieweit die Inhalte der Sprüche sich auf das Verhalten des jungen Mädchens und späteren Erwachsenen ausgewirkt haben, bleibe dahingestellt. Allerdings: Wenn ein Mädchen einen Spruch auswählt, um ihn einer Freundin ins Album zu schreiben, wird sie kaum einen nehmen, der ihr gar nichts sagt, selbst wenn sie ihn nicht wirklich versteht. Das könnte den Gedanken nahelegen, daß die in den Sprüchen enthaltenen Verhaltensregeln bereits internalisiert sind. Es zeigt sich nämlich, daß gerade solche Albumsprüche gewählt werden, in denen Normen angesprochen werden, die für die Erziehung von Mädchen typisch sind. Schließlich ist erstaunlich, wenn heute Frauen oft nur wenig distanziert über die Sprüche sprechen, an die sie sich so leicht erinnern. Nur gelegentlich sagt eine Frau – und hier zitiere ich eine 80-jährige – „Da waren ein paar lustige Sprüche drin und sonst viel moralisches Zeug." Zu den lustigen Sprüchen gehört:

1925 – 1995   *Lebe glücklich, lebe froh*
                       wie der König Salomo,
                       der auf seinem Throne saß
                       und verfaulte Äpfel fraß.

Poesiealben im 20. Jahrhundert

Poesiealben werden kaum von der Forschung beachtet. Die Inhalte zählen zur Trivialliteratur. Entsprechend wird angemerkt, „..., daß wir in den Poesiealben der Gegenwart gleichsam nur Schwundstufen der alten Gepflogenheiten vorfinden..." (Fiedler 1960, 36) Hofmann schreibt, das Stammbuch führe „... als eine Modespielerei von Sextanern und Backfischen in der dürftigen Gestalt des „Poesiealbum" ein wesenloses Scheindasein." (1926, 55). Das „wesenlose Scheindasein" ist, wie sich herausstellt, Ende des 20 Jh. sehr real. Zumindest beweisen das die 60 Poesiealben, die mir zugänglich gemacht wurden. Das älteste stammt von 1895, es gehörte einer damals 18-jährigen; die neuesten stammen von 1995, sie gehören 11 bis 12jährigen Mädchen. Herkunftsländer: Deutschland, Schweiz (alem., frz.), Österreich.

   Schon ein Blick auf Eintragungen im 18. und dann im 19. Jh. macht deutlich, daß kaum eine Veränderung im Inhalt der Sprüche festzustellen ist. „Insgesamt gilt auch für diese Zeit, daß mehr Beharren und Bewahren festzustellen ist als Neuerungen. Lang ist wieder die Aufzählung dessen, was vorher schon so oder ähnlich war." (Angermann 1971, 79). Wie stellen sich nun die Verhältnisse zwischen dem 19. und 20. Jh. dar?

Das Zeitalter der industriellen Revolution – das frühe 19. Jh. – ist zugleich eine Epoche der Umverteilung von Macht. Der Adel verliert sie, das Bürgertum gewinnt sie. Macht ist jetzt mehr und mehr an die individuelle Leistungsfähigkeit gebunden. Jeder, der zum Bürgerstand zählt, soll gleiche Chancen haben seine Vorteile wahrzunehmen. (Mesmer 1988, 9/10) Die aufkommenden Märkte werden mehr und mehr durch Angebot und Nachfrage bestimmt. Damit ist zugleich das Konkurrenzprinzip verbunden. Wollte man die Konkurrenz nicht vermehren, dann galt es, sie so klein wie möglich zu halten. Das konnte auf unterschiedliche Weise geschehen, z. B. indem ganze Gruppen vom Zugang zu politischem Wirken und zu den wirtschaftlichen Märkten ausgeschlossen wurden. Wen wundert's, daß dies u. a. die Frauen waren. Sie wurden stärker als schon im 18. Jh. an den häuslichen Wirkungskreis gebunden, der zugleich mit neuen Pflichten und Werten versehen wurde. Frauen hatten vor allem die ‚inneren' Werte zu pflegen wie Sanftheit, Bewahren, Tugendhaftigkeit, Bescheidenheit, nach Utrio hatten sie sich anzulehnen an den Mann, sollten zu ihm aufblicken. Sind das Werte, die sich noch im 20. Jh. in Poesiealben wiederfinden?

Im ausgehenden 19. Jh. finden sich folgende Prosazeilen:

1897   *Gib Dein Herz nicht hin an Idole wie Lust oder Geld.*
                                                              (frz. CH)

Hier wird deutlich, daß das Streben nach äußeren Werten, nach Geld und Besitz oder auch nur nach Lustgewinn für Frauen als unangemessen galt. Wertvoller ist offensichtlich das Herz, das im 19. Jh. stärker als heute, als Metapher für innere Werte gebraucht wird.

1897   *Schritte zum Frieden: Handele lieber nach dem*
                        Willen anderer als nach dem Deinen.
                        Suche immer den bescheideneren Platz
                        und betrachte Dich niedriger als alle anderen.
                                                              (frz. CH)

Nach dem Willen anderer zu handeln kann bedeuten, daß der eigene Wille nicht entwickelt, oder daß der Wille anderer als der eigene wahrgenommen wird. Für Frauen galt das lange Zeit als angemessen. Inzwischen sind hundert Jahre vergangen, Frauen haben das Wahlrecht, sie können studieren, es gibt die gesetzliche Gleichberechtigung, es gab und gibt Frauenbewegungen, die für deren Durchsetzung auch im täglichen Leben kämpfen. Müssten deshalb nicht andere Verhaltensregeln für Frauen gelten? Und müssten diese nicht zu anderen Albumsprüchen führen als denjenigen des 19. Jh.? Zu denken wäre an

Ermutigungen, die eigene Stimme zu erheben und darauf zu bestehen gehört zu werden; – das hieße allerdings, an der Veränderung eines gesellschaftlichen Zustandes mitzuwirken, den viele Frauen erfahren – nämlich *nicht* gehört zu werden.

Welche Sprüche finden sich nun aber in Alben der letzten 45 Jahre:

1953 – 1987   *Wirf nicht für eitlen Glanz und Flitter*
                     die echte Perle deines Wertes hin.

1955 – 1993   *Strebe nicht nach großen Dingen,*
                     Bleibe lieber bei den kleinen,
                     Besser in der Hütte singen,
                     als in dem Palast zu weinen.

1966 – 1987   *So wie der Glanz der Sterne,*
                     so hell, so klar, so rein,
                     so möge auch Dein Leben sein.

Die Sprüche sind zwar nicht mehr die gleichen, in der einen oder anderen Weise enthalten sie jedoch vergleichbare Botschaften wie hundert Jahre zuvor. Die moralischen Sentenzen sind oft verbunden mit Versprechen, die auf Emotionen als Ersatzbefriedigung zielen. ‚Singen in der Hütte‘, heißt glücklich sein, sich zufrieden geben mit bescheidenen Dingen. Unterstellt wird, gleichsam als Trost, daß Wohlstand unglücklich macht. Diese Art von Sozialplattitüden sind auch heute durchaus nicht unbekannt.

1962 – 1985   *Je reiner und edler Deine Seele ist,*
                     desto inniger wirst Du geliebt werden,
                     und je mehr Du inneren Wert und innere
                     Kraft besitzt,
                     desto mehr kannst Du lieben.

1941 – 1993   *Sei einfach und bescheiden.*
                     das ist die schönste Zier,
                     dann mag Dich jeder leiden
                     und dieses wünsch ich dir.

Wer Seminare „Rhetorische Kommunikation" leitet weiß, daß die Angst nicht gemocht zu werden, Frauen vielfach daran hindert ihre Stimme zu erheben – sie schweigen lieber oder stimmen zu. Glaubt man der Gleichung „bescheiden" = „jeder mag Dich leiden", dann läßt sich mit Bescheidenheit die Zuwendung der Mitmenschen gewinnen. Das mag richtig sein – richtig ist jedoch auch, daß Frauen auf diese Weise nicht weiter stören, sie mischen sich nicht ein, in die „Ziele und Wege gemeinsamen Handelns". Genau genommen ist „gemeinsames Handeln" auf diese Weise gar nicht möglich. Gemeinsames erforderte nämlich die ausgewogene Beteiligung beider Geschlechter an Zielen und Wegen. Wenn Schreiberinnen noch 1993 Sprüche dieser Art in Poesiealben schreiben, dann ist anzunehmen, daß „bescheiden sein = geliebt werden" den

Mädchen auch heute bekannt ist. Das entspricht auch den Untersuchungen von Brown/Gilligan; sie zeigen in ihrer Longitudinalstudie, wie Mädchen lernen „nette Mädchen" zu sein. Der deutsche Titel lautet bezeichenderweise „Die verlorene Stimme".

Wie die zitierten Sprüche zeigen, finden sich Verhaltensvorschriften für Frauen und Mädchen des 19. Jh. auch im 20. Jh.. Die damaligen Erziehungsmuster für Mädchen leben auch in anderen Albumsprüchen weiter.

Im Laufe des 19. Jh. setzt sich die Trennung von Arbeitsplatz und Familie allgemein durch. In den wohlhabenderen gesellschaftlichen Kreisen sind Ehemänner und Väter tagsüber abwesend, sie können es sich leisten ihre Frauen für Heim und Kinder sorgen zu lassen. Mit diesem Wandel verändert sich auch die Einstellung zur Familie. Sie wird zum abgegrenzten privaten Raum, in dem Emotionalität ihren Platz hat. Getragen und gepflegt wird sie von der Ehefrau, der damit die Verpflichtung aufgebürdet wird, immer verfügbar für Mann und Kinder zu sein. Thürmer-Rohr (1989) stellt fest, daß die ständige Erziehung von Frauen zur Verfügbarkeit für die Bedürfnisse der Familie dazu geführt hat, daß Frauen Schwierigkeiten haben, sich völlig in einen Problemzusammenhang zu vertiefen.

Die „freudige Pflichterfüllung" für die Familie zeigt sich in den Alben auf zweierlei Weise. Zunächst in Sprüchen, die um Eltern- , besonders um Mutterliebe kreisen. Im 19. Jh. wurde die liebende Mutter „zum großen positiven emtionalen Symbol. Mütterliche Liebe schloß moralische Qualitäten und ungetrübte Liebe ein, von der Kinder unabhängig von ihrem Geschlecht profitierten." (Frisch 1997, 27) Die Albumsprüche weisen gleichzeitig in die Zukunft des jungen Mädchens, das ja künftig Ehefrau und Mutter werden soll und diese Rolle angemessen ausfüllen soll.

1925	*Betrübe nie dein Mütterlein.*
	es könnte Dich gereu'n,
	Oh glaub es mir, ersetzen kann es
	niemand Dir,
	Es ist so treu, so herzensgut,
	Du ahnst es nicht, wieviel es tut.

1972 -1993	*Werde Deiner Eltern Freude,*
	Lohne ihre Sorg und Müh,
	Sei gehorsam, sei bescheiden,
	und im Alter pflege sie.

Beide Sprüche fordern, daß Mädchen und Frauen sich an den Wünschen ihrer Mütter bzw. Eltern orientieren, selbst wenn sie sich dadurch nicht von ihnen ablösen können und abhängig bleiben. Dazu gehören Erziehungsmaximen, die Aggressionen als unerwünscht behandeln. Frisch schreibt „Von Mädchen und Frauen wurde eine völlige Unterdrückung ihrer Wut erwartet." (1997, 25) Diese Erziehungsmaximen durchziehen auch die Kinderliteratur für Mädchen im 19.

Jh., als Beispiel sei die heute noch vielgelesene Comtesse de Ségur („Les petites filles modèles") genannt. Erziehung zur Unterdrückung von Aggression gilt auch heute noch als Erziehungsziel für Mädchen (z. B. Mitscherlich; Belotti). Da sämtliche zitierten „Muttersprüche" sowohl im 19. Jh. als auch im 20. Jh. nahezu unverändert geblieben sind, bleibt die Frage, inwieweit auch die Fremdwahrnehmung und Selbstwahrnehmung der Mutterrolle unverändert geblieben ist.

Albumsprüche, die Mütter besingen, legen auch den Grundstein dafür, wie das Mädchen später einmal, wenn es eigene Kinder hat, die Mutterrolle auszufüllen hat. Im letzten Spruch kommt zum Ausdruck, was auch heute noch vor allem von Frauen erwartet wird: Die Pflege von Eltern und Schwiegereltern, aber auch von Kranken und Behinderten, wenn diese nicht in der Lage sind, sich selbst zu versorgen. Bestseller unter den Muttersprüchen im 20. Jh. ist:

Liebe das Mutterherz
solange es schlägt,
Wenn es gebrochen ist,
ist es zu spät.

Zum anderen zeigt sich die Eingrenzung auf emotional Familiäres in Sprüchen, die die Pflicht zum Gegenstand haben. Zu ihnen gehören die folgenden Verse, die so oder in ähnlichen Formulierungen in vielen Alben auftauchen.

1925 – 1995   *Beklage nie den Morgen,*
                der Müh und Arbeit gibt.
                Es ist so schön zu sorgen,
                für Menschen, die man liebt.

1978   *Es ist ein tiefer Segen,*
                der aus dem Worte spricht:
                Erfülle aller Wegen,
                getreulich Deine Pflicht.

1926 – 1958   *Bleib immer wie Du bist,*
                bleib immer tugendhaft!
                Und wage keinen Schritt,
                genieße kein Vergnügen,
                ja, meide jeden Schein, der eine
                Pflicht entweiht,
                die Gott und Ehre Dir gebeut.

Die Hausarbeit, die ständige Verfügbarkeit zum Wohle der Familie werden als „unentgeltliches Liebeswerk" (Mesmer 1988, 27) dargestellt. Im 19. Jh. war die Inpflichtnahme der bürgerlichen Frau eher nicht mit gleichzeitiger Berufstätigkeit verbunden, (wohl aber mit unentgeltlicher Arbeit in Wohltätigkeitsvereinen). Im 20. Jh. sind viele bürgerliche Frauen berufstätig. Insofern ist eine Veränderung eingetreten, dennoch ist es meist selbstverständlich, daß Frauen das „unentgeltliche Liebeswerk" Kinder, Haushalt, Ehemann weiterhin freudig übernehmen. In der Wahrnehmung vieler Frauen und Männer sind das immer noch weibliche Pflichten. Es scheint, als ob auch die Generation, die jetzt in Alben schreibt, mit dieser Sicht von Welt etwas anfangen kann.

Die Entwicklung der Industriegesellschaft, der aufkommende Liberalismus und der Ausschluß von Frauen werden im 19. Jh. nicht nur von Staat und Industrie getragen, sondern auch von den Kirchen. „Die als Bedrohung erlebte industrielle Revolution wird von den Kirchen nicht mit Namen ‚bürgerliche Gesellschaft' oder ‚Kapitalismus' benannt, sondern mit ‚Sittenverfall'". (vgl. Saurer 1990, 45) Ihm wollen die Kirchen entgegenwirken. Einmal wird das Gebet umgedeutet, „es wurde ihm ein neuer Effizienzbegriff zugeordnet. Die neue Wirksamkeit war jene der Selbstwahrnehmung und Selbsterkenntnis." Damit war eine größere Disziplinierung verbunden, die vor allem bei den Frauen eine Verstärkung der Pflichten mit sich bringen sollte. Bürgerliche Mädchen in den Städten sollten wahrhaftig und tugendhaft werden, es galt ihre „Phantasie zu zügeln" (48). Die Tugendpfade, die für Mädchen aus bürgerlichem Hause vorgesehen waren, sind in den zahlreichen Gebetbüchern für Frauen nachzulesen, die in dieser Zeit erscheinen und große Auflagen erreichen. Gebetbücher speziell für Frauen werden von früheren Passagen gereinigt, z. B. von solchen, in denen mit Bittgebeten Versprechungen verbunden sind und ganz auf Werte umgeschrieben, die für Frauen zu gelten haben. Es sind „religiöse Anstandsbücher" (ebd.), in denen Keuschheit als größtes Kleinod der Frau gilt. Frauen werden nicht nur in das reale Korsett der Mode des 19. Jh.s geschnürt, sondern auch im übertragenen Sinn in das Korsett der Tugenden, sie werden allein verantwortlich gemacht für Sitte, Moral, Reinheit, Bescheidenheit (Utrio, 1987, 403). Diese Werte tradieren Alben des gesamten 20. Jh.

1925

Demut, Sanftheit, Fleiß und Frohsinn
Sind des Mädchens Feierkleid,
Doch ihr Kranz ist Herzensgüte
Und ihr Kleinod Sittsamkeit.

In nahezu allen Alben findet sich:

Willst Du glücklich sein im Leben,
Trage bei zu anderer Glück,
Denn die Freude, die wir geben,
Kehrt ins eigene Herz zurück.

1938 – 1991

Sei brav und gut,
voll Fleiß und Mut,
fromm ohne Scheu,
Dir selber treu.

1941 – 1979

Keine Arbeit,
sondern allein der Müßiggang ist
schimpflich.

63/65

Was Du für andere tust,
bestimmt den echten Wert Deines Lebens.

Auch ein Bestseller durch 100 Jahre:

> *Blüh wie das Veilchen im Moose*
> *bescheiden, sittsam und rein*
> *und nicht wie die stolze Rose,*
> *die immer bewundert will sein.*

In allen Fällen handelt es sich um tradierte Sprüche, deren Autoren, gelegentlich auch Autorinnen, meist nicht mehr bekannt sind. Die Generation, die jeweils in Alben schreibt, übernimmt sie zum Teil aus den Alben der vorhergehenden Generation, d. h. Töchter übernehmen sie von ihren Müttern wie diese sie von ihren Müttern übernommen hatten. Der Einfluß derartig trivialer Sprüche scheint ungebrochen. Die Werte und Normen, die bis heute in vielen der Sprüche enthalten sind, benennen einige der Barrieren, die oft Frauen heute noch daran hindern, sich mit der Aussenwelt auseinanderzusetzen. Zugespitzt: Das Medium Poesiealbum kann als ein Mittel betrachtet werden, das dazu beiträgt, die Verhaltensnormen für Frauen des 19. Jhs. auch ins 21. Jh. zu übertragen. Es ist ein Mittel subkutaner Rhetorik.

Literatur

Angermann, Gertrud (1971): Stammbücher und Poesiealben als Spiegel ihrer Zeit. Münster

Belotti, Elena, Gianini (1974): Du côté des petites filles. Paris

Brown L. M. /Gilligan, C. (1994): Die verlorene Stimme. Wendepunkte in der Entwicklung von Mädchen und Frauen. Frankfurt, New York; (Originaltitel: Meetings at the Crossroads, Harvard University Press 1992)

Comtesse de Ségur (1995) (zuerst 1858): Les petites filles modèles. Paris

Fiedler, Alfred (1960): Vom Stammbuch zum Poesiealbum. Eine volkskundliche Studie. Weimar

Frisch, Ingrid (1997): Eine Frage des Geschlechts? Mimischer Ausdruck und Affekterleben in Gesprächen. St. Ingbert

Hofmann, J. (1926): Ein Stammbuch aus vier Jahrhunderten, Leipzig

Grimm, Jakob und Wilhelm (1960): Deutsches Wörterbuch, Bd. 17. Leipzig, Berlin, Sp. 646-648

Mesmer, Beatrix (1988): Ausgeklammert – eingeklammert. Frauen und Frauenorganisationen in der Schweiz des 19. Jahrhunderts. Basel

Mitscherlich, Margarete (1985): Die friedfertige Frau. Psychoanalytische Untersuchungen zur Aggression der Geschlechter. Frankfurt/M.

Saurer, Edith (1990): „Bewahrerinnen der Zucht und der Sittlichkeit", Gebetbücher für Frauen – Frauen in Gebetbüchern. L'Homme Zeitschrift für feministische Geschichtswissenschaft, 1.Jg., H.1, 37 – 59

Slembek, Edith (1990): „Blüh wie das Veilchen im Moose ...". In: Geissner, H. (Hg.): Ermunterung zur Freiheit. Rhetorik und Erwachsenenbildung. 277- 295 Frankfurt/M.

Thürmer-Rohr, Christina (1989): Forschen heißt wühlen. Einführung in: Thürmer-Rohr, Chr. et al.(Hg.): Mittäterschaft und Entdeckungslust. Berlin

Utrio, Kaari (1987): Evas Töchter. Die weibliche Seite der Geschichte. Hamburg, Zürich

KARENA R. LINDNER

Königin im Schachspiel oder Hauptdarstellerin im Theater?

Entweder/oder – sowohl/als auch?
Metapher – zeige Dein Gesicht!

„Rhetorik zwischen Tradition und Innovation" – so lautete der Titel der DGSS-Tagung 1998. Ein Element der Sprache – in ihrer schriftlichen wie mündlichen Realisation –, anhand dessen dieses Spannungsverhältnis zwischen Antik-Tradiertem und Modern-Innovativem exemplarisch dargestellt werden kann, ist die Metapher. Denn seit Beginn der antik-philosophischen Quellen ist sie Gegenstand der Auseinandersetzung bei Philosophen, Wissenschaftlern, Forschern. Der Hauptdiskussionsgegenstand und damit eines der zentralen Probleme über die Jahrhunderte hinweg, bildet dabei die Frage nach der Rationalität der Metapher: Ist die Metapher – metaphorisch gesprochen – die Königin in einem regelhaften Schachspiel oder die Hauptdarstellerin in einem modernen expressionistischen Theater? Ist die Metapher substituierbar und irrational, ist sie unvermeidbar aber irrational, oder ist sie unersetzbar und rational?

1. Antike Grundlegung und ihre Rezeption bei ausgewählten Frühaufklärern sowie deren theoretische Konzeption einer Metapher

Als klassischer Ursprungspunkt der Metapher wird die aristotelische Metapherntheorie angenommen. In der griechisch-lateinischen Rhetoriktradition galt die Metapher hauptsächlich als substituierbares und zugleich irrationales Redeornat, d. h. lediglich dem Schmucke der Rede dienend. Die Beurteilung der Metapher durch Aristoteles ist durchaus ambivalent: Ihre kognitiv-kreativen, orientierenden und argumentationspraktischen Funktionen werden hervorgehoben, aber ihr Geltungsbereich bleibt auf die Poetik und Rhetorik eingeschränkt.

Im 18. Jahrhundert wurden die antiken Gedanken von den Sprachnormierern wieder verstärkt rezipiert. Hinsichtlich der Fragestellung nach der Rationalität der Metaphern ist diese Epoche besonders interessant, da sie sich ja selbst unter den Primat der Vernunft gestellt hat, wie keine andere. Falsch ist die Ansicht, die untersuchten Frühaufklärer hätten die Metapher schlechthin als irrational abgelehnt. In einer eingehenden Untersuchung kommt man zu differenzierteren Ergebnissen.

Betrachtet man Konzeptionen zur Metapher innerhalb der poetischen Schriften bei Johann Christoph Gottsched, Johann Jacob Bodmer und Johann Jacob Breitinger, so ergibt eine vergleichende Studie dieser Theorien, daß die Autoren bei gleicher Ausgangslage an Quellenstudien von den Grundsätzen her eine analoge Metapherntheorie vertreten, aber doch auch voneinander divergieren. Sowohl Gottsched als auch Bodmer und Breitinger rekurrieren hinsichtlich ihrer poetischen Konzeption auf die Philosophie Wolffs. Sie halten Metaphern in der Dichtung für unerläßlich, möchten sie allerdings nach den von Descartes und Leibniz geforderten Thesen „Klarheit" und „Deutlichkeit" konstruiert wissen. Dieses Postulat der Deutlichkeit stellt das erste Gebot für die Schöpfung und den Gebrauch von Metaphern dar. Man solle gemäß der Frühaufklärer versuchen, diesem – in heutiger Terminologie – „Ein Eindeutigkeitspostulat" gerecht zu werden. Polysemie vermeidet man, indem man ein Wort immer in der gleichen Weise und nicht „bald in dieser, bald in einer andern Bedeutung", wie Johann Christoph Adelung (Styl 1785, 160) tadelnd formuliert, verwendet. Synonymie vermeidet man, indem für eine Sache oder einen klar und deutlich bestimmten Begriff immer dasselbe Wort gebraucht wird.

Als Grundaussagen für die Verwendung von Metaphern konnte ein „Sowohl-als-auch" festgestellt werden. Als Argument für ihren Gebrauch wurde z. B. die Kategorie der Ähnlichkeit genannt, die in der Übereinstimmung zwischen den Gegenständen oder Bildern liegt, die man sich von den Bezugsgegenständen macht. Ferner erhöhen Metaphern den Reichtum einer Sprache in zweierlei Hinsicht, sowohl qualitativ als auch quantitativ.

Entsprechend den Postulaten der Deutlichkeitskonzeption müßten alle Gegenstände, Gegenstandsqualitäten und -beziehungen in einem 1:1 Verhältnis abgebildet werden. Es ist aber schlechterdings unmöglich, für alle Gegenstandsqualitäten nur jeweils eine einzige lexikalische Einheit zu wählen. Aus diesem Grund argumentieren dieselben Autoren auch gegen die Verwendung der Trope „Metapher" sie beruhe auf der Bisemierung des Ausdrucks, einer „Verzweideutigung" und damit Polysemierung, die dem Eineindeutigkeitspostulat widerspricht. Der Verwendung von Metaphern wird oftmals wiederum nicht zugestimmt, da diese ein schwerwiegendes Übersetzungsproblem darstellen können. Die bei der Verwendung von Metaphern vorherrschende Ähnlichkeit zwischen den Gegebenheiten kommt der Eindeutigkeit zugute.

Mit Hilfe des Witzes lassen sich immer Ähnlichkeiten zwischen den Gegenständen erkennen. Die Metapher ist somit in ihrer Leistungsfähigkeit nicht überfordert, denn die Ähnlichkeiten unterschiedlichster Art lassen sich immer an etwas aus der Realität zurückbinden. Wenn man bei guten Metaphern das Tertium Comparationis nennt, verstößt man gegen den Witz und verärgert den intelligenten Leser, indem man ihn unterschätzt.

Die Verwendung und Anwendung von Metaphern in der schriftlichen und mündlichen Produktion von Texten steht jedermann als gemeines Recht zu.

Eine herausragende Rolle nimmt dabei jedoch der Poet ein, dem die *Bildung* von Metaphern zusteht. Es wird auch oftmals gegen die Poeten und deren freien Gebrauch der Metapher argumentiert.

Die Gelehrten betonen im Vergleich zu eigentlichen Ausdrücken die Vorzüge von Metaphern: Wie Gottfried Wilhelm Leibniz sagt, dienen eigentliche Ausdrücke der deutlichen Fassung ganz trockener Wahrheit (verité toute seche) (Leibniz 1765, 207). Breitinger betont ihre prosaische Mattigkeit (Breitinger 1740, 13), Bodmer ihre Plattheit (Bodmer 1741, 89). Die Metapher hingegen vermittle Licht, Nachdruck, Kraft, Zierde, Ansehen; sie streut „durch ihre mahlerische [!] Kraft Licht und Klarheit über den Ausdruck der Gedanken." Das Entscheidende bei Termini wie Kraft, Nachdruck, Zierde liegt darin, daß sie eine besondere Wirkungskategorie beinhalten, nämlich das über die Sachdarstellung hinausgehende Ergötzen: Wenn man nun aber die Wirkungskategorie des Ergötzens mit einbezieht, so fällt die Metapher aus dem darstellungsfunktionalen Rahmen heraus.

Besonders gelungene Metaphern führen gerade wegen ihres Bezugs auf mehrere Gegenstände zu neuen und unerhörten Gedanken, gewinnen also gleichsam Erkenntnisfunktion. Die Metapher habe die besten Bedingungen, die von der Sprache des poetischen Malers gefordert werden, nämlich sinnliche Anschaulichkeit und Nachdruck. Sie sei zugleich annehmlich und zierlich und habe somit poetisches Wesen. Breitinger legitimiert die Metapher als ein Mittel der poetischen Malerei durch ihre Natürlichkeit und Sinnlichkeit. Das Formieren von Gleichnis-Bildern wird noch nicht als schöpferischer Prozess verstanden. Breitinger weist die Wahrscheinlichkeit von Metaphern nach, indem er sie als Produkt einer „aufrichtigen" Feststellung von Ähnlichkeiten erklärt, einer Fähigkeit also, die in der Wolff'schen Schule gemeinhin dem „Witz" zugesprochen wird.

Alles in allem läßt sich sagen, daß Gottsched an der Vernunft als alles regulierender und kontrollierender Instanz festhält, während Bodmer und Breitinger der Metaphernbildung unter der Kategorie des Wunderbaren einen sehr viel größeren Spielraum geben. Metaphern sollen dem Primat der Vernunft unterliegen, möglichst klar konstruiert und nicht Kennzeichen einer ausschweifenden Phantasie sein. Trotz der „rationalistischen" Bestimmung ist die Metapher für die Schweizer vor allem Mittel der sinnlichen, nicht der geistreichen Rede. Das Wunderbare hat bei ihnen einen größeren Stellenwert als bei Gottsched.

2. Metapher in der heutigen Fachsprachendebatte

Mit den exemplarisch vorgestellten Metaphernkonzeptionen der Frühaufklärer ist gleichzeitig eine Diskurslinie angesprochen, die auf Aristoteles rekurriert. Diese betrachtet die Metapher letzten Endes nach einigem Für und Wider doch als regelverstoßende Kategorie und verbannt sie vor allen Dingen als uneigentliches Sprachmittel aus dem wissenschaftlichen Diskurs, da ihr die Wahrheitsfähigkeit abgesprochen wird. Metaphern werden so als irrational und substituierbar eingestuft.

Die im Titel dieses Artikels gewählte Metapher soll die Fragestellung um die Rationalität der Metapher verdeutlichen. Wäre die Metapher die Königin in einem Schachspiel, so könnte nur innerhalb bestimmter Regeln, die gesetzt sind, verfahren werden. Ferdinand de Saussure beispielsweise verwendet die Schachmetapher zur Exemplifizierung von Sprachen. Nach der Eröffnung eines Schachspiels sind für die ersten drei Züge von Weiß und Schwarz genau 729 Züge möglich. Man hat sich mit Vorgegebenem auseinanderzusetzen, wie der Anzahl der Spielfiguren, der quadratischen Form des Spielfeldes, etc.

Beachtet man demgegenüber die Theaterarbeit der Amerikaner R. Wilson und R. Schechsner, so kann das Theater als Rahmen einer gewährten Freiheit verstanden werden. Neue, im „Theatre du Soleil" (Paris) von Ariane Mnouchkine sowie in Mailand von dem Italiener Luca Ronconi entwickelten Spielweisen (revueartiger Text, Spiel in großen Hallen und Aktivierung des Publikums), bestätigen die Tendenz, das Guckkasten-Theater zu verlassen.

Auf der Suche nach der Beantwortung der Frage, ob die Metapher rational oder irrational sei, ist es die radikale Wahl – mit Umberto Eco gesagt –, die zu Anfang der Antwort steht. Betrachtet man Sprache als etwas gegebenes, geregeltes, genormtes und damit „Bedeutung" als etwas vorhandenes, dann kann jeder Verstoß gegen die Regel nur als Abweichung und damit als negativ bewertet werden. Im Falle der Tropen spricht man daher von dem un-eigentlichen Sprachgebrauch, der per definitionem vom genormten, d. h. eigentlichen Sprachgebrauch abweicht.

Aus der Sicht von Forschungsbeiträgen zur Metapher in der heutigen Wissenschaft stellen sich die Fragen, welche Innovationsmöglichkeiten mit dem Gebrauch von Metaphern verbunden sind und welche Konsequenzen sich für den Bereich Forschung und Lehre daraus ergeben.

Bernard Debatin hat auf die Besonderheit hingewiesen, daß Metaphern einen „rationalen Vorgriff" leisten können, indem sie in ihrer bildhaften Weise vor dem Begriff oder dem Terminus stehen, und sie gelten als Vorgriff, der rational ist, indem sie auf Erfahrungswerte zurückgreifen und einen Spielraum eröffnen, in dem noch Unbekanntes reflektiert werden kann. Metaphern bilden nicht substanzontologische Ähnlichkeiten ab, wie dies vor allen Dingen die Auffassung der antiken Rhetoriker und der Aufklärer war; sondern sie setzen bzw. schaffen sprachlich Ähnlichkeiten in semantischen Feldern. Dabei ist die Kategorie der Ähnlichkeit keine feste Größe, vielmehr wird ein Raum eröffnet, in dem Grade von Ähnlichkeiten in dialektische Beziehung zueinander treten können. Es wird ein Prozeß der wechselseitigen Bedeutungserzeugung durch die Verknüpfung von verschiedenen semantischen Feldern eingeleitet. Auf diesem Wege gelangt man zu dem Schluß, daß Metaphern unersetzbar sind, weil eine Paraphrasierung, das ist dann die „Ersetzung" in wörtliche Rede, nie den kognitiven Gehalt einer Metapher treffen kann. Mit einer gewählten Metapher – etwa „Liebe ist eine Rose" – wird eine Bandbreite an Möglichkeiten der Interpretation eröffnet, ein Spielraum, der den individuellen Konnotationen mehr Entfaltungsmöglichkeiten schenkt. Diese Eigenschaft von Metaphern (unersetzbar zu sein), kann man als Emphase bezeichnen.

Anhand der von Mary Hesse (1996) konzipierten Netzwerktheorie von Sprache läßt sich die Erzeugung von Bedeutung bei der Verwendung von Metaphern erklären. Nach dieser Theorie sind die Bedeutungen von Wörtern netzartig miteinander verwoben. Die Verwobenheit kommt durch die Familienähnlichkeiten zwischen den Bedeutungen zustande. Hesse rekurriert auf Wittgensteins Theorem: Die Bedeutung eines Wortes ist sein Gebrauch in der Sprache und zeichnet dementsprechend ihr „Netz". Es gibt keine von der Natur vorgegebenen, eindeutigen Kriterien der Ähnlichkeitsklassifikation. Bedeutung ist das Ergebnis eines Netzwerkes von Relationen, die dynamisch miteinander in Verbindung stehen. Hesse verstärkt Blacks Betonung der kognitiven Funktion der Metapher. Diese vermag es, die alte semantische Ordnung in Frage zu stellen, indem sie per se reflektierend und rekategorisierend wirkt. Diese Fähigkeit von Metaphern, Implikationen hervorzurufen und zu Interpretationen Anlaß zu geben, kann man als Resonanz bezeichnen.

Der rationale Vorgriff, den Metaphern leisten, bietet zugleich eine Darstellung des Gegenstandes an und eröffnet verschiedene Perspektiven auf diesen Gegenstand.

Metaphern lassen sich typisieren in lexikalisierte, konventionalisierte und innovative. Dabei sind Metaphern nicht feststehend zuordbar, sondern können innerhalb des Systems diffundieren. Beispielsweise können innovative Metaphern durch sehr häufigen Gebrauch konventionalisiert und schließlich lexikalisiert werden.

Die traditionserfüllte Lichtmetaphorik des 18. Jahrhunderts ist ein besonders eindrucksvolles Exempel für die schöpferische und innovative Wirkung von Metaphern. Indem sie dem Jahrhundert seinen Namen – Zeitalter der Aufklärung – verleiht, faßt sie eine breite Geistesströmung zusammen, die aus vielen Quellen gespeist wird. Als absolute Metapher – nach Blumenberg (1971) – besitzt sie welterschließende Kraft. Indem die Metapher als eine Kategorie ausgewiesen werden kann, die menschliche Erfahrungen artikuliert und damit aktualisiert, aber auch in ihrer spannungsvollen Offenheit reflektiert und damit modifizieren kann, ist auch ein Brückenschlag zu ihrer besonderen Beziehung zur Theologie und innerhalb der theologischen Fachsprache möglich. Gerade in dem Bereich, der Transzendenz zum Ausdruck bringen soll, sind Metaphern unerläßlicher Bestandteil der Fachsprache. Sie machen sprachlich faßbar, was unfaßbar ist und eröffnen einen weiten Raum, um darin Erfahrungen und

Grundaussagen über Gott zum Schwingen zu bringen. Gleichsam müssen diese Metaphern für Gott auch wieder in sich und an ihm zerbrochen werden.

Die große Anzahl von Arbeiten zur Metapher in den letzten drei Jahrzehnten, macht das aktuelle Interesse an der Metaphernproblematik hinsichtlich der Fachsprachen deutlich. Neben der Erforschung der Wissenschaftssprache der Gynäkologie ist auch die Sprache über Aids ein Thema des wissenschaftlichen Diskurses. Neben Susan Sontags Abhandlung „Aids und seine Metaphern" (1989), untersucht beispielsweise Varela (1991) die Sprache der medizinischen Immunologie und kommt zu dem Ergebnis, daß sie weitgehend von einer Kriegsmetaphorik bestimmt ist. Hinzuweisen sei an dieser Stelle auf ein Forschungsprojekt, das von Wolf-Andreas Liebert in Zusammenarbeit mit anderen verfolgt wird. Das Projekt trägt den Namen TLMSF, der ein Akronym ist für: „Das Theoriesprachliche Lexikon der Metaphernmodelle als Sprachreflexionsmittel im Forschungsprozeß". Den theoretischen Hintergrund des Projekts bilden die Kognitive Linguistik sowie das Analoge Denken und Problemlösen. Ziel des Projekts ist es, am Beispiel der virologischen Aidsforschung zu untersuchen, wie Metaphern in den naturwissenschaftlichen Denkprozeß eingebunden sind; des weiteren, wie Wissenschaftler angeleitet werden können, sich ihres eigenen Metaphernsystems bewußt zu werden und dieses spielerisch zu verändern. Ferner soll ein Hypermediallexikon mit Namen „Lascaux" entwickelt werden, das das Metaphernsystem einer konkreten Forschergruppe abbildet und schließlich als innovatives Sprachreflexionsmittel zusammen mit dem ausgewählten Forscherteam erprobt werden soll. Metaphern nehmen innerhalb der Fachsprachen eine ganz besondere Schlüsselfunktion ein. Es kann bewiesen werden, daß die Metapher – entgegen der Auffassung z. B. John Lockes – gerade in diesem Bereich theoriekonstituierend wirken kann. Damit ist auch Nietzsches These von der Unvermeidbarkeit, aber Irrationalität von Metaphern widerlegt (Nietzsche, Werke, IV, 546). Die Metapher ist die unvermeidbare, aber rationale Bedingung der Vor-läufigkeit jeder Erkenntnis.

Mit Giovanni Battista Vico sei ein später Humanist genannt, der als Rhetorikprofessor in Italien etwa zeitgleich zu einer diametral anderen Konzeption von Metaphorik gelangte als Gottsched, Bodmer und Breitinger. Metaphern sind aus seiner Sicht unersetzbar und vor allem rational (Vico, PNW, § 404, 191). Vico kann mit seiner Ansicht als Vorläufer der heutigen Konstruktivisten genannt werden.

Auf der Grundlage, dieser – in ihrer radikalen Art auch von Ernst von Glasersfeld vertretenen Theorie – kann auch die Metapher unter den Kriterien, die alle bisher dagewesenen Paradigmen aufheben, betrachtet werden. Metaphern erweisen sich geradezu als besonders gutes sprachliches Mittel, um dasjenige, was der Konstruktivismus aussagt, zu betonen.

Alles in allem läßt sich sagen: Metaphern können einen rationalen Vorgriff leisten. Die Grundfunktion des rationalen Vorgriffs kommt zum Tragen in der:

– kreativ-kognitiven Funktion,
– der orientierend-welterschließenden Funktion und
– der kommunikativ-evokativen Funktion.

Die Metapher kann die Funktion eines rationalen Vorgriffs haben. Allerdings besteht dabei die Gefahr, daß sie von einem Denkmodell, das Erkenntnis eröffnen soll, zu einem Denkmodell wird, das kontraproduktiv wirkt und damit die Erkenntnisleistung eher behindert. Ein Beispiel hierfür ist die Metapher des Gefäßes für das menschliche Gedächtnis. Die Gefäß-Metaphorik bringt eine Raumvorstellung zum Ausdruck, so daß Wissenschaftler lange Zeit nach der Lokalisierung des Gedächtnisses im Gehirn suchten und zunächst nicht auf die Bedeutung der neuronalen Verknüpfungen und das von ihnen gebildete Netzwerk aufmerksam wurden. Die Rationalität einer Metapher hängt letztlich davon ab, ob der jeweilige Vorgriff, den sie vornimmt, durch kritische Reflexion hinsichtlich des Sinnes und seiner Geltung gerechtfertigt werden kann, d. h. ob er seine Funktion im Rahmen des zu Erreichenden erfüllt. Das bedeutet, daß die Metaphorisierung von Sprache reflexiv stattfinden muß. Die Legitimation einer speziellen Metapher erlangt diese nicht durch die Rückübersetzung in wörtliche Ausdrücke, sondern das metaphorische Potential läßt sich nur in kritischer Weise ausschöpfen, indem Prozesse der Metaphernbildung, -erweiterung, -veränderung, -erschöpfung, -konfrontation und -historisierung systematisch in Gang gesetzt werden.

Die Metapher als komplexes, multidimensionales Phänomen kann nicht von einem einzelnen theoretischen Ansatz aus erklärt werden, da ansonsten wichtige Phänomene ausgeblendet werden.

Die umfassende Bestimmung der Rationalität der Metapher ist folgende: Als genuine, sprachliche Form der Verständigung ermöglicht die Metapher im evokativen Rückgriff auf Wissen, Erfahrung und Erwartung einen orientierenden und welterschließenden Vorgriff auf theoretische wie praktische Zusammenhänge (Debatim 1995, 337). D. h. sie kann in einem Rückgriff auf Wissen, Traditionen und Konventionen einen innovativen Vorgriff herstellen, indem sie neue Perspektiven eröffnet oder alte Perspektiven neu beleuchtet. Nach Hörmann gilt, „daß eine Metapher Bewußtsein schafft, nämlich das Bewußt-Haben einer bisher nicht vorhandenen Denkperspektive." (Hörmann, 1971, 323).

Die Metapher kann als ein „interdiskursives Übersetzungsmedium" fungieren, da sie es vermag, Erfahrungen von lebensweltlich-konkreter Art mit wissenschaftlich-abstrakten Erfahrungen und Ergebnissen zu verknüpfen.

Als eine „Als-ob"-Prädikation, wie es Kant (Prolegomena § 57, Abs. 15) bezeichnet, kann die Metapher durch die Prädikation Unverbundenes und de facto Unverbindbares identisch setzen, jedoch bleibt die Spannung des „Nicht-identisch-Seins" erhalten. Unter dem Vorbehalt der Perspektivität ist die gesetzte Identität von hypothetischer Natur. In der Einheit von Sichtweise und

Gegenstandsdarstellung liegt die „Synthesiskraft" der Metapher, die schon von Vico in den Mittelpunkt der metapherntheoretischen Überlegung gestellt wurde. „Die Lebenswelt ist eine Welt auf Widerruf. Die Metapher manifestiert diesen unüberschreitbaren Sachverhalt exemplarisch. In ihr artikuliert sich der unbestimmte Erwartungshorizont erstmal." (Blumenberg 1971, 164f), konstatiert Blumenberg sehr treffend.

Die Rationalität von Metaphern bemißt sich daran, inwiefern sie als ein sprachliches Medium der Imagination dienen können, mit deren Hilfe sie Konzeptualisierungs- und Anschlußleistungen innerhalb von Erfahrungen und Kommunikation erbringen und damit zwischen divergierenden Erfahrungs- und Diskursbereichen vermitteln helfen.

Erst die Metaphernreflexion im kommunikativen Prozeß zwischen Sprecher und Hörer, in dem metaphorische Bedeutungen ausgehandelt werden und ihre Geltung kritisiert oder akzeptiert wird, kann deshalb über die Rationalität des metaphorischen Vorgriffs und die Rationalität der Metapher Aufschluß geben. Damit muß man sich auch von dem erstrebenswerten Ziel der Objektivität, die gerade in Abbildtheorien vertreten ist, verabschieden. „Reine Objektivität ist demnach grundsätzlich unmöglich. Sie ist dies übrigens bereits von Begriff und Wortsinn her: Ohne jemanden, dem das Objekt wörtlich „entgegengeworfen" würde, für den es Gegenstand wäre, gäbe es kein Objekt. Dann aber darf sie auch nicht als Ideal-Maß fungieren." (Splett 1996, 28). Die Bedeutung einer Metapher ist als Konstruktion eines Bedeutungszusammenhanges aufzufassen.

Die Metapher ist ein semantischer, großer Attraktor, der durch seine vorgreifende Evidenz die kreative Produktion von Sinn fördern kann. Erst in der kommunikativen Alltagspraxis, in ästhetischer Produktion und Rezeption, in moralisch-politischer und theoretisch-wissenschaftlicher Diskussion zeigt sich, wie Debatin betont, ob wir den habitualisierten Metaphern noch Glauben schenken oder mit neuen Metaphern unsere Wirklichkeit neu beschreiben, erfahren und verstehen wollen.

„Wir möchten gerne die Welle kennen, auf welcher wir im Ozean treiben, allein wir sind die Welle selbst." (Schmidt 1979, 66). Daher gilt es im Sinne des Konstruktivismus', – der nach Schmidt als eine Theorie zweiter Ordnung verstanden werden kann, da er die Beobachtung selbst beobachtet –, die Produktion von Metaphern zu nutzen, und damit sinnvoll Wirklichkeit zu konstruieren.

Metaphern waren, sind und bleiben zentrales sprachliches Element permanenter hermeneutischer Welterschließung im Theoretischen, Praktischen und Ästhetischen.

Metapher ist eine „sowohl als auch Kategorie". Als Königin im sprachlichen Schachspiel ist sie an die Sprache per se gebunden, da sie eines ihrer konzipierenden Elemente ist. Wenn wir jedoch von einer prinzipiellen Metaphorizität von Sprache ausgehen, ist sie auch Hauptdarstellerin im modernen Theater, die lebt im Kommunikationszusammenhang zwischen Regisseur und Publikum, mit dem sie in Interaktion tritt. So gesehen kann die Metapher – um dies hypostasierend zu sagen – erst im kommunikativen Austausch zwischen Produzent und Rezipient ihr Gesicht zeigen, d. h. für die Verständigung und den Austausch rational hinderlich oder fördernd sein.

Nach Odo Marquard gilt: „Keine Wissenschaft und keine Philosophie kommt aus ohne Bilder und Mythen: Jede ist metaphernpflichtig. Erlauben Sie mir, das salopp zu formulieren: Wie beim Grog gilt: Wasser darf, Zucker soll, Rum muß sein, so gilt bei der Philosophie [wie bei der Sprachgeschichtsforschung, K. L.]: Formalisierung darf, Terminologie soll, Metaphorik muß sein, sonst nämlich lohnt es nicht: dort nicht das Trinken und hier nicht das Philosophieren." (Marquard 1998, XXI)

Literatur

Adelung, Johann Christoph (1785): Über den deutschen Styl, 1., 2. u. 3. Teil, Berlin. Reprographischer Nachdruck Hildesheim/New York 1974

Blumenberg, Hans (1971): Paradigmen zu einer Metaphorologie. In: Archiv für Begriffsgeschichte, Bd. 16, Frankfurt, 160-214

Bodmer, Johann Jacob (1741): Critische Abhandlung von dem Wunderbaren in der Poesie und dessen Verbindung mit dem Wahrscheinlichen. Stuttgart 1966

Breitinger, Johann Jacob (1740): Critische Abhandlung von der Natur, den Absichten und dem Gebrauche der Gleichnisse. Stuttgart 1967

Debatin, Bernard (1995): Die Rationalität der Metapher. Berlin/ New York

Gottsched, Johann Christoph (1742): Versuch einer critischen Dichtkunst. Berlin/New York 1973

Hesse, Mary (1966): Models and Analogies in Science. Notre Dame University Press
– (1980): Revolutions and Reconstructions in the Philosophy of science. Brighton

Kant, Immanuel (1965): Prolegomena zu einer jeden künftigen Metaphysik. Hrsg. von Karl Vorländer. Felix Meiner, Hamburg

Leibniz, Gottfried Wilhelm (1765): Neue Abhandlungen über den menschlichen Verstand. Frankfurt 1961

Liebert, Wolf-Andreas (1995): Metaphernreflexion in der Virologie. Das theoriesprachliche Lexikon der Metaphernmodelle als Sprachreflexionsmittel im Forschungsprozeß. Eine exemplarische Studie am Beispiel der Aidsforschung. Mannheim

Marquard, Odo: Entlastung vom Absoluten. In memoriam Hans Blumenberg. In: v. Graevenitz, Gerhart et al. (Hrsg.) (1998): Kontingenz. München, S. XVII-XXV

Nietzsche, Friedrich (Werke) (1985): Werke in 4 Bänden. Hrsg. von Gerhart Stenzel. Bergland, Salzburg

Schmidt, Siegfried J. (1979) Der Diskurs des radikalen Konstruktivismus. Frankfurt

Sonntag, Susan (1989): Aids und seine Metaphern. Hansa, München, Wien

Splett, Jörg (1996): Denken vor Gott: Philosophie als Wahrheits-Liebe. Frankfurt am Main

Varela, Francisco J. (1991): Der Körper denkt. Das Immunsystem und der Prozeß der Körperindividuierung. In: H. U. Gumbrecht/K. L. Pfeiffer (eds.): Paradoxien, Dissonanzen, Zusammenbrüche. Situationen offener Epistemologie. Suhrkamp, Frankfurt/Main S. 727-743

Vivo, Giovanni Battista (1990): Prinzipien einer neuen Wissenschaft über die gemeinsame Natur der Völker (übersetzt von Vittorio Hösle und Christoph Jermann). Hamburg

BETTINA GRUBER

Rhetorik des Geheimnisvollen –
Zu Topoi moderner Esoterik

In der Buchproduktion gibt es einen Bereich, der, wie man sich in nahezu
jedem Buchladen überzeugen kann, einen erheblichen Marktanteil einnimmt,
ohne daß ihm bis dato fachübergreifende wissenschaftliche Aufmerksamkeit
zuteil geworden wäre: Von seiten der Religionswissenschaft hat der französi-
sche Forscher Antoine Faivre, dessen Überblicksdarstellungen eine Wahrnehmung des hier diskutierten Feldes als solches erst konstituieren halfen, Pio-
nierarbeit geleistet, sich aber schwerpunktmäßig auf den Bereich bis zur Aufklärung konzentriert (Faivre/Voss 1995). Moderne Esoterik, ein Mischphäno-
men aus theologischen, philosophischen, literarischen und naturwissenschaftlichen Elementen, wie es etwa in der Anthroposophie Rudolf Steiners oder den
theosophischen Lehren der Madame Blavatsky zu Tage tritt, ist ein omniprä-
senter Teil jenes nicht spezifisch institutionalisierten „Interdiskurses" (Jürgen
Link), der freilich seine eigenen diskursiven Spielregeln ausgebildet hat. Esoterik bietet sich dergestalt aus literaturwissenschaftlicher Sicht zunächst als ein
ideales Objekt *diskursanalytischer* Beschreibung an. Gleichzeitig fällt der esoterische Text als in jedem Falle auf Persuasion und emotionale Beteiligung des
Lesers ausgerichtet in das klassische Gebiet der Rhetorik. Bevor wir uns der
Frage zuwenden, auf welcher Ebene sich solche Texte im Zusammenhang der
Rhetorik untersuchen lassen, soll der Begriff Esoterik in Abgrenzung zu den
verwandten Formen des Okkultismus und der Mystik kurz umrissen werden.
(An anderer Stelle habe ich dies ausführlich geleistet. S. Gruber 1998) Dies ist
nötig, denn der als exotisch geltende Gegenstand wurde lange weitgehend mar-
ginalisiert, statt ihn als historisch und soziokulturell aussagekräftiges Phänomen sichtbar zu machen. Diese hergebrachte Marginalisierung von Esoterik
und Okkultismus in der kulturwissenschaftlichen Forschung – denn für die
Mystik besteht eine weitgespannte Forschungstradition, die ihre eigenen Klas-
siker und Traditionen aufzuweisen hat – hat die Entwicklung befriedigender
Definitionen erschwert. So konnten die Begriffe nahezu beliebig füreinander
eintreten, und etwa „Aberglauben" und „Magie" als Stellvertreter für „Esoterik" oder „Okkultismus" firmieren, weil es legitimerweise vorrangig erscheinen
mußte, solch entlegenes Material überhaupt zu thematisieren. Vorausgeschickt
werden muß, daß es sich hier um eine Begriffsverwendung handelt, die sich
primär auf den Zeitraum einer Moderne bezieht, die über den ‚Epochenbruch'
des letzten Drittels des 18. Jahrhunderts definiert wird. Ein Interesse an einer

‚transhistorischen' Bestimmung der Phänomene liegt also nicht vor und wird, jedenfalls was Esoterik und Okkultismus betrifft, auch nur höchst bedingt und um den Preis einer Vernachlässigung funktionaler Gesichtspunkte für möglich gehalten.

Ebensowenig wie als anthropologische Invarianten sollen die im Titel angesprochenen Phänomene hier als archaische Restbestände behandelt werden, die findlingsgleich in die Moderne ragen. Meine These lautet im Gegenteil, daß es sich dabei gerade *nicht* um Marginalien und Kuriosa handelt, deren Erscheinen in der Moderne paradox wäre, und daß eine fruchtbare Erkenntnisperspektive darin liegt, sie statt auf historische und intrakulturelle Rekurrenz auf ihre spezifische Modernität hin zu befragen.

Ein Ansatz zu einer Unterscheidung zwischen den genannten Formen findet sich bereits beim Vater der Erkenntniskritik als Wissen von den Grenzen der Erkenntnis. Immanuel Kant hat in kritischer Absicht drei Typen von „Philosophen" ‚des Geheimnisses' skizziert, deren Erkenntnisweisen sich drastisch voneinander unterscheiden:

„Der Name der Philosophie ist, nachdem er seine erste Bedeutung: einer wissenschaftlichen Lebensweisheit, verlassen hatte, schon sehr früh als Titel der Ausschmückung des Verstandes nicht gemeiner Denker in Nachfrage gekommen, für welche sie jetzt eine Art von Enthüllung eines Geheimnisses vorstellte … Der Alchemist nannte sich philosophus per ignem.

Die Logen alter und neuer Zeiten sind Adepten eines Geheimnisses durch Tradition, von welchem sie uns mißgünstigerweise nichts aussagen *wollen* (philosophus per initiationem). Endlich sind die neuesten Besitzer desselben [sci.: des Geheimnisses] diejenigen, welche es *in sich* haben, aber unglücklicherweise es nicht aussagen und durch Sprache allgemein mittheilen *können* (philosophus per inspirationem)." (Kant 1796, 334)

Kants polemische Haltung ist offenkundig – er läßt keinen der Genannten als „echten" Philosophen durchgehen. Wichtig für unseren Kontext ist zunächst lediglich das allen Vertretern dieser Typologie Gemeinsame: Sie alle definiert Kant über den Bezug auf ein *zu enthüllendes Geheimnis*, wenn man so will also als Apokalyptiker im weitesten Sinn des Wortes. Alchemisten, Freimaurer und Inspirierte gelangen – idealtypisch – auf unterschiedliche Weise zu ihren Einsichten, die freilich als philosophische nicht firmieren dürfen. Der Alchemist ist *Praktiker* an der geheimnisvollen und widerständigen Materie. Der Logenbruder erhält, wie jedes Mitglied einer Geheimgesellschaft, sein Wissen durch *Einweihung*, also durch die Vermittlung exklusiver Co-Subjekte, die ihn auf die Höhe ihrer „Kenntnisse" heben. Der „welcher es in sich hat" schließlich, ist auf *Eingebung*, auf eine innere Stimme angewiesen, die er ad libitum für göttlich oder dämonisch halten kann, und deren Unterscheidung von seinem Ich letztlich unmöglich bleibt.

Die von Kant in eindringlicher Knappheit umrissenen Typen entsprechen dem, was wir heute als okkultistische, esoterische und mystische Annäherung an das „Geheime" unterscheiden können. Weniger ontologisierend wäre es allerdings, von einer *Schaffung* des Geheimen zu sprechen, das aus den Reden und Praktiken, die es thematisieren, ohne es je explizieren zu können, als eine Art Leerstelle entsteht. Das Geheime wird also auf *rhetorischem* Wege erzeugt, es ist unmittelbares Produkt von Redestrategien. Während die Mystik es als prinzipiell unaussprechlich nur umkreist und die Leerstelle dergestalt als solche ausweist, sind die beiden anderen Formen, um die es hier gehen soll, auf die Gewinnung und Vermittlung eines „Wissens" vom Geheimen ausgerichtet.

Ich gebe eine kurze Skizze beider Varianten. Beginnen wir mit dem Okkultismus, oder, in Anlehnung an Kant, mit der Praxis des „philosophus per ignem". Unter Okkultismus wird hier jede Praxis verstanden, die den Versuch unternimmt, Metaphysisches mit experimentellen Mitteln, also auf einem an den *Naturwissenschaften* orientierten Wege zu beweisen. Für den modernen Okkultismus scheint dabei kennzeichnend, daß seine theoretischen Überbauten nahezu beliebig wechseln können und dies meist nach Maßgabe der jeweils populär gewordenen wissenschaftlichen Paradigmen tun. Wir wollen den Terminus Okkultismus also für eine Praxis reservieren, die zur Beantwortung religiöser Fragen nicht auf theologische Dogmatik, sondern auf die Naturwissenschaft Bezug nimmt, also notwendigerweise nur in Zusammenhang mit modernen, funktional differenzierten Gesellschaften zu sehen ist. Häufig ist ja davon die Rede, okkultistische Interessen seien innerhalb der Moderne ‚paradox' und stellten einen schwerverständlichen ‚irrationalen Rest' dar. Ebenso wie die Esoterik gedeiht der Okkultismus aber nur in einer Zeit, die Wissenschaft und Religion streng trennt und die Anerkennung intersubjektiver Wahrheit nicht mehr an den Glauben, sondern ausschließlich an die Wissenschaft bindet. Karl Markus Michel hat im Kursbuch Esoterik von 1986 ironisch beobachtet, daß der Spiritismus „sich nicht nur auf den Boden der Tatsachen, des gesicherten Wissens, der strengen Logik stellt, sondern – wie kaum eine andere Disziplin es mehr wagt – sich als wahre Erbin der Aufklärung auf die *Vernunft* beruft." (Michel 1986, 84). Freilich müssen wir hinzufügen, beruft er sich auf die Vernunft in einer Weise, die die einschneidendste Errungenschaft aufklärerischen Denkens, Kants Metaphysikkritik, gerade unterläuft. Michel Foucault verweist in der „Ordnung der Dinge" darauf, daß das 19. Jahrhundert das Kantische Verbot einer inhaltlich gefüllten Metaphysik zunichte macht, indem es aufgrund der Differenz des Empirischen und des Transzendentalen als genaues Pendant zum Positivismus „Metaphysiken des Objekts, genauer Metaphysiken jenes nie objektivierbaren Grundes, von dem die Gegenstände zu unserer oberflächlichen Erkenntnis kommen", produziert (Foucault 1993, 302). Der Okkultismus, der danach strebt, Metaphysisches unter Rückgriff auf wissenschaftliche Verfahrensmuster empirisch zu belegen, kann als besonders drastischer Versuch jener Kopplung von Positivismus und Metaphysik gesehen werden, während die Esoterik, wie wir sehen werden, einen anderen Weg einschlägt. Dementsprechend erscheint das Okkulte nicht als eine prinzipielle *qualitas occulta*, die sich dem Eingeweihten erschließen könnte, sondern als ein vorläufiger und sich selbst auflösender Begriff: Mit dem Fortschritt der Wissenschaft werde „das Okkulte" verschwinden, indem es sich nämlich in Erklärbares auflöst. Okkultismus ist auch im Selbstverständnis vieler Okkultisten ein Phänomen des „Noch", etwas, was sich immer weiter zurückzieht, bis es vor der schließlich triumphierenden Naturwissenschaft verschwindet. So bezeichnet Tischner ihn als eine *„vorläufige* Zusammenfassung gewisser Tatsachengruppen" und moniert kritisch einen Sprachgebrauch, der schlichtweg jede „unbekannte Tatsache" als okkult vereinnahmt (Tischner 1921, 14 u. 15). Fakten werden auch hier als okkult im Verhältnis zu einem etablierten wissenschaftlichen Wissen aufgefaßt. Die Naturgesetze werden nicht aufgehoben oder um ein fremdes Prinzip ergänzt, sondern ihr Geltungsbereich wird lediglich erweitert. Der Okkultismus unterhält keine Beziehung zu seiner eigenen Geschichtlichkeit (das ist die Voraussetzung, die seinen positivistischen Gestus möglich macht): Er meint einerseits zu zeitlos wahren, weil naturgesetzlich begründeten, Wahrheiten vordringen zu können, andererseits verfällt er gerade damit dem linearen, geschichtsoptimistischen Fortschrittsdenken, dem das Verborgene stets nur vorläufig sein kann. Entsprechend ist seine Haltung zum Individuum und seiner Subjektivität. Er setzt nicht auf innere Gewißheit, sondern auf möglichst objektivierende oder pseudo-objektivierende Beschreibungsverfahren, da sein Interesse auf Konsens und Beweis, also auf Intersubjektivität gerichtet ist. Sein Ziel ist, kurz gesagt, eine Versöhnung szientifischer und metaphysischer Wahrheitsansprüche.

Etwas anders verhält es sich mit der Esoterik, allerdings erschließt eine Betrachtung des Begriffsfeldes auch Gemeinsamkeiten. Die Grundbedeutung des „nach Innen Gewandten" verweist urspünglich auf das Ausschließliche, Exklusive, Elitäre, der nur einem beschränkten Kreis von Auserwählten zugängliche Geheimlehre, wofür auch der Begriff der Arkandisziplin als „Bezeichnung für christliche Riten, zu denen der Ungetaufte keinen Zugang hat" (Biedermann 1991, 57) eintreten kann. Im weiteren Sinn umfaßt er alle Geheimlehren, auch die Alchemie. Die Betonung liegt dabei offenbar auf dem Aspekt des Geheimen *und* der Wissensvermittlung: Einen bloß politischen Geheimbund ohne Sonderlehre würde man nicht als esoterisch bezeichnen.

In diesem Sinn wird in der Literatur und Kunst das „Esoterische" als bewußte Schwer- oder Kaummehrverständlichkeit aufgefaßt, paradigmatisch exemplifiziert an Autoren wie Mallarmé.

Dieser gängigen und festgeschriebenen Bedeutung steht das Phänomen moderner Esoterik gegenüber, das sichtlich mit den beschriebenen klassischen Kriterien nicht mehr gefaßt werden kann: Die beim Betreten eines esoterischen Buchladens einsehbare Literatur ist ihrer Auflagenzahl und Intention nach nicht auf Exklusivität oder gar Elitismus festzulegen, bündische Elemente dürften rare Einzelfälle darstellen und sind naturgemäß nicht charakteristisch für, das, was den Erfolg von Esoterik ausmacht und sich in einem publizistischen „Boom" ausdrückt.

Stattdessen präsentiert sich Esoterik (ein Begriff, der hauptwörtlich zur Kennzeichnung des Phänomenkomplexes erst sehr spät entsteht: So ist er im französischen Bereich angeblich erst auf den „Zeremonialmagier" Eliphas Lévi, einen Zeitgenossen Baudelaires (!), zurückzuführen) als eine Form mit der Moderne gleichursprünglicher *Kulturkritik*, die verschiedene, aber immer wiederkehrende Motive integriert. Die Begriffsübertragung zehrt dabei wohl mehr als von Variante 1 von einer Bestimmung, die Esoterik religiöse Lehre vom Geheimnisvollen bedeuten läßt: Hier ist also nicht die Lehre selbst geheim, sie behandelt aber das Geheimnisvolle auf notwendig schwerverständliche Weise – dieses schützt sich gewissermaßen durch seine inhärente Dunkelheit selbst. Geheim oder geheimnisvoll (nicht unmittelbar, u. U. durch diskursiv verfahrende Erklärungen gar nicht verständlich) ist hier also nicht die Organisation, sondern der Inhalt. Für die moderne Esoterik hat dieses geheime Wissen stets einen gegenkulturellen Sinn.

Wie unterschiedlich die genannten Praxisformen also auch sind, sie haben eines gemeinsam: Sie versprechen die Schließung einer Leerstelle, freilich einer Leerstelle, die sie erst geöffnet haben (im Gegensatz zu wissenschaftlichen Formen des Wissens ist die Schließung nicht vorgesehen).

Unter „Esoterik" wird hier also nicht das in ästhetischer Absicht hermetisch Verschlossene, stilistisch Anspruchsvolle und Schwerverständliche verstanden, sondern ein *diskursiv vermitteltes Wissen über Welt und Seele*. Hatten wir es beim Okkultismus mit einer auf die Naturwissenschaften orientierten experimentellen Praxis zu tun, so hier mit lehrhaft, also per Autorität, vermitteltem religiös-philosophischen Sinn und seiner Ausarbeitung zu systemhaften Textcorpora. Als geradezu klassische Formen der Esoterik lassen sich die Theosophie E. P. Blavatskys und Rudolf Steiners Anthroposophie ansprechen. Das Selbstverständnis dieser Argumentationssysteme läßt sich mit Antoine Faivre (1987) jedoch wie folgt beschreiben:

„Modern esoteric currents – that is to say, those that have appeared since the Renaissance – have defined themselves as a reaction against this [sci.: epistemological] rupture and as the continuation of the earlier tradition, preserving or reestablishing a sense of the relationships that unite man, the world and the divine."

Diese Selbstbeschreibungen, mit denen esoterische Lehren sich selbst als Verwalter und Retter der Einheit in einer disparaten Zeit verorten, verstellen indes den Blick darauf, daß es eben und ausschließlich die inkriminierte Grundsituation der Moderne ist, welche die Voraussetzungen für die Entstehung und das Gedeihen der fraglichen Phänomene liefert. Esoterik ist als *Spezialfall von Kulturkritik* aufzufassen, gewissermaßen als deren *praktische Variante* – eine Kulturkritik, deren zentrales Anliegen es nicht ist, sich als Philosophie im Wissenschaftssystem zu verankern, sondern ein eigenes Orientierungswissen aufzubauen, das, im Gegensatz zur meist abgewerteten, nur an ihrer eigenen Stringenz orientierten philosophischen Spekulation, unmittelbar lebenslenkend wirken soll.

Mögliche Ansätze rhetorischer Untersuchung

Auf welcher Ebene nun ist die esoterische Textproduktion einer rhetorischen Analyse zugänglich? Eine Untersuchung der Tropen und Figuren an einem größeren Textkorpus ist sicherlich möglich, und es wäre interessant herauszuarbeiten, ob sich eine Präferenz für bestimmte Elemente des Ornatus feststellen läßt.

Interessant ist auch die Beobachtung, daß sich die Esoterik keinem der drei antiken Genera, humile, mediocre und sublime, zuordnen läßt (auf der Ebene der *dispositio* also keine Selektion getroffen wird), da esoterische Texte auch alle drei zugeordneten Funktionen integrieren: Der Leser soll nicht nur, wie bei der Rezeption eines im engeren Sinne literarischen Textes, unterhalten und bewegt (die Funktion der Didaxe ist aus der modernen Literatur, wo sie auf Differenzierung beharrt, ausgegliedert), sondern auch belehrt werden. Diese Funktion teilen esoterische Texte mit populärwissenschaftlichen. Der Literatur, soweit man Esoterik als solche begreifen kann, wächst die beruhigende Möglichkeit der Lebenslehre zu, dem metaphysischen Interesse im Gegenzug die Freiheit der Fiktion (Gruber 1997, 120-135).

Am fruchtbarsten aber scheint die Annäherung über jenen Bereich, der im Zuge der Entstehung der Rede der Phase der *Inventio* zugeordnet wurde, die mit Hilfe von *loci* oder *topoi* zu erfolgen hatte. Ernst Robert Curtius charakterisiert die Topik als „Vorratsmagazin" der Rhetorik (Curtius 1978, 89), und eben diese Charakeristik macht auch klar, daß, um im Bild zu bleiben, dieses Magazin nach historischen und sachbezogenen Notwendigkeiten ganz unterschiedlich bestückt ist. Auf die Historizität der Topik weist Curtius denn auch nachdrücklich hin, wenn er das Werden neuer Topoi auch als ein „literaturbiologisches" (!) Faktum bezeichnet (92, §2). Dem historischen Argument muß ein systematisches zur Seite treten, denn Topoi können zwar zwischen verschiedenen Diskursen ausgetauscht werden (wobei die Assimilationsmöglichkeiten der einzelnen Diskurse mit Sicherheit in hohem Maße variieren), gleichzeitig ist jeder Diskurs aber wiederum durch eine Kombination von Topoi charakterisiert, ohne die er nicht mehr identifizierbar wäre.

Esoterik läßt sich trotz der Situierung im Interdiskurs, die Jürgen Link für alle Formen von Vulgärphilosophie annimmt, durchaus als Diskurs mit eigenen Konturen behandeln, aus rhetorischer Sicht als Textsorte, die ihre eigene Konstellation von Topoi produziert. Diese sei ohne Anspruch auf Vollständigkeit anhand einiger Beispiele beleuchtet.

Zentrale esoterische Topoi

Das folgende Zitat, das als repräsentative Selbstdefinition moderner Esoterik erscheinen kann, entstammt einer neueren erfolgreichen Darstellung, die dem unbeleckten Leser eine Einführung in die Materie bieten möchte:

> „eine *jahrtausendealte* geistige Tradition der *Menschheit* [...], zu der wir, wenigstens im Westen, im Verlauf der letzten Jahrhunderte mehr und mehr den Kontakt verloren haben, die aber [...] die einzige Chance bietet, die *Herausforderungen der kommenden Epoche* zu bestehen. Der Weg zur Esoterik ist ein Weg, den jeder einzeln für sich gehen muß, selbst, wenn er sich mit Gleichgesinnten verbindet. Der esoterische Weg ist der Weg des Individuums in einer Zeit der Vermassung." (Leuenberger 1987, 7f. Hervorh. B. G.)

Hier werden die wesentlichen inhaltlichen Kennzeichen moderner Esoterik als Selbstbeschreibung angeführt, wobei nur eine Kombination dieser Motive erlaubt, von esoterischem Denken oder esoterischem Diskurs zu sprechen: Grundlegend versteht sie sich als *altes, bevorzugt sogar primordiales Wissen*, das sich im Gegensatz zur Wissenschaft auf ein *Ganzes* von Mensch und Welt bezieht sowie auf eine Einheit von Glauben und Wissen bezieht, und eine *Traditionskette* bildet, also auf persönliche Weitergabe von Wissen beruht. Bezeichnenderweise bereitet es darstellungstechnisch erhebliche Schwierigkeiten, die dieses Konzept tragenden Topoi isoliert voneinander darzustellen. Unser Versuch einer Illustration durch Textbeispiele wird uns also zirkulär zum Ausgangspunkt zurückführen.

Alter

Charakteristisch für diese Fixierung auf das ehrwürdige Alter ist die Einschätzung des okkultismusgläubigen Quellensammlers Kiesewetter um die Jahrhundertwende, der, ohne zwischen Esoterik und Okkultismus unterscheiden zu wollen, schreibt:

> „Der Occultismus *ist so alt wie die ihrer selbst bewußte Menschheit*, und selbst wo uns die *Hieroglyphen Ägyptens* im Stich lassen, führt uns die *Keilschriftliteratur der Euphrat- und Tigrislande in die graueste Urzeit des Menschengeschlechts hinauf* und zeigt uns, daß zum allermindesten tausend Jahre vor Beginn der beglaubigten Geschichte der Occultismus in seinem *Kern* derselbe war wie heute. Natürlich wechselten mit den verschiedenen Staatsreligionen seine *Formen*, und wir haben deshalb den stets gleichen *esoterischen Kern* unter den wechselnden Hüllen der *Dogmen* nachzuweisen sowie auch seine fortschreitende Weiterbildung und Ausreifung." (Kiesewetter o. J. [=1896], 3. Hervorh. B.G.).

Diese Berufung ist an erster Stelle eine Eigenschaft der von der Forschung zu beschreibenden Topoi, Semantiken und Diskurse, also ihres Materials. Sie besagt nichts über dessen historische Genese und Vermittlung, die realiter meist gerade nicht unter dem Etikett „Überlieferung" beschreibbar sein dürfte. Bruchlose Tradition ist, so steht zu vermuten, das Phantombild, das Esoterik von sich selbst zeichnet. Für eine methodisch befriedigende Untersuchung dieser Diskurse ist es unerläßlich, die esoterische Rede von „Tradition" auf der Ebene des Ornatus zu begreifen. Die Rede von der Traditionskette ist ein Topos, der der Legitimation der beanspruchten Wahrheit dient und seinen Ort nicht auf der Ebene hisotrischer Realität, sondern rhetorischer Wirkung hat.

Der Topos des Alters, der Unvordenklichkeit, verbürgt Kontinuität von Wissen und Wahrheit und kann sich zudem mit dem aus der Philosophie abgesunkenen Topos des geheiligten Ursprungs verbinden. Dieser muß freilich in der Gegenwart greifbar und mit dieser kompatibel sein. Die folgende Textstelle bietet ein gutes Beispiel für die Flexibiltität in der Verbindung von auf den ersten Blick konfligierenden Ansprüchen, welche die esoteriche Rhetorik auszeichnet.

„Je näher seine Quelle ist, desto reiner ist der Strom. Wenn man die ursprünglichen Prinzipien wiederentdecken will, muß man zur Quelle zurückgehen. Ein Strom hat in seinem Verlauf viele Zuflüsse, und die müssen nicht unbedingt verunreinigt sein. Wenn man sie auf ihre Reinheit prüfen will, braucht man sie nur mit dem jungfräulichen Strom zu vergleichen. Bestehen sie diese Prüfung, können sie ruhig im Hauptstrom mitfließen und seine Kraft verstärken. Genauso ist es mit der Tradition. Alles, was ihr nicht widerspricht, wird in sie integriert." (Fortune 1957, 12)

Während der Okkultismus im engeren Sinn dazu tendiert, sich positivistisch am Einzelfaktum festzuhaken, gilt das esoterische Interesse stets der Bildung möglichst dichter Sinnzusammenhänge.

Universelle Lesbarkeit

„Das Geheimarchiv, das die großen Geheimnisse der Welt enthält, ist ganz einfach die Welt selbst, mit allem, was in ihr kreucht, fleucht und fließt. … Esoterische Schulung besteht also im wesentlichen darin, den Umgang mit dem ‚Computer' zu lernen, um damit die seit Jahrtausenden in der Welt gespeicherten Daten zu erfassen und auszuarbeiten. Alle die heute bekannten esoterischen Systeme, Hermetik, die östlichen Yogawege, Schamanismus und andere, bilden jedes für sich ein solches Computersystem, die überraschenderweise fast die gleichen Kompatibilitässchwierigkeiten aufweisen wie die heutigen elektronischen Computer-Systeme. …Die ganze sichtbare Welt um uns kann als eine riesige Ansammlung von Datenträgern und Tonbändern betrachtet werden, voller Daten und Informationen, die man lesen und bearbeiten kann, wenn man weiß auf welche Weise. Aber auch jeder einzelne Mensch ist ein solcher Datenträger, und jedes echte esoterische Bemühen besteht darin, den Inhalt der in uns gespeicherten Informationen wachzurufen …" (Leuenberger 1987, 31 u.33)

Ich habe von dichten Sinnzusammenhängen gesprochen, wir sehen aus diesem Beispiel sofort, die Esoterik stellt hohe, ja höchste Ansprüche an die Lesbarkeit der Welt. Typisch ist dabei die Anpassung der Bildlichkeit an einen jeweils neuesten Standard, dem die Bildgeber entlehnt werden.

Während die Metapher von der Welt als Buch ehrwürdigen Alters ist, und die von der Welt als Archiv nur eine Erweiterung der Buchmetapher darstellt, deren Bildgeber ganz einfach multipliziert wird, zeigt die Verschiebung auf den

Computer einen entschlossenen Willen zum Modernismus. Während sich der Grundgedanke – alles bildet Sinn – nicht ändert, wird auf die Aktualität der Bildlichkeit größter Wert gelegt. Drittens fällt auf, daß es dieser Argumentation glänzend gelingt, dem Dilemma, das die Ko-existenz unterschiedlicher Religionen mit gleichem Wahrheitsanspruch mit sich bringt, zu entgehen: Statt eben Kantisch zu folgern, sich gegenseitig ausschließende Metaphysiken widerlegten dadurch die Möglichkeit von Metaphysik, wird der gegenteilige Schluß gezogen, alle hätten auf ihre Weise etwas von einer ihnen allen transzendenten Wahrheit erfaßt. Daß sich mit diesem Argument in modernen Informationsgesellschaften sehr gute Überlebenschancen für esoterische Doktrinen bieten, dürfte auf der Hand liegen. Das Argument fügt sich durchaus in eine aufklärerische Tradition und erinnert nicht zufällig an den in Lessings Ringparabel impliziten Toleranzaufruf: „man untersucht, man zankt, man klagt – umsonst: der rechte Ring war nicht erweislich." Die Radikalisierung dieses Nicht-Erweislich-Seins, nun erweitert um die nicht-monotheistischen Religionen, ist eben jener Aspekt der Moderne, den die Esoterik zu ihrer Ausgangssituation hat.

Die esoterische Kulturkritik also etabliert sich darüberhinaus als das Angebot eines Wissens, das Glauben und Wissen in einer höheren Einheit versöhnen und die bestehende Wissenschaft überbieten möchte.

Die Einheit von Glauben und Wissen

Dieser Topos ist für jeden esoterischen Text unhintergehbar, weil er den zentralen Anspruch des esoterischen Diskurses zum Ausdruck bringt. Die Tendenz zur Entdifferenzierung von Religion, Wissenschaft und Kunst läßt sich als Konstante der esoterischen Rede nachweisen, die hier ihre Affinität zum Kunstsystem zeigt (in dem ja ebenfalls stets eine Reparaturfunktion für Differenzierung beansprucht wird). Aus Platzgründen nur zwei Beispiele aus dem 19. und 20. Jahrhundert.

In bezug auf Magie, die vielen esoterischen Konstruktionen als ihre Praxisseite beigegeben ist, schreibt der „Zeremonialmagier" und ehemalige Abbé Eliphas Lévi, dem wir den Terminus „Esoterik" zu verdanken scheinen:

> „Magie vereinigt Sicherheit der Philosophie und Unfehlbarkeit und Ewigkeit der Religion in einer Wissenschaft. Sie versöhnt die beiden anfangs so entgegengesetzt scheinenden Begriffe, Glaube und Vernunft, Wissen und Glauben, Autorität und Freiheit vollkommen und unwiderleglich." (Lévi 1990, 9)

Wenige Jahrzehnte später fällt die programmatische Äußerung der Begründers der Anthroposophie, Rudolf Steiner:

> „Man macht nun ebenso, wie man zwischen Wissenschaft und Kunst eine strenge Scheidung macht, auch eine strenge Scheidung zwischen Wissenschaft und Sittlichkeit und Religiosität… Heute streben diese drei Zweige wiederum mit aller Macht in den unbe-

wußten und unterbewußten Tiefen des Menschen zu einer Einheit, zur Harmonisierung hin. ... In unserer Zeit erleben wir, bis zum höchsten Triumph entwickelt, die Trennung von Religion, Kunst und Wissenschaft. Das aber, was gesucht werden muß und was erst eine Verständigung finden lassen kann zwischen Ost und West, das ist die Harmonisierung, die innere Einheit von Religion, Kunst und Wissenschaft. Und zu dieser inneren Einheit möchte die Weltauffassung und Lebensanschauung, von der hier gesprochen worden ist und weiter gesprochen werden wird, führen." (zit. nach Kugler 1979, 22.).

Dieser Anspruch nach Einheit, der ja nur gestellt, nicht aber plausibel gemacht werden kann, verlangt nach einer Begründung, welche die Tatsache, daß dieses Wissen Konstruktion, also immer bloß selbstlegitimiert ist, zum Verschwinden bringt. Die Legitimierung erfolgt stets durch die gleiche Figur, nämlich durch die uns schon bekannte Berufung auf eine möglichst archaische Tradition, auf den „Strom durch die Jahrtausende", wie es der schon zitierte Leuenberger formuliert. Hier hat sich der oben angesprochene Zirkel geschlossen: Der Topos des archaischen Alters ist unablösbar von dem des durch Tradition geheiligten Wissens und der dadurch überlegenen Wahrheit, eine Überlegenheit, die ihrerseits wieder in der totalen Semantisierung der Welt und der Vereinigung von Glauben und Wissen ihren Ausdruck findet. Um diesen Einheitsanspruch zu begründen, wird wiederum die Figur des Alters bzw. des Ursprungs herangezogen.

Jeder Strom muß natürlich eine Quelle haben, denn in der Esoterik darf es, das ist vielleicht auch für die Rhetorik interessant, keine Rede ohne Ursprung geben. Dieser Ursprung kann dabei durchaus verschieden verortet werden: Beliebte „Findeorte" sind die Chaldäer, die Kultur des alten Ägyptens (ein Dauerbrenner seit dem 18. Jahrhundert), und natürlich Atlantis. Zum kulturkritischen Aspekt gehört die Aufwertung eines vermeintlich Uralten, das der Gegenwart überlegen ist:

„Warum sollten wir uns [also] so sehr dagegen sträuben, die Möglichkeit zuzugeben, daß die Antediluvianer uns um soviel in gewissen Wissenschaften voraus waren, daß sie vollkommen mit wichtigen Künsten vertraut waren, die wir jetzt als verloren bezeichnen, und daß sie deshalb in psychologischem Wissen ebenso ausgezeichnet gewesen sein können." (Blavatsky, o. J.)

Für Blavatsky ist die „Geheimlehre" das Urwissen der gesamten Menschheit, dessen stete unterirdische historische Präsenz von großer Bedeutung ist. Die Trägergruppen, denen man diese ‚Tradition' zuschreibt, erweitern sich je nach dem popularisierten religionsgeschichtlichen Wissens- und Interessensstand. Fanden in den zwanziger und dreißiger Jahren die Rosenkreuzer noch besonderes Interesse, so sind heute die Templer und die Katharer bevorzugte Träger einer imaginären Tradition.

Auffallen muß, daß die herausgearbeiteten Topoi – des Alters, der Lesbarkeit der Welt, der Partizipation verschiedener Doktrinen an *einer* höheren Wahrheit und der Vereinigung von religiösem und wissenschaftlichem Wissen –

allesamt einer inhaltlichen Konkretisierung unzugänglich bleiben müssen. Während esoterische Texte häufig suggerieren, ‚tieferes' Wissen in ‚geschlossener Hand' zurückzuhalten, das sich der Leser erst durch langjährige Praxis aneignen könne, wird schon aus der sehr kursorischen Betrachtung der Topik, wie sie in diesem Raum nur geleistet werden kann, deutlich, daß es gerade diese fehlende Konkretion ist, welche die Leistungsfähigkeit und den Erfolg esoterischer Diskurse ausmacht, allerdings in Verbindung mit der Vorstellung, Konkretion sei zu erreichen und das ‚Geheimnis' damit realexistent.

Literatur

Blavatsky, Elena P.(o. J.): Isis entschleiert. Ein Meisterschlüssel zu den Geheimnissen alter und neuer Wissenschaft und Theologie. Den Haag

Bornscheuer, L. (1976): Topik. Zur Struktur der gesellschaftlichen Einbildungskraft. Frankfurt a. M.

Curtius, Ernst Robert (1978): Europäische Literatur und lateinisches Mittelalter. 9. Aufl. Francke, Bern

Faivre, Antoine/Voss,K. A. (1995): Western Esotericism and the Science of Religions, in: NUMEN 42, 48-77

Faivre, Antoine: Esotericism. (1987) In: Encyclopedia of Religion. Ed. by Mircea Eliade et. alt. New York Bd. 5

Fortune, Dion (1957): Die mystische Kabbala. Bauer 1987, Freiburg i. Br.

Foucault, Michel (1993): Die Ordnung der Dinge. Eine Archäologie der Humanwissenschaften. 12. Aufl. Frankfurt a. M.

Gruber, Bettina (1997): Erfahrung und System. Mystik und Esoterik in der Literatur der Moderne. Westdt. Verlag, Opladen

– (1998): Mystik-Esoterik-Okkultismus. Überlegungen zu einer Begriffsdiskussion. In: Moritz Baßler/ Hildegard Châtellier: Mystik, Mystizismus und Moderne in Deutschland um 1900. Straßburg, 27-39

Heßelmann, Peter (1992): Rhetorische Grundbegriffe. In: Brackert, H., Stückrath, J.: Literaturwissenschaft. Ein Grundkurs (1992) Reinbek b. Hamburg, 118-129

Kant, Immanuel 1995 (1796): Von einem neuerdings erhobenen vornehmen Ton in der Philosophie In: Werke. Hg. v. Rolf Toman, Bd. 6. Köln, 334-354

Kiesewetter, Karl(o.J=1896): Der Occultismus des Altertums. Leipzig

Kugler, Walter (1979): Rudolf Steiner und die Anthroposophie: Wege zu einem neuen Menschenbild. 2. Aufl. Du Mont, Köln

Leuenberger, Hans-Dieter (1987): Das ist Esoterik. 3. Aufl. Freiburg i. Br. Bauer, Freiburg i. Br.

Lévi, Eliphas [=Constant, Alphonse Louis] (1990): Geschichte der Magie. 3. Aufl. Basel

Michel, Karl Markus (1986): Grüße aus dem Jenseits. Ein Forschungsbericht. In: Esoterik oder die Macht des Schicksals. Kursbuch (1986), 83-108

Steiner, Rudolf (1910): Die Erkenntnis der höheren Welten. Von der Einweihung oder Initiation. 1.Aufl.

Tischner, Rudolf (1921): Einführung in den Okkultismus und Spiritismus. München, Wiesbaden

ELLEN ZITZMANN

Nachrichten für Kinder und Jugendliche in Hörfunk und Fernsehen

Nachrichtensendungen haben das Ziel, jemanden zu informieren über etwas', Wissen zu vermitteln mittels Sprache (im Fernsehen mittels Sprache und Bildmaterial). Dies gilt auch für die Nachrichten der Zielgruppe der Kinder und Jugendlichen. Ich möchte anhand mehrerer Nachrichtensendungen der Frage nachgehen, welche Informationen, welches Wissen in welcher Form an Kinder und Jugendliche weitergegeben wird. Daran schließt sich die Fragestellung an, wie die Kinder und Jugendlichen die Nachrichten-Informationen rezipieren, was sie verstehen.

Bei den Nachrichtensendungen für Kinder und Jugendliche handelt es sich um die Sendungen logo (1997 noch im ZDF, heute Kinderkanal) und Klicker (Teil der Sendung Lilipuz, WDR Radio 5). Für vergleichende Studien mit Nachrichtensendungen für Erwachsene ziehe ich hinzu die ZDF-heute-Nachrichten und die Nachrichten auf WDR 2. Der Korpus meiner Untersuchung umfaßt Nachrichtensendungen im Zeitraum einer Woche im Frühjahr 1997 und halbstandardisierte Befragungen von 18 ProbandInnen im Alter von 9 bis 12 Jahren.

Die Fragestellungen der Untersuchung sind im einzelnen: Über welche Themen, *worüber*, informieren (Kinder)-Nachrichtensendungen? Wenn sich die Themen der Kinder-Nachrichtensendungen mit denen der Erwachsenen-Nachrichten decken, wie werden diese Themen inhaltlich aufbereitet, *was* wird inhaltlich genannt? *Wie* werden die Nachrichten sprachlich/sprecherisch präsentiert? Inwieweit ist es den ProbandInnen möglich, sich an die Themen einer Nachrichtensendung zu erinnern und den Inhalt einer thematisch komplexen Nachrichtenmeldung wiederzugeben?

Die Themen in den (Kinder)-Nachrichtensendungen

In den deutschen Rundfunk-und Fernsehanstalten begann in den 70er Jahren eine Diskussion darüber, ob man für die Zielgruppe der Kinder und Jugendlichen spezielle Nachrichtensendungen anbieten solle. Einig war man sich, daß die tagesaktuelle Berichterstattung für die Erwachsenen die kognitiven Möglichkeiten der Kinder und Jugendlichen überfordert. Daraus leitete sich die Forderung ab, daß Kinder und Jugendliche in einer anderen Weise informiert werden müssen, wobei die Nachrichten durchaus Themen aus Politik und Wirtschaft enthalten und auch über Kriege und Katastrophen berichten sollen. Die thematische Nähe zu den Erwachsenen-Nachrichten ist demnach erwünscht.

Die Konzepte der logo- und Klickerredaktion bestätigen diese Forderung. Da heißt es: Kinder haben ein Recht auf Information, Kinder wollen ernst genommen werden, Kinder sollen fragen dürfen und Antworten bekommen, was Kinder verstehen macht ihnen weniger Angst.

Die Themen in der Mitschnittwoche: logo und Klicker senden in dieser Woche 51 Meldungen, Themenüberschneidungen zu den heute- und den WDR2-Nachrichten liegen zu 57% vor, bei den verbleibenden 43% handelt es sich um Themen, die nicht in den Erwachsenen-Nachrichten vorkommen.

Bei den Themenüberschneidungen handelt es sich um die Themen, die in den Erwachsenen-Nachrichten Themenschwerpunkte sind, d. h. Nachrichtenaufmacher bzw. mehrtägige Themen. Alle vier Nachrichtensendungen berichten in der Mitschnittwoche u. a. über den Bau der jüdischen Siedlung Har Homa in Ost-Jerusalem, die Fusion der Stahlwerke Krupp/Hoesch und Thyssen, über Jelzin und Clinton auf dem Gipfel in Helsinki mit ihren Gesprächen über die Nato-Osterweiterung, über den Albanienkonflikt und die Flüchtlingswelle von Albanien nach Italien, die Gesundheitsreform.

Die übrigen Themen bei logo und Klicker sind zielgruppenspezifisch (Reportage über die jüngste finnische Skispringerin) bzw. werden zielgruppenspezifisch aufbereitet (Wie geht es den Kindern in Albanien?). Es geht um die Situation von Kindern und Jugendlichen im Ausland/in anderen Kulturkreisen, um Informationen zu Natur, Umwelt und Technik, um Angebote an Aktionen für Kinder und Jugendliche, um Aktivitäten von Kindern und Jugendlichen, um Impulse aus der Gesellschaft, etwas für Kinder und Jugendliche zu tun. Beide Nachrichtensendungen füllen die Themengebiete mit jeweils unterschiedlichen Beiträgen.

Nach einer Schülerumfrage zu den Klicker-Nachrichten in acht Dortmunder Schulklassen (März 1996) können die SchülerInnen sich besonders gut an die zielgruppenspezifischen Themen erinnern, allerdings gehören diese Themen ihrer Meinung nach nicht in die Nachrichten, da sie, so die Begründung, in den Erwachsenen-Nachrichten nicht vorkommen. Hier zeigt sich, daß die SchülerInnen die Konzeption und die Themenauswahl der Erwachsenen-Nachrichten soweit verinnerlicht haben, daß sie für ‚ihre‘ Nachrichten ein ähnliches Konzept mit ähnlichen Themen erwarten. Die Seh- und Hörgewohnheiten der Kinder und Jugendlichen zeigen, daß sie viel mehr Gelegenheit haben, Erwachsenen-Nachrichten zu hören und zu sehen (Feierabend/Wildgasse 1997, 186 f. und Klingler 1994, 14). Auch das ist ein Grund, warum diese Nachrichten zum Maßstab für die Kinder und Jugendlichen werden.

Zurück zu den Themen, die sowohl die Erwachsenen-Nachrichten als auch logo und Klicker senden (s. o.). Macht es Sinn, Themen wie die Fusion von

Krupp/Hoesch und Thyssen oder die Gespräche zur Nato-Osterweiterung in Kindernachrichten zu bringen? Ist es möglich, solche Themen ‚herunter' zu erklären, so daß sie an den Wissensstand der Zielgruppe anknüpfen? Von welchem Wissenstand ist überhaupt auszugehen? Bei den Kindern und Jugendlichen handelt es sich um eine inhomogene Zielgruppe mit gestreuten Interessen und auch mit unterschiedlichen kognitiven Interessen (Litten 1979, 65).

Aus Sicht der Psycholinguistik ist es nicht möglich, jedes Thema an jegliche kognitive Entwicklungsstufe anzupassen. Das Bemühen, durch eine vereinfachte Versprachlichung Themen nahezubringen, ändert nichts daran, daß manche Themen den kognitiven Entwicklungsstand der Kinder und Jugendlichen übersteigen. Dieses Bemühen muß scheitern und ist ein „prinzipiell aussichtsloses Unterfangen" (Felix 1979, 34 f.).

Demgegenüber argumentieren Medienpädagogen, daß Nachrichtensendungen für Kinder daran zu messen seien, inwieweit sie Informationen aufgreifen, die auf die Kinder täglich einströmen (aus den Erwachsenen-Nachrichten) und diese dann zielgruppengerecht erklären. Dabei ist die inhaltliche und sprachliche Aufbereitung der Themen entscheidend (Jensen/Rogge 1979, 305).

Ich habe in meiner Untersuchung 18 ProbandInnen detailliert befragt zu der logo- und Klickermeldung über den Gipfel in Helsinki und die Gespräche zur Nato-Osterweiterung (beide Meldungen sind im Anhang abgedruckt). Beide Redaktionen bemühen sich um Verständlichkeit, sowohl in der inhaltlichen wie auch der sprachlichen Form. Trotzdem haben die ProbandInnen große Schwierigkeiten bei der Rezeption dieses Themas. Eine Chance haben nur diejenigen, die überdurchschnittlich viel Vorwissen mitbringen.

An Nachrichten, -inhalten, -formaten wird häufig kritisiert, daß nur Informationen für Informierte weitergegeben werden(z. B. Lutz/Wodak 1987). Wenn die Redaktionen der Nachrichtensendungen für Kinder und Jugendliche versuchen, Themen der Erwachsenen-Nachrichten möglichst ‚kindgerecht' zu vermitteln, werden die Informierten überdurchschnittlich bei der Rezeption profitieren, alle anderen sind überfordert. Letztere ‚erlernen' ein Rezeptionsverhalten, das bei der Mehrzahl der Erwachsenen festzustellen ist, nämlich die Nachrichten unverstanden, unbeteiligt und unreflektiert vorbeiziehen zu lassen. Eine ‚kritische Mündigkeit' können die überforderten Kinder und Jugendlichen nicht entwickeln, da ihre Nachrichten-Rezeption eine wichtige Voraussetzung für kritische Mündigkeit nicht fördert: Wissen. Weiterführende Informationsmöglichkeiten in den Medien wie Polit-Magazine, Journale, Sondersendungen zu aktuellen Themen gibt es nicht für Kinder und Jugendliche. Bleibt für sie nur die Familie, die Schule u. a., vorausgesetzt die Kinder und Jugendlichen haben Interesse an Themen wie die Gespräche zur Nato-Osterweiterung und vorausgesetzt, wir können ihnen überhaupt Antwort geben.

Der inhaltliche Vergleich thematisch gleicher Meldungen in den Erwachsenen-Nachrichten und bei logo und Klicker

Möchte ich Meldungstexte miteinander vergleichen und empirisch nachweisen – transparent machen – welche Inhalte in thematisch gleichen Meldungen im einzelnen vorkommen, benötige ich ein Konzept, mit dem die zu vergleichenden Texte zunächst in eine vergleichbare Form gebracht werden. Diese Form muß standardisiert und auf alle Meldungstexte anwendbar sein.

In meiner Untersuchung habe ich als Standardform das Schema-Konzept nach Wichter (1994, 101 ff.) benutzt. Es bietet die Möglichkeit, verschiedene Wissensbestände (z. B. Meldungstexte) zu ein und demselben Sachbereich zu vergleichen. In einem Schema wird das Wissen, das in einem Meldungstext enthalten ist, in einer systematischen Ordnung dargestellt, in der Ordnung der kategorialen Zusammengehörigkeit. Das Schema zeigt also nicht den inhaltlichen Verlauf der Meldung, ist keine Partitur des Inhalts. Wichter spricht davon, daß das Schema eines Textes dessen „theoretische Präsentation" von Wissen ist, während die Textgrundlage die „praktische Präsentation" ist.

Schemata haben eine Baumstruktur. Die Baumspitze benennt den zu beschreibenden Gegenstand, z. B. das Thema einer Nachrichtenmeldung. Es folgen von links nach rechts die im Meldungstext genannten inhaltlichen Kategorien (Kat.), Subkategorien (Subkat.) und deren Ausprägungen.

Schema:

Item Gipfel in Helsinki			

Anlaß
(Kat.)
– Beratungen zur
  Ost-Erweiterung
  der Nato
	emotinale Einstllg.
	(Subkat.)
	– Rußland lehnt
	  Ost-Erweiterung
	  entschieden ab
		Wichtigkeit
		(Subkat.)
		– Mittelpunkt
			Gesprächsprotokoll
			(Subkat.)
			– zweitägiges
			  Treffen
			– erste Unterredung
			  abends geplant

Beteiligte
(Kat.)
– Clinton
– Jelzin
	Personalien
	(Subkat.)
	– US-Präsident
	  Präsident Rußlands
		Ankunft
		(Subkat.)
		– am Nachmittag
		– drei Stunden
		  nach Clinton
		– Flughafen	

Erwartungen
(Kat.)
 	
– Jelzin: USA und
  Rußland müssen
  ihre Partner-
  schaft bewahren
	*Zeitpunkt des
	Statements*
	(Subkat.)
	– bei Ankunft in
	  Helsinki		

Ein Beispiel: Meldung WDR 2, 20. März 1997 – Thema: Gipfel in Helsinki. Text: Rußlands Präsident Jelzin ist am Nachmittag in Helsinki eingetroffen. Er landete drei Stunden nach US-Präsident Clinton auf dem Flughafen. Bei seiner Ankunft sagte Jelzin, die USA und Rußland müßten ihre in den vergangenen Jahren entwickelte Partnerschaft bewahren. Eine erste Unterredung zwischen Jelzin und Clinton ist für den Abend geplant. Im Mittelpunkt des zweitägigen Treffens steht die geplante Osterweiterung der Nato, die Moskau weiter entschieden ablehnt.

Das Schema gibt einen Überblick über die Informationen des Meldungstextes. Die wichtigsten Informationen sind enthalten in den Kategorien und folgenden Subkategorien (1. und 2. Spalte). Werden zu vergleichende Texte in die Schema-Form gebracht, wird ein genauer Überblick möglich, welche (Sub-)Kategorien und Ausprägungen in jedem Text genannt werden.

Der Schema-Vergleich zeigt die semantischen Relationen, die in den Vergleichs-Meldungen enthalten sind, wo es

– inhaltliche *Gleichbesetzungen* (Identität) gibt, d. h. wo Kategorien und Ausprägungen in den Vergleichs-Schemata inhaltlich identisch sind,
– inhaltliche *Näherungsbesetzungen* (Stereotypie) gibt, d. h. wo Kategorien und Ausprägungen in den Vergleichs-Schemata inhaltlich nachvollziebare Varianten sind,
– inhaltliche *Nichtbesetzungen* (Privativität) gibt, d. h. Kategorien und Ausprägungen des einen Schemas werden in einem anderen Vergleichs-Schema nicht genannt (inhaltliche Leerstelle),
– inhaltliche *Fehlbesetzungen* (Error) gibt, d. h. wo Kategorien und Ausprägungen in den Vergleichs-Schemata inhaltlich besetzt sind, aber in ihrem Informationswert falsch sind.

Im Vergleich der thematisch gleichen Meldungen in den Erwachsenen-Nachrichten (WDR 2, heute (ZDF)) mit logo und Klicker ergeben sich inhaltliche Gleichbesetzungen selten. Lediglich bei inhaltlichen Hauptaspekten können sie vorkommen. So nennen alle vier Meldungen als Anlaß der Gespräche in Helsinki die Beratungen zur Nato-Osterweiterung.

Inhaltliche Näherungsbesetzungen kommen dagegen häufig im Schema-Vergleich vor. Zur Gesprächsposition der Russen in Helsinki heißt es z. B. bei WDR 2: ‚Rußland lehnt Osterweiterung entschieden ab‘, bei heute: ‚Ost-Erweiterung ist Streitthema‘, bei logo: ‚Rußland sagt nein zur Nato-Osterweiterung‘, bei Klicker: ‚Russen wehren sich gegen Nato-Osterweiterung‘.

Inhaltliche Nichtbesetzungen ergeben sich oftmals zwischen den Erwachsenen-Nachrichten und logo sowie Klicker. Das liegt daran, daß die logo- und Klickermeldungen die ‚Erwachsenenthemen‘ zusätzlich erläutern und erklären. logo gibt Hintergrundinformationen zum Bündnissystem Nato, Klicker zum Warschauer Pakt. Beide Bündnisse werden definiert und ansatzweise in ihrem politisch-historischen Kontext dargestellt. Wenn sich, wie in diesem Beispiel, die logo- und die Klickerredaktion für unterschiedliche Erklärstränge entscheidet, kommt es zu vielen inhaltlichen Nichtbesetzungen auch zwischen den logo- und Klickermeldungen.

Inhaltliche Fehlbesetzungen sollten in der Textsorte Nachrichten schon per definitionem nicht vorkommen. In den Nachrichten des Korpus ist beim inhaltlichen Vergleich der Nachrichtentexte erwartungsgemäß kein Beispiel nachweisbar. Ganz anders in den Befragungen der ProbandInnen. Hier verweisen die häufigen Fehlbesetzungen in den Äußerungen auf vorhandene Rezeptionsschwierigkeiten.

Das Verfahren des Schema-Konzepts mit der anschließenden Bestimmung der semantischen Relationen im Schema-Vergleich ist ohne Frage aufwendig. Wer den Aufwand nicht scheut, erhält eine Grundlage für qualitative empirische Forschung, auf der sowohl vergleichende Studien von (Nachrichten-) Texten transparent gemacht werden können, als auch vergleichende Studien zwischen Texten und Äußerungen von ProbandInnen, bei denen die Rezeption dieser Texte hinterfragt wird. Das Verfahren ist demnach gleichermaßen für die Auswertung schriftlicher wie auch mündlicher Äußerungen geeignet. Weiter kann mit diesem Verfahren die Rezipierbarkeit von Nachrichtenformaten analysiert und kritisch hinterfragt werden, und bei Bedarf können die Formate neu konzipiert werden.

Der Vergleich der thematisch gleichen Erwachsenen-Nachrichten mit logo und Klicker zeigt folgende Tendenzen: Wenn Nachrichten für Kinder und Jugendliche Themen aus den Erwachsenen-Nachrichten aufgreifen, enthalten die Meldungen der Nachrichten für Kinder und Jugendliche viele Kategorien, in denen es um Hintergrundinformationen und Erläuterungen geht. Einzelne Themenaspekte werden in größere Zusammenhänge gestellt, in historische, gesellschaftspolitische oder wirtschaftspolitische, oder ein aktuelles Thema wird in seinem Prozeß zurückverfolgt (z. B. Warum gibt es Konflikte in Zaire?). Die Redaktionen von logo und Klicker wollen informieren *und* erklären, die logo-Redaktion spricht in diesem Zusammenhang von ‚Erklär-Stücken‘.

Der Anspruch beider Redaktionen ist lobenswert, allerdings bedeutet eine Zunahme an erklärenden Kategorien (mit dazugehörenden Ausprägungen) auch eine Zunahme an Informationen. In den logo- und Klicker-Meldungen ist die Informationsdichte annähernd so hoch wie in den WDR 2 und heute-Meldungen. In den Meldungen zum Gipfel in Helsinki beträgt die Anzahl der Wörter pro Ausprägung, d. h. pro inhaltlichem Sinnschritt, bei WDR 2 durchschnittlich 5, bei heute 6 und bei logo und Klicker 8 Wörter. Jede Erläuterung und jede Hintergrundinformation setzt bei den RezipientInnen wiederum ein Vorwissen voraus. Ob die Kinder und Jugendlichen von den ‚Erklärstücken‘ profitieren, hängt wesentlich davon ab, ob sie über das von den Redaktionen angenommene Vorwissen verfügen oder aber nicht (dazu auch Wichter 1994, 110 und Straßner 1975, 353 f).

Die sprecherische Präsentation der Nachrichten

In Hörfunk und Fernsehen *hören* wir Nachrichten, wir müssen im Prozeß des Zuhörens, des Hörverstehens, den Inhalt erfassen. Wir können weder nachfragen noch wiederholt nachhören. Hörverstehbare Nachrichten brauchen eine für das Hören angemessene ‚Schreibe' und sie brauchen eine ‚Spreche', die die ‚Schreibe' optimal sprecherisch gestaltet.

Nachrichten sprecherisch gestalten heißt: die Nachrichten informierend, berichtend bzw. zurückgenommen neutral ‚objektiv' sprechen, überzeugend und glaubwürdig, in sachlichem Stil, frei von persönlichen Wertungen seitens der SprecherInnen. Der Gestaltungsspielraum ist zwar gering, aber auch Nachrichten werden gestaltet (nicht-gestaltendes Sprechen gibt es nicht). Jede Nachrichtenredaktion hat eine eigene ‚Philosophie' der sprecherischen Nachrichtenpräsentation.

Die Nachrichtenpräsentation bei logo und Klicker unterscheidet sich zunächst einmal grundsätzlich von der bei WDR 2 und heute, da logo und Klicker neben ‚informieren' auch ‚erklären' und ‚erzählen'. Dies wirkt sich aus auf den Sprechausdruck: die Moderatoren der logo- und Klickernachrichten in der Mitschnittwoche sprechen mit mehr Melodie und mit mehr hellen Anteilen im Stimmklang, als dies beim normalen Nachrichtenton der Fall ist. Dadurch wirkt die Präsentation insgesamt freundlicher, ohne aber deswegen ins ‚Kindische' abzugleiten. Die jüngere Zielgruppe wird damit in Nuancen anders angesprochen.

Das kann mit unterschiedlicher Dynamik geschehen, in einer forcierten Sprechweise mit erhöhter Körperspannung, Druck in der Stimme, ohne Lösungspausen (Mitschnittwoche logo), oder aber in einer zurückgenommenen Sprechweise mit zu niedriger Körperspannung, kraftloser Stimme, sinnverschleiernden Atemzäsuren (Mitschnittwoche Klicker).

Beide Moderatoren liegen in ihrer Sprechgeschwindigkeit über dem mittleren Sprechtempo von 250 Silben pro Minute (Fährmann 1960, 47), der logo-Moderator bei 300-340(!) Silben, der Klicker-Moderator bei 280-300 Silben.

Beide Moderatoren neigen zu Betonungshäufungen, was zurückzuführen ist auf inhaltliche Informationsdichte, zu hohe Wortanzahl bei Hauptsätzen und Satzgefügen und auf sprachstilistische ‚Klippen' wie Nominalstil, überdehnte Verbklammern, Substantivierungen, ungünstig strukturierte Satzpläne (z. B. den Sinnkern an den Satzanfang zu stellen und nicht ins Nachfeld, wo er dann auch als Hauptbetonung im Sprechen realisiert werden kann).

Atemzäsuren, Sprechtempo und Betonung sind Teil der ‚Spreche', müssen aber immer im Zusammenhang mit der ‚Schreibe' gesehen werden. Voraussetzung für eine sinnerschließende ‚Spreche' ist eine ‚Schreibe', die von den Gesetzmäßigkeiten des Sprechens ausgeht, von mündlicher Kommunikation, genauer von ‚elaborierter Mündlichkeit' (Gutenberg 1998).

In den logo- und Klicker-Nachrichten sind die Meldungen über die tagesaktuellen Themen häufig anmoderierte Nachrichten-O-Töne, d. h. ReporterInnen/KorrespondentInnen beliefern beide Redaktionen mit Nachrichten-Beiträgen, von ihnen geschrieben und gesprochen. Sprach- und sprechstilistisch gelingt die Umstellung auf die jüngere Zielgruppe nicht immer. Sätze wie folgende übersteigen die Möglichkeiten des Hörverstehens (auch die der Erwachsenen) bei weitem und verleiten beim Sprechen dazu, viele Nebenbetonungen zu setzen. Beispiel Nachrichten-O-Ton Klicker:

Mehrere demokratische Länder, wie Deutschland, Amerika und England, haben vor vielen Jahren beschlossen, sich gegenseitig zu helfen, weil sie Angst vor den kommunistischen Ländern hatten.

Alternative:

Die Nato besteht aus mehreren demokratischen Ländern. Dazu gehören zum Beispiel Deutschland, England und Amerika. Die Nato-Länder helfen sich gegenseitig. Das haben sie vor vielen Jahren beschlossen. Grund: sie hatten damals Angst vor den kommunistischen Ländern.

In der Alternativ-Version erleichtern die kurzen Sätze das Hörverstehen, die Gefahr von Betonungshäufungen ist minimiert. Die ProbandInnenbefragung in meiner Untersuchung zeigt allerdings, daß das Vorwissen für die Begriffe ‚demokratisch' und ‚kommunistisch' zu gering ist. Die Alternative ist also eine für die Informierten. Grundschulkindern die Nato Ost-Erweiterung und das demokratische und kommunistische politische System in maximal zwei Minuten erklären zu wollen, wird zu dem schon angesprochenen ‚prinzipiell aussichtslosen Unterfangen'.

Weiter ist festzustellen, daß der typische Reporter-Sprechstil in den O-Tönen insbesondere bei Klicker zu hören ist: viele Staupausen, die den Sinn zerhacken (s. a. Wachtel 1994, 46 f.), fehlende Lösungspausen zwischen den Sinneinheiten, gehobene Kadenzen am Satzende. Diese Sprechmuster sollen suggerieren: Ich bin nahe dran! Ich bin dabeigewesen! Dabei werden die HörerInnen vergessen, die ‚Spreche' hat keine inhaltlich motivierte Kommunikationsintention.

Rezeption der Nachrichten bei Kindern und Jugendlichen

Wie verständlich die logo- und Klickernachrichten für Kinder und Jugendliche sind, kann letztlich erst eine Befragung eben dieser Zielgruppe klären. Ich habe 18 ProbandInnen einzeln eine logo- oder Klickersendung vorgespielt. Bei den ProbandInnen handelt es sich um 6 GrundschülerInnen der 4. Klasse, 6 HauptschülerInnen der 5. Klasse und 6 GymnasiastInnen der Klassenstufen 5 bis 7. Befragt werden die ProbandInnen zu ihrem allgemeinen Verständnis von Nachrichten, welche Themen sie aus der gezeigten Sendung erinnern und wieviel und was sie bei einer inhaltlich komplexen Nachrichtenmeldung verstehen (in diesem Fall die Meldung zum Gipfel in Helsinki mit den Gesprächen zur Nato Ost-Erweiterung). Die Befragung ist in der Hauptsache eine semasiologische, d. h. sie gibt Bezeichnungen vor und fragt nach der zugehörigen Bedeutung.

Bekanntheitsgrad und *Sehgewohnheiten* zu logo und Klicker: 16 ProbandInnen kennen die Kindernachrichten (in der Mehrzahl die logo-Nachrichten). Das regelmäßige, fast tägliche Angebot beider Sendungen nehmen die ProbandInnen nicht wahr. Die Sendungen werden überwiegend sporadisch gesehen und/oder gehört. Das Interesse an (Kinder-)Nachrichten und der Informationsbedarf der ProbandInnen ist gestreut. Sie sehen/hören Nachrichten sowohl aus Interesse als auch aus Langeweile und fehlenden besseren Alternativen. Diese unterschiedlichen Motivationen beeinflussen das Rezeptionsverhalten und vermutlich auch die Verstehensleistung.

Die ProbandInnen der Klassenstufen 4 bis 6 geben den ‚Kinder‘nachrichten den Vorzug oder stellen sie den ‚Erwachsenen‘nachrichten gleich, die SchülerInnen der Klassenstufen 7/8 entscheiden sich eindeutig für die Erwachsenennachrichten (‚da passieren geilere, brutalere Sachen‘, ‚da passiert mehr‘, ‚ich verstehe nicht so viel, aber die Sachen sind spannender, interessanter‘…). Nicht das Kriterium der Verständlichkeit ist wichtig, sondern Informationsauswahl, -aufbereitung und der Status ‚erwachsen‘.

Erinnern von Themen bei logo und Klicker: Die logo-Sendung, die die eine Hälfte der ProbandInnen gesehen hat, bringt sieben Themen in knapp 10 Minuten Sendezeit. Kein/keine ProbandIn ist in der Lage, sich an alle Themen zu erinnern. Das Maximum liegt bei 5 Themen (2x, 4 Themen 4x, 3 Themen 1x, 2 Themen 2x). Damit können sich die ProbandInnen durchschnittlich an fast die Hälfte der Themen nicht erinnern. Die Klicker-Sendung dauert 5 Minuten und informiert über fünf Themen. Die Klicker-ProbandInnen können die Themen vollständiger erinnern (5 Themen 3x, 4 Themen 3x, 3 Themen 3x).

Die Reihenfolge der Themennennungen weist bei den einzelnen ProbandInnen keine Regelmäßigkeiten auf, die Erinnerungsstrategien sind individuell geprägt und hängen mit individuellen Assoziationsmustern zusammen.

Befragt nach dem Interesse an Themen nennen die ProbandInnen in keinem Fall die politischen Themen, die mit den ‚Erwachsenen‘nachrichten übereinstimmen: weder den Gipfel in Helsinki, noch den Bombenanschlag in Tel Aviv, noch den Fusionsstreit zwischen Krupp/Hoesch und Thyssen. Das Bemühen der logo- und Klicker-Redaktionen um diese Themen stößt auf kein Gegeninteresse.

Rezeption der Meldung zum Gipfel in Helsinki/*Nato Ost-Erweiterung* bei logo und Klicker: Beide Meldungen sollen den ProbandInnen in kurzer Zeit einen komplexen Inhalt nahebringen. Die RedakteurInnen müssen entscheiden, von welchem Vorwissen sie ausgehen und welchen Grad an inhaltlicher Verdichtung sie für zumutbar halten.

Ausgangspunkt der Befragung sind die Schemata der beiden Meldungstexte. Sie geben einen Überblick über den kategorialen Aufbau dieser Texte und die textimmanenten inhaltlichen Ausprägungen. Je nachdem wieviel jeder/jede ProbandIn bei der Rezeption der Meldung verstanden hat, wieviel Informationen in den vorhandenen Wissenstand integriert werden kann, wieviel Vorwissen er/sie zu dem Sachbereich mitbringt, ist er/sie in der Lage, die Inhalte aus der Meldung in den Antworten zu benennen. Die Fragen an die ProbandInnen lauten beispielsweise: Worum geht es bei der Nato Ost-Erweiterung? Was ist die Nato? Was ist ein Mitspracherecht? Was bedeutet demokratisch/kommunistisch?

Die im Meldungstext gegebenen Inhalte und die von den ProbandInnen genannten Inhalte vergleiche ich wiederum auf ihre semantische Relation hin, was auf der Basis der vorhandenen Text-Schemata gut möglich ist.

Bei der logo-Meldung nennen die ProbandInnen in ihren Antworten durchschnittlich 29% der fragenrelevanten Inhalte. Das Spektrum reicht von minimal 5% bis maximal 62% der möglichen Inhaltspunkte. Im inhaltlichen Vergleich der Textinhalte und Antwortinhalte überwiegen die semantischen Relationen der Nichtbesetzung und Fehlbesetzung. Die GymnasiastInnen liegen deutlich über dem Durchschnittswert, die GrundschülerInnen im Durchschnittswertbereich und die HauptschülerInnen darunter. Diejenigen, die auf ein Vorwissen (z. B. zur Nato) zurückgreifen können, profitieren bei der Rezeption. Wem beide Kernbegriffe der Meldung unbekannt sind, ,Nato' und ,Ost-Erweiterung', kann in der Rezeption das größere Wissensdefizit nicht aufholen.

In der Klicker-Meldung geben die ProbandInnen durchschnittlich 14% der fragenrelevanten Inhalte wieder. Von den möglichen Inhaltspunkten werden minimal 0% genannt, maximal 39%. Die GymnasiastInnen und GrundschülerInnen schneiden ungefähr gleich ab, die HauptschülerInnen fallen im Vergleich dazu deutlich ab.

Die Rezeptionsschwierigkeiten ergeben sich aus folgenden Gründen: Neben den zwei zu erläuternden Kernbegriffen ,Nato' und ,Ost-Erweiterung' nennt J. Döschner noch drei weitere erläuterungsbedürftige Begriffe, nämlich ,Warschauer Pakt' und ,demokratische' und ,kommunistische' Länder. Die Antworten der ProbandInnen zeigen, daß sie viel zu wenig Wissen mitbringen, um die Begriffe produktiv in die Rezeption einzubinden.

Der Vergleich der Bündnissysteme mit ‚Banden‘ ist nur aus Erwachsenenperspektive hilfreich. Die ProbandInnen sind nicht in der Lage, von Banden auf Bündnissysteme zu abstrahieren, sie bleiben auf der konkreten Vergleichsebene.

Resümee

Das Untersuchungsmaterial ist ein Ausschnitt journalistischer Praxis, so sind die Ergebnisse der Untersuchung auch ein Angebot an die Praxis, auf mehreren Ebenen das journalistische Tun zu reflektieren.

Auf der *konzeptionellen* Ebene gilt es darüber nachzudenken, ob es sinnvoll ist, Nachrichten wie bisher nur zweigleisig anzubieten – entweder ‚Kinder‘-nachrichten oder ‚Erwachsenen‘nachrichten. Solange in den Köpfen der Sendeanstalten nur Erwachsene und Kinder existieren (mit der willkürlich gesetzten Altersgrenze bei 13 Jahren), haben logo und Klicker eine zu breite Zielgruppe mit Informationen zu versorgen, und es wird für Jugendliche kein konzeptionell differenziertes Informationsangebot geschaffen.

Auf der *inhaltlichen* Ebene gilt es, sowohl die Themenauswahl als auch die inhaltliche Aufbereitung zu reflektieren. Der Versuch der logo- und Klicker-Redaktion, Kindern und Jugendlichen komplexe politische bzw. wirtschaftspolitische Inhalte zu erläutern, ist zunächst einmal ein positiver Ansatz. Allerdings können die Erläuterungen genauso überfordern wie das Thema selbst. Es ist zu fragen, ob die Themenauswahl so viele ‚Erwachsenen‘-Themen berücksichtigen soll. Die Redaktionen müssen sich bei jedem Thema (auch weiterhin) überlegen, ob es ohne Vorwissen in 1,5 bis 2,5 Minuten vermittelbar ist, ob die klassischen Nachrichtenformate hier überhaupt greifen.

Auf der Ebene der *sprachlichen und sprecherischen Präsentation* gilt es, sich damit auseinanderzusetzen, wie ‚Schreibe‘ und ‚Spreche‘ konkret auf die Verständlichkeit einwirken. Nachrichtentexte (nicht nur für Kinder und Jugendliche) brauchen das Zusammenspiel von schriftlicher Mündlichkeit bzw. mündlicher Schriftlichkeit. Der sprecherischen Präsentation muß viel – vielleicht mehr? – Beachtung geschenkt werden, da in Hörfunk und Fernsehen die Nachrichten nunmal gesprochen werden.

Auf der *Rezeptionsebene* gilt es, die Kinder und Jugendlichen so detailliert wie möglich zu ihrer Nachrichtenrezeption zu befragen. Auch wenn solche Befragungen arbeitsintensiv und mühsam sind, können die Redaktionen nur so Informationen bekommen, wie die Rezeptionsbedingungen für die Zielgruppe im einzelnen aussehen und wie sie zu verbessern sind. Ein Problem ist, daß für solche differenzierten sendungsbegleitenden Studien in den meisten Fällen die finanziellen und personellen Mittel fehlen.

Die logo- und Klicker-RedakteurInnen sind keine Kinder und keine Jugendlichen mehr, d. h. sie alle werden in ihrer Arbeit von ihren Vorstellungen geleitet, wie Kinder und Jugendliche zu erreichen sind, was sie verstehen. Diese Vorstellungen müssen ständig kritisch hinterfragt werden, sonst besteht die Gefahr, daß zu wenig über das eingespielte und (scheinbar) bewährte journalistische Tun nachgedacht wird.

Anhang

logo- und Klickermeldungen zum Gipfel in Helsinki, logo (ZDF), Freitag 21. März 1997:
In Helsinki treffen sich im Moment die mächtigsten Männer der Welt: der russische Präsident Jelzin und sein amerikanischer Kollege Clinton. Der eine will dem anderen was ausreden. Jelzin möchte nämlich erreichen, daß sich Clinton gegen eine Ost-Erweiterung der Nato einsetzt.

(O-Ton)
Die Nato ist ein militärisches Bündnis vieler westlicher Staaten. Sie haben sich vor mehr als 45 Jahren zusammengeschlossen, um sich im Kriegsfall zu unterstützen. Wenn ein Land angegriffen würde, würden ihm die anderen zu Hilfe kommen. Damals waren die Nato-Länder und die Länder im Osten Feinde. Jetzt wollen einige Länder, die früher mit Rußland verbündet waren, Mitglieder in der Nato werden, zum Beispiel Polen, Tschechien und Ungarn. Weil diese Länder im Osten der bisherigen Nato-Länder liegen, nennt man das Nato Ost-Erweiterung. Rußland sagt aber NEIN zur Nato Ost-Erweiterung, denn Rußland fühlt sich bedroht, weil dann Nato-Soldaten ganz nahe an seiner Grenze stehen würden. In Helsinki verhandeln nun der amerikanische Präsident Clinton und der russische Präsident Jelzin darüber, unter welchen Bedingungen Polen, Tschechien und Ungarn Mitglieder der Nato werden können. Um Jelzin seine Angst zu nehmen, bietet Clinton ihm an, in den neuen Mitgliedstaaten keine Atomwaffen aufzustellen. Und er bietet Rußland ein Mitspracherecht an. Das heißt: Rußland darf bei allen Nato-Entscheidungen mitberaten, aber nicht mitentscheiden. Jelzin ist damit aber nicht zufrieden. Er will einen Sicherheitsvertrag mit der Nato, damit Rußland keine Angst vor Angriffen haben muß. Und Jelzin fordert, daß in den neuen Mitgliedstaaten keine Soldaten aus anderen Ländern stationiert werden. Beide, Clinton und Jelzin, sagen, daß sie nicht nachgeben wollen. Deshalb ist es unsicher, ob sie sich über die Nato Ost-Erweiterung einigen können.

Klicker (WDR 5), Donnerstag, 20. März 1997:
Heute Abend treffen sich in der finnischen Hauptstadt Helsinki die beiden mächtigsten Politiker der Welt. Das sind der amerikanische Präsident Bill Clinton und der russische Präsident Boris Jelzin. Clinton ist dieses Mal im Rollstuhl unterwegs, weil er sich vor ein paar Wochen sein Knie verletzt hat. Die beiden Politiker wollen darüber reden, wie die USA und Rußland in Zukunft zusammenarbeiten können. Dabei geht es auch um die Nato Ost-Erweiterung. Was die Nato Ost-Erweiterung eigentlich ist, das erklärt euch jetzt Jürgen Döschner aus dem ARD-Studio in Moskau.

(O-Ton)
Viele von euch haben bestimmt schon mal eine Bande gegründet. Vielleicht, um euch gegen die aus der Nachbarschaft zu wehren. So eine Bande ist auch die Nato, nur geht es hier um richtigen Krieg. Mehrere demokratische Länder wie Deutschland, Amerika und England haben vor vielen Jahren beschlossen, sich gegenseitig zu helfen, weil sie Angst vor den kommunistischen Ländern hatten. Auch die Kommunisten haben ihre Bande, sie nannten sie Warschauer Pakt, gegründet. Inzwischen wollen die kommunistischen Län-

der auch lieber demokratisch sein und haben ihre Bande aufgelöst. Das Dumme ist nur: die Nato denkt gar nicht daran, sich auch aufzulösen. Im Gegenteil: sie wollen jetzt ein paar frühere Mitglieder der Warschauer Pakt-Bande bei sich aufnehmen. Dazu gehören Polen, Tschechien und Ungarn. Da diese Länder im Osten liegen, spricht man von Nato Ost-Erweiterung. Das gefällt natürlich den früheren Chefs des Warschauer Pakts, den Russen, überhaupt nicht und deshalb wehren sie sich dagegen.

Literatur

Benedikt, L., Wodak, R. (1987): Information für Informierte, Wien

Fährmann, R. (1960): Die Deutung des Sprechausdrucks, Bonn

Feierabend, S., Wildgasse, T. (1997): Was Kinder sehen. Eine Analyse der Fernsehnutzung 1996 von Drei- bis 13-jährigen. In: Media Perspektiven (4/1997), 186-197

Felix, S. (1979): Psycholinguistische Überlegungen zur Verarbeitung von Nachrichtentexten durch Kinder. In: Fernsehen und Bildung (1979), 32-41

Gutenberg, N. (1998): Mündlichkeit und Schriftlichkeit von Hörfunknachrichten. In: ZFP dossier, Handwerk Nachrichten (1998), 45-63

Klingler, W. (1994): Was Kinder hören. Eine Analyse der Hörfunk- und Tonträgernutzung von 6-13jährigen. In: Media Perspektiven (1/1994), 14-20

Litten, M. (1979): Hörfunknachrichten für Kinder. In: Fernsehen und Bildung (Bd. 13 1979), 99-101

Jensen, K., Rogge, J. (1979): Fernsehnachrichten für Kinder. In: Communications (5/1979), 301-319

Straßner, E. (1975): Produktions- und Rezeptionsprobleme bei Nachrichten. In: Nachrichten. Entwicklungen – Analysen – Erfahrungen. München, 83-111

Wachtel, S. (1994): Sprechen und Moderieren in Hörfunk und Fernsehen, München

Wichter, S. (1994): Experten- und Laienwortschätze. Umriß einer Lexikologie der Vertikalität. Tübingen

MARITA PABST-WEINSCHENK

Kopf – Bauch – Fuß
Wo steht die moderne Rhetorik?

Rhetorik hat eine lange Tradition seit der Antike. Wenn von *moderner* Rhetorik gesprochen wird, wird eine zeitliche Eingrenzung vorgenommen. Es geht gegenwartsbezogen um den Stand der praktischen Rhetorik in der Sprechwissenschaft und Sprecherziehung. Die Rede-Pyramide ist ein aktuelles didaktisches Synopse-Modell, an dem aufgezeigt wird, welche ehemaligen Innovationen der Sprechkunde und Sprecherziehung zu Beginn des 20. Jahrhunderts bis heute Gültigkeit haben und deshalb zu den Traditionen in der Sprechwissenschaft und Sprecherziehung gehören.

1. Bezugspunkte und Abgrenzungen

In der Rhetorik sprechwissenschaftlicher Provenienz geht es um Prozesse rhetorischer Kommunikation, verstanden als situativ gesteuerte Prozesse handlungsauslösenden Sprechens (Geißner 1975, 19). Der Zielbezug, reale oder mentale Handlungen beim Partner mit dem Sprechen auszulösen, ist konstitutives Merkmal rhetorischer Kommunikation. Im Mittelpunkt rhetorischer Reflexion steht der sprechhandelnde Mensch. Menschen reden miteinander (persönliche Beziehung) und sie verständigen sich über etwas (Sachbezug). Die Verständigung in den verschiedenen Rede- und Gesprächsformen wird aufgefaßt als eine gemeinsame sinnkonstituierende Handlung. Das Globalziel ist nach Geißner (1981, 129) eine umfassende Gesprächsfähigkeit.

Stellt man verschiedene rhetorische Traditionen wie „praktisch – theoretisch", „mündlich – schriftlich" oder „synthetisch – analytisch" gegenüber und vertritt mit der Rhetorik einen didaktischen Anspruch, so geht es mir sowohl um Deskription als auch um Präskription mündlicher Kommunikationspraxis. Insofern müssen Theorie und Praxis bzw. Analyse und Synthese in einem dialektischen Verhältnis gesehen werden. Analyse-Modelle müssen synthetische Kraft besitzen, damit sie zu handlungspraktischen Konsequenzen führen: Was kann ein Sprecher bzw. Hörer tun, damit ihm rhetorische Prozesse besser gelingen?

Dieser Fokus der Produktion kommt in dem Begriff der „praktischen" Rhetorik deutlich zum Ausdruck. Ich ziehe ihn dem der „angewandten" Rhetorik vor, um zu verdeutlichen, daß der Ansatz- und der Zielpunkt in der Praxis liegen. Im Mittelpunkt steht nicht der Aufbau eines umfassenden und konsistenten Theoriegebäudes, das anschließend in die Anwendung gehen kann. Der Verzicht darauf bewahrt im Sinne Bühlers axiomatischen Wissenschaftsverständnisses vor Dogmatismus, denn der Wissenstand, mit dem Praxis angeleitet wird, wird ausdrücklich als „vorläufig" verstanden und muß ständig in der Praxis wieder überprüft und weiter entwickelt werden (Lüschow 1991, 2ff). Dem rhetorischen Gegenstand „Prozesse gemeinsamer Sinnkonstitution" ist ein hermeneutischer Ansatz angemessen, denn: „Sinn ist nicht zu beobachten, sondern zu verstehen." (Geißner 1981, 129)

Praktische Rhetorik bzw. rhetorische Kommunikation steht neben ästhetischer Kommunikation als ein Teilbereich mündlicher Kommunikation (Geißner/Schnorrenberg 1980, 177; Lotzmann 1985 u. a.). Deshalb sind die psychophysischen Grundlagen bzw. die Elementarprozesse des Sprechens auch Basis der praktischen Rhetorik, und die praktische Rhetorik leistet ihrerseits einen Beitrag zur Didaktik der mündlichen Kommunikation.

Im gesamten Bereich der mündlichen Kommunikation ist seit Drach das Prinzip der Selbsttätigkeit handlungsleitend. Es geht immer um Erziehung zum Sprechen durch Sprechen. Man lernt es am besten, wenn man es selber tut: *learning by doing*. Dieser reformpädagogische Grundsatz hat durch die kognitive Wende in der Didaktik neue Aktualität erlangt. Begreift man Lernen als selbstgesteuerte, konstruktive innere Tätigkeit, muß man möglichst vielfältige Handlungsmöglichkeiten anbieten und sie gemeinsam mit den Lernern reflektieren, damit diese ihre Handlungsmodelle umdenken und zukünftig ihre kommunikative Alltagsrealität besser bewältigen.

Für die Praxis von Rhetorik-Seminaren, speziell im Bereich der Gesprächsführung, hat Annette Lepschy einen gewissen Eklektizismus festgestellt (1997). An die Stelle unverbundener Bruchstücke aus diversen Konzepten setzt sie auf der Grundlage ihrer eigenen Untersuchungen (1995) ein umfassendes Modell der Situations- und Prozeßsteuerung (1996). Mit den Teilaspekten Situationsherstellung, Gesprächsorganisation, Themabearbeitung und Beziehungsgestaltung steckt ihr Modell nicht nur einen Analyserahmen ab, sondern es weist auch handlungspraktisch relevante Aufgaben aus. Damit bietet es strukturell eine gute Orientierung. – Dennoch beleuchtet es in meinem Verständnis vorrangig nur eine Seite praktischer Rhetorik, nämlich die rhetorische Tiefenstruktur oder das, was ich in meiner plakativen Formulierung „KOPF" genannt habe. Daneben muß man meines Erachtens auch die rhetorische Oberflächenstruktur („FUSS") und persönlich-emotionale Aspekte („BAUCH") berücksichtigen. Die rhetorische Oberfläche habe ich plakativ „FUSS" genannt, weil sie auch die leibhaften Aspekte mit den physiologischen Grundlagen umfaßt. Mein Modell der Rede-Pyramide steht nicht alternativ zu Lepschys Modell der Situations- und Prozeßsteuerung, sondern verortet ihre gesprächsstrukturellen Überlegungen in einem weiteren Rahmen.

Beide Modelle sind nicht rezeptologisch, sondern es geht um wesentliche rhetorische Aspekte und Kriterien. Rhetorische „Patentrezepte" gibt es nicht; Empfehlungen zum rhetorischen Handeln müssen unter Berücksichtigung der bisherigen kommunikativen Erfahrungen und dem Ziel-, Sach-, Hörer- und

Situationsbezug persönlich erarbeitet werden. Probehandeln wird z. B. im Seminarkontext hinsichtlich der Wirkung mit Gruppen-Feedback untersucht. Video-Dokumentationen dienen der Überprüfung und machen die Wirkung für jeden einzelnen nachvollziehbar. Bei persönlichen Empfehlungen und rhetorischen Lernzielen geht es nicht um starre Verhaltensmuster, sondern um Handlungsalternativen, die man flexibel einsetzen und selbst weiterentwickeln kann.

In diesem Verständnis unterscheiden sich moderne Konzepte praktischer Rhetorik sprechwissenschaftlicher Provenienz von vielen populären Rhetorik-Ratgebern, die Patentrezepte ohne Theoriebildung und Überprüfung anbieten (Bremerich-Vos 1991).

2. Das Modell der Rede-Pyramide

In dem Modell einer dreiseitigen Pyramide (siehe unten) kann man die wesentlichen rhetorischen Aspekte zusammenfassen (Pabst-Weinschenk 1995, 23ff; 1998a; 1998b; 1999a; 1999b). Das Modell ist eine Synopse in didaktischer Absicht, in der „KOPF", „BAUCH" und „FUSS" gleichermaßen berücksichtigt werden. Die Pyramidendarstellung soll veranschaulichen, daß es sich bei den Kriterien der verschiedenen Seiten um unterschiedliche Fokussierungen handelt. Beim Miteinanderreden wirken immer alle Aspekte zusammen, sie sind interdependent.

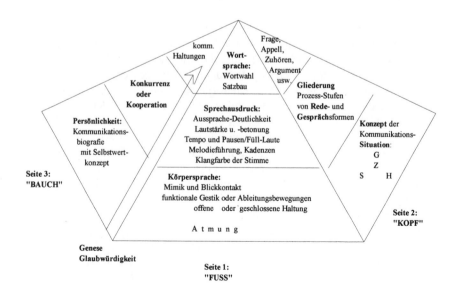

Seite 1: Form, Präsentation (rhetorische Oberfläche)
Körpersprache, Sprechausdruck und Formulierung stellen die Zeichen der menschlichen Verständigung dar. Lebensgrundlage ist die Atmung. Auf dem Fundament der Körpersprache baut sich der Sprechausdruck und schließlich die Wortsprache auf. Die Entwicklung von der Körpersprache zur Wortsprache kann man menschheits- und individualgeschichtlich feststellen: Ähnlich wie sich die verschiedenen Menschheitssprachen aus den ersten Lauten der Urmenschen bei der Verständigung im gemeinsamen Tätigkeitsprozeß herausgebildet haben, so erwerben Kinder die Wortsprache aus den ersten körpersprachlichen und lautlichen Äußerungsformen: Strampeln, Schreien usw. Erst im Laufe der Jahre wird allmählich das differenzierte System der Wortsprache erlernt, wobei die Bedeutungen aus dem Handlungskontext herausgelöst werden. Die Wortsprache ist das höchst entwickelte und zuletzt erworbene Verständigungssystem (Lurija 1982, 29). Diese Entwicklung wirkt beim Reden immer mit. Treten z. B. Formulierungsprobleme beim Sprechdenken oder Verständigungsschwierigkeiten mit einem Gesprächspartner auf, wird automatisch auf das einfachere, zugrundeliegende System der Körpersprache zurückgegriffen: Wir gestikulieren oder zeigen auf etwas. Und Verkrampfungen der Körpermotorik blockieren den Sprechfluß und die Formulierung, so daß Füllwörter und Sprechdenkgeräusche wie *äh, mh* gehäuft auftreten.

Bei allen Aspekten handelt es sich um weitgehend automatisierte Verhaltensweisen. Sie laufen unbewußt ab. Wollte man sie ständig bewußt vollziehen, würde man handlungsunfähig. Die Automatisierung hat eine wichtige Entlastungsfunktion. Zu Lern- und Übungszwecken sollte man immer nur einzelne Aspekte stärker bewußt vollziehen.

Die Einschätzung von Glaubwürdigkeit folgt der Genese: Dem Augenschein der Körpersprache und dem Klang des Sprechausdrucks wird mehr geglaubt als den Worten. Als Metamitteilung leiten sie das Verständnis.

Seite 2: Inhaltskonzept (Rhetorische Tiefenstruktur)
Beim Inhaltskonzept geht es nicht nur um die Sache, sondern um das Konzept der gesamten Kommunikationssituation und ihrer Strukturierung. Hat man die Sprechsituation (= Macrostruktur-Ebene) erfaßt, wird eine Hauptzielsetzung mit passender Rede-Gliederung (z. B. Bartsch 1987; 1990) oder Gesprächsphasenstruktur (Mesostruktur) und geeignete Sprechoperationen (Bartsch 1985) wie Fragen, Zuhören, Bewertungen etc. (Microstruktur) ausgewählt. Eine Basis-Orientierung bietet hier das Organon-Modell mit den Zeichenfunktionen: Darstellung, Ausdruck, Appell (Bühler 1934/1982, 28).

Die Präsentation (Seite 1) beeinflußt die Wirkung des Inhaltskonzepts, das seinerseits aber auch die äußere Form mitbestimmt. Bei einer sachlichen Information spricht man z. B. anders als wenn man jemanden überzeugen möchte.

Seite 3: Redner-Persönlichkeit
Im Inhaltskonzept und in der Präsentation kommt die Persönlichkeit des Redners zum Ausdruck, und der Zuhörer zieht aus der rhetorischen Oberflächen- und Tiefenstruktur Rückschlüsse auf die Person des Sprechers und seine Einstellungen. Kommunikative Einstellungen erwachsen aus der Kommunikationsbiografie eines Menschen und lassen sich zurückführen auf die zentrale Frage, ob Kommunikation als Konkurrenz oder Kooperation eingeschätzt wird. Zentrale Dimensionen, die das konkrete rhetorische Handeln steuern, sind insbesondere:

• (kontrafaktisch unterstellte) Symmetrie versus Sieg-Niederlagen-Kampf
• Perspektive-Übernahme versus Egozentrik
• Transparenz versus Manipulation/Verschleierung
• Flexibilität versus Fixiertheit

Kooperation setzt Selbstsicherheit voraus. Dominante Einstellungen werden auf psychische Labilität, integrative auf Stabilität zurückgeführt (Correll 1983, 56). Die kommunikative Persönlichkeit ist nichts Unveränderliches, sondern etwas Erworbenes. Jeder Mensch ist geprägt von seinen persönlichen Kommunikationserfahrungen von der frühesten Kindheit an. Deshalb stellt die Kommunikationsbiografie die Basis dar.

Interdependenz
Alle drei Seiten der Pyramide sind hinsichtlich der Wirkung und der Sprechproduktion interdependent. Man kann nicht eine der drei Seiten absolut setzen und gegen die anderen ausspielen. Geschieht dies, kommt es zu reduktionistischen rhetorischen bzw. sprecherzieherischen Ansätzen: Wird z. B. nur die äußere Form wichtig genommen, führt es zu einer reinen Präsentationstechnik, unabhängig von den inhaltlichen Aspekten und der Persönlichkeit; werden dagegen nur die inhaltlichen oder persönlichen Aspekte betont, gelangt man zu einer kognitiv oder psychologisch beherrschten Auffassung von Rhetorik.

Entgegen solchen einseitigen Anschauungen wird hier eine umfassende Sichtweise zugrunde gelegt: Das konkret-beobachtbare Verhalten (Seite 1) repräsentiert die durch die Kommunikationsbiografie geprägte Sprecher-Persönlichkeit (Seite 3) und ihre bewußten Entscheidungen für bestimmte Strukturen auf der Ebene der Tiefenstruktur (Seite 2). Hinsichtlich der Produktion und Analyse von Kommunikation kann der Ansatzpunkt – je nach Interesse und Bedürfnissen – jeweils auf einer anderen Seite gewählt werden. Grundsätzlich sollten aber alle drei Seiten als gleichwertig und wichtig anerkannt und nicht eine Seite in den Anhang verbannt werden (Geißner 1982).

3. Sprecherzieherische Traditionen

Die Rede-Pyramide als didaktisches Synopse-Modell ist neu. Neu sind aber nicht die einzelnen Kriterien, die darin zusammengefaßt und systematisch aufeinander bezogen werden. Sie haben seit Erich Drach, dem Begründer der modernen Sprechkunde und Sprecherziehung, in der Sprechwissenschaft Tradition (Pabst-Weinschenk 1993a; 1993b).

Entwickelt habe ich die Rede-Pyramide auf der Grundlage des Rhetorik-Konzeptes von Elmar Bartsch (1980), der bereits wesentliche Kriterien nach „rhetorischer Oberflächen- und Tiefenstruktur" und „Einstellungen" geordnet hat. Die Begrifflichkeit von Oberflächen- und Tiefenstruktur verbinden wir heute vor allem mit Chomsky. Gedanklich geht aber diese Unterscheidung auf Wilhelm Wundt zurück, auf den sich auch Drach und seine Vorläufer bezogen haben (Pabst-Weinschenk 1993a, 1993b).

Schon bei Wundt beginnt der Satz „vor dem Vollzug der sprachlichen Äußerung, und er erkennt, daß dem Satz eine psychische Ganzheit vorausgeht, ehe der Satz in seiner sprachlichen Repräsentation als gegliederte Folge sprachlicher Einheiten erscheint. [...] Wundts Formalisierung syntaktischer Gebilde nimmt [...] ebenfalls von der Generativen Transformationsgrammatik entwickelte Verfahren weitgehend vorweg. Wundt stellt syntaktische Gebilde als dialektische Einheiten von Teilen und Ganzem dar, wobei das Primat beim Ganzen liegt. Die Teile und ihre Relationen werden immer aus der Beziehung zum Ganzen erklärt und formalisiert und entsprechend dargestellt." (Porsch 1980, 356f)

Drachs Konzept der Sprechkunde und Sprecherziehung kann man linguistisch zwischen Hermann Paul und Wilhelm Wundt einordnen (Pabst-Weinschenk 1993b, 132ff). Hinsichtlich der Satzbildung bleibt Drach nahe an Wundts analytischer Auffassung. Drach setzt bei seinen Überlegungen zum Sprechdenken die dominierende Vorstellung (Sinnwort) als Tiefenstruktur voraus und leistet hinsichtlich der Schallform und der Syntax eine Beschreibung der Oberflächenstruktur. Insofern ist es nicht verwunderlich, wenn wir heute in unserer sprecherzieherischen Tradition von rhetorischer Oberflächen- und Tiefenstruktur sprechen.

Alle Aspekte, die in der Rede-Pyramide zusammengefaßt sind, stehen in der sprecherzieherischen Tradition und sind nach und nach erarbeitet worden. Das kann ich hier nur an einigen wenigen Beispielen verdeutlichen. Dabei wähle ich vor allem solche Punkte aus, die für uns heute Selbstverständlichkeiten darstellen, aber zu Beginn des 20. Jahrhunderts eine Innovationsleistung der damals neuen Sprechkunde und Sprecherziehung darstellten. Alle hier ausgewählten Vertreter nehmen – mehr oder weniger explizit – Bezug auf Wundts „Sprache als Ausdrucksbewegung" und verstehen dementsprechend Sprechen als „psycho-physischen Vorgang". Damit stellen sie bereits eine Verbindung zwischen Seite 1 und Seite 3 der Rede-Pyramide her.

3.1 Ansätze aus der Anfangszeit

Datiert man den Beginn der modernen Sprechkunde und Sprecherziehung mit der ersten umfassenden Fachpublikation „Sprecherziehung" (Drach 1922), so kann man andere frühere Ansätze als „Vorläufer" einschätzen (Pabst-Weinschenk 1993a, 20ff).

Beispiel 1: Primat der Körpersprache
Albert Fischer (1872-1960) geht in seiner mimisch-lautlichen Ausdruckskunst davon aus, daß die Körpersprache den Worten vorausgeht:

„Kaum regt sich die Empfindung, kaum lebt der Gedanke auf, so steht er auch schon im Gesichte geschrieben, wenn er daraus auch nicht immer in die Wortsprache des Verstandes übersetzt werden kann." (1915, 20) – „Tat, Geste, Mienenspiel sollen den Worten vorausgehen und von diesen bestätigt und erläutert werden." (1915, 77)

Auch wenn Fischers Konsequenz einer planvollen Körpergymnastik heute als reduktionistisch einzuschätzen ist, war diese Erkenntnis für die Sprecherziehung bis hin zur Therapie bedeutsam. Durch Video-Analysen in den letzten Jahrzehnten wurde sie bestätigt.

Beispiel 2: Natürlichkeit, Ästhetik und verstehende Reproduktion – Prinzipien der Stimmkunde

Martin Seydel (1871-1934) ist der Vertreter der Stimmkunde zu Beginn des 20. Jahrhunderts. Er verbindet die physiologische mit einer psychologisch-philosophischen, letztlich religiösen Betrachtung. Einerseits betrachtet er das Sprechen als Sekundärfunktion, nachgeordnet den Primärfunktionen von Atmung, Nahrungsaufnahme usw. Andererseits ist die Mitteilung für ihn das Zentrum des ganzen Daseins und allen Erlebens (1909, 9) und die Stimme ihr Organ (1909, 15, 30). Stimmbildung ist für ihn psychologisches Turnen, bei dem jede Übung beseelter Ausdruck ist (1909, 28f). Er propagiert „Stimmbildung als Losung der Kultur für alle". Seine drei grundlegenden Prinzipien der stimmlichen Kulturarbeit sind bis heute unverzichtbar:

1. (Stimm-)technisches Grundprinzip als Naturprinzip vom geringsten Kraftmaß (ökonomische Stimmgebung, natürliche Technik);
2. ästhetisches Prinzip der Fülle mit Maß (gegen einen schlechten Dilettantismus, der uninteressant wirkt, und gegen falsche Virtuosität, die abstößt);
3. geistiges Prinzip der verstehenden Reproduktion (1902, 171).

Wie Fischer nimmt auch Seydel damit vor allem Aspekte von Seite 1 und 3 in den Blick. Rhetorik versteht er als „Kunde der menschlichen Mitteilung" (1905, 328) und propagiert eine moderne Rhetorik christlicher Art:

„Der antiken Rhetorik fehlte im Vergleich zu der jetzt möglichen modernen Rhetorik inhaltlich die christliche Erkenntnis; ihre Ideale von Wohlanständigkeit, Gerechtigkeit und Staatswohlfahrt genügen dem christlichen Verantwortungsgefühl gegen Gott und der Liebesarbeit um jeden Preis, die wir von uns fordern müssen, nicht in vollem Umfange; und ihre formelle Schönheit ist als die Schönheit eines anderen Himmels und anderer Natur von vornherein psychologisch für uns mehr anregend und idealbildend als direkt nahrungsspendend und entwickelnd, ihre actio aber, auf der doch die eigentliche momentane psychologische Wirkung beruht, sinkt mit ihrer dürftigen Theorie für uns herab zu ganz äußerlichen Regeln, ohne jeden höheren Sinn, schon aus diesem Grunde, weil diesen Vorschriften jede tiefere physiologische Kenntnis fehlt und weil sie einer Kultur entstammen, in der die Kunst des Ohres nur halb entwickelt war." (1905, 313; auch 1909, 6ff)

Seydel entwickelt hier bereits das Vorverständnis für die konsequente Inversion der klassisch-antiken Rhetorik durch seinen Schüler Geißler.

Beispiel 3: Inversion der klassisch-antiken Rhetorik im Sinne moderner praktischer Rhetorik und Sprecherziehung
Ewald Geißler (1880-1946) integriert in seinem Rhetorik-Verständnis bereits Aspekte aller drei Seiten der Rede-Pyramide: Er sieht eine Wiedererweckung der Rhetorik durch gesellschaftliche Erfordernisse: Sprechen ist politisch bedeutsam geworden (1910/1921, 9), spricht sich aber gegen die schwelgende Formenfreude der literarischen Rhetorik aus: „Auch der anschaulich gewordene Zweckgedanke kann einer Rede eigentümliche Schönheit geben ..." (1914/1918, 27). Mit seiner Forderung, Form und Inhalt als Einheit zu begreifen (1914/1918, 35), lenkt er die Aufmerksamkeit auf die Seite 2 der Rede-Pyrami-

de. Das Alltagsgespräch propagiert er als Maßstab (1914/1918, 24). Sprechen ist für ihn ein Gebrauchsgegenstand, eine der wichtigsten Lebensbetätigungen des Menschen, die neben dem Schreiben als sprachliche Leistung anerkannt werden soll (1910/1921, 11).

Angesichts der Entwicklungen in Sprachwissenschaft und Psychologie (vor allem Phonetik, Physiologie, Wundts Völkerpsychologie) sieht Geißler die „Notwendigkeit, die überlieferte Folge [in der Rhetorik!] gründlich umzudrehen" (1914/1918, 30). Galt bis dahin die Abfolge „Inventio, Dispositio, Elocutio, Memoria, Actio", entwickelt Geißler nun die Redekunst wie im lebendigen Gespräch aus der Actio, der Sprechtätigkeit des Redners:

„Uns entwickelt sich die Redekunst aus der Tätigkeit des Redners selbst, aus der Eigentümlichkeit seiner Ausdrucksmittel. Von ihnen her entscheiden sich dann – in umgekehrter Folge! – die weiteren Fragen: die Frage nach der Aneignung, nach dem Heraufholen der Worte aus frei gestalteter Wahl oder aus einem fertig bereitliegenden Schatz; die Frage nach der Art des Ausdrucks, dem mündlichen Stil im Gegensatze zum schriftlichen; die Frage nach der planmäßigen Gliederung, nach den Gesetzen einer Zeitkunst im Gegensatze zur Raumordnung des Buches; und schließlich ergibt sich aus der Vortragsmöglichkeit vor einer bestimmten Versammlung auch die Auswahl aus dem vorliegenden Stoffe, das Weglassen und Unterstreichen, die Fassung des Grundgedankens." (1914/1918, 32)

Der leibhafte Vollzug von Sprache steht für Geißler im Mittelpunkt, sein Ansatzpunkt liegt also auf Seite 1 der Pyramide. Die Sprechkunst ist für ihn die Grundlage für die Redekunst (1910/1921, 17). Als Seydel-Schüler übernimmt er dessen Stimmbildungsprinzipien und modifiziert sie:

1. Natürlichkeit und Gesundheit: größtmögliche Wirkung bei geringstem Kraftmaß (physiologischer Aspekt);
2. Ästhetik/Sprechschönheitslehre: Stimmausdruck als Versinnbildlichung der Vorstellungen (akustischer Aspekt);
3. Innerlichkeit (psychologischer Aspekt): „Daß sie aber nicht nur alles sagen könne, sondern auch wirklich alles sage, fordert der letzte Grundsatz." D. h., der Redner soll alle inhaltlichen Beziehungen ausdrücken, „statt vom Hörer zu verlangen, daß er sie selbst hinzudenke." (1910/1921, 28f)

Sein Anliegen ist also nicht die wissenschaftliche Rede-Analyse, sondern ein lebenspraktisches Konzept der Rhetorik als Kunde. Im Sinne innerer Sprachbildung ist Rhetorik für ihn Menschenbildung: Rhetorik zielt zwar zunächst auf Verbesserung des Äußerlichen in der Sprache, aber sie wirkt auf die innere Gestaltung zurück.

3.2 Erich Drachs umfassendes Verständnis von Rhetorik und Sprecherziehung im Sinne der Rede-Pyramide

Da Erich Drach (1885-1935) der Begründer der Sprechkunde und Sprecherziehung ist, sollen seine Leistungen für die Entwicklung der Sprechwissenschaft hier etwas ausführlicher zusammengefaßt werden.

Wenn „Sprechen" von Drach zugleich als Ausdrucksbewegung, Schallform (im Sinne Sievers) und Mitteilung an Hörer mit dem Ziel der Vermittlung von Gedanken, Gefühlen und Willensantrieben (Bühler) in einer Sprechsituation charakterisiert wird, dann vereint er damit bereits alle Aspekte eines umfassenden Verständnisses von Kommunikation. Mit dieser Betrachtung schafft Drach das Fundament für die rhetorische Tiefenstruktur auf der Seite 2 der Rede-Pyramide. „Sprechen" ist für ihn ein einheitlicher Gegenstand. Er zieht keine Trennung zwischen (Sprech-)Kunst und Alltag(ssprechen), sondern leitet die Gesetzmäßigkeiten für den Kunstvortrag aus den psychologischen Grundtatsachen des Alltagssprechens ab. Damit vertritt er eine idealistische Position wie Vossler (Stilistik als oberste Disziplin, in der Sprach- und Literaturwissenschaft zusammenfallen). So betrachtet auch Drach den guten Stil als „tertiär": Primär ist die Erlebnisbewegung beim Sprechdenken, sekundär die zweckbestimmte Verwendung von Formulierungen (beim Schreiben).

Sowohl bei der sprecherzieherischen Vermittlung als auch bei seiner sprechkundlichen Theoriebildung ist die eigene (sprechkünstlerische) Praxis die Voraussetzung. Die erklärende Verstandesbelehrung reicht ihm nicht, sondern es geht ihm immer um schaffendes, selbst(re)produzierendes Üben/Praktizieren, das vom Technischen ins Geistige/Künstlerische emporführt. Damit vertritt er eine Position, bei der Körper und Geist (oder Verhalten und Erkennen oder Gefühl und Verstand oder Personen- und Sachbezug) immer aufeinander bezogen und interdependent im Sinne der Rede-Pyramide zu berücksichtigen sind.

Mit seinen „Grundtatsachen des Sprechens" beschreibt er die sprachpsychologischen Gesetzmäßigkeiten (1926). Damit wendet er sich sowohl gegen rein verhaltensmäßig orientierte „Rezeptbücher" als auch gegen die rein subjektive Spekulation als Erkenntnisgrundlage. Sein Gesetzesbegriff ist nicht normativ (mit Befehlen/Verboten), sondern deskriptiv: Es geht ihm um beschreibende Tatsachenfeststellungen, die nachvollziehbar, d. h. intersubjektiv überprüfbar sein sollen; eine mögliche Falsifizierung schließt er nicht aus.

Der Spracherwerb und die Normalentwicklung einer Persönlichkeit gelten ihm als Maßstab und Leitmodell für Vermittlungsprozesse. Sprecherziehung ist für ihn immer Teil der Persönlichkeitsbildung. Mit seiner Sprechausdruckstypologie (1922), die er auf der Grundlage von Froeschels Sprachpathologie als „Anlernverfahren" versteht, nimmt er die persönlichen Lernvoraussetzungen der Schüler in den Blick. Darin kann man auf der Ebene der Unterrichtskommunikation die Berücksichtigung des Hörerbezugs sehen. Drach legt – unausgesprochen – auch in dem komplementären Rollenverhältnis von Lehrer und Schüler, das zu seiner Zeit noch maßgeblich von einem autoritären Führungsstil gekennzeichnet ist, kontrafaktisch eine partnerschaftliche Beziehung zugrunde. Er nimmt seine Schüler ernst und will echte Gespräche mit ihnen führen. Er begründet dies mit der Sprechlust und dem Ziel, ein echtes Gespräch führen zu wollen. Denn für ihn ist es erwiesen, daß sowohl die inhaltliche als auch die formale Sprechleistung gleichsinnig mit der Sprechlust steigt bzw. sinkt. Deshalb legt er Wert auf eine gute Stimmung, das Selbstgefühl der Schüler und eine gewisse Sprechheiterkeit (1922, 102).

Vom Anfangsunterricht bis zur Erwachsenenbildung ist es Drachs Ziel, die Sprechdenkfähigkeit der Schüler zu bilden. Mit dem Arbeitsschulgedanken vollzieht Drach sowohl die Abkehr vom logisch-grammatischen und geschichtlichen Sprachunterricht als auch vom wissenschaftlich-zergliedernden und geschichtlichen Literaturunterricht; er vertritt einen Ansatz innerer Sprachbildung, ohne extrem-rassistische oder sprachpuristische Positionen. Sein Konzept ist biologisch-funktional, wesentliche Kriterien sind die physiologische Richtigkeit (Ökonomie) und die Sinnrichtigkeit bis hin zur Satzlehre, die er auf der Grundlage lebenswirklichen Sprechdenkens erfassen will, denn Sprechdenken wird immer leibhaft vollzogen.

Seine Rhetorik „Redner und Rede“ (1932) ist ein Beitrag zur demokratisch-staatsbürgerlichen Bildung für breite Bevölkerungskreise, die ohne Redelehrer selbst Kurse zu ihrer Weiterbildung organisieren sollen. Die rhetorischen Übungsfolgen organisiert er nach den Regeln der parlamentarisch-demokratischen Geschäftsordnung, wobei die Debatte nach einer Übungsrede sowohl die Redeleistung als auch die Rede-Inhalte umfaßt. Damit trägt er Form und Inhalt Rechnung. Er gelangt schon zu Regeln, die man heute vergleichsweise in der Pragmalinguistik finden kann: z. B. Regel des propositionalen Gehalts, Einleitungs- und Aufrichtigkeitsregel (Searle) oder die Konversationsmaximen (nach Grice). Besondere Aufmerksamkeit widmet Drach der Hörerperspektive:

a) hinsichtlich der Redeplanung und -vorbereitung:

- der Ansatzpunkt der Rede liegt bei den Hörern (1932, 38),
- der Redner soll vorausdenken, wie die Hörer mutmaßlich denken werden (1932, 46),
- der Denkplan muß zum Zielpunkt führen (1932, 39f),
- der Redner soll etwas Neues für die Hörer bringen (1922, 101),
- es soll in (durch Denkklarheit und Schallform) anhörlichen Sätzen gesprochen werden (1932, 157).

Damit ist die funktionale Perspektive nicht nur auf Satzebene (1937) für Drach wichtig, sondern auch beim psycho-logischen Redeaufbau:

Satzebene:	Rede-Aufbau:
Vom	Vom
Vorfeld mit Anschlußstelle (Thema)	Ansatzpunkt bei den Hörern
	(im Fünfschritt/-satz)
zum	zum
Hauptsinnwort im Nachfeld (Rhema)	Zielpunkt (zus.gefaßt als dominierende Absicht im Zwecksatz!)

b) hinsichtlich der Redekurs-Methodik:

• Ansatzpunkt der rednerischen Kritik ist die Wirkung, die bei den Hörern hervorgerufen wird. Dabei hält er die rhetorische Vorbildung der Hörer für unerheblich (1932, 20): Er nimmt jeden Hörer gleichermaßen ernst und empfiehlt schon eine Art konstruktiver Kritik mit Sichtung von Gelungenem und Mißlungenem und Verbesserungsvorschlägen statt Vorwürfen (1932, 15).

• Drach versteht also seine Rhetorik auch bereits als Hörerziehung: Hören bedeutet für ihn einerseits genaues Zuhören, Analysieren, aufmerksames Prüfen; andererseits aber auch schon sachlich-bereitwilliges Zuhörenkönnen, bei der man sich mit menschlicher Anständigkeit begegnet, die Überzeugung des Gegners achtet und sich nach dem sportlichen Prinzip des „fair play" verhält: „Selbst wer über die schwerwiegendsten Lebensfragen völlig anderer Meinung ist, braucht darum weder ein Trottel noch ein Schuft zu sein, und es ist kein Beweis für die Wahrheit der eigenen Meinung, sich ihm gegenüber als Rüpel zu benehmen: auch diese Staatsbürgerweisheit müssen erfahrungsgemäß einige erst im Redekurs lernen." (1932, 25)

Da Drach auch die Authentizität des Sprechers und die Klarheit im Gedankenaufbau (Denkklarheit) als Kriterien berücksichtigt wissen will, kann man bei ihm von einem umfassenden Konzept im Sinne meiner Rede-Pyramide sprechen.

3.3 Schlußbemerkung

Diese wenigen Beispiele mit ihren kurzen Erläuterungen können vieles nur andeuten und müssen notgedrungen Fragen offen lassen. Die Darstellung wird keinem Vertreter auch nur annähernd gerecht. Viele, auch kritisch zu bewertende Tendenzen zur Deutschkunde, Sprachzucht usw. bleiben hier ganz ausgespart. Aber trotz aller „Irrwege der Sprecherziehung" (Geißner 1997) halte ich es für wichtig, sich auch die positiven Aspekte aus unserer Fachgeschichte wieder ins Bewußtsein zu rufen, und das sind viele fachliche Standards, die für uns heute selbstverständlich sind.

Literatur

Bartsch, E. (1980): Seminar „Rhetorik der Rede". Theorie und Arbeitsunterlagen für Teilnehmer. Hernstein-Institut, Wien
– (1985): Elementare gesprächs-rhetorische Operationen im „small talk" und ihr Einfluß auf Gesprächsprozesse. In: Schweinsberg-Reichart, I. (Hrsg.): Performanz. Scriptor, Frankfurt/M., 115-132
– (1987): Die „Harte Nachricht" als inventio- und dispositio-Hilfe für Gesellschaftsreden. In: Kühlwein, W. (Hrsg.): Perspektiven der Angewandten Linguistik. Forschungsfelder. Narr, Tübingen, 161-163
– (1990): Die Strukturpläne von Überzeugungsrede und Meinungsrede im Vergleich – zur Anwendung in Rhetorikkursen. Sprechen. Zeitschrift für Sprechwissenschaft, Sprechpädagogik, Sprechtherapie, Sprechkunst. 8, H. I, 15-21
Bremerich-Vos, A. (1991): Populäre rhetorische Ratgeber – Historisch-systematische Untersuchungen. Niemeyer, Tübingen
Bühler, K. (1934/1982): Sprachtheorie. Fischer, Stuttgart
Correll, W. (1983): Motivation und Überzeugung in Führung und Verkauf. moderne industrie, Landsberg
Drach, E. (1922): Sprecherziehung. Die Pflege des gesprochenen Wortes in der Schule. Diesterweg, Frankfurt/M.
– (1926): Die redenden Künste. Quelle & Meyer, Leipzig
– (1932): Redner und Rede. Bott, Berlin
– (1937): Grundgedanken der deutschen Satzlehre. Diesterweg, Frankfurt/M.
Fischer, A. (1915): Über die Grundlagen und Ziele der Technik des Sprechens, der Vortrags- und Redekunst (der mimisch-lautlichen Ausdruckskunst). Eine Programm- und Werbeschrift. Georgi, Bonn
Geißler, E. (1910/1921): Rhetorik. Teil 1: Richtlinien für die Kunst des Sprechens. Teubner, Leipzig
– (1914/1918): Rhetorik 2. Teil: Anweisungen zur Kunst der Rede. Teubner, Leipzig und Berlin
Geißner, H. (1981): Sprechwissenschaft. Theorie der mündlichen Kommunikation. Scriptor, Königstein
– (1982): Sprecherziehung. Didaktik und Methodik der mündlichen Kommunikation. Scriptor, Königstein
– (1975/1986): Rhetorik und politische Bildung. 3. Aufl. Scriptor, Frankfurt/M.
– (1997): Wege und Irrwege der Sprecherziehung. Röhrig, St. Ingbert
– /Schnorrenberg, J. (1980): Sprecherziehung. In: Kühlwein, W.; Raasch, A. (Hrsg.): Angewandte Linguistik. Narr, Tübingen 113-118
Lepschy, A. (1995): Das Bewerbungsgespräch. Eine sprechwissenschaftliche Studie zu gelingender Kommunikation aus der Perspektive von Berwerberinnen und Bewerbern. Röhrig, St. Ingbert (zugl. Duisburg, Univ., Diss., 1994)
– (1996): Entwurf eines aufgabenorientierten Gesprächssteuerungsmodells. Sprechen. Zeitschrift für Sprechwissenschaft, Sprechpädagogik, Sprechtherapie, Sprechkunst. 14, H. II, 68-74
– (1997): Ein analytisches und didaktisches Modell für die Situations- und Prozesssteuerung in Gesprächen. „Der Beginn einer wunderbaren Freundschaft" zwischen linguistischer Gesprächsforschung und Sprechwissenschaft. In: Pabst-Weinschenk, M.; Wagner, R. W.; Naumann, C. L. (Hrsg.): Sprecherziehung im Unterricht. Reinhardt, München
Lotzmann, G. (1985): Praktische Rhetorik – Rhetorische Kommunikation aus sprechwissenschaftlicher Sicht. In: Bausch, K.-H.; Grosse, S. (Hrsg.): Praktische Rhetorik.

Beiträge zu ihrer Funktion in der Aus- und Fortbildung. [Mit] Auswahlbibliographie. Institut für deutsche Sprache, Mannheim, 82-96

Lüschow, F. (1991): Überlegungen zu einer axiomatischen Sprechwissenschaft. In: Lüschow, F.; Pabst-Weinschenk, M. (Hrsg.): Mündliche Kommunikation als kooperativer Prozeß. Sprechwissenschaftliche Arbeitsfelder. Festschrift für Elmar Bartsch. Lang, Frankfurt/M./Bern/New York/Paris, 2-15

Lurija, A. (1982): Sprache und Bewußtsein. Volk und Wissen, Berlin

Pabst-Weinschenk, M. (1993a): Die Konstitution der Sprechkunde und Sprecherziehung durch Erich Drach. Faktenfachgeschichte von 1900 – 1935. Westarp-Wiss., Magdeburg/Essen

– (1993b): Erich Drachs Konzept der Sprechkunde und Sprecherziehung. Ein Beitrag zur Theorie und Geschichte der Sprechwissenschaft. Westarp-Wiss., Magdeburg/Essen (zugl. Duisburg, Univ., Diss.)

– (1993c): Bibliografie zur Sprechkunde und Sprecherziehung in Deutschland bis 1945. Westarp-Wiss., Magdeburg/Essen

– (1995): Reden im Studium. Ein Trainingsprogramm. Cornelsen-Scriptor, Frankfurt/M.

– (1998a): Mündlich argumentieren. Rhetorik. Ein internationales Jahrbuch 17, 106-133

– (1998b): Rhetorische Überlegungen zum Kommunikationsprozeß in der Therapie. Sprache, Stimme, Gehör 22, 4, 188-192

– (1999a): Sprechwerkstatt. Westermann, Braunschweig (in Vorbereitung)

– (1999b): Zufriedene Kunden. Ein Beitrag zur kooperativen Verkaufsrhetorik. In: Mönnich, A.; Jaskolski, E. W. (Hrsg): Kooperation in der Kommunikation. Festschrift für E. Bartsch. Reinhardt, München

Porsch, P. (1980): Linguistische Positionen Wilhelm Wundts. In: Wilhelm Wundt – progressives Erbe, Wissenschaftsentwicklung und Gegenwart. Protokoll des internationalen Symposiums 1./2.11.1979, Karl-Marx-Universität Leipzig, 350-358

Seydel, M. (1902): Über Stimme und Sprache und wie man sie gebrauchen soll. Wiss. Beilage der Leipziger Zeitung, Nr. 42/43, 08.04. und 10.04.1902

– (1905): Die Kunst der Rede und des Vortrages und ihre stimmtechnischen Grundlagen in den Höheren Schulen. Neue Jahrbücher für das klassische Altertum und für Pädagogik. II. Abt., Band XVI, H. 6, 310-328

– (1909): Grundfragen der Stimmkunde für Sänger und Sprecher dargestellt. Kahnt Nachfolger, Leipzig

CHRISTINE FINDEIS und MATTHIAS DORN

Farbe bekennen! Narrative Rhetorik als Ermutigung zum Eigensinn

1. Von den Schwierigkeiten, Farbe zu bekennen – nicht nur im Rhetorikunterricht

Vielleicht provoziert, liebe Leserinnen, liebe Leser, eine Vokabel wie „Eigensinn" als Ziel der Rhetorik kollegialen Protest: Zielt doch das Lehren rhetorischer Kommunikation vielbeschworen oder stillschweigend akzeptiert auf kommunikative Fähigkeiten und Haltungen wie Kooperation, Konfliktfähigkeit und Konsens. Verankert sind solche offengelegten wie unterschwelligen Lehrziele in einem Menschenbild, das die Individualität und Meinungsfreiheit des/der einzelnen ebenso zu achten versucht wie die faire Balance der Kräfte und Meinungen in einer Gemeinschaft. Als gängige Wege einer solchen demokratisch begründeten kommunikativen Auseinandersetzung üben wir im Rhetorikunterricht die Prozesse von Informieren und Argumentieren, Klären und Streiten, die als die Hauptformen von Rede und Gespräch gelten (Geißner 1981/1982). Gemeinhin setzen wir als Rhetoriklehrer/innen dabei voraus, daß die Seminarteilnehmer/innen eigene Standpunkte und Interesse an den Standpunkten anderer mitbringen, daß sie lernen wollen, ihre Überzeugungen öffentlich wirksam zu vertreten oder im Gespräch zu entwickeln. Eine Aufforderung zum Eigensinn wäre dann überflüssig.

Unsere Beobachtungen der letzten Jahre, auch über Rhetorikseminare hinaus, rütteln an den oben idealiter skizzierten Voraussetzungen für gelingende Kommunikation. Wir nehmen wahr: Immer weniger Menschen bekennen Farbe dadurch, daß sie profilierte Standpunkte beziehen, sei es in Gesprächs-, sei es in Redesituationen. Wenn Standpunkte geäußert werden, wirken sie häufig unauthentisch, blaß, abgedroschen – ebenso wie die Themen, die „gewählt" werden. Politische Streitkultur und Freude an kommunikativer Auseinandersetzung scheinen zu verschwinden; das Feld wird einigen wenigen überlassen, die ihre Position überlaut vertreten. Ruhe und soziale Freundlichkeit im Umgang miteinander aber werden sehr schnell langweilig oder verbergen nur notdürftig die latente Aggressivität des Unausgesprochenen. Häufig scheint gute Stimmung wichtiger als errungene Übereinstimmung.

Wie kommt es zu diesen Phänomenen? Ist bei vielen Menschen „die Fähigkeit [...], eigene Meinung öffentlich in Gespräch und Rede darzustellen und argumentativ zu vertreten", nach wie vor „gering entwickelt", wie Geißner konstatiert (Geißner 1990, 14)? Verständlich wäre, daß diese Menschen verstärkt anzutreffen sind in Rhetorikseminaren, in denen sie ihre Ausdrucksfähigkeit zu entwickeln hoffen. Hatten sie wenig Gelegenheit, das öffentliche Reden auszuprobieren, wurden sie nicht ermuntert zu glauben, daß ihre Anliegen „der Rede wert" sind? Wie oft gründen sich Schweigen, blasses Reden, Nicht-Farbe-Bekennen auf Mißtrauen, auf schlechte Erfahrungen, wie mit der eigenen Offenheit umgegangen wurde? In welchem Maß geht rednerische Zurückhaltung auch mit der Politikverdrossenheit einer Generation einher, der argumentierendes Engagement für eine Sache nicht nur ungewohnt, sondern einfach lästig ist? Schließlich mag unprofilierte Farblosigkeit als kollektives Erscheinungsbild einer postmodernen Arbeitswelt gedeutet werden: „the manager as a colorless calculator becomes the modern moral character" (Deetz 1996, 25).

Solchen Fragen und Vermutungen können wir uns am besten im interdisziplinären Diskurs mit Psychologie, Soziologie, Politologie und Philosophie stellen. Als Rhetoriklehrer/innen beantworten wir sie jedoch – bewußt oder unbewußt – bereits mit unseren Strategien des Unterrichtens. Einige der uns bekanntesten Strategien, „Menschen zum engagierten Reden bringen zu wollen", skizzieren wir hier; vielleicht werden sie abwechselnd oder phasenweise eingesetzt, sicherlich von Kollege zu Kollegin unterschiedlich.

Strategie A: Die oben beschriebenen Phänomene werden als Defizite oder, freundlicher betrachtet, als „kommunikative Entwicklungspotentiale" der Persönlichkeit interpretiert. Rhetoriklehrende wie -lernende betrachten diese Defizite/Potentiale als *methodisch-didaktische Herausforderung* an Inhalt und Ablauf von Rhetorikseminaren. Es müssen nur eine vertrauensvolle Kursatmosphäre „geschaffen" und die „richtigen" Übungen in der rechten Reihenfolge gemacht werden, damit die Teilnehmenden durch Mündlichkeit zur Mündigkeit kommen.

Strategie B, im glücklichen Fall nur in der unvertrauten Anfangsphase des Seminars zu beobachten: Die Teilnehmenden führen die Übungen durch mit Themen, die sie im Seminar für relevant, erwünscht und akzeptabel halten. Bei der Analyse gilt die Devise: *„So tun, als ob"* (die Themen für Sprecher/in wie Gruppe interessant wären). Aussagen zur Redewirkung gehen vornehmlich auf die Oberflächenstruktur ein; Beobachtungen zur Tiefenstruktur (Bartsch 1991, 21) werden nicht oder nur wenig mit der (fehlenden) Relevanz der Themen für die Sprechenden in Zusammenhang gebracht.

Strategie C: Beobachtet oder vermutet der/die Rhetoriklehrer/in im Seminarverlauf aufgrund der bisherigen Themenwahl Redeunlust, Bequemlichkeit oder Phantasielosigkeit der Teilnehmenden, kann er/sie *zu „aktuellen", „persönlich relevanten" Themen anregen*. Die Sprechhandlungspalette der Seminarleitung reicht dabei von „ermuntern", „appellieren" bis zu „warnen vor Langeweile, wenn wir hier unstrittige Themen oder zum x-ten Male Themen wie ,Ladenöffnungszeiten' oder ,Rauchen in der Öffentlichkeit' verhandeln".

Strategie D: Fehlt die Bereitschaft oder die Fähigkeit zu authentischem und engagiertem Sprechen im Seminar, findet keine „wirkliche" Kommunikation statt, ist *der/die Seminarleiter/in als Referent/in und Animateur/in* gefragt – verstärkt zu beobachten in Seminaren mit „unfreiwilligen" Teilnehmenden (z. B. in Arbeitslosenkursen, innerbetrieblichen Fortbildungen). Für Seminarleiter/-innen ist dies die energiezehrendste Variante, langfristig unbefriedigend für alle Beteiligten.

Oft genug haben wir jedoch die Erfahrung gemacht, daß diese Strategien nicht helfen, engagiertes, authentisches Sprechen zu fördern. Sicherlich ist das Methodenrepertoire zweier Sprecherzieher kleiner als das der der ganzen „Sprecherziehergemeinde". So können wir nicht ausschließen, daß uns bei unserer Darstellung von Versuchen, Seminarteilnehmer/innen zu mehr „Standpunkthaftigkeit" zu bewegen, die eine oder andere Methode entgangen ist. Doch auch in vielen Gesprächen mit Kolleginnen und Kollegen tauchte immer wieder die Frage auf: Wie müßten Unterrichtsmethoden aussehen, die es uns ermöglichen, Teilnehmende zu profilierteren Standpunkten zu bewegen – oder: die es Teilnehmenden ermöglichen, mehr Farbe zu bekennen?

2. Standpunkt, Selbstbewußtsein und Geschichten

Der erste Schritt auf der Suche nach solchen anderen Methoden bestand für uns in der Analyse: Was passiert eigentlich bei Menschen, von denen wir sagen, sie bezögen keinen Standpunkt? Aus rhetorischem Blickwinkel läßt sich das ungefähr so beschreiben: Als Sprecher/in geben sie nicht viel von sich selbst preis. Die wenigen Bilder und Beispiele, die in ihrer Rede vorkommen, wirken zitiert und unlebendig; ihre Meinungen und emotionalen Einstellungen bleiben den Hörenden unklar. Die Gegenstände, die sie in ihrer Rede darstellen, sind kaum voneinander abgegrenzt, diesen fehlt es an Struktur und Prägnanz. Auch der Einwirkungswille der Sprechenden auf ihre Zuhörer/innen wirkt reduziert. Insgesamt scheint es den „Standpunktlosen" an kommunikativem Kontakt zu fehlen. Solchen Sprechenden mangelt es an ausreichendem Kontakt zu ihrem Thema, zu ihrem Gegenüber und zu sich selbst. Anders ausgedrückt: Das, was sie bewegt, womit sie sich thematisch beschäftigen und was sie von ihren ZuhörerInnen wollen, scheint ihnen selbst allenfalls vage bewußt zu sein. Die Unfähigkeit, Standpunkte deutlich und öffentlich zu zeigen, könnte hier mit mangelndem Selbstbewußtsein zu tun haben. Der Wunsch nach einem gestärkten Selbstbewußtsein ist ja ein häufiges Motiv für Menschen, Rhetorikseminare zu besuchen, und korreliert hier mit unserem Lehrziel, den Teilnehmenden ein Mehr an Standpunkthaftigkeit und Eigensinn, ein gestärktes Selbstbewußtsein zu ermöglichen. Wie kann dies im und durch den Rhetorikunterricht gelingen?

Gemeinhin wird Selbstbewußtsein als Ergebnis einer langen Kette sozialer Erfahrungen und psychischer Verarbeitungsvorgänge aufgefaßt. Damit fällt die

Arbeit am Selbstbewußtsein in das Ressort von Psychologie/Psychotherapie, deren Aufgabenfeld hier nicht in Frage gestellt, aber doch ergänzt werden soll. *„Ich bin. Aber ich habe mich nicht. Darum werden wir erst"* (Bloch 1964, 7). Dieses Zitat von Ernst Bloch verdeutlicht, daß Selbstbewußtsein keine Eigenschaft ist, die einmal erworben – oder eben auch nicht erworben – dauerhaft zu meiner Person gehört – oder ständig fehlen muß. Selbstbewußtsein wird in jeder sozialen Situation zum Teil aktualisiert, zum Teil neu hergestellt. Viele dieser sozialen Situationen sind kommunikative Situationen. Aus diesem Grund gehört die Arbeit am Selbstbewußtsein auch in das Ressort des Rhetorikunterrichtes.

Rhetorikunterricht will und soll demzufolge auch Situationen, Übungen und Methoden anbieten, die es den Teilnehmenden ermöglichen, aktuell erfahrbar ihren Kontakt zu sich selbst, zu ihren Themen und zu ihren Gesprächspartnern zu verbessern. Damit das gelingen kann, müssen diese Übungen, Methoden und Erfahrungssituationen zwei wesentliche Kriterien erfüllen. Ein guter Kontakt eines Redners auf den genannten drei Ebenen ist durch das Kriterium der *Kontinuität* gekennzeichnet. Die Sprecherin fühlt sich dann ihrer selbst, ihrer Sache und ihrer Beziehungen sicher. Sie findet in dem, was sie vertritt, eine Heimat, in der alle Elemente ihrer Rede, sachlicher wie auch emotionaler Natur, integriert sind. Maßnahmen, die im Rhetorikunterricht durchgeführt werden, können so zu einem dauerhaften und stabilen Selbstbewußtsein führen.

Ein guter Kontakt auf den Ebenen Selbst, Thema und ZuhörerInnenbezug beinhaltet und ermöglicht aber genausogut *Diskontinuität*. Der Sprecher muß in der Lage sein, etwas Neues zu wagen, andere Sichtweisen aufzugreifen, kreativ zu werden und mit den fremdartigen Elementen eines Themas umzugehen.

Erst wenn beide Kriterien, Kontinuität und Diskontinuität, erfüllt werden, kann ein Sprecher/eine Sprecherin auf der Basis eines zugleich Sicherheit und Beweglichkeit vermittelnden „Selbstbewußtseins" das Wagnis eingehen (und kann es eingehen wollen), in der Öffentlichkeit Farbe zu bekennen. Es gilt also für den Rhetorikunterricht Methoden zu finden, die diesen beiden, scheinbar widersprüchlichen Kriterien gleichermaßen Rechnung tragen.

Eine unseres Erachtens ausgezeichnete Sprechhandlung, die diese Bedingungen erfüllt, ist das Erzählen von Geschichten. Dieses Geschichtenerzählen kann vielfältige Gestalten annehmen: Es können fremde Geschichten nacherzählt werden, es können eigene Erlebnisse in Form einer eigenen Geschichte erzählt werden, es können Kreativprozesse eine Phantasiegeschichte entstehen lassen. Alle Formen des Geschichtenerzählens verbindet aber, daß sie es dem Erzähler/der Erzählerin und den Zuhörenden ermöglichen, einen guten Kontakt zueinander, zu ihrem Thema und zu sich selbst zu entwickeln – einen Kontakt, der gleichzeitig durch Kontinuität und Diskontinuität gekennzeichnet ist.

Zwei Aspekte von Geschichten sollen verdeutlichen, wie das Erzählen von

Geschichten Kontinuität im oben genannten Sinn herstellen kann – und wodurch es verhindert wird. *Geschichten werden wiederholt.* In dieser Wiederholung bekommt Erlebtes, bekommen Menschen und Dinge eine Geschichte, eine Vergangenheit und eine Zukunft. *Geschichten sind verdichtendes Erzählen.* Es wird auf einen Sinnschwerpunkt hin erzählt; alle Elemente der Geschichte sind zueinander oder gegeneinander angeordnet auf diesen Sinn hin. Geschichtenerzählen schafft somit eine zeitliche und eine räumliche Kontinuität. Das reine Erzählen von Erlebtem, wie es uns z. B. in Talkshows Tag und Nacht zugemutet wird, ist in diesem Sinne kein Erzählen von Geschichten, sondern eine Form gelebter Erzählzwänge und -mißbräuche (Oehlmann 1995, 226-223). Es schafft keine Kontinuität, da die Situation der Talkshow weder dem/der Erzählenden noch den Zuhörenden Zeit und Raum läßt, diese Erzählungen sich verdichten zu lassen. Im Gegenteil: Hier verflüchtigt sich Erlebtes im Sich-Aussprechen.

Zwei weitere Aspekte sollen zeigen, daß und wie Geschichtenerzählen zur Diskontinuität ermutigt. Ein wichtiges Element von Geschichten ist die Phantasie. Am deutlichsten wird ihre Rolle, wenn Kinder erzählen. In Kindergeschichten wird Erlebtes übertrieben und verfremdet; es erscheinen neue und eigenartige Gebilde. Dinge werden neu gesehen, aus einer neuen Perspektive (köstliche Beispiele finden sich in Rodari 1992). Solche Geschichten lösen bei den Zuhörenden oft Gegengeschichten aus, in denen sie mit eigenen Erfahrungen, anderen Sichtweisen auf die Geschichten des/der Erzählenden antworten. Geschichtenerzählen schafft somit eine individuelle und eine soziale Diskontinuität, es entsteht in einem kommunikativen Akt etwas Neues zwischen Erzähler/in und Zuhörerschaft.

Das Erzählen von Geschichten in seinen vielfältigen kunstvollen und alltäglichen Formen ermöglicht es sowohl dem Erzähler/der Erzählerin als auch den Zuhörenden, immer wieder das ganz praktisch zu aktualisieren, was notwendig ist, um in aller Öffentlichkeit Farbe bekennen zu können: Sicherheit und Wagnis, Heimat und Fremde.

3. Die Wiederentdeckung des Narrativen für die Praxis rhetorischer Kommunikation

„... *vergessen, verkannt, verkommen*": Mit diesem armseligen Leben des Allerleihrauh, einer Märchenvariante des Aschenputtel, ist die Situation und gesellschaftliche Wertschätzung des Erzählens heutzutage weitgehend zu vergleichen (Oehlmann 1995, 8f.), sieht man von seinen „Kinderstuben" in Kindergarten und Grundschule ab. F. Schweinsberg beklagt schon 1948, daß der Alltag das Erzählen, eine der „Naturformen des darstellenden Sprechens", habe „weithin verkümmern lassen"(Schweinsberg 1948, 50).

„Dort wiesen sie ihm ein Ställchen an unter der Treppe, wo kein Tageslicht hinkam, und sagten, ‚Rauhtierchen, da kannst du wohnen und schlafen'. Dann ward es in die Küche geschickt ... und tat alle schlechte Arbeit. Da lebte Allerleihrauh lange Zeit recht armselig. „Ach, du schöne Königstochter, wie solls mit dir noch werden" (Märchen der Brüder Grimm, Nr. 65; zit. n. Oehlmann 1995, 8f.)

Auch in der Theorie, Didaktik und Methodik der mündlichen Kommunikation nimmt das Erzählen einen bescheidenen Platz ein. Dabei ist *narratives Sprechen* seit der Antike *fester Bestandteil der Lehre vom Redeaufbau*: In allen antiken Redegliederungsmodellen folgt auf die Einleitung die Schilderung des Sachverhaltes ‚als „diegesis" in der griechischen, als „narratio" in der römischen Kultur der Rede (Ueding 1995,16-40). In der „Sprechwissenschaft" wird die Sprechhandlung Erzählen nur *als Phase oder Sequenz phatischer Kommunikation* erwähnt (Geißner 1981, 149), in der „Sprecherziehung" *als Vehikel für Sprechausdrucksschulung* bzw. als *Vorstufe für informatives oder persuasives Sprechen* (Geißner 1982, 211). Verwiesen wird auf Erzählen außerdem im Zusammenhang mit linguistischer Gesprächsforschung (z. B. Ehlich 1980). In der ästhetischen Kommunikation wird das Erzählen *als nachgestaltendes Sprechen* geübt. In der (Seminar-)Praxis rhetorischer Kommunikation wird freies Erzählen vornehmlich *als rhetorische Grundlagenübung für die Entwicklung von Sprechdenken, Kreativität, Stilsicherheit* geschätzt und eingesetzt. Obwohl die Nähe des freien Erzählens zur freien Rede immer wieder betont wird, das Vorkommen von Alltagserzählungen in Gesprächsprozessen, sogar ihr Potential, „Überzeugungsprozesse (zu) unterstützen" , wird die Gattung als „monologisch" eingeschätzt (z. B. Wagner 1995, 105). Narratives Sprechen gilt vielen also allenfalls als Vorstufe zum ‚eigentlichen' Reden, es wird in der Seminarpraxis als rhetorische Geläufigkeitsübung betrachtet, zur Ausbildung von Sprechdenken und Sprechausdruck funktionalisiert.

Unserer Überzeugung wie unserer Seminarerfahrung nach birgt *Erzählen als Kommunikationshaltung und Kommunikationshandlung* wesentlich mehr und qualitativ andere Möglichkeiten für die Praxis des Rhetorikunterrichts, von denen wir einige hier vorstellen bzw. wiederbeleben möchten. Wir nehmen dabei narrative Prozesse, narrative Übungen und kommunikative Grundhaltungen des/der Leitenden in den Blick.

3.1. Narrative Prozesse

Narrative Prozesse sind in Rhetorikseminaren bereits in verschiedene Phasen des Seminarablaufs eingebettet: in der Regel in einer mehr oder weniger kommunikativ gestalteten Anfangsphase, in Gesprächsübungen, in Feedbackrunden – die informellen Erzählungen in Pausengesprächen, vor und nach den Seminarzeiten nicht zu vergessen. Wie bedeutsam solche narrativen Phasen und Prozesse für den Gesamtverlauf eines Seminars sind, mag es sonst auch eher kognitiv orientiert sein, wissen Seminarleiter/innen spätestens nach einem Versuch, solche Phasen aus „Zeitgründen" zu straffen oder gar zu kappen: eine Einsparung, die sich wegen mangelnder Beheimatung der einzelnen in der Gruppe und im Thema in der Regel nicht bezahlt macht. Ihren kommunikativen Wert können solche Phasen auch verlieren, wenn sie zu früh funktionalisiert werden (z. B. durch die weit verbreitete und wiederum mit Zeitnot begründete Praxis, bereits Vorstellungsrunden auf Video/Tonband aufzuzeichnen und sofort zu analysieren. Als Kompromiß dazu erstellen wir manchmal Tonbandaufzeichnungen von Anfangsphasen, die jedoch nicht analysiert, sondern den Teilnehmenden im Seminarverlauf als Vergleichs- und *Gesprächs*material zur Verfügung gestellt werden).

Gute Erfahrungen machen wir gerade in der Eingangsphase von Rhetorikseminaren mit Kleingruppengesprächen als Alternative zu Einzelvorstellungen oder den gängigen Partnerinterviews. Die Teilnehmenden bekommen zu gewohnten Fragen wie nach Person, Erfahrungen und Erwartungen an das Seminar auch *kommunikative Arbeitsaufträge*: So sollen sie z. B. „etwas herauszufinden, das alle Mitglieder der Kleingruppe verbindet oder trennt – ein Thema, eine Lebenssituation, eine Frage ..." Ein solcher Arbeitsauftrag fördert zuhörerorientiertes Fragen und persönliches Sprechen, verstärkt Interesse und Neugier an der Präsentation jeder Kleingruppe, in der Regel auch Heiterkeit, da die merk-würdigsten Gemeinsamkeiten oder Unterschiede zur Sprache kommen. Für spätere Rede- oder Gesprächsübungen stehen diese Funde wie ein Steinbruch als Themensammlung zur Verfügung. Die Anregung zu diesem Procedere verdanken wir unserer Kollegin Renate Weiß aus Münster und geben sie hier gerne weiter!

3.2. Narrative Übungen

Narrative Übungen werden bereits, wie oben erwähnt, in Rhetorikseminaren zur Förderung von Sprechdenken und Sprechausdruck eingesetzt: z. B. Freies Assoziieren/Dissoziieren zu Stichwörtern/Bildimpulsen/Gegenständen (Oehlmann 1995, 102f.); Erzählen von Alltagsgeschichten; nachgestaltendes Sprechen von Erzählungen. Wir skizzieren im folgenden weitere narrative Methoden, die wir für die Didaktik von Rede- oder Gesprächsrhetorik vorschlagen; sie erleichtern Prozesse von Themenfindung und eigener Standpunktklärung, veranschaulichen Perspektiven bzw. Perspektivenwechsel, fördern gegenseitiges Interesse und argumentativen Austausch.

3.2.1. Erzählimpulse durch Medien

• Der *Einsatz von Bildimpulsen* eignet sich für narrative Phasen wie Vorstellungs- und Feedbackrunden („Welches Bild spricht mich in meiner derzeitigen Situation an?") oder für assoziative Phasen wie Brainstorming („Beim Stichwort ‚Kommunikation' habe ich derzeit ... vor Augen" / „zum Thema ‚Mitarbeiterführung in unserem Betrieb' kommt mir das Bild ..."). In Phasen von Themenfindung und Problemformulierung eignen sich Bildimpulse für Gruppen, miteinander das jeweils aktuelle Gruppeninteresse auszuhandeln (Geißner 1982, 104ff.; anschauliche Erfahrungen mit dieser Methode verdanken wir Fortbildungen mit Dr. Edith Slembek/Lausanne!).

• Die *Arbeit mit Gegenständen* aus der aktuellen Umgebung (Seminarraum, Gelände des Bildungshauses) oder aus dem persönlichen Besitz/Gepäck der Teilnehmenden (Aktenkoffer, Schlüsselbund, Handy, Schmuckstück) kann noch direktere Zugänge zu individuellen bzw. für die aktuelle Lerngruppe relevanten Themen schaffen. Gegenstände lösen – wie Bilder – auch emotionale Zugänge zum Thema aus, ein Effekt, der methodisch genauso sorgsam bedacht werden muß wie er bewußt eingesetzt werden kann.

3.2.2. Erzählimpulse durch Geschichten

• „*Gestaltungserzählungen*" , angeregt z. B. durch Bildgeschichten, eignen sich nicht nur, um Sprechdenken und Sprechausdruck zu üben. Sie bilden die „Vorstufe zum selbstgestaltenden Sprechen in der Eigenerzählung und letztlich in der freien Rede" (Schweinsberg 1948, 56). Schweinsbergs Argumentation deckt sich dabei mit unseren Beobachtungen: Lebendiges Erzählen fordert vom Erzähler zwei Weisen des Kontaktes, „die Stellungnahme des Sprechers zum Hörer und zum Stoff", also Zielgruppen- und Themenbezug, „und seine Anteilnahme an den Personen der Handlung", also erkennbaren emotionalen Sprecherbezug – beides Voraussetzungen für engagiertes Sprechen in Rede wie Gespräch.

• Erfolgen solche Stellungnahmen beim Erzählen indirekt, durch die Erzählweise, können sie beim *Nacherzählen* von (kleinen) Geschichten auch direkt *als persönlicher einleitender oder abschließender Kommentar* geübt werden („Warum ich mir diese Geschichte ausgewählt habe" / „meine Meinung zum Fazit der Geschichte"...). Diese Methode eröffnet gleichzeitig Gesprächsprozesse, da die Kommentare Zustimmung, Fragen, Widerstände bei den Zuhörenden auslösen, das Bedürfnis, sie zu äußern und mit dem/der Erzählenden auszuhandeln.

3.2.3. Freies Erzählen

• Nicht hoch genug zu bewerten im Lernfeld mündlicher Kommunikation ist das *Erfinden von Geschichten* (Rodari 1992), weit über seine Funktion für lebendiges Sprechdenken hinaus. Im Er-Finden von Geschichten, auch und gerade von sogenannten „Unsinnsgeschichten", liegt Sprengstoff, gedankliche und kommunikative Alltagsfesseln zu sprengen, Tabus auszusprechen, scheinbar Unmögliches zu denken und neue Lösungen zu entwickeln. Lösungen, die oft erst gefunden werden können, wenn man den Rahmen des vertrauten Systems verläßt (Schnorrenberg 1996, 44). So bewirkt die „Erlaubnis" zum Aussprechen von „Un-Sinn" erst einmal Verunsicherung, Widerstand, gerade bei effektivitäsgeplagten Arbeitsmenschen, bevor die Lust am Fabulieren, die verblüffenden Ergebnisse des Phantasierens einen „tieferen Sinn des Unsinns" spürbar und erkennbar werden lassen. Und wenn es „nur" der eines Momentes individueller Narrenfreiheit oder kollektiver Erleichterung im gemeinsamen Lachen ist!

- *Gemeinsames freies Erzählen* ist eine hochkomplexe Kommunikationsaufgabe. Geübt werden nicht nur Fabulieren und Formulieren, sondern genaues Zuhören und Aufeinander-Bezugnehmen. Als Gesellschaftsspiel scheitert freies Erzählen häufig am Fehlen (!) von Spielregeln; erfahrungsgemäß werden Erzählstränge dabei lediglich aneinandergereiht, die am Ende keine Geschichte aus 1001er Nacht, sondern ein verworrenes Knäuel tausenderlei Ideen ergeben. Hilfreich sind kleine Erzählvorgaben (Stichwörter, die vorkommen sollen; Polaritäten, um die sich die Geschichte dreht; die konkrete Vorstellung eines Bezugsrahmens: als wer erzählen wir wo für wen) oder formale Grenzen (jede/r drei Sätze, eine Minute) – nach der Devise „Denn das Gesetz nur kann uns Freiheit geben…"

3.3. Narratives Sprechen

Unsere dritte Anregung besteht in Anfragen an uns Leiter/innen bezüglich unserer *kommunikativen Grundhaltung in Seminaren*, die persönliches, authentisches, *narratives Sprechen zulassen oder verhindern* kann:

Was lasse ich erzählen? Zu welchen Themen lade ich z. B. durch meine Eingangsfragen in Vorstellungsrunden ein? Als wen stelle ich mich vor, was von mir zu erzählen bin ich – nicht – bereit und fähig in meiner jeweils aktuellen Lebens- und Leitungssituation? Welche Lebensgeschichten habe ich vor Augen: Liegen meinen Beispielen beruflich wie familiär ungebrochene Verhältnisse zugrunde oder rechne ich auch mit biographischen Rissen und Fragmenten? Als Leiter/in (das betrifft natürlich nicht nur Rhetoriklehrer/innen) sollte mir bewußt sein: Durch die von mir verwendeten Beispiele, durch meine Selbsterzählungen gebe ich indirekt Maßstäbe vor, welche Themen, Horizonte, was an engagiertem oder verallgemeinerndem Sprechen im Seminar gefragt ist und was nicht.

Fazit: Es geht uns – nicht nur – um die Einbeziehung narrativer Übungen, um eine atmosphärische Auflockerung eines sonst informativ, argumentativ oder gruppendynamisch anstrengenden Seminarprozesses, sondern um Entdeckung

und Wiederbelebung einer vielerorts verschütteten kommunikativen Grund-
fähigkeit. Erzählen fördert profiliertes Sprechen und fordert profiliertes Antworten heraus.

4. Erzählen als Kommunikationsprozeß

Selbsterzählungen lassen Selbstbewußtsein gewinnen und deutlichere Standpunkte entstehen; Geschichten lassen das erzählende Gegenüber erkenntlicher
werden und nehmen die Hörenden in die Gesellschaft des/der Erzählenden
hinein (Benjamin 1984, 455). Geschichten provozieren Gegengeschichten:
bestätigend, anfragend, widersprechend. So wächst jede Geschichte über sich
hinaus, aus einem Raum des Erzählens und Lauschens zu einem Ort der
Gemeinschaft – oder einer deutlich werdenden Fremde, aus dem Faden einer
einzelnen Erzählung in ein Gewebe verschiedener Lebensgeschichten: mit
allen Knoten, Löchern, Rissen und Farbtönen, die dazugehören. Ein im
Erzählen gefundener und aktualisierter Eigensinn wird so zur Basis für einen
möglichen, immer neu zu verhandelnden Gemeinsinn. Heinrich Böll geht deshalb sogar so weit zu behaupten: „Das wahre mündliche Erzählen ist die einzige wirkliche Form der Demokratie." (zit. n. Oehlmann 1995, 30).
Wir glauben mit dem Erzählen und Erzählenlassen von Geschichten *nicht den
Stein der Weisen*, aber doch *eine Weise* gefunden zu haben, wie wir als Rhetorik-
lehrer/innen den eingangs geschilderten, vielfach unauthentischen und unenga-
gierten Sprechweisen in Rhetorikseminaren kreativ und wirkungsvoll begeg-
nen und Menschen zu engagierterem Sprechen ermutigen können. In anderen
Wissenschaften und Disziplinen erlebt das Narrative seit vielen Jahren eine
Renaissance, z. B. in der narrativen Theologie, in der Entdeckung von Erzählungen für die Soziologie, Politologie oder Pädagogik. Wir sind überzeugt: Eine
Wiederentdeckung narrativer Prozesse kommt auch der Praxis wie Theorie
rhetorischer Kommunikation zugute.

So sind wir gespannt auf Zuspruch, Einspruch, Widerspruch von Ihnen und
Euch, liebe Kolleginnen und Kollegen, liebe Leserinnen und Leser. Vor allem
wünschen wir viel Freude und kommunikative Überraschungen beim Entwickeln von Eigensinn, beim Weben von Fäden – nicht nur im WorldWideWeb,
nein, bei der Wiederentdeckung des Erzählens: in der Seminarpraxis und
anderswo.

Literatur

Barthel, Henner (Hrsg.) (1996): Lógon didónai. Gespräch und Verantwortung. Ernst
    Reinhardt München/Basel
Bartsch, Elmar (1991): Rhetorik der Rede. Hernsteiner, 4.Jg./3, 19-23. Wien
Benjamin, Walter (1974): Der Erzähler. Betrachtungen zum Werk Nikolai Lesskows. In:
    Benjamin, Walter: Gesammelte Schriften, Bd. II, 438-465. Suhrkamp Frankfurt

Bloch, Ernst (1964): Spuren. Suhrkamp Frankfurt

Deetz, Stanley (1996): Responsiveness in the World of Work. Allowing the Other and the Pull of Responsibility. In: Barthel (1996), 23-30

Ehlich, Konrad (Hrsg.) (1980): Erzählen im Alltag, Frankfurt/M.

Geißner, Hellmut (1990): Noch immer zur Freiheit ermuntern? In: Geißner, Hellmut (Hrsg.): Ermunterung zur Freiheit. Rhetorik und Erwachsenenbildung. Scriptor Frankfurt, 7-19

–   (1982): Sprecherziehung. Didaktik und Methodik der mündlichen Kommunikation. Scriptor Königstein/Ts.

–   (1981): Sprechwissenschaft. Theorie der mündlichen Kommunikation. Scriptor Königstein/Ts.

Lemke, Siegrun/Thiel, Susanne (Hrsg.) (1996): Sprechen Reden Mitteilen. Prozesse allgemeiner und spezifischer Sprechkultur. Ernst Reinhardt, München/Basel

Oehlmann, Christel (1995): Kommunikationsfeld `Erzählen´. In: Oehlmann: Garantiert erzählen lernen. Ein Übungsbuch. Rowohlt Reinbek, 8-72

Rodari, Gianni (1992): Grammatik der Phantasie. Die Kunst, Geschichten zu erfinden. Reclam Leipzig

Schnorrenberg, Jo (1996): Anmerkungen zum Verhältnis von Kreativität und Effektivität sprecherzieherischen Handelns. In: Lemke / Thiel (1996), 43-49

Schweinsberg, Fritz (1948): Vorlesen, Vortragen und Erzählen. Werkhefte zur Sprecherziehung. Kerle Heidelberg

Ueding, Gert (1995): Klassische Rhetorik. Beck München

Wagner, Roland (1995): Grundlagen der mündlichen Kommunikation. Bayerischer Verlag für Sprechwissenschaft Regensburg

GUDRUN FEY

„Natürlichkeit ist Trumpf!"

Was ist der gegenwärtige Trend im Rhetorikunterricht?

In einem Workshop mit diesem Titel wurde diese These diskutiert und überprüft, einmal vor dem Hintergrund der antiken Rhetorik und zum anderen der
Rhetorik, wie sie sich seit den 50er Jahren in Deutschland entwickelt hat.
Schwerpunktthema hierbei war das Auftreten von Rednern und Rednerinnen
vor Publikum.

Wie ist „Natürlichkeit" zu verstehen? Um zu klären, welche Assoziationen dieser Begriff auslöst, wurden die Teilnehmer – überwiegend Sprecherzieher –
gebeten, sich innerhalb von drei Minuten 10 Assoziationen zu „Natürlichkeit"
aufzuschreiben, um dann mit dem Nachbarn oder der Nachbarin zu vergle-
chen, ob Gemeinsamkeiten vorhanden sind. In den meisten Fällen gab es gar
keine, nur in einem Fall, wo sich zwei Nachbarinnen gut kannten, gab es vier
Übereinstimmungen.

Hier eine Auswahl, was mit „Natürlichkeit" in bezug auf Rhetorik verbunden wurde: Authentizität, direktes und selbstverständliches Auftreten, unge-
künstelt, offen, Humor, beweglich/flexibel sein, Lebensfreude, glaubhaft, echt,
überzeugend wirken, Spontaneität, selbstbewußt auftreten, in der Indifferenzlage sprechen. Wie vermutet, läßt sich „Natürlichkeit" nicht eindeutig festlegen,
obwohl Hörer sehr deutlich spüren, ob jemand natürlich spricht und auftritt
oder nicht. Das liegt u. a. daran, daß man manchmal das Gleiche meint, jedoch
unterschiedliche Worte wählt.

So ließ sich als Ergebnis auf die Frage: „Wann wirken Redner und Rednerinnen natürlich?" festhalten, Redner und Rednerinnen wirken dann natürlich,
wenn eine Stimmigkeit zwischen Worten/Inhalt, Tonfall und Körpersprache
inklusive Mimik vorhanden ist. Diese Gleichsetzung von Natürlichkeit mit
„Stimmigkeit" ist übrigens eine Einschätzung, die sich auf Aristoteles zurückführen läßt.

*Ist es richtig, Vorbilder für Redner und Rednerinnen aufzustellen, so wie Cicero
seinen „Idealredner" schuf? Oder ist „Self-modeling" das heutige Erfolgsrezept?*
Wenn es darum geht, gegenwärtige Trends in der Rhetorik aufzuzeigen,
dann wäre es heute verfehlt, wie Cicero es in seinen Schriften getan hat, einen
Idealredner zu kreieren, der allen als Vorbild dient. Als Begründung für dieses
Vorgehen führt er an: *„Man kann das wahre Wesen einer Sache, ihre Art und*

Größe ja nur erkennen, wenn man sie in Vollendung vor Augen führt." (de or. II, 85) Außerdem würde ein solches Leitbild die einzelnen zu größerer Leistung anspornen. Heute lautet das Erfolgskonzept jedoch: „Self-modeling", d. h. den Teilnehmenden im Rahmen eines Seminars zu zeigen, wann sie sie selbst sind oder so wirken, als seien sie hundertprozentig sie selber. Erfahrungsgemäß haben sie dann die stärkste Ausstrahlung.

Es ist auffällig, daß früher viel öfter in Seminaren nach rhetorischen Vorbildern gefragt wurde. So sollte ich etwa Ausschnitte aus Bundestagsdebatten vorführen und Politiker analysieren. Damals wie heute, gelingt es mir jedoch, den Anwesenden klar zu machen, daß sie sich an sich selbst und ihrem Potential orientieren sollten und nicht an vermeintlichen Vorbildern, denn *„Nur wer seinen eigenen Weg geht, kann von niemand überholt werden"* (G. Fey). Das schließt allerdings nicht aus, daß man nicht auch von anderen das eine oder andere, was zur eigenen Persönlichkeit paßt, übernimmt.

Was verhindert das natürliche Auftreten? Erlebt man Menschen, die in der Öffentlichkeit eine Rede halten, dann fällt besonders bei ungeübten Rednern und Rednerinnen auf, daß sie keineswegs natürlich wirken, sondern meist gehemmt, verkrampft oder aufgeregt sind. Warum? Sie haben Angst, sich zu blamieren, daß ihnen der „Faden reißt", daß sie vor Aufregung rot werden, daß sie ein totales Blackout haben, ausgelacht oder „ausgebuht" werden. Diese Angst ist keineswegs unberechtigt; denn all das kann einem bei einer Rede passieren und für manche war eine mißlungene Rede schon das „Aus" für ihre Karriere. Beispiel: Rücktritt des Bundestagspräsidenten Jenningers anläßlich seiner Rede im Bundestag zum Holocaust.

Das Dilemma besteht nun darin, daß eine Redesituation im Gegensatz zu einer Gesprächssituation prinzipiell eine unnatürliche Situation ist und die Hörer dennoch erwarten, daß sich Redner und Rednerinnen in dieser Beobachtungssituation natürlich verhalten.

Warum ist eine Redesituation im Gegensatz zu einer Gesprächssituation unnatürlich? Erstens ist es meist eine Ausnahmesituation, zweitens spricht man meist vorbereitet, drittens zieht man im Gegensatz zu einer Gesprächssituation die Blicke der Hörer magisch auf sich, viertens gibt es in der Regel wenig Interaktion und fünftens stehen die Redner und Rednerinnen meistens und die Zuhörer sitzen.

Wenn manchmal Teilnehmende zu Beginn von Rhetorikseminaren die Befürchtung äußern, sie könnten im Laufe eines solchen Seminars ihre Natürlichkeit verlieren, dann kann man diese Befürchtung als unbegründet zurückweisen, weil sich gerade Anfänger während einer Rede unnatürlich benehmen, sie also ihre Natürlichkeit gar nicht verlieren können.

Wenn professionelle Redner und Rednerinnen dagegen meist natürlich wirken, so deshalb, weil es von ihnen selbst nicht mehr als außergewöhnliche Situation empfunden wird und weil sie manchmal auch mit Hilfe von Seminaren das entsprechende Know-How erlernt haben. Das Wichtigste, was einem jedoch Seminare bieten, ist das Feedback, sei es durch den Trainer oder die Trainerin, die Teilnehmenden oder den eigenen Eindruck, den man von sich selbst durch die Video-Wiedergabe erfährt. So ist es möglich, sich durch ein solches Feedback und durch Übung seine Natürlichkeit bewußt zu erwerben. *Es handelt sich also um eine erworbene Natürlichkeit* oder man könnte auch sagen, daß es sich um eine „kontrollierte" Natürlichkeit handelt; denn man wird sich vor Publikum immer noch ein wenig anders verhalten, als daheim am Küchentisch. Ich bezeichne dies auch manchmal scherzhaft als *„Natürlichkeit mit gebremster Schaumkraft"*.

Wodurch unterscheiden sich Redner und Schauspieler? Man könnte jetzt – wie manche Teilnehmer des Workshops meinten – vermuten, es gäbe keinen Unterschied zwischen Rednern und Schauspielern, denn beide spielten jeweils eine Rolle, wobei Redner und Rednerinnen sich jeweils selbst spielen würden. So finden sich etwa bei Cicero etliche Hinweise, wie man die Herzen der Hörer gewinnen kann (de or. 182 ff), etwa mit sanfter Stimme reden, einen schüchternen Gesichtsausdruck zeigen oder liebenswürdige Formulierungen wählen, … Geht man jedoch davon aus, daß der Redner die dazugehörigen Gefühle während des Redens selbst empfindet, dann bedarf es keiner Verstellung und Täuschung (de or. I,194), sondern nur einer vollständigen Identifizierung mit seinem rednerischen Wollen, d. h. Redner und setzen sich selbst als Mittel zum Zweck ein. (de or. I, 194) Würden sie wie Schauspieler eine Rolle spielen, wären sie nicht immer sie selbst, weil sie dann häufig auch fremde Ansichten vertreten müßten. Von Rednern und Rednerinnen hingegen erwarten die Hörer, daß sie das auch noch nach der Rede glauben, was in ihr geäußert wurde.

Beiden, Schauspielern und Rednern ist jedoch gemeinsam, daß sie nur dann erfolgreich sind, wenn sie sich mit dem Gesprochenen identifizieren, zumindest für den Augenblick. (Im Gegensatz hierzu entwickelte Bertolt Brecht das „gestische Prinzip", nachdem sich Schauspieler nicht mit der Rolle identifizieren, sondern sie zeigen, sie darstellen. Seine Absicht war nämlich, die Zuschauer verstandesmäßig zu aktivieren und zu verhindern, daß sie sich einfach nur ihren Gefühlen hingeben.)

Trotzdem wäre es falsch zu sagen, Redner und Rednerinnen *spielen* sich selbst, nein, sie sind in jeder Sekunde sie selbst. Cicero rät dem Redner sogar ab, Schauspielunterricht zu nehmen (de or. I, 251), aber er ist bereit, anderen das Zeigen von Gefühlen beizubringen (de or. II, 196). Denn es ist keineswegs so, daß jemand, der ein bestimmtes Gefühl empfindet, dies auch für andere erkennbar ausdrücken kann. Beherrschen Redner und Rednerinnen die Techniken, Gefühle angemessen zu zeigen, ist die Kunst als solche nicht mehr erkennbar, weil sie zur „zweiten Natur" geworden ist.

Ein weiterer Unterschied besteht darin, daß Redner und Rednerinnen oft mehr oder weniger frei sprechen, während Schauspieler einen vorgegebenen Text quasi zum Leben erwecken. Wenn Redner und Rednerinnen ein schriftlich ausformuliertes Manuskript benutzen, dann ist es meist ein von ihnen verfaßtes. Wenn sie darin geübt sind, verwenden sie dabei ihren persönlichen Redestil. Natürlich gibt es auch Ghostwriter: Menschen, die für andere Reden schreiben. Doch zum Leidwesen dieser Redenschreiber, von denen ich einige in meinen Seminaren erlebt habe, halten sich die Redner und Rednerinnen meist nicht an das vorgefertigte Manuskript, entweder weil die Rede nicht in ihrem persönlichen Redestil verfaßt worden ist oder weil sie sich in der Redesituation auf ihr Publikum einstellen. Das ist vom Rhetorischen auch zu empfehlen, da man vorher nie ganz sicher weiß, wie das Publikum reagieren wird. Deshalb trägt ein solches Verhalten dazu bei, eine Rede glaubwürdig erscheinen zu lassen.

Wie läßt sich Natürlichkeit beim Auftreten, bei der Körpersprache und Mimik erwerben? Wenn sich Redner und Rednerinnen hinter einem Rednerpult verschanzen, ist klar, daß es eine unnatürliche Situation ist. Deshalb ist es heute schon generell ein Schritt hin zu mehr Natürlichkeit, wenn viele Redner und Rednerinnen nicht mehr vom Pult aus sprechen, sondern ein drahtloses Ansteckmikrophon verwenden, welches ihnen erlaubt, sich frei im Raum zu bewegen, um den Kontakt zu den Hörern aufzunehmen. Gemäß der Devise: „Rede ist Gespräch" sollte das Pult nur in Ausnahmesituationen, etwa bei Ansprachen in festlichem und großen Rahmen benutzt werden oder bei politischen Reden in Gemeinderats-, Landtags- und Bundestagssitzungen oder vergleichbaren Gremien. Bei Fachvorträgen sollten sich Redner und Rednerinnen jedoch fragen, ob sie das Rednerpult nicht nur benutzen, weil sie Angst vor dem direkten Kontakt mit den Hörern haben. Denn ein Stichwortmanuskript läßt sich auch in die Hand nehmen und wenn mit Medien wie Flipchart oder Overheadprojektor gearbeitet wird, dann kann sogar oft das Stichwortmanuskript entfallen, wenn er oder sie über den Stoff verfügt.

Um sich ein natürliches Auftreten in einer unnatürlichen Situation zu erwerben, ist das Video-Feedback zwingend notwendig. Hier muß es das Anliegen jedes Rhetoriktrainers sein, den Betroffenen Momente bei der Video-Aufzeichnung zu zeigen, wo sie natürlich wirken, so daß sich alle Teilnehmenden selbst als Vorbild entdecken können. Um sich voll auf das Auftreten, Körpersprache und Mimik zu konzentrieren, ist es sinnvoll, den Ton abzuschalten, denn Redner und Rednerinnen müssen schon allein durch die Körpersprache überzeugend wirken.

Wie wichtig dies ist, stellte Prof. Albert Mehrabian (Silent Messages, USA 1971) im Zusammenhang mit mehreren Untersuchungen fest, in denen jeweils eine Diskrepanz vorhanden war zwischen dem, *was* gesagt wurde und *wie* es gesagt wurde. Das Ergebnis war, daß die Hörer jeweils ihren Augen mehr trauten als ihren Ohren. Wenn jemand etwa mit tieftraurigem Gesichtsausdruck, hängenden Armen und monotoner Stimme erklärt: „Ich freue mich, daß Sie zu meinem Vortrag gekommen sind", dann ist es nicht verwunderlich, wenn die Worte nur zu 7% zur Glaubwürdigkeit beitragen, der Tonfall bereits zu 38 % und die Körpersprache am meisten, nämlich 55%. Deshalb kann man etwas noch so oft behaupten, wie man will: Wenn diese Äußerung nicht mit Tonfall und Körpersprache übereinstimmt, wird man ihm oder ihr nicht trauen.

Da nun Redeanfänger durchaus bei einer Rede Lampenfieber haben, was oft an der Sprechweise und der Körpersprache zu erkennen ist, muß man den Teilnehmenden zeigen, wie sie es schaffen, trotz Streß natürlich zu wirken. D. h., ich gebe den Teilnehmenden durchaus generelle Empfehlungen etwa zum Auftreten und speziell zum Einsatz der Hände. Viele haben nämlich Ermahnungen ihrer Eltern und anderen Autoritätspersonen verinnerlicht, etwa: „*Man redet nicht mit Händen und Füßen*". Ergebnis ist dann, daß versucht wird, die Hände zu verstecken oder sie zusammenzunehmen, damit sie sich nicht bewegen können und daß man sich auch generell um ein statisches Auftreten bemüht. Daß sich hier etwas in der Rhetorik geändert hat, läßt sich mit älteren Rhetoriklehrbüchern belegen, die das Einstudieren von Gesten nahelegen: So empfiehlt Fritz Gerathewohl 1949 in „Deutsche Redekunst":

„Suchen Sie den sinngemäßen Gebrauch der Gebärden zu üben. Überzeugen Sie sich bitte davon, wie Sie mit Hilfe Ihrer Hände imstande sind, zu fragen, zu drohen, zu bitten, sich zu entschuldigen, und wie die Hände Furcht, Freude, Schmerz, Zweifel, Zustimmung auszudrücken vermögen... Sprechen Sie öfter vor dem Spiegel." (16)

In einem weiteren, unbekannteren Rhetorikbuch von Kurt Wolter: Die Redekunst. Redetechnik. Rednererfolg, Berlin o. J. (vermutlich 1948) heißt es:

„Anstatt sie (die Hände) unruhig und sinnlos zu bewegen, lege man sie als Redner, wenn sie sich nicht zu ausdrucksvoller Gebärde verwenden lassen, einfach ans Pult, oder man falte sie zusammen und lasse sie auf der Kante des Pultes ruhen." (65)

Oder auf der gleichen Seite:

„Bedauerlicherweise verbindet sich bei vielen Adepten der Redekunst mit dem Wort Gebärde sofort die Vorstellung von Armen, Händen und Fingern. Sie beginnen mit den Händen herumzufuchteln, pressen sie, indem sie die Augen verdrehen, ans Herz, verrenken sie oder heben sie, bald einzeln, bald zusammen, in die Höhe. Und sie sind fest davon überzeugt, daß sie es richtig machen, weil ihre Bewegungen ‚natürlich' sind."

Zeitgenössisch ist hier bereits Maximilian Weller in „Das Buch der Redekunst", 1954, das zum Standardwerk in der Nachkriegszeit wurde. Doch aufgrund seiner Nazi-Vergangenheit wurde er vielfach geächtet. Er schreibt über Gestik:

„Er (der Redner) darf sich nicht nur bewegen, er kann gar nicht anders als sich bewegen, sonst kann er überhaupt nicht sprechen. Es wäre jedoch abwegig daraus zu folgern, es gäbe eine bestimmte Normal- oder Idealform der Gestik, der jeder Redner zustreben müßte. Noch verderblicher ist die in veralteten Büchern der Redekunst zuweilen bildlich dargestellte, genau abgemessene Skala bestimmter mimisch-gestischer Ausdrucksmittel… Es braucht nicht näher ausgeführt zu werden, daß solche äußerlich und dekorativ aufgepappten Gesten dem Grundsatz der Wahrheit, Echtheit und Natürlichkeit …widerstreben. … Wie kommen wir zu der richtigen, uns angemessenen Art von Gesten? Theoretisch ist die Antwort hierauf geradezu verblüffend einfach, sie lautet: Bitte beobachten Sie einmal, welche erstaunlich reichhaltig und feinabgestuften Gesten Sie selbst und andere Menschen …machen,… Sie können und müssen im Lauf Ihrer rednerischen Ausbildung allmählich dazu kommen, auch bei Ihren öffentlichen Auftritten dieselben ausdrucksstarken Gesten zu machen." (53)

Genau dieses Vorgehen ist heute noch empfehlenswert, denn es ist für die Teilnehmenden überzeugender, wenn man ihnen bereits bei der ersten Video-Aufzeichnung zeigt, daß sie zumindest ansatzweise auch in dieser unnatürlichen Situation ihre natürliche Gestik zeigen. Doch selbst wenn sie die natürliche Gestik bei sich selbst auf dem Bildschirm beobachten, empfinden sie es als unnatürlich, wenn man sie den Ansatz für natürliche Gesten zur Bewußtmachung noch im Stehen üben läßt:

„Bitte halten Sie die Hände vor die Körpermitte, nehmen Sie sie nicht zusammen und machen Sie jetzt mit beiden Händen und geöffneten Handflächen einen austeilenden Gestus in Richtung Zuhörer."

Etwas scherzhaft füge ich dann noch hinzu:

„Stellen Sie sich bitte vor, Sie seien die Heilige Elisabeth von Thüringen und sie verteilen unter die Bevölkerung Brötchen."

Warum wird eine solche Übung als unnatürlich empfunden? Weil man jetzt seine Hände bewußt einsetzt, während man sich dabei normalerweise nicht kontrolliert. Es gilt generell, daß man alles, was einem bezüglich Körpersprache und Sprache bewußt gemacht und dann trainiert wird, als unnatürlich empfindet. Um dieses Gefühl zu verlieren, muß es so oft geübt werden, bis es selbstverständlich geworden ist.

Genau das verstehe ich unter einer *erworbenen* Natürlichkeit, denn die Teilnehmenden lernen nichts, was sie nicht meist auch natürlicherweise machen würden, wenn sie etwa in einer Gesprächssituation versuchen, jemand anders von ihrer Meinung zu überzeugen. Um dies noch zu verdeutlichen, mache ich die Teilnehmenden darauf aufmerksam, daß eine gute Rede kein Monolog ist, auch wenn die Hörer nur aufmerksam zuhören, sondern daß auch eine Rede ein Gespräch ist, bei dem Redner lediglich etwas länger „am Stück" reden. Eine Rede ist also keine „Einbahnstraße" sondern eine „Straße mit Gegenverkehr".

Dieser Gedanke wurde in der Geschichte der Rhetorik zuerst von B. Frank-Böhringer explizit mit ihrer Arbeit „Rhetorische Kommunikation" (1963) eingebracht.

Um die Kommunikation mit den Hörern zu ermöglichen, ist der Blickkontakt notwendig. In einer Gesprächssituation haben die meisten Menschen damit keine Probleme, doch bei einer Rede irritieren sie meist die Blicke der Hörer, so daß sie lieber in die Ferne schauen anstatt den Blickkontakt aufzunehmen. Außerdem „vereisen" bei Männern unter Streß gern die Gesichtszüge und werden zur „Maske". Sie wirken dann zwar sehr seriös und sogar meist sicher, doch springt kein Funke zu den Hörern über. Dazu gehört nämlich ein freundlicher und gewinnender Gesichtsausdruck. Diesen Ausdruck hat man, wenn man sich angeregt mit jemand unterhält oder auch flirtet. Sich ihn bewußt anzueignen, ist leichter als man denkt. Denn wenn man einmal durch das Video-Feedback selbst erlebt hat, welch natürliche und positive Ausstrahlung sich daraus ergibt, ist man motiviert, sich diesen Gesichtsausdruck bewußt anzueignen. Selbst wenn man nun gezwungenermaßen ein Lächeln auf seine Lippen zaubert, wird das Lächeln echt, sobald jemand zurück lächelt. Frauen haben hier manchmal ein anderes Problem. Sie wissen oft, daß ein Lächeln die Herzen öffnet, doch übertreiben sie manchmal aus Unsicherheit und dann wirkt es nicht natürlich sondern aufgesetzt.

Sind Natürlichkeit und Perfektion in bezug auf Sprache, Worte und Wortwahl Gegensätze? Was viele Teilnehmende an Rhetorikseminaren hindert, sich beim Reden natürlich zu verhalten, ist der Drang nach Perfektion. Dieser Wunsch betrifft vor allem den Sprachgebrauch. Es herrscht die Meinung vor, daß man nur dann eine gute Rednerin oder ein guter Redner ist, wenn man perfekt formuliert, ohne grammatikalische Fehler, ohne Wortwiederholungen, ohne Versprecher und Stockungen und ohne das nur allzu beliebte „äh". Hier ist es manchmal schwierig, den Teilnehmenden klar zu machen, daß man mit sprachlicher Perfektion durchaus beeindrucken kann, daß Rhetorik jedoch mehr ist als eine gewisse sprachliche Gewandtheit oder Eloquenz und daß man immer zuerst als Mensch glaubwürdig und vertrauenswürdig wirken muß. Vom Deutschunterricht her sind wir nämlich auf Perfektion gedrillt worden. Und nun zu erkennen, daß zur Glaubwürdigkeit ein natürliches Auftreten gehört und daß dazu wiederum ein gewisser Grad an Unperfektheit notwendig ist, ist nicht auf Anhieb einleuchtend. Doch auch hier kann die Video-Aufzeichnung hilfreich sein, um zu zeigen, daß Versprecher manchmal sogar den Aufmerksamkeitsgrad anheben, Satzbrüche zum Mitdenken anregen und daß „äh's", wenn sie nicht allzu häufig sind, nicht stören oder gar nicht auffallen.

Ein Beispiel dafür, daß Natürlichkeit Trumpf ist, lieferte kürzlich die Fernsehübertragung des Verhörs mit Präsident Bill Clinton vor der Grand Jury in den USA. Seine vorgefertigte und abgelesene Erklärung wirkte zwar gut, doch gewonnen hat er die meisten Zuschauer erst, als er nach einigen Stunden Verhör die Maske fallen ließ und natürlich reagierte, d. h. er wurde bei bestimmten intimen Fragen wütend oder verlegen und geriet in Formulierungsschwierigkeiten. Einen Präsidenten, der aus Sicht der meisten Amerikaner seinen Job gut meistert, derart in die Enge zu treiben, machte viele Amerikaner wütend. Sie empfanden das Vorgehen der Grand Jury überwiegend als unfair und in Relation zu seinen Verfehlungen unangemessen.

Einen ähnlich positiven Effekt erzielten sowohl Prinz Charles als auch ein Jahr später seine Frau, Prinzessin Di, als sie vor der Kamera ihre sexuellen Verfehlungen einem Millionenpublikum gestanden. Obwohl das Verhalten und die Antworten sicher vorher geübt worden waren, wirkten sie natürlich, weil sie echte Gefühle offenbarten und nicht Perfektion ausstrahlten.

Was den Sprachstil anbelangt, so konnte man im Laufe der Jahre beobachten, daß immer mehr umgangssprachliche Wendungen eingesetzt werden. Da diese oft bildhaft sind, trägt dies zur Lebendigkeit und Natürlichkeit bei. Warum sollte denn in einer Rede jemand nicht sagen dürfen, daß ein Geschäftsführer eines Millionenkonzerns nach einer sexuellen Affäre „das Handtuch geworfen hat" anstatt, daß er zurückgetreten ist.

„Sprachliche Weichmacher", wie „eigentlich", „ein bißchen" oder „irgendwie" oder „Ich denke" oder „Ich würde vorschlagen" oder „Ich darf Sie nun begrüßen", ... sind eher ein Zeichen von Unsicherheit und weniger, wie von überwiegend feministisch eingestellten Linguistinnen in den 80er Jahren behauptet, ein typisch weibliches Sprachverhalten. Da Frauen jedoch oft weniger erfahren sind in öffentlichen Auftritten als Männer, läßt sich dieses unsicher wirkende Sprachverhalten tatsächlich häufiger bei Frauen beobachten. Weil ein solches Sprachverhalten jedoch die Glaubwürdigkeit von Aussagen reduziert, ist es notwendig, sprachliche Weichmacher, wo sie nicht aus diplomatischen oder Höflichkeitsgründen eingesetzt werden, zu eliminieren.

Was macht eine natürliche Sprechweise aus? Bedeutet dies: Reden, wie einem „der Schnabel gewachsen" ist? Sicher nicht! Doch sind die Ansprüche, etwa an eine korrekte Aussprache gemäß der Sieb'schen Hochlautung in den letzten Jahrzehnten laufend gesunken. Dies nicht zuletzt dank der verbesserten Übertragungstechnik etwa im Rundfunk oder durch den viel öfter praktizierten Einsatz eines Mikrophons.

Auch die Einstellung bezüglich einer Dialektfärbung ist heute liberaler geworden. Auch ich bin der Meinung, daß eine Dialektfärbung die Persönlichkeit unterstreicht und die Verständigung keineswegs behindert. Es sind andere Faktoren, die das akustische Verstehen stören oder gar verhindern, wie zu leises, undeutliches oder zu schnelles und unbetontes Sprechen. Solchen Teilnehmern lege ich eine sprecherzieherische Schulung ans Herz, da diese Mängel nicht in einem zwei- oder dreitägigen Rhetorikseminar zu beheben sind. Spricht jemand wirklich Dialekt und dazu vielleicht noch einen seltenen, dann ist eine sprecherzieherische Schulung angebracht, wenn die Hörer wirklich Probleme haben, ihn oder sie zu verstehen. Doch ist hier jeweils Aufwand und

Ergebnis abzuwägen; denn es dauert erfahrungsgemäß sehr lange, bis jemand seine neu erworbene Aussprache als natürlich empfindet.

Bezüglich Betonung und Sprechweise fällt auf, daß Redner bis zum Ende des zweiten Weltkrieges mit viel mehr Pathos geredet haben. Aufgrund der negativen Erfahrungen im dritten Reich war danach eine pathetische Sprechweise verpönt. Sachlichkeit war gefordert und wurde auch von den Teilnehmenden gefordert, indem sie lernen wollten, sachlich zu argumentieren. Heute hat sich die Einstellung normalisiert, denn spätestens seit dem Erscheinen des Buches von D. Goleman „Emotionale Intelligenz" (1996) ist klar geworden, daß Gefühle nichts Negatives oder gar Schädliches sind, sondern daß der berufliche Erfolg vieler Menschen nicht auf ihrer Intelligenz beruht sondern auf dem richtigem Einsatz und Umgang mit Gefühlen anderer. Das heißt, daß Redner und Rednerinnen Gefühle zeigen müssen, um natürlich zu wirken. Bereits Horaz hat gefordert: „Und willst Du andere zu Tränen rühren, weine sie selber zuerst." Oder Aristoteles stellt fest (Rhet. 1408a, 17), daß ein Redner die Gefühle, die er wecken will, auch selbst empfinden muß, denn das Zeigen von Gefühlen wird von den Hörern als Beweis für die Wahrheit der Sache selbst gewertet. Deshalb kommen heute auch leidenschaftliche Reden durchaus wieder an. Doch ist es schwierig, gerade in diesem Punkt, das zu treffen, was die meisten als angemessen empfinden.

Bei der Sprechweise von Frauen hat sich in den letzten fünfzig Jahren eine interessante Entwicklung ergeben: Ihre Stimmen klingen tiefer oder man kann auch sagen, heute sprechen Frauen natürlich, während sie früher höher gesprochen haben, um den Männern, auf die sie mehr oder weniger als Ernährer angewiesen waren, zu gefallen. Man kann dies leicht an alten deutschen oder synchronisierten Spielfilmen überprüfen. Diese Entwicklung ist sicher darauf zurückzuführen, daß Frauen aufgrund ihrer beruflichen Kompetenz heute eine anderen Status haben und deshalb selbstbewußter auftreten als früher.

Ist es von Einfluß auf die Rhetorik, daß sie nicht mehr wie früher eine „männliche" Kunst ist, weil es immer mehr Rhetoriktrainerinnen und Rednerinnen gibt?
Ja, denn Frauen pflegen von Haus aus oft einen viel persönlicheren Redestil, und genau das wünschen sich heute die Hörer. Darüber hinaus gibt es weitere positive Aspekte weiblichen Sprach- und Sprechverhaltens: So zeigen Frauen ihre Gefühle in der Sprache, Mimik und Gestik offener als Männer und genau das macht es interessant, ihnen zuzuhören. Dank ihres größeren Kontaktbedürfnisses und Kontaktvermögens haben sie viel besseren Blickkontakt zu ihren Hörern und können sich dadurch oft besser auf das Publikum einstellen. Da sie seltener als Männer anderen Menschen imponieren wollen, drücken sie sich oft einfacher und damit verständlicher aus. Frauen „schwafeln nicht", sie reden häufig nur, wenn sie sich fachlich kompetent fühlen.

Einfluß des Fernsehens auf das Redeverhalten. Bei Nachrichtensendungen gibt es seit Einführung des Privatfernsehens einen Wandel hin zu mehr Natürlichkeit. Früher waren das Verlesen der Nachrichten eine fast feierliche Angelegenheit, die zudem Männern vorbehalten war, weil angeblich nur sie sachlich wirken würden. Lediglich im 1. Programm der ARD ist noch eine gewisse Steifheit zu spüren, doch beim ZDF und vor allem bei den Privatsendern verhalten sich die Sprecher und Sprecherinnen schon viel natürlicher. Beim Frühstücksfernsehen sind die Moderatoren und Moderatorinnen am beliebtesten, die sich locker und natürlich geben. Da das Fernsehen eine Vorbildfunktion besitzt und zugleich den Zeitgeist widerspiegelt, sind Redner und Rednerinnen gut beraten, sich ihres natürlichen Redestils bewußt zu werden, um ihn gezielt einzusetzen und zur persönlichen Vollkommenheit zu entwickeln.

Literatur

Aristoteles (1989): Rhetorik. Übers. v. F. G. Sieveke. München

Cicero (1976): Über den Redner [De oratore]. Lateinisch/Deutsch. Übersetzt und kommentiert und mit einer Einleitung hg. von H. Merklin, Reclam, Stuttgart

Fey, Gudrun (1998): Selbstsicher reden – selbstbewußt handeln. Rhetorik für Frauen, 3. Aufl. Walhalla, Regensburg

– (1995): Selbstdarstellung von Frauen und Männern in Rhetorikseminaren, in: Frauensprechen – Männersprechen, Reinhardt, München, Basel, 28-37

– (1990): Das ethische Dilemma der Rhetorik in der Antike und der Neuzeit, Rhetor, Stuttgart

– (1979): Das Moderne an der antiken Rhetorik, Rhetor, Stuttgart,

Fey, Heinrich und Gudrun (1998): Redetraining als Persönlichkeitsbildung, Praktische Rhetorik zum Selbststudium und für die Arbeit in Gruppen, 3. Aufl., Walhalla, Regensburg

Frank-Böhringer, Brigitte (1963): Rhetorische Kommunikation, Quickborn

Gerathewohl, Fritz (1949) Deutsche Redekunst, 5. Aufl., Schalvenberg, Dortmund

Goleman, Daniel (1996): Emotionale Intelligenz, Hanser, München

Mehrabian, Albert (1971): Silent Messages, USA

Weller, Maximilian (1954): Das Buch der Redekunst, Econ, Düsseldorf

Wolter, Kurt (vermutl. 1948): Die Redekunst. Redetechnik. Rednererfolg, Berlin o. J.

VERONIKA LANGGUTH

Körperbewußte Kommunikation nach Veronika Langguth® – eine Rhetorik, die über Atemerfahrungen den Weg von innen nach außen geht*

Vorbemerkung zur Schreibweise: Da ich finde, daß die Variante der Hintereinanderreihung „männlich"/"weiblich" den Lesefluß erheblich beeinträchtigt, habe ich mich im folgenden bewußt zur Anwendung der „männlichen" Form entschlossen.

Möglicherweise werden Sie die nachfolgenden Darstellungen teilweise als plakativ, vielleicht sogar als provokativ empfinden. Ich wähle diese Form, um die Körperbewußte Kommunikation besser zu verdeutlichen. Ich werde auch praktische Übungen einflechten, denn letztlich muß man die Körperbewußte Kommunikation erfahren und erspüren. Die Übungen sind aufgebaut auf der Grundlage des Erfahrbaren Atems nach Ilse Middendorf® (Middendorf 1995).

Dehnen Sie sich bitte gleich einmal gut durch – die Arme, Beine, den Rücken, bis in Ihre Finger- und Zehenspitzen hinein. Legen Sie anschließend Ihre Hände auf Ihre Körpermitte und spüren Sie in Ruhe nach, wie Sie sich jetzt fühlen – körperlich und stimmungsmäßig. Dann sprechen Sie – *und zwar aus dem ganzen Körper heraus* – einen Satz und genießen Sie dabei Ihre Atembewegung und Ihre Stimme. Nehmen Sie wahr, wie alle Ihre Resonanzräume dabei mitschwingen. Lassen Sie gelöst und wohlklingend Ihren gesamten Körper sprechen – von Fuß bis Kopf.

1. Die Sprache des Körpers

Körpersprache – sowohl die kontrollierte, als auch die unkontrollierte – läßt sich besonders gut beim Auftritt von Politikern studieren. Erinnern Sie sich an Helmut Kohl, dem nach verlorener Wahl 1998 vor Enttäuschung die Tränen in den Augen standen oder an Oskar Lafontaine, der abends in der Diskussionsrunde Herrn Kohl gegenüber seinen mit einiger Häme gemischten Triumph nicht verbergen konnte – oder wollte. „Der Körper lügt nicht", sagt Alexander Lowen, und besonders die ungewollte Körpersprache vermittelt uns hier wertvolle Informationen. Im folgenden geht es um eine bewußt erlebte Körpersprache.

---

* (überarbeitete Niederschrift des Vortrags)

1.1. „per-sonare"

Wenn wir uns den lateinischen Ursprung des Wortes „Persönlichkeit" anschauen, dann bedeutet *per-sonare*" = „durch-tönen". Das führt uns zu der Frage, was an Persönlichkeit denn durch die verschiedenen Rollen, die wir täglich spielen, eigentlich *durch-tönt*. Sollte es nicht die Individualität des Gegenübers sein, die über die Körpersprache – über Bewegung, Geste und Stimme – spürbar, sichtbar und hörbar wird? Das Einzigartige des anderen, das von innen nach außen zu uns hinüber-tönt?

Erinnern wir uns nun einmal an die Gesten der Politiker, die ja eigentlich vielversprechend und überzeugend wirken sollen und zudem auch noch die persönliche Handschrift und Einmaligkeit des Trägers signalisieren wollen. Wer kommt denn hier wirklich authentisch 'rüber? Wahrscheinlich stimmen Sie mit mir überein, daß das nur sehr wenige sind.

Betrachten wir jetzt einige Vertreter der SPD wie Rudolf Scharping, Oskar Lafontaine, Johannes Rau und natürlich ganz besonders Gerhard Schröder, der deutlich sichtbar kurz vor den Wahlen 1998 noch einmal rhetorische Auffrischungsstunden genommen hat – eben: Es ist unverkennbar zu sehen, daß die gesamte SPD offensichtlich denselben Trainer hat. Alle gebrauchen dieselben Gesten, dieselbe Haltung der Hände und Arme, dieselbe antrainierte Körpersprache. Wer hier ein Kenner der Szene ist und oft Politiker oder Menschen, die in der Öffentlichkeit stehen, beobachtet, sieht und weiß sehr genau, wer sein Training bei welchem Trainer oder nach welcher Schule absolviert hat.

Vergegenwärtigen wir uns jetzt noch einmal Helmut Kohl. Wer seine Entwicklung über die Jahrzehnte hinweg verfolgte, hat sicher festgestellt, daß sich seine Körpersprache mit der Zeit positiv entwickelt hat. Anfangs vermittelte sie noch Unsicherheit – so hatte er z. B. lange Zeit große Probleme damit, sich seinen „Himmelsblick" abzutrainieren. Heute hingegen tritt er nahezu authentisch auf; er hat inzwischen gelernt, seine Mentalität mit der Aussage zu verknüpfen – beides ist allmählich zusammengewachsen. Er glaubt an sich und an das, was er sagt, und das ist ihm auch anzusehen – er hat mittlerweile ein hohes Maß an „per-sonare".

Und nun stellen Sie sich bitte einmal einen Dalai Lama vor, der einen Rhetorikkurs besucht – das braucht er eben nicht, weil auch er das „per-sonare" lebt.

1.2. Authentizität

Was fehlt denn diesen „trainierten" Menschen eigentlich? Ihre Aussage wirkt auf den, der Körpersprache deuten kann, letztlich nicht authentisch. Sie haben nicht eine eigene gewachsene Körpersprache entwickelt, sondern eine Rhetorik erlernt, die von außen nach innen geht – sie haben sich etwas antrainiert.

Folglich kommunizieren sie auch nicht aus sich selbst heraus – die Art, körperlich zu kommunizieren, ist nicht echt und damit letztlich auch nicht glaubwürdig. Wenn Sie am Fernsehapparat den Ton abdrehen, dann glauben Sie Herrn Scharping wahrscheinlich nicht. Wir Europäer achten ja ganz besonders auf das Wort – wir sind es gewohnt, den Worten viel Glauben zu schenken. Doch die Körpersignale, die wir wahrnehmen, lassen uns an dem Betreffenden letztlich zweifeln, wenn sie nicht natürlich sind, d. h. von der Persönlichkeit des Betreffenden nicht durchlebt werden.

Und auch die Leute auf der Straße merken, daß da irgendetwas nicht stimmt, nur wissen sie nicht, was es ist. Weshalb? Sie können die Körpersignale nicht deuten oder einordnen, weil sie nicht wirklich in ihrem Körper leben.

1.3. Im Körper leben

Was meine ich mit „im Körper leben"? Schauen wir uns einmal im Schwimmbad um: Nur wenige Menschen gehen wirklich aufrecht oder bewegen sich anmutig und geschmeidig. Die meisten schleppen ihren Körper wie eine lästigen Gebrauchsgegenstand mit sich herum, abgesehen davon, daß sie sich häufig auch keine großen Gedanken darüber machen, was sie ihm täglich essensmäßig zumuten – und wie sie das tun. Im Grunde genommen erleben wir hier eine weitverbreitete Unbewußtheit im Umgang mit dem eigenen Körper. Wir Menschen im Westen leben ja meistens im Kopf, wir befinden uns im ständigen Tun und Machen und weniger im Fühlen und Erleben.

Wir tun fortwährend etwas mit dem Körper,
aber leben wir auch in und mit ihm?

1.4. Kulturelle Prägungen

Hinzu kommt, daß wir alle mehr oder weniger kulturell durch eine christlich-kirchliche geprägte Erziehung verformt sind, die den Körper eher mißachtet und ihn als etwas Minderwertiges betrachtet. In den letzten drei Jahrzehnten hat sich in dieser Beziehung zwar schon einiges verändert, aber generell tun wir uns immer noch recht schwer damit, unseren Körper zu achten und zu lieben. Weshalb finden wir denn die anmutigen Bewegungen im Chi Gong oder Tai Chi so beeindruckend? Im Osten kennt man eben traditionell eine Mißachtung des Körpers nicht.

1.5. Entfremdung

Außerdem leiden wir heute alle mehr oder weniger an einem großen „Spürverlust": Die Kommunikation läuft zunehmend über das Telefon oder nicht einmal mehr über den Stimmkontakt, sondern per Fax und E-mail. Wir berühren uns nicht mehr – rein physisch, und damit geht uns auch das Spürvermögen für den Körper verloren. Viele von uns leben heute entfremdet von ihrem Körper. Sie erwarten beispielsweise von Fachleuten – dem Arzt oder der Heilprakterin – , daß *diese* ihnen sagen, was nicht in Ordnung mit ihnen ist und überlassen die Verantwortung für ihren eigenen Körper lieber anderen Menschen. Sie kommen auch gar nicht mehr auf die Idee, selber einmal ihren Körper vertrauensvoll zu fragen, was ihm denn fehlt, denn sie haben es nicht gelernt – oder verlernt. Häufig erzählen mir Menschen: „Der Arm tut mir immer so weh"- als sei „der Arm" eine Sache und nicht ein wesentlicher Teil von ihnen. Würden Sie jemals auf die Idee kommen, über Ihr Auto als „das Auto" zu sprechen?

Nun könnte man ja meinen, daß wir uns doch genügend bei körperlichen Betätigungen bewußt spüren können. Aber wird der Körper hier nicht schon wieder benutzt, wird nicht schon wieder „etwas gemacht" mit ihm? Den meisten Menschen im Fitness-center geht es doch nicht darum, bewußter in ihrem Körper zu leben, sondern Körperfett loszuwerden und ihre Muskeln zu vergrößern. Der Körper wird heute vermehrt als „Konsumobjekt" benutzt und „degradiert als Prestige-Symbol" zum „objektiv verfügbaren Dienstleistungsgerät" (Mattner 1993, 15).

1.6. Die Sprache unseres Körpers kennenlernen

Wir können also noch so viel Sport u. ä. treiben – doch damit ist noch lange nicht gesagt, daß wir uns dadurch deutlicher empfinden. Wir verstehen deshalb die Sprache unseres Körpers nicht besser. Der Körper ist ja unser Gehäuse, unser Körperhaus. Um das Beispiel von eben noch weiterzuführen: Mit unserem „Autohaus", dem Auto, gehen wir meist pfleglich und vor allen Dingen äußerst bewußt um. Aber mit dem eigenen Körper? Viele Menschen berühren ihr Auto öfter, achtsamer und liebevoller als ihren Körper. Doch:

Berührungen sind der Schlüssel zur Sprache des Körpers.

Als Voraussetzung für eine körperbewußte Rhetorik müssen wir das eigene Körperwissen, die Sprache unseres Körpers (wieder-)finden. Über das Erspüren und Kennenlernen der eigenen, urprünglichen Atembewegung lernen wir, bewußter im Körper zu leben.

2. Rhetorikunterricht und Körperbewußte Kommunikation

Der sog. „Durchschnittsmensch" – besonders der westliche – ist mit sich selbst in vielfacher Weise uneins. Er hat sich auch selten Gedanken darüber gemacht, wer er ist oder was er auf dieser Erde soll, und er hat auch kein besonders entwickeltes Gespür für seinen Körper. Wonach er sich aber meistens vage sehnt, ist Kongruenz der verschiedenen Anteile seiner Person und – auf die Kommunikation bezogen – eine gewisse Authentizität. Nun erfährt er eines Tages, daß er nicht nur übers Wort, sondern sogar zu 90 % über non-verbale Parameter nach außen wirkt. Um beruflich und privat erfolgreich zu sein, muß er also notgedrungen auch einmal ein Rhetorikseminar besuchen. Nun war zwei Tage vorher gerade Herr Scharping da, und jetzt wird diesem Menschen genau dasselbe Rüstzeug vermittelt, mit dem er sich dann natürlich ebenfalls rhetorisch gut geschult fühlt.

Der Traum, innerhalb von zwei Tagen ein anderer, besserer Mensch geworden zu sein – vielleicht auch noch zu einem günstigen Preis – scheint erfüllt. Der Rhetorikkurs als Tablette: Mal eben eingeworfen und das Ergebnis ist da. Nur, an der Persönlichkeit dieses Menschen hat sich nicht viel verändert. Sein Körpergefühl hat sich nicht wirklich weiterentwickelt, seine Sehnsucht nach Einheit ist nicht erfüllt worden, seine tieferen Fragen sind nicht beantwortet worden.

2.1. Imitation und Körperbewußte Kommunikation

Dazu müßte er den Weg einer Rhetorik von innen nach außen gehen. Um es klarzustellen: Der Weg von außen nach innen hat bis zu einem gewissen Grad natürlich auch seine Berechtigung: So lernen wir z. B. über Imitation unsere Körperhaltung. Sogar der Stimmklang ist erworben: Wie schwer fällt es manchmal, am Telefon die Töchter von den Müttern zu unterscheiden. Und Herrn Kohl mußte ja auch einmal jemand – von außen nach innen – sagen: „Helmut, verdreh' nicht immer so die Augen gen Himmel … „

Aber die gängigen Rhetorikseminare gehen eben nur bis dahin. Üblicherweise wird auf den *Effekt* hin trainiert; die Wirkung ist das Ziel – der Weg von außen nach innen. Die Körperbewußte Kommunikation geht einen entscheidenden Schritt weiter: Auf dem Weg von innen nach außen bleiben wir nicht bei der Selbstbeobachtung stehen, sondern er beinhaltet auch Selbst-erfahrung, die im wahrsten Sinne des Wortes zu einem (sich seiner) *Selbst-bewußt-sein* führt. Auf diese Weise gelangt die Botschaft authentisch durch den Körper hinüber zum Gesprächspartner.

Körperbewußte Kommunikation lehrt nicht,
mit dem Körper etwas zu machen, sondern im Körper zu sein.

2.2. Die empfindungsbewußte Aufrichtung

Ein Beispiel: Wenn ein Seminarteilnehmer mit hängenden Schultern vor dem Plenum steht, halte ich nicht ein Lineal an seine Schultern und sage ihm auch nicht – von irgendeinem Idealmaß ausgehend – „Wie sieht denn das aus, jetzt halten Sie doch mal die Schultern gerade!", dann bekommt er nämlich einen Hochatem und verkrampft sich in anderen Körperregionen. Ich fordere ihn vielmehr zu einer Übung auf, einem sog. Schultergürtelkreis. Probieren Sie es gleich einmal aus: Lassen Sie Arme und Kopf seitlich nach unten hängen, dann kreisen Sie nach vorne, lassen dabei die Arme ganz locker, kreisen Sie dann zur anderen Seite, richten Sie sich von dort aus wieder auf und gelangen Sie kreisend wieder zur Ausgangsposition. Das Ganze können Sie beliebig lange in einem angenehmen Tempo jeweils zweimal rechts, zweimal links herum im Wechsel ausführen. Lassen Sie Ihren Atem dabei von selber kommen und gehen. Anschließend spüren Sie gut nach.

Vielleicht können Sie bereits die Wirkung erfahren, die normalerweise auch der Seminarteilnehmer spürt: Nun fühlt er sich nämlich in der Schulterpartie viel freier und offener, seine Armansätze lächeln sozusagen sein Gegenüber an. Er bekommt auch mehr Platz unter seine Achselhöhlen – ich muß ihm gar nicht sagen, daß er für eine raumgreifendere Gestik willentlich die Oberarme mehr anheben soll. Wenn er nun diese Übung täglich ausführt, dann richten sich seine Schultern ganz von selber auf und außerdem fühlt er sich insgesamt offener und freudiger. Schließlich wird ganz allmählich und wachsend seine gesamte Lebenseinstellung, seine Lebenshaltung beeinflußt. Er bewegt sich zunehmend körperbewußter, er „wohnt" in seinem Schultergürtel anders als vorher, und eines Tages entdeckt er, daß sich seine Schultern ganz von selbst aufrichten – weil er dann nämlich der „aufrichtige Mensch" ist.

Auf dem Weg „von innen nach außen" vermitteln uns Atemübungen mehr Durchlässigkeit und Gelöstheit. Wir nehmen unseren Körper deutlicher wahr und entwickeln ein *Empfindungsbewußtsein*. Mit einem gesteigerten Empfindungsbewußtsein können wir unsere Körperbewegungen viel besser koordinieren. Empfindungsbewußt zu leben bedeutet, sich immer und überall, d. h. auch mitten im Gespräch, zu spüren.

Wir handeln und sprechen aus dem ganzen Körper heraus umso freier und gefühlvoller, je empfindungsbewußter wir sind.

Körperbewußte Kommunikation spricht immer den Menschen in seiner Ganzheit und Einzigartigkeit an. So geht es bei den Atemübungen grundsätzlich nicht um das *Tun*, sondern das *Sein* – und damit auch um das Spüren. Auf diese Weise entwickeln wir unsere eigene, einmalige Körpersprache, die ein „per-sonare" ermöglicht.

An dieser Stelle möchte ich betonen, daß es nicht nur auf die Übung ankommt, sondern darauf, *wie* wir sie ausführen. Ich mache heute nach 25 Jahren noch dieselben Übungen und doch erlebe ich sie jedesmal neu, weil ich selber jeden Augenblick wieder neu und anders *bin*. Das Frühstück schmeckt Ihnen ja auch jeden Morgen wieder gut, auch wenn Sie jahrelang die gleiche Sorte Brötchen oder Müsli zu essen pflegen. Auch das *Nachspüren* nach jeder

Übung ist mindestens ebenso wichtig wie die Übung selber. Denn erst im Nachspüren kann der Körper in Ruhe assimilieren, was sich wohltuend für ihn gewandelt hat – und was außerdem auch noch für ihn anatomisch-physiologisch richtig ist. Das bleibt dann im „Körpergedächtnis" und hilft uns in der Kommunikation, weil sich der Körper über das Empfindungsbewußtsein sozusagen wieder an diese „bessere Lebensweise" erinnert.

2.3. Sich selber gut spüren können, um den Gesprächspartner wahrzunehmen

Oft werde ich gefragt, was diese oder jene Geste bedeutet – darüber gibt es ja viel Literatur. Ich persönlich finde es reichlich anstrengend, all diese Zusammenhänge auswendig zu lernen. Viel einfacher, und letzlich auch überzeugender ist es, wenn Sie sich in Ihr Gegenüber einfühlen können, *weil Sie sich selber gut spüren.* Sie erfahren sozusagen ein „erlebtes Sprechen". Die Körperbewußte Kommunikation bezieht zwar auch Formulierungen zur besseren Gesprächsführung mit ein – wie z. B. eine günstige Wortwahl im Gespräch oder zur Konfliktbewältigung. Aber:

Sie bleiben während der ganzen Zeit körperbewußt.

Bemerken Sie z. B. innerhalb eines Gespräches, daß Sie gerade im Begriff sind, sich über Ihren Gesprächspartner aufzuregen, so haben Sie nun die Freiheit zu entscheiden: Ist es eher angemessen, mal ordentlich „mit der Faust auf den Tisch zu schlagen" oder wäre es für Ihre Nerven – und die Ihres Gesprächspartners – sinnvoller, wenn die Unterhaltung gemäßigter verliefe? Angenommen, Sie entscheiden sich für letzteres. Dann schlagen Sie einfach Ihre Zunge um, und schon fließt Ihr Atem ruhiger, Sie können wieder bis in Ihren Bauch „durchatmen", spüren mehr Gelassenheit und argumentieren mit klarem Kopf. Außerdem sind Sie nun auch mehr in der Lage, Ihr Gegenüber in seiner Befindlichkeit besser wahrzunehmen – eine Fähigkeit, die heutzutage unter dem Begriff der „emotionalen Intelligenz" für eine gelungene Kommunikation als unerläßlich betrachtet wird. Sie fühlen sich nun nicht mehr von ihrem Körper überrumpelt und können angemessen auf den anderen eingehen.

Körperbewußte Kommunikation bedeutet ständige positive Beeinflussung des Kommunikationsvorganges durch bewußtes Empfinden und Aussteuern der geistigen und körperlichen Reaktionen.

Probieren Sie das Zunge-Umschlagen gleich einmal aus: Schlagen Sie über 3-4 Atemzüge Ihre Zunge so weit wie möglich um und berühren Sie dabei mit der Zungenspitze leicht den oberen (den harten) Gaumen. Nun lassen Sie die Zunge wieder gelöst im Mund ruhen, anschließend schlagen Sie Ihre Zunge wieder um, etc. Zum besseren Spüren der Wirkung ist es sinnvoll, wenn Sie dabei die

Hände auf Ihren Bauch legen – vielleicht bemerken Sie, daß beim Zunge-umschlagen Ihre Atembewegung im Bauchraum stärker wird.

Zu einem guten Gespür für sich selbst verhilft Ihnen auch folgende Übung: Setzen Sie sich aufrecht hin und legen Sie eine Hand auf Ihre Körpermitte (zwischen Nabel und Brustbein) und die andere Hand mit dem Handrücken auf den Rückenbereich gegenüber (die Nierengegend). Beobachten Sie nun für eine Weile Ihre Atembewegung von Einatem, Ausatem und Atemruhe, ohne eine Phase davon zu forcieren. Tauschen Sie gelegentlich die Positionen beider Hände aus. Fragen Sie sich, ob Sie zwischen Ihren Händen wirklich anwesend sind. Fühlt es sich angenehm an? Jede Gegend des Körpers entspricht einem bestimmten Lebensgefühl, und die Körpermitte ist bei uns allen der Ort, wo wir am besten – sozusagen zwischen Himmel und Erde – ins Gleichgewicht kommen können. Auf diese Weise lernen wir, uns buchstäblich mehr in die Hand zu nehmen und zentriert zu bleiben. Vielleicht fühlen Sie sich jetzt in Ihrer Körpermitte mehr „zu Hause". Dieser „Mittenzustand" bleibt Ihnen nach einiger Übung auch im Verlauf eines Gespräch erhalten.

3. Atem und Atemübungen

Sie fragen sich vielleicht, warum die bisherigen Übungen wie das Dehnen, der Schultergürtelkreis oder das Zunge-umschlagen von mir als Atemübungen bezeichnet werden – wir „tun" dabei doch gar nichts mit dem Atem. Nun wird bei der Anwendung von Atem*techniken* der Atem bewußt verändert – von außen nach innen – , in der Körperbewußten Kommunikation hingegen wird er nie willentlich gesteuert, sondern so zugelassen, wie er von selber ein- und ausströmt. Auf diese Weise nehmen wir die unbewußt laufende Atemfunktion bewußt, aber unbeeinflußt durch Wille oder Wunsch, wahr. Dadurch bildet der Atem eine Brücke zwischen Bewußtem und Unbewußtem und erlaubt es uns, zu den Ursprüngen unserer körperlichen und psychischen Verfassung vorzudringen. Wir erfahren die wechselseitigen Beeinflussungen und damit auch uns selbst.

Wir erforschen das Geheimnis, das im Atmen selber liegt.

Wie wir alle wissen gilt: Atem = Leben. Er ist eine der wichtigsten Energiequellen und reagiert wie ein Seismograph auf alles, was uns physisch und psychisch bewegt. Wir sollten das Atmen also nicht nur rein funktional begreifen. Ein Mensch, der seinen Atem durch alle Körperzellen gut durchströmen lassen kann und das auch bewußt spürt, ist ausgeglichen, konzentriert und hat Widerstandskraft. Er erlebt Lebensqualität und entwickelt Kreativität (*spirare – Inspiration*).

3.1. Der eigene Atemrhythmus

Jeder von uns ist einzigartig – es gibt Sie nicht noch einmal. Und jeder atmet auch in seinem eigenen Atemrhythmus, der so einmalig ist wie ein Fingerabdruck und damit ein vollkommen individueller Ausdruck der Person. In der Kommunikation verbindet uns die Luft, die wir einatmen, aber in dem Augenblick, in dem sie durch unsere Nase strömt, hat jeder seinen eigenen Atemrhythmus und er ist selber verantwortlich dafür, wie er daraufhin mit seinem Atem umgeht.

Der Atem lügt nicht. Ein geübter Therapeut kann an der Art, wie jemand einatmet, ausatmet und wie sich seine Pause nach dem Ausatem gestaltet, dessen Verhältnis zur Welt ablesen. Einatmen bedeutet ja, die Welt aufzunehmen, und Auszuatmen meint nicht nur, Kohlendioxid loszuwerden oder das Alte, Unbrauchbare wegzustoßen, sondern Ausatmen ist auch Sprechen, Gemüse putzen, den Mülleimer ausleeren, agieren. Und nur, wenn wir den Atem von selber kommen lassen, lernen wir ihn, seine Bedeutung und damit auch uns selbst besser kennen. Über frei zugelassene Atembewegungen – und das gilt auch für jegliche Kommunikationssituationen – können wir wahrnehmen, wo wir durchlässig sind und wo das Gleichgewicht gestört ist, und der Atem selber weist uns den Weg zur Wandlung, zur körperbewußteren Kommunikation.

Körpersprache – und damit ein großer Teil unserer Ausstrahlung – hängt wesentlich von unserem *Wohlbefinden* ab. Sorgen Sie dafür, daß Sie sich möglichst immer wohlfühlen, dann fließt auch Ihre Atembewegung freier durch Ihren Körper und das beeinflußt wiederum Ihre Bewegungen und Gesten positiv.

3.2. Atem, Gedanken und Gefühle

Befassen wir uns einmal mit dem Einfluß von Gefühlen und Gedanken auf die Atembewegung. Denken Sie jetzt einmal an etwas Unangenehmes. Ich nehme an, daß früher oder später Ihr Atem schneller geht oder sogar stockt. Wenn Sie sich nun intensiv etwas Angenehmes vorstellen, wird Ihr Atem bald weit und ungehindert durch Ihren gesamten Körper fließen. Jeder Gedanke löst bestimmte Gefühle und (körperliche) Empfindungen aus und läßt Sie anders atmen.

Es gibt keinen Gedanken und kein Gefühl, welcher und welches nicht durch eine Empfindung begleitet ist bzw. sich körperlich auswirkt.

Für die Körperbewußte Kommunikation bedeutet das: Alle Gedanken und Gefühle, die Sie während eines Gespräches, einer Begegnung, einer Berührung haben, lösen körperliche Reaktionen aus, die wiederum Ihren Kontakt günstig oder ungünstig beeinflussen. Werden wir uns dieser Reaktionen bewußt, können wir gezielt, konstruktiv und von anderen unbemerkt auf unser Körperempfinden und -verhalten Einfluß nehmen – und damit auch auf den weiteren Verlauf der Kommunikation.

3.3. Anspannungen loslassen

Mit einem solchen Gespür nehmen wir auch viel eher wahr, wo wir angespannt sind. Anfangs hatten wir uns gut durchgedehnt – tun Sie es doch gleich noch einmal, man kann sich gar nicht oft genug dehnen! Was passiert denn eigentlich beim Dehnen? Ist Ihnen schon einmal eine verkrampfte Katze begegnet? Warum wohl sind Katzen so geschmeidig – weil sie sich so oft dehnen! Dann kann der Körper nämlich gar nicht mehr die Anspannungen des Tages ansammeln, die an sich gar nicht schädlich, sondern nützlich sind, denn damit schützen wir uns ja zunächst. Nur wenn sie im Körper verbleiben und wir sie nicht irgenwann einmal loslassen, entwickeln sie sich zur Dauerspannung und es kommt womöglich als Folge dessen zu organischen Beschwerden. Bedenken Sie, daß jeder dritte Erwachsene, jedes zweite Schulkind Rückenbeschwerden hat – und infolgedessen die Atembewegung behindert wird. Anspannungen lassen sich jedoch nicht einfach wegtrainieren, sie sind Ausdruck des Menschen:

Ein starrköpfiger Mensch hält eben den Kopf starr…

4. Die gelöste und aufrechte Körperhaltung

Eine weit verbreitete Form der Anspannung sind nach hinten durchgedrückte Knie – stehen Sie einmal auf diese Weise, und dann gehen Sie ein wenig nach vorn in die Knie. Spüren Sie, wie die Atembewegung bei der angespannten Form stockt? Es bilden sich Hohlkreuz und Hochatem. Die Atemdruckwelle sollte ja eigentlich von Kopf bis Fuß durch den ganzen Körper fließen können. Ein gelöstes Stehen ermöglicht Flexibilität und einen guten Tonus. Wir sprechen hier vom *Eutonus*, das ist die individuell günstigste Muskel- und Lebensspannung, die uns gelöst und gleichzeitig dynamisch sein läßt.

Normalerweise stehen, sitzen und bewegen sich die Menschen ziemlich unphysiologisch. Zum Glück verbreitet sich das Wissen um Ergonomie heutzutage immer mehr, und es wird so manches an Haltungs- und rückenstärkenden Maßnahmen angeboten. Es gibt Kniestühle, Erdschuhe, den Nullabsatz, und die Kassen bezahlen sogar Sitzbälle. Aber das alles sind letztlich Krücken, bzw. das eine oder andere kann sogar schädlich für den Einzelnen sein. Ein Küchenstuhl reicht im Grunde genommen aus, um aufrecht wie die ägyptischen Könige zu sitzen. Spüren Sie einmal Ihre Sitzknochen und richten Sie sich darüber auf, indem Sie weder ins Hohlkreuz noch in einen Rundrücken kommen. Um über längere Zeit aufrecht sitzen zu können, müssen Sie natürlich auch rückenstärkende Übungen machen. Schließlich wird es Ihnen möglich sein, sich mit Hilfe von Atemkraft – des „aufsteigenden Atems" (Middendorf 1995, 148ff) – mühelos aufzurichten.

Und wir können Sie sich einen guten Bodenkontakt erhalten? Ob Sie stehen oder sitzen: Eine gute Hilfe, mitten im Gespräch gelassen zu bleiben und dennoch buchstäblich den eigenen Standpunkt gut vertreten zu können, ist der stille Befehl: „Füße spüren!" Was geschieht dabei? Durch die gesteigerte Wahrnehmung Ihrer Füße weitet Ihre Atembewegung auch mehr Ihren Bauchraum, und das bringt Ihnen sofortige Ruhe und Gelassenheit. Sie bewahren sich Ihre Selbstsicherheit und können kritische Kommunikationssituationen souveräner meistern. Es gelingt Ihnen, „Herr – oder Frau – im Hause" zu bleiben.

5. Raum-Management

Mit zunehmender Übung verfügen wir mit der Zeit auch über ein gesteigertes „Raum-Management", d. h. wir entwickeln ein gutes Gespür für unseren eigenen Raum. So werden wir fähig, uns besser abzugrenzen, weil wir gleichzeitig hingabevoll *und* achtsam sind. Insbesondere bei unerwarteten Angriffen ist es sinnvoll, daß wir uns schnell verschließen und schützen können. Ebenso wichtig ist es aber auch, uns selbst-vertrauend zügig wieder öffnen zu können, wenn die „Gefahr" vorüber ist.

Zu einem guten Raum-Management verhilft uns auch ein intensiviertes Gespür für unsere Hände: Streichen und bewegen Sie Ihre Hände wie beim Händewaschen, jedoch etwas langsamer und empfindsamer. Dann stellen Sie sie in einem Abstand von ca. 10 cm voreinander. Dehnen Sie nun Ihre Hände und Finger von den Handmitten aus, wobei sie sich leicht voneinander weg bewegen, und lösen Sie die Dehnung, wobei sich Ihre Hände wieder aufeinander zu bewegen. Wenn Sie Ihren Atem immer ungehindert fließen lassen, werden Sie feststellen, daß durch die Dehnung Ihr Einatem aktiviert wird und Sie beim Lösen ausatmen müssen. Falls sich dieser Rhythmus zunächst nicht von alleine einstellt, lassen Sie Ihren Atem einfach weiterfließen. (Vielleicht spüren Sie auch eine Art „Magnetismus" zwischen Ihren Händen.)

6. Persönlichkeitsentwicklung

Jeder Mensch möchte bewußt oder unbewußt aus einem inneren Ein-klang heraus auch nach außen wirken können, sich darstellen können. Doch dieses Zusammenspiel funktioniert in der Regel nicht. Weshalb? Die Menschen wissen normalerweise gar nicht, wer sie eigentlich sind, als was sie nach außen treten könnten. Sie identifizieren sich je nach kulturell vorgegebenem Geschmack („Lifestyle") mit mehr oder weniger bekannten Persönlichkeiten, sie ahmen dieses oder jenes Vorbild nach: In der Kleidung, den Bewegungen, der Wort-

wahl etc., und doch wollen sie gern als etwas Besonderes, Einmaliges gelten.
Einem Dalai Lama stellt sich aufgrund seines buddhistischen Hintergrundes
dieses Problem gar nicht; für ihn ist eine körperlich adäquate Artikulation kein
Problem, sondern sie ergibt sich von selbst, ganz selbstverständlich.

Sind wir mit uns selber einig, so haben wir auch eine genuine Körpersprache.

In der Körperbewußten Kommunikation geht es immer um die Entwicklung
der Persönlichkeit über die Entdeckung des Körpers. Wir erleben uns von
innen her und agieren deshalb auch in persönlich gefärbten Bewegungen und
Gesten und über eine individuell ausgeprägte Mimik und Stimme.

Unsere Körpersprache ist vom Atem getragen und
wirkt bis in unsere Alltagshandlungen hinein.

Die Mitteilung kommt durch den ganzen Körper, sie ist authentisch, und
sie erfüllt damit die Grundsehnsucht des Menschen nach Einheit mit sich
selbst (= *All-eins-sein*). Wir haben uns auch selber besser in der Hand und die
Kommunikationssituationen besser im Griff. Wir leben selbst-bewußt die uns
innewohnende Vielfalt. Unsere Persönlichkeit wird sicht-, spür- und hörbar,
und unsere Aussagen gewinnen an Substanz und Glaubhaftigkeit. Wir sind
genuin.

An dieser Stelle möchte ich Ihnen eine Übung vorstellen, die es Ihnen
besonders gut ermöglicht, aus dem ganzen Körper heraus zu sprechen: Formen
Sie mit dem Mund ein „F", indem Sie Ihre Schneidezähne auf das innere Drittel Ihrer Unterlippe legen. Entlassen Sie das F im Ausatem stimmlos als einen
scharfen Zischlaut. In der Regel zieht sich dabei gesetzmäßig Ihre Beckenbo-
denmuskulatur (nach oben) zusammen und Ihr neuer Einatem kommt reflek-
torisch von selbst. Meist braucht es längere Übung, bis diese Kontraktion wirklich deutlich wird. Um die Kontraktionsbewegung erst einmal kennenzulernen,
können Sie sie zunächst auch während der Übung willentlich ausführen. Das F
bildet eine gute Grundlage für jegliches körperbewußtes Sprechen. Sie können
z. B. anschließend – mit oder ohne einen Übungs-Partner – mit „Fu, Fe, Fi, Fo,
Fe, Fä, Fö, Fi" arbeiten und später Worte und Sätze – stets mit intensivierter
Spürung Ihres Beckenbodens – sprechen.

Jeder Mensch möchte bei einer Präsentation selbstbewußt und ohne *Lampen-*
fieber auftreten. Untersuchungen ergeben aber, daß 9 von 10 Rednern regelmäßig darunter leiden. Nun wird landläufig behauptet, daß „ein bißchen Lampenfieber dazugehöre". Ich finde, daß hier aus der Not eine Tugend gemacht
wird. Oder möchten Sie Ihr Lampenfieber nicht lieber loswerden? Ist es Ihnen
etwa angenehm, wenn Sie sich immer wieder von Ihrem Körper überrumpelt
fühlen, der da plötzlich in Schweiß ausbricht, einen trockenen Mund oder roten
Kopf sowie zitternde Hände produziert?

Je körperbewußter wir sind, desto mehr haben wir uns auch in kritischen Situationen in der Hand. Wir lernen, *uns anzunehmen*, so wie wir sind, mit all unseren Stärken, aber auch Schwächen oder Makeln.

Wir stehen zu uns, weil wir uns lieben.

Natürlich ist das ein lebenslanger Prozeß – so lange wie wir atmen! Aber je echter wir werden, je genuiner wir uns selber leben und lieben, desto überzeugender kommt das auch zum anderen hinüber, und außerdem sieht es von Mal zu Mal besser aus – der Körper lügt eben nicht. Der Bibelspruch „Liebe deinen Nächsten wie Dich selbst" lautet eigentlich in der ursprünglichen hebräischen Übersetzung:

„Nur wer sich selbst liebt, kann seinen Nächsten lieben."

Klingt das nicht ein wenig anders? So fordere ich Sie heute auf: Lieben Sie sich selber, lieben Sie Ihren Körper, lieben Sie Ihren Atem. Spüren Sie sich, sorgen Sie für sich, denn:

Wie wir atmen, so leben wir – und so kommunizieren wir.

7. Zusammenfassung

Die „Körperbewußte Kommunikation nach Veronika Langguth®" lehrt, die eigene Atembewegung mitten im Alltagsgeschehen zu spüren und die damit verbundenen Wirkungen zu nutzen.

Atembewegungen wirken sich entscheidend auf unsere Gefühlslage sowie unser Denken und Konzentrationsvermögen aus. *Das hat zur Folge, daß wir auf unsere Gesprächspartner mehr oder weniger überzeugend und glaubhaft wirken.* Gedanken und Gefühle können wiederum körperliche Reaktionen auslösen, die das Gespräch günstig oder ungünstig beeinflussen. Werden wir uns dieser Reaktionen bewußt, können wir über den Atem auf unser Körperempfinden in konstruktiver Weise Einfluß nehmen – und damit auch auf den weiteren Verlauf der Kommunikation.

Körperbewußte Kommunikation bedeutet somit eine ständige Beeinflussung des Kommunikationsvorganges durch bewußtes Wahrnehmen und (non)verbales Aussteuern unserer psycho-physischen Aktionen und Reaktionen.

Im Unterschied zum Antrainieren von Techniken, die von außen nach innen wirken, spricht die Körperbewußte Kommunikation immer den Menschen in seiner Ganzheit und Einzigartigkeit an. Wenn wir während eines Gespräches die eigene Atembewegung wahrnehmen können, hilft uns das z. B., gelassener zu reagieren und den eigenen Standpunkt – im wahrsten Sinne des Wortes – nicht zu verlieren. Unser Sprechen, der Stimmklang, Körperhaltung, Mimik und Blickkontakt sowie Gesten und Bewegungen entstehen von innen heraus und sind vom Atem getragen. Unsere Persönlichkeit (per-sonare = durchtönen) wird sicht-, spür- und hörbar, und unsere Aussagen gewinnen an Substanz und Glaubhaftigkeit.

Literatur

Langguth, Veronika (1998): So können wir uns gut verstehen – die Sprache des Körpers in der Partnerschaft, Kösel, München

Mattner, Dieter (1993): Zur Hermeneutik der Körpersprache. In: Körpersprache. Geert Lotzmann (Hrsg.), Ernst Reinhardt, München/Basel

Middendorf, I. (1995): Der Erfahrbare Atem. Eine Atemlehre, Junfermann, 2. Aufl. Paderborn

THEA M. MERTZ

Stimmarbeit in der Rhetorik – notwendig und machbar?

Immer wieder tauchen in kommunikationswissenschaftlichen Beiträgen Zahlen auf wie diese: Wirkt ein Redner sympatisch und kompetent, so hänge dies zu 70% vom nonverbalen Verhalten und nur zu 30% vom Inhalt ab. (z. B. Slembek, 1995). Differenzierter heißt es auch, zu 30% sind es die Worte, zu 20% das nonverbale Verhalten und zu 50% ist es die Stimme, die beeindrucken. Ganz aktuell stand in der SZ vom 27./28.11.1998 (Calonego, 1998): „Der Einfluß der Stimme bei Geschäftsverhandlungen wiegt mit 38% ungleich schwerer als das verbale Argument mit 7%". Die Wirkung eines Redners hängt offensichtlich zu einem hohen Prozentsatz *nicht* allein von den Worten ab, die er spricht, sondern von den Qualitäten der Stimme, die diese Worte transportiert. Die klangvolle, resonanzreiche (tiefe) Stimme wird dabei deutlich favorisiert (Slembek 1995).

In krassem Mißverhältnis dazu stehen moderne Rhetorikbücher, die den Trainer und Interessierten in bezug auf Stimme ziemlich allein lassen. Bestenfalls ein paar Seiten bringen einige mehr oder weniger hilfreiche Hinweise auf Zusammenhänge zwischen Atmung, Stimme und Sprechen. Hinweise auf die Bedeutung der Stimme sind eher marginal.

In der Trainingspraxis finde ich bei den Teilnehmern meist ein Ungleichgewicht: Inhalt und Form sind häufig schon relativ angemessen und bewußt gestaltet, sprecherische und stimmliche Präsentation dagegen sind oft schwach und bewußter Gestaltung unzugänglich. Gleichzeitig beobachte ich bei den Teilnehmern eine Scheu, sich während des Rhetoriktrainings auf die Ebene von Atmung und Stimme zu begeben.

Die Stimme ist jedoch immer dabei, entweder kongruent und die Worte unterstützend, oder aber die Botschaft verfälschend. Stimmt etwas mit der Stimme nicht, verliert der Redner an Wirkung, an Überzeugungskraft. Nur über die Stimme aber lassen sich Gedanken und Worte kommunizieren.

Für mich steht deshalb nicht so sehr die Frage im Vordergrund: Ist die Beachtung der Stimme, ist Stimmbildung im Rhetoriktraining notwendig? Ich kann diese Frage nur mit Ja beantworten. Delikater stellt sich für mich die Frage der Machbarkeit, der Akzeptanz.

Hinwendung zur Atmung als Grundlage für jede stimmliche Äußerung wird oft als peinlich, nicht „rhetorisch ernsthaft" empfunden. Es hat für mich einige Zeit gedauert, ein Selbstverständnis für diese Thematik zu entwickeln. Ich erlebe dabei einen unterschiedlichen Bedarf und eine unterschiedliche Akzeptanz bei Männern und bei Frauen:

1. Männer haben vordergründig meist kräftigere und belastbarere Stimmen. Es gelingt ihnen besser, die Stimme einschränkende Gefühle hinter einer scheinbar festen Stimme im Sinne einer Maske zu verbergen. Es dominieren die dynamischen und temporalen Gestaltungselemente. Ein Defizit kann hier darin liegen, daß die Fähigkeit zu sinngemäßer differenzierter Modulation reduziert ist. Häufig finden sich außerdem zu schnelles Sprechtempo und dadurch undeutliche Artikulation. Männern scheint die Bedeutung der Stimme für wirkungsvolles Reden weniger bewußt als Frauen. Es ist deshalb schwieriger, sie an die Stimmarbeit heranzuführen. Wenn sie aber einmal mit dem möglichen Potential in Kontakt gekommen sind, das sich entwickeln lassen könnte, gehen sie sehr zielgerichtet vor.

2. Bei Frauen beeindruckt mich immer wieder, wieviele von ihnen sich im Erwachsenenalter eine Mädchenstimme erhalten haben. Sie spüren, daß etwas nicht stimmt mit ihrer Stimme, und ich höre oft: Ich mag meine Stimme nicht. Nicht wenige Frauen flüchten sich dann in eine ebenso unfreie, tiefe Stimme (Slembek 1995). Es tritt eine große Erleichterung ein, wenn klar wird, daß man an der Stimme arbeiten kann. Die Akzeptanz ist dann gut. Weil es aber hier auch um eine Korrektur des Stimmsitzes geht, geschehen die Veränderungen langsamer.

Mittlerweile habe ich gute Wege gefunden, das Thema Stimme in Rhetorik-Seminaren selbstverständlich und den Erfordernissen angemessen zu behandeln. Das Echo darauf ist ermutigend. Mir ist dabei klar, daß in einem Rhetorik-Seminar nicht in die Tiefe gearbeitet, sondern höchstens das Interesse an der Stimmarbeit geweckt werden kann.

Ich möchte in diesen Aufzeichnungen über meine Erfahrungen berichten und die von mir erprobten Übungen vorstellen. Wichtig dabei ist, daß es nicht darum geht, eine einseitig sonore, vielleicht sogar am Trainer orientierte „gute" oder „schöne" Stimme zu erarbeiten. Es geht hierbei vielmehr darum, der der Persönlichkeit entsprechenden Stimme dabei zu helfen, sich zu entfalten (Mertz 1996). Das Ziel ist eine kommunikative = eine vibrationsreiche, an der individuellen Indifferenzlage orientierte Stimmqualität, die der Person entspricht, sich dem jeweiligen Inhalt und der Situation anpassen kann und sich auf den oder die Zuhörer ausrichtet. Es geht zunächst vor allem darum, die aus der von vielen als belastend empfundenen öffentlichen Redesituation entstehenden „Zurückhaltungen" aufzulösen, die Angstatmung zu überwinden und eine freie Atmung zu erreichen, die die Stimme resonanzreich und ohne Anstrengung nach außen transportiert. Der Sprecher will ja schließlich gehört werden. Für gewohnheitsmäßige Einschränkungen, die tiefer im Charakter der Person liegen können, sollten weiterführende Hinweise gegeben werden.

Die praktischen Übungen

1. *Vorbemerkung:* In der Regel ist ein Rhetorik-Raum mit Tischen und Stühlen ausgestattet. Um die Hemmschwelle möglichst niedrig zu halten, nutze ich in dieser Eingangsübung für die Stimme die gewohnte Situation konstruktiv aus:

ZIEL: Übungstheoretischer Hindergrund dieser Sequenz ist der Arbeitsansatz von Kristin Linklater (1997, Kap. 4-6): „Ziel ist eine Stimme, die in direktem Kontakt mit den Gefühlsimpulsen ist, geformt durch den Intellekt, aber nicht durch ihn behindert" (15-16). Die Aufmerksamkeit richtet sich auf

• die Atmung als Quelle des Lautes
• Berührung des Tons
• Vibrationen, die den Ton verstärken
• Ausrichtung der Artikulation auf die erste und zweite Artikulationszone.

Die Übung in direkter Anleitung: Rücken Sie Ihren Stuhl weit genug vom Tisch zurück. Setzen Sie sich auf die gesamte Sitzfläche. Beide Füße stehen auf dem Boden. Dann neigen Sie den Oberkörper und legen den Kopf mit der Stirn auf den übereinander gelegten Handrücken auf dem Tisch ab. (Bei TN mit umfangreicherem Körpervolumen ist darauf zu achten, daß der Abstand zum Tisch wirklich groß genug ist, damit die Bauchwölbung nicht eingeengt wird.) Lassen Sie sich schwer auf die Sitzfläche und die Füße schwer auf den Boden sinken. Überlassen Sie die Bauchwölbung der Schwerkraft. Der Oberkörper ruht entspannt auf dem Tisch. Richten Sie jetzt Ihre Aufmerksamkeit auf die Atmung. Beobachten Sie, wie sie abläuft – langsam oder schnell, flach oder tief, eher in die Brust oder in den Bauch – registrieren Sie nur, ohne etwas zu steuern. Also nicht bewußt langsam oder tief atmen. Beobachten Sie den natürlichen Rhythmus Ihrer alltäglichen Atmung. Überlassen Sie sich diesem Rhythmus. Entlassen Sie den Atem und lassen Sie ihn wieder kommen. Beobachten Sie die Dauer und die Qualität möglicher Pausen. Streichen Sie für diese Übung das Wort „Ausatmen" aus Ihrem Wortschatz und ersetzen Sie es durch die Empfindung des Loslassens. Beobachten Sie, mit welcher Dynamik der neue Atem wiederkommt und ersetzen Sie das Wort „Einatmen" durch ein Bild oder eine Empfindung, die das Einströmen lassen unterstützt.

Genießen Sie es, *nichts* tun zu müssen, sondern etwas geschehen zu lassen, das unwillkürlich besser funktioniert als gesteuert.

Geben Sie ab jetzt dem ausströmenden Atem die Qualität eines Seufzers der Erleichterung – ohne Ton –, der durch den leicht geöffneten Mund entweicht. Ruhen Sie sich in der danach entstehenden kurzen Pause aus und lassen Sie aus dieser Pause den Atem von selbst wieder durch die Nase einströmen, ohne zunächst nachzuhelfen. Nehmen Sie die Atembewegung in Ihrem Bauchbereich wahr:

- Luft strömt ein – Bauch dehnt sich und folgt der Schwerkraft,
- Luft fällt heraus – Bauch zieht sich leicht ein. (Wichtig ist, bis hierher genügend Zeit zu lassen.)

Jetzt heben Sie den Kopf leicht an und legen Sie die Hände mit der Handkante, Daumen nach vorne, an die Flanken an den unteren Rippenrand, so daß die Fingerspitzen Richtung Wirbelsäule zeigen. Beobachten Sie, ob Sie in dieser Gegend eine Atembewegung spüren. Stimulieren Sie durch leichten Druck die Aufmerksamkeit auf diesen Bereich. Sowie Sie eine Bewegung unter Ihren Handflächen wahrnehmen, verstärken Sie diese Bewegung durch ein intensiveres Loslassen des Atems mit der Vorstellung, damit viel Platz zu schaffen. Lassen Sie den erweiterten Raum sich dann üppig mit neuem Atem füllen.

Es kann hilfreich sein, für kurze Zeit die Anatomie zu vergessen und sich vorzustellen, daß der Atem aus der Sitzfläche oder aus dem Boden über die Beine hochströmt bis zu den Händen und wieder nach unten zurückfließt.

Lösen Sie nun die Hände und legen Sie sie wieder unter die Stirn. (Dieser letzte Übungsteil kann bei späterer Gelegenheit rittlings auf dem Stuhl sitzend, Oberkörper auf der Stuhllehne ruhend, wiederholt werden.) Registrieren Sie jede mögliche Veränderung der Atmung und lassen Sie den Atem frei ein- und ausströmen. Beschäftigen Sie sich nicht mit dem, was anders sein sollte, sondern nur mit dem, was ist, was sie beobachten. Lokalisieren Sie das Zentrum Ihrer Atmung irgendwo an einer tangentialen Mitte Ihres Körpers.

Stellen Sie sich jetzt vor, daß genau aus dieser Mitte Ihre Stimme kommt. Sie müssen sie nicht produzieren, sie ist dort bereits vorhanden. Alles was Sie tun müssen ist, Atem in diese Region zu schicken, der dann die Stimme stimulieren wird, nach oben und außen zu strömen. Zunächst gehen Sie aber mit der Aufmerksamkeit zu Ihrem Mund. Nehmen Sie wahr, wie die Zunge im Mund liegt: Liegt sie, oder klebt sie am Gaumen? Die Zähne, sind sie aufeinandergebissen durch einen festgehaltenen Kiefer, oder sind sie leicht auseinander? Beginnen Sie damit, die Zunge im Mund zu bewegen, den Mundraum mit Gaumen, Zähnen und Lippen mit der Zunge zu erforschen. Beobachten Sie dabei, was mit Ihrer Atmung geschieht. Fließt sie weiter, wird sie unterbrochen oder flacher, oder wann vertieft sie sich? Beißen Sie die Zähne kräftig zusammen, preßen Sie die Zunge an den Gaumen und die Lippen zusammen. Was geschieht dabei und was geschieht mit Ihrer Atmung, wenn Sie wieder locker lassen? Dann gehen Sie, bei locker geschlossenen Lippen, zu kräftigen Kaubewegungen über. Stellen Sie sich dabei etwas Leckeres vor, das Sie gerne essen würden. Schlucken Sie dabei immer wieder, indem Sie die Zungenspitze kräftig hinter die oberen Schneidezähne drücken. Und weiter immer wieder Kauen und Schlucken und Auswirkungen auf die Atmung beobachten.

Wann immer Sie in der Zwischenzeit das Bedürfnis haben, sich aufzurichten, sich zu dehnen und zu gähnen, tun Sie das bitte, und kehren Sie dann wieder zur Übung zurück.

Während Sie kauen, richten Sie jetzt die Aufmerksamkeit gezielt auf Ihr Atemzentrum. Erinnern Sie sich, daß dort die Vibrationen Ihrer Stimme zu Hause sind. Gehen Sie jetzt dazu über, wohlig und genußvoll aus dieser tiefliegenden Region heraus ins Kauen hinein zu brummen, so als wollten Sie ausdrücken, wie gut es Ihnen schmeckt. Nehmen Sie dabei die den Körper durchströmenden Vibrationen Ihrer Stimme sinnlich wahr. Wo vibriert es, wenn ich was tue? Was verändert die Intensität der Vibrationen? Kennen Sie diesen Stimmklang oder ist er Ihnen fremd? Seien Sie neugierig auf die Vibrationen, finden Sie soviel wie möglich über sie heraus! Dann ruhen Sie sich aus. Lassen Sie die Vibrationen dorthin zurückgehen, wo sie entstanden sind. Gehen Sie mit der Aufmerksamkeit wieder zur Atmung und überlassen Sie sich ihrer Mühelosigkeit.

Beim nächsten Schritt bleiben Sie mit der Aufmerksamkeit beim Atemzentrum. „Berühren" Sie den Ton mit dem Atem „ha", immer wieder, leicht und mühelos. Es handelt sich hierbei nicht um die Buchstaben h und a, sondern um einen Atemhauch „h", der den Ton anregt =„a". Die Vibrationen des „a" steigen hoch und entweichen durch die leicht geöffneten Lippen. Dann lassen Sie den Ton etwas länger andauern, nehmen den Klang im Mundraum wahr, fangen die Vibrationen hinter den Lippen ein und lassen sie sich im Mundraum vermehren. Die ganze Aufmerksamkeit ist auf die Vibrationen im Mundraum, an den Zähnen und Lippen gerichtet. Der entstehende Ton „ham" ist ein Nebenprodukt körperlicher Vorgänge und räumlicher Veränderungen. Der Ton ist klar und 100% Vibrationen. Er entströmt kraftvoll. Wenn der Atem zuende ist, wird er automatisch „nachgefüllt". Wiederholen Sie jetzt die Schritte

- Aufmerksamkeit auf die Atmung
- Berührung des Tons
- Verstärkung der Vibrationen

im eigenen Tempo und richten Sie sich dabei langsam auf. Wenn der Kopf auf dem oberen Ende der Wirbelsäule aufgerichtet ist, öffnen Sie die Augen, lassen Sie den Unterkiefer locker und der Ton wird als „aaaa" entweichen, also, s. o. „hammma".

Wiederholen Sie diesen Ablauf immer wieder mit großer Aufmerksamkeit auf die Vibrationen. Lassen Sie ihre Hände wandern und die Vibrationen tasten: im Gesicht, am ganzen Kopf, im Nacken, am Hals usw. . Kosten und schmecken sie an den Lippen „hammammammamma", spielen Sie damit: „hamamamamam", lassen Sie die Laute wie Murmeln von den Lippen rollen. (Auch hier wieder genügend Zeit lassen, bis ein kräftiges Summen im Raum zu hören ist. Es dauert meist eine Weile, bis die TN die Scheu überwinden.) Strecken und dehnen Sie sich, gähnen Sie laut und ungeniert, reiben sie sich das Gesicht kräftig mit den Händen. Die Augen sollten jetzt geöffnet sein.

Blasen Sie durch beide Lippen mit kräftigem Luftstrom aus: „brrrrr" (bilabiales r demonstrieren), zunächst ohne Stimmton, dann mit kräftigem Brummen, stotternd wie ein Traktor, dann wie ein PKW-Motor – so wie Kinder „Auto" spielen –, wie ein schweres Motorrad: Die Vibrationen springen leicht und federnd von den Lippen. Spielen Sie weiter mit diesen neu entdeckten Lautkombinationen und erweitern Sie: „brrrmamama", „brrrmamamananana", „brrrmamamanananalalala", „brrrmamamanananalalaladadada", "ggbrrrmamamanananalalaladadadabababa" usw. , zunächst im Dialog mit dem Trainer, dann im eigenen Rhythmus nach Lust und Laune. Stellen Sie sich dabei vor, daß der Stimmton mindestens 30 cm vor Ihrem Mund ankommt. Danach zählen Sie mit der gleichen Aufmerksamkeit bis 10, sagen Sie Ihren Namen und erhalten Sie die entdeckten Qualitäten der Stimme während des folgenden Feedback, bei dem Sie über Ihre Erfahrungen und Entdeckungen berichten.

Selbstverständlich kann diese an sich einfache, aber komplexe Übung in kleine Portionen zerteilt und beliebig erweitert oder ergänzt werden. Eine Fortsetzung z. B. kann im Stehen und Gehen, mit den Lautkombinationen als Dialog oder als Streitgespräch viel Spaß machen. Zu diesem Zeitpunkt sollte angeregt werden, die Stimme gezielt auf den Dialogpartner auszurichten. Es kann weiter mit Abzählversen, Zungenbrechern und Schnellsprechversen, Gedichten und vor allem auch mit einem Referattext experimentiert werden. Wenn es notwendig und angemessen scheint, kann an dieser Stelle die Bedeutung der Primärfunktion des Stimm- und Artikulationsapparates für Stimmsitz und Stimmbildung theoretisch eingebracht werden. Es kann sinnvoll und notwendig sein, nach dieser Grundübung Übungsteile aus Kap. 7 zur Kieferwahrnehmung und -lockerung (Linklater, 1997) anzubieten.

Zu Übung 2 gehört ein Hartgummiball (Flumi) von mindestens 5 cm Durchmesser. (In Spielwarengeschäften oder Kaufhäusern meist nur im Sommer (!) zu bekommen. Zur Not geht auch ein Tennisball, der aber nicht so kräftig springt.) Die Tische und Stühle werden bei dieser Übung an den Rand des Raumes geschoben, damit viel Platz entsteht.
ZIEL dieser Übung ist es, nach dem geübten Loslassen des Tons (s. o.) das Funktionieren des unwillkürlichen Atemablaufs zu beobachten, ein gutes Abspannen zu erreichen (Coblenzer, 1994) und die Stimme kräftig, aber ohne Anstrengung in der Kehle, nach außen zu bringen. Gleichzeitig werden im Verlauf Dynamik, Rhythmus und Akzentuierung geübt. Die Übung wird nicht erklärt, sondern zunächst nur demonstriert und zur Nachahmung angeboten. Es fordert von den TN eine genaue Beobachtungsgabe und eine Ausrichtung der Aufmerksamkeit auf für die Qualität der Stimme bedeutungsvolle Zusammenhänge.

Jeder TN erhält einen Flumi. Einleitend lade ich die TN dazu ein, mit dem Ball zu spielen, ihn auszuprobieren. Dabei entsteht in der Regel eine lockere und spielerische Stimmung. Meist entwickelt sich daraus das Spiel, sich die Bälle gegenseitig zuzuwerfen und Hallo zu sagen. Manche fangen an zu jonglieren.

Die Übung: Ich stehe – die Knie in federnder Position – und schicke den Ball mit einem deutlich artikulierten „hop" mit der rechten Hand auf den Boden. Den zurückspringenden Ball fange ich mit der linken, nach unten geöffneten Hand auf. Dabei schwinge ich die Hand dem Ball federnd entgegen – die Knie federn mit. Vor der werfenden Bewegung beschreibt der Arm einen großen Kreis hoch über den Kopf hinaus. Das Fangen geschieht mit einer kleineren kreisenden Bewegung. Daraus ergibt sich ein 2er Takt mit der Betonung auf „hop", der Ball kommt dabei auf dem Boden an. Das Abspannen geschieht in der Pause, bis der Ball wieder in der Hand ankommt. Dieser Moment ist der unbetonte Takt. Daraus folgt der Armschwung nach oben, wodurch die reflektorische initiierte Einatmung vertieft wird usw. Die einzelnen Schritte, ihre Wirkung und worauf deshalb zu achten ist:

1) Der Ball wird mit einem kräftigen „hop" auf den Boden geschickt:

• Das Zwerchfell bekommt einen kräftigen Impuls, den Ton loszulassen.
• Das Fallen des Balles untertützt diesen Impuls.
• Das kurze offene „o" unterstützt das Loslassen eines vibrationsreichen Tons.

2) Die Hand schwingt dem zurückspringenden Ball entgegen, der mit der nach unten geöffneten Hand gefangen wird. Dadurch ist es notwendig, kräftig mit den Fingern zuzugreifen, um den Ball wirklich zu fangen. Die gezielte zugreifende Bewegung unterstützt das Abspannen. Gleichzeitig entsteht eine Aktivierung der Artikulationsmuskulatur.

3) Bei der Wurfbewegung bewegt sich der Arm hoch über den Kopf. Dadurch wird durch die kreisende Durchbewegung von Schulter und Schulterblatt die Einatembewegung verstärkt, ohne daß aktiv eigeatmet werden muß. Dabei ist es wichtig, nach dem „hop" den Kiefer locker zu lassen, so daß die Luft durch den leicht geöffneten Mund einfallen kann.

4) Durch das abwechselnde Fangen mit linker und rechter Hand – und vor allem, wenn man zusätzlich während der ganzen Übung vorwärts und rückwärts gehend in Bewegung bleibt – entsteht eine hirnintegrative, die Ganzheitlichkeit des Gehirns stimulierende Wirkung, die Streß abbaut und die Konzentration erhöht (Dennison, 1988).

Die häufigsten *„FEHLER"*:

– Der Ball wird mit der nach oben geöffneten Hand gefangen. Dadurch wird

der Rhythmus unterbrochen und der Abspannimpuls weniger genau gesetzt. Die Folge ist dann oft aktives Einatmen und nachfolgend Atemlosigkeit.
– Der Schwung über den Kopf wird weggelassen. Oft werden nur die Ellbogen leicht angehoben. Die TN sollten selbst erfahren, wie sich der Ton nach der größeren Bewegung verändert.
– Der Mund wird während der Einatmung geschlossen, es wird aktiv durch die Nase eingeatmet.

Es dauert oft lange, bis die TN diese Abweichungen durch Beobachtung entdecken. Es beeindruckt die TN in der Regel stark, wenn sie diese Punkte entdeckt und die Veränderungen erfahren haben.

Die Übung wird fortgesetzt mit Variationen durch Kombination mit anderen Vokalen, zunächst a, ä, später i und dem Explosiv-Auslaut t (u und k sind zu diesem Zeitpunkt der hinteren Artikulationszonen wegen eher ungünstig). Es folgen Abzählreime (z. B. Ene mene miste, es rappelt in der Kiste … usw.), die sich dem Wurfrhythmus anpassen und sehr deutlich akzentuiert werden. Später sollte mit Texten und deren sinngemäßer aber deutlich dynamischer Betonung und wechselnden Lautstärken experimentiert werden. Es entsteht dabei meist eine deutlich spielerische Stimmung, die sich entspannend auf die weiteren sprecherischen und rhetorischen Leistungen auswirkt.

Zum Schluß beeindruckt folgende Variante: Der Unterarm ist angewinkelt, der Ball wird mit einem locker artikulierten „hop" aus der nach unten geöffneten Hand fallengelassen und wieder gefangen. Die Betonung liegt dabei deutlich auf einem klaren, offenen „o", nach dem sich der Atem mühelos erneuert.

In einem ausführlichen Feedback sollten die Erfahrungen bewußt gemacht, in bezug auf ihre Wirksamkeit reflektiert und der praktische Nutzen deutlich gemacht werden. Wichtig ist ferner, daß bei deutlichen stimmlichen Problemen weiterführende Hilfestellung empfohlen wird.

Zusammenfassung: Eine gelungene Kommunikation zeichnet sich dadurch aus, daß der ganze Mensch mit seinen Gefühlen, Gedanken und Worten präsent ist und daß Sprache und Stimme eine Einheit bilden. Natürlich hat eine – vor allem isoliert auf „schön" getrimmte – Stimme allein keine Überzeugungskraft (Geißner, 1998). Wenn jedoch etwas mit der Stimme nicht stimmt, leidet die Argumentation, die Kommunikation.

Auch das heute so beliebte Mikrophon löst das Problem nicht. Größere Lautstärke bedeutet keine Verbesserung der Stimmqualität und vergrößert gleichzeitig noch die Distanz zum Zuhörer.

In einem Rhetorikseminar sollte deshalb der Stimme als das Medium, das die Gedanken und Worte transportiert, eine dieser Bedeutung sowie eine den Umständen entsprechende Aufmerksamkeit gezollt werden.

Literatur

Calonego, B. (1998): Hast du Töne?! In: SZ am Wochenende Nr. 275, Südd. Verlag, München

Coblenzer, H./Muhar, F. (1994): Atem und Stimme, Wien

Dennison, P. E. (1988): Befreite Bahnen, VAK, Freiburg

Geißner, H. K. (1998): Über den Brustton der Überzeugung. In: Horst Gundermann (Hrsg.): Die Ausdruckswelt der Stimme. Hüthig, Heidelberg, 102-108

Linklater, K. (1997): Die persönliche Stimme entwickeln, (deutsch von T. M. Mertz), Reinhardt, München

Mertz, T. M. (1996): Persona – per sonare. In: Lemke, S./Thiel, S. (Hrsg.) Sprechen Reden Mitteilen, 128-136, Reinhardt, München

Slembek, E. (1995): Frauenstimmen in den Medien. In: Heilmann, Ch. M. (Hrsg.), (1995) Frauensprechen Männersprechen. Reinhardt, München, 107-119

Video

Mertz, T. M. (1998): Lösung von Stimmblockaden in Kiefer, Kehle und Zunge. (Ca. 110 Min.) VT-Nr. 748, VCR-GmbH, Dortmund

ROLAND W. WAGNER

Praktische Übungen zum kooperativen und effektiven Gespräch

Wissenschaftliche Arbeiten über Gespräche gibt es in fast unüberschaubarer Vielfalt, auch mehr oder weniger sinnvolle Ratschläge zum Gesprächsverhalten können in Hunderten von Publikationen nachgelesen werden, aber Beschreibungen von praktischen Übungen werden vergleichsweise selten publiziert. Der Beitrag stellt deshalb neun von mir eingesetzte Übungen zu ausgewählten Aspekten des Gesprächsverhaltens vor (nach Wagner 1996b) und will dabei einige in der Arbeit mit Seminar- und Tagungsteilnehmenden gesammelte Erfahrungen weitergeben. Sechs Fragen stehen dabei im Mittelpunkt; sie sind gleichzeitig die Überschriften der folgenden Kapitel:

– Wie erfahre ich möglichst viel von der anderen Person? („Fragend ins Gespräch kommen")
– Wie erreiche ich Abwechslung? („Originelle Ideen finden", „Anschauliches Erzählen")
– Wie wird eine Meinung eher akzeptiert? („Genau formulieren"; „Prägnantes und begründetes Sprechen im Dreischritt")
– Wie informiere ich verständlich und anschaulich? („Informationen weitergeben")
– Wie fördere ich Kreativität, Empathie und Argumentationskompetenz? („Drei hoch drei")
– Wie lassen sich andere im Gespräch beeinflussen („Konstruktiv und effektiv Probleme ansprechen", „Das Überzeugungsgespräch").

1. Wie erfahre ich möglichst viel von der anderen Person?

Die hier vorgestellte Übung „Fragend ins Gespräch kommen" hat zwei Ziele: Zunächst hilft sie einer neuen Gruppe, „ins Gespräch zu kommen" und sich somit schneller kennenzulernen. Daneben geht es darum, bewußt eine besonders offene Art des Fragens auszuprobieren, die sich sehr gut zur Gesprächsanbahnung eignet und immer dann vorteilhaft ist, wenn andere möglichst viel reden sollen.

Die Grundidee stammt aus der Jugendarbeit und ist bereits in etlichen Spielesammlungen unter „Personenraten", „Personen erraten" oder ähnlichen Überschriften abgedruckt. Somit ist damit zu rechnen, daß viele die Übung bereits zu kennen glauben. Wenn Sie also beim Erklären trotzdem aufmerksame Zuhörende haben wollen, weisen Sie doch ausdrücklich darauf hin, daß diesmal eine neue und eher ungewöhnliche Variation praktiziert werden soll, bei der es nicht darum geht, möglichst schnell etwas zu erraten, sondern mit möglichst vielen anderen ins Gespräch zu kommen!

Alle Teilnehmenden bekommen je einen kleinen Zettel aufgeklebt, so daß sie selbst das darauf Geschriebene nicht lesen können, sondern eben dies von den anderen erfragen müssen. Das ganze läuft wie bei einer Stehparty. Auf dem Zettel können die Namen von prominenten Menschen oder Figuren aus der Comic-Welt stehen (dies sind die bekannten Formen), aber auch Namen von Leuten, die vor allem der jeweiligen Gruppe bekannt sind, z. B. bestimmte Lehrkräfte oder nur lokal „berühmte" Personen. Besonders „pädagogisch" sind folgende Variationen: Statt realer Personennamen kommen Figuren aus der Weltliteratur (z. B. Winnetou) bzw. aus Bühnenwerken („Das Käthchen von Heilbronn") vor; statt Namen können Sie auch Gegenstände im weitesten Sinne (z. B. Büchsenöffner), Begriffe (z. B. Toleranz) oder sogar Seminarthemen erfragen lassen. Beispiele für rhetorische Seminare finden Sie schnell im Register der „Grundlagen" (Wagner 1996a) oder ähnlicher Bücher. Denken Sie jedoch bitte bei der Auswahl der Namen oder Begriffe daran, daß sich heute kaum mehr ein verbindlicher Katalog von „Allgemeinwissen" voraussetzen läßt: Während die einen noch Goethe und Schiller kennen, wissen andere stattdessen perfekt über Gigabytes und Scanner Bescheid. Wenn Sie allerdings zu einfache Themen wählen (z. B. „Helmut Kohl" und „Steffi Graf"), dann wird es banal, und die Übungsziele werden kaum mehr realisiert. Sprechen Sie ruhig diese Problematik an. Individuelle Peinlichkeiten können durch eine Zusatz-Spielregel verhindert werden: Wer meint, daß die zunächst vergebene Aufgabe für ihn bzw. für sie unlösbar ist, bekommt eine neue! Spannend wird es, wenn der Zufall das zu suchende Wort bestimmt. Dazu brauchen Sie ein zur Situation bzw. zur Gruppe passendes Buch. Bitten Sie die Teilnehmenden der Reihe nach um die Nennung einer Seitenzahl. Der erste passende Begriff auf dieser Seite wird dann zur Aufgabe.

Die wichtigste Übungsvariation betrifft die Frageart. Üblicherweise werden, ähnlich wie in Fernsehsendungen (z. B. „Was bin ich"; „Ja oder nein"), Entscheidungsfragen gestellt, die die anderen meist nur mit ja oder nein beantworten. Wer einsilbige Antworten vermeiden will, sollte also folgende Regeln einführen: Es sollten nur Fragen gestellt werden, die nicht mit einem Wort beantwortet werden können! Oder für die Befragten formuliert: Es dürfen nur Fragen beantwortet werden, die nicht mit einem Wort beantwortet werden können! (Geben Sie notfalls ein paar Beispiele! „Verboten" sind Fragen wie „Bin ich männlich oder weiblich?", „Lebe ich noch?", „Steht der Begriff im Lexikon?". Erlaubt wären Fragen wie: „Was hängt in meinem Kleiderschrank?", „Welche wichtigen Ereignisse fanden in meinem Leben statt?"oder „Was steht über mich im Lexikon?") Die gleiche Frage darf nacheinander an mehrere Personen gerichtet werden.

Das Hauptziel, möglichst viele Gesprächskontakte zu ermöglichen, verlangt zwei weitere Hilfsregeln: Die Befragten sollten zunächst die Lösung nicht zu leicht machen, aber natürlich auch nicht lügen (Falls z. B. Goethe zu erraten wäre, könnte man auf die Lexikon-Frage zunächst sagen, daß er aus einer ursprünglich in Thüringen lebenden Familie stammt oder daß er sich als Minister betätigt hat). Nach jeder paarweisen Befragung wird gewechselt; im Idealfall haben alle Gruppenmitglieder mindestens einmal miteinander gesprochen. Unterstützend wirkt die Bitte, von allen anderen jeweils ein Autogramm auf ein Blatt Papier zu sammeln. Wer (zu) schnell auf die Lösung kommt, darf mit einem neuen Zettel weiterspielen.

Erfahrungsgemäß lohnt es sich für die „Spielleitung", den Lauf der Übung mit offenen Ohren zu verfolgen, da zunächst wohl ziemlich häufig die Regeln verletzt werden. Gegen Ende der Übung taucht ein ganz besonderes Problem auf: Wie können die Teilnehmenden ihre inzwischen ziemlich gefestigten Vermutungen bestätigt bekommen, ohne gegen die Spielregeln zu verstoßen. Naheliegend wäre ja die einfache Entscheidungsfrage: „Bin ich …?" oder „Steht da …?", die man mit ja oder nein beantworten könnte. Zwei regelkonforme Formulierungen seien hier verraten: „Wie würdest Du reagieren, wenn ich Dir sage, daß auf meinem Rücken … steht?" oder: „Welche von den drei folgenden Namen/Begriffen stehen nicht auf meinem Rücken?"

Zahlreiche Variationsmöglichkeiten sind vorstellbar. Bei kleineren Gruppen und viel Zeit kann die Übung nicht nur in der Sozialform „Stehparty" ablaufen, sondern so, daß jede(r) der Reihe nach die gesamte Gruppe befragen darf. Der Schwierigkeitsgrad wird erheblich höher, wenn bei jedem neuen Gesprächskontakt auch neue Fragen formuliert werden sollen. Schwieriger kann die Übung auch dann werden, wenn zusätzlich andere und durch Los genau bestimmte Fragearten verlangt werden. Umgekehrt und für viele leichter kann die Übung auch ganz ohne Rateauftrag laufen, indem unterschiedliche Begriffskarten den Teilnehmenden in die Hand gedrückt werden mit der Bitte, möglichst viele unterschiedliche Meinungen dazu von anderen zu erfragen.

Bei der Auswertung der Übung sind folgende Fragen wichtig, die mit der ganzen Gruppe geklärt werden sollten: „Wie habt Ihr Euch während der Übung gefühlt? Welche Fragen haben besonders viel Informationen gebracht? Welche Beispiele für ‚Spielregelverstöße' können angesprochen werden? Welche Alternativformulierungen gäbe es?"

2. Wie erreiche ich Abwechslung?

Daß ideenlos im monotonen Aufzählungsstil geführte Gespräche nerven können, ist bekannt. Das zweite Kapitel beschreibt deshalb, wie auf inhaltlicher und stilistischer Ebene Originalität und Variabilität gefördert werden können.

2.1 Originelle Ideen finden

Diese Übung macht nicht nur Spaß, sondern fördert auch einige für viele Gespräche nötige Voraussetzungen, nämlich Kreativität und Spontaneität. Wichtig ist dabei natürlich, daß man eine gewisse Freude am spielerischen Umgang mit Sprache beibehalten hat. Ein zweiter Vorteil für die pädagogische Praxis: Die Übungen benötigen keine langen Erklärungen und können jederzeit abgebrochen werden. Somit sind sie ideal für Anfangsphasen („warming ups"), zum Pausenfüllen und für Vertretungsstunden. Eine methodische Vorwegbemerkung sollte nicht vergessen werden: Natürlich beeinflussen die Übungen erst dann spürbar die Denkfähigkeit, wenn sie wiederholt (über Wochen und Monate hinweg) praktiziert werden.

Alle sitzen im Kreis. Zuerst wird um die Nennung eines Gegenstands gebeten, der nicht im Raum und somit für die Anwesenden unsichtbar sein sollte. Genannt wird z. B. ein Tennisball. Daß man damit Tennis spielen kann, ist banal. Deshalb geht es im Spiel darum, möglichst viele *originelle* Verwendungsmöglichkeiten für ihn zu finden, z. B. als Schirm für Minilämpchen, als Airbag-Ersatz im Auto, als Unterlage für Lautsprecher usw. (nach Raudsepp 1985, 22). – Wieviele Ideen kommen in drei oder fünf Minuten? Vor dem Start der Übung könnten zusätzliche Spielregeln vereinbart werden: Alle Übungen zum Erzählen (vor allem jene zur Förderung des kreativen und spontanen Formulierens) laufen erfahrungsgemäß besser, wenn zunächst auf jede Kritikäußerung verzichtet wird. Auch abwertende nonverbale Kommentare (z. B. hämisches Grinsen) können blockierend wirken (vgl. die oft bereits bekannten Regeln des klassischen „Brainstormings"). Eine Regel jedoch sollte anders als beim „Brainstorming" üblich gehandhabt werden: nicht maximale Geschwindigkeit und Kürze („Einwortsätze") sind gefragt, sondern möglichst große Verständlichkeit. So kann es ruhig auch längere Erklärungen oder Nachfragen geben, bis eine Idee ausreichend beschrieben ist. Das Weiterdenken und die Variation von Ideen sollte ebenfalls niemanden verwehrt werden. Ein weiterer Tip kann im Verlauf der Übung gegeben werden, wenn noch mehr originelle Ideen gefragt sind: Diese kommen häufig erst dann, wenn man nicht mehr nur stur an die Hauptaufgabe denkt (sich z. B. immer bloß den Tennisball vorstellt), sondern stattdessen entspannte „Spaziergänge" durch vertraute „Denkräume" unternimmt. Bei diesem „lateralen Denken" (nach De Bono) stellt man sich z. B. das eigene Zimmer vor, dann andere vertraute Freizeit- oder Arbeitsbereiche und denkt dabei eher beiläufig an die Aufgabe.

Einige mögliche Variationen: Selbstverständlich können die Themen auch von der Lehrkraft vorgegeben werden, z. B. im Rahmen von Stundeneinleitungen, bei denen das Vorwissen einer Klasse interessiert. Wird diese Übung als Wettbewerbsübung gespielt („Wer hat die meisten Ideen?"), so erhöht dies zwar den Streß, aber nicht unbedingt die Produktivität. Umgekehrt könnte diese Übung sehr wohl allein durchgeführt werden. Besonders geeignet dazu sind „Leerzeiten", in denen auf etwas gewartet wird, z. B. vor einer roten Ampel, an einer Haltestelle, in langweiligen Lehrveranstaltungen. Weitere Variationen können gut beim wissenschaftlichen Arbeiten und zur Prüfungsvorbereitung eingesetzt werden. Wieviele Ideen kommen z. B. in einer Minute zu potentiellen Prüfungsthemen oder zum vereinbarten Referat?

2.2 Anschauliches Erzählen

Eine nicht nur für Gespräche wichtige Fähigkeit ist es, spontan, anschaulich, verständlich und abwechslungsreich erzählen zu können. Die folgende Übung soll dies fördern. Zudem lassen sich individuelle Kreativität, Schlagfertigkeit und Kompetenz zur Beurteilung mündlicher Kommunikation erproben.

Es geht um das eher spielerische Erarbeiten von möglichst guten und kurzen Erzählungen. Als Vorbereitung beschreibt die Spielleitung für alle Teilnehmenden jeweils zwei verschiedene Kärtchen (oder Zettel), so daß es einen Stapel „Stichwörter" und einen Stapel „Erzählstile" gibt. Auf jedem „Stichwörter"-Kärtchen stehen gut lesbar (in Druckbuchstaben) fünf unterschiedliche durch Nachdenken gefundene bzw. zufällig aus Lexika oder Zeitungen ausgewählte Stichwörter (z. B. nachlaufen, Varieté, Rettich, Kork, halsstarrig). Diese fünf Stichwörter sollten in einer anschließend zu erzählenden Geschichte vorkommen, möglichst in der vorgegebenen Reihenfolge und in ihrer angegebenen grammatikalischen Form. Abwandlungen wie „nachgelaufen" oder „Korken" wären folglich bei strenger Regelauslegung nicht erlaubt). Auf dem (wenn möglich andersfarbigen) „Erzählstile"-Kärtchen steht jeweils eine Bitte zum Erzählstil, die ebenfalls erfüllt werden sollte. Folgende Möglichkeiten stehen zur Auswahl:

– Eine bestimmte Zielgruppe, deren Niveau sprachlich getroffen werden soll. (Einige Beispiele dazu: eine Kindergartengruppe, Omas und Opas im Altenheim, ein „professoraler Kreis", eine Hauptschulklasse).
– Eine Anweisung kann dem Satzbau gelten. Folgende Beispiele wären denkbar: Möglichst viele kurze oder lange Sätze, möglichst einfache oder komplizierte Konstruktionen, eventuell sogar „abwechselnd ein kurzer und ein langer Satz".
– Die Erzählzeit kann verändert werden: Durch ein Erzählen im Perfekt bzw. im Präsens, durch den Wechsel zwischen diesen Erzählzeiten.
– Bestimmte stilistische Möglichkeiten können berücksichtigt werden, z. B. viele wörtliche Reden, anschauliche Vergleiche, direkte Anreden der Zuhörenden, rhetorische Fragen.
– Eventuell können sogar störende persönliche Eigenarten gespielt werden, z. B. viele Verlegenheitslaute, lange Nachdenkpausen, penetrant wiederholte Lieblingswörter („halt") u. s. w.

– Eine bestimmte Erzählgattung wird vorgeschlagen, z. B. modernes oder traditionelles Märchen, Gespenstergeschichte, Krimi, „Fantasy", Liebesgeschichte, Reiseabenteuer, Science Fiction.

Die eigentliche Spielregel ist einfach: Jede teilnehmende Person nimmt sich ein Kärtchen mit den Stichwörtern und versucht, daraus eine Geschichte mit mindestens fünf Sätzen zu bilden. Diese „mindestens"-Regel hat zwei Gründe: Einmal sollen lange Satzreihen vermieden werden, zum anderen blockiert es den Trick, in einem Satz alle Stichwörter aufzählend unterzubringen („Ich fand einmal einen Zettel, darauf standen die Wörter …"). Die Stichwörter sollten vorgelesen bzw. angeschrieben werden, damit die Spielregel kontrolliert werden kann. Sodann wird ein Kärtchen aus dem Stapel „Erzählstil" gezogen; diese darauf gefundene Bitte bleibt jedoch vorerst für den Rest der Gruppe geheim; sie soll natürlich beim Erzählen beachtet und *kann* am Ende der Auswertung verraten werden. Je nach Gruppenzusammensetzung können die Aufgaben spontan oder mit etwas Vorbereitungszeit (z. B. 5 Minuten) bearbeitet werden. Um auswendig klingende Beiträge zu vermeiden und damit möglichst viele in der Gruppe gut zuhören können, sollten die einzelnen Akteure ihre Aufgaben erst relativ kurz vor ihrem „Auftritt" erhalten, z. B. dann, wenn die Nachbarin mit ihrer Geschichte anfängt.

Ein Tip, der auch allen Mitspielenden gegeben werden kann: Grundsätzlich gibt es bei der Übung zwei Möglichkeiten, zu einer guten Erzählung zu kommen. Die meisten probieren, ob sich aus den vorgegebenen Stichwörtern eine neue Geschichte „erfinden" läßt. Oft verhindert jedoch die Zufallsauswahl eine schlüssige Handlung. Also kann auch ein „Variationsrezept" probiert werden: Man nehme eine nette, selbst oder „medial" erlebte Episode, erzähle davon und baue die vorgegebenen Wörter ein.

Bei der Auswertung geht es vor allem darum, nach Auffälligkeiten zu fragen. Persönliche Gewohnheiten werden dabei oft unbefangener angesprochen, da sie ja eventuell auf Grund einer Spielregel vorkamen. Manche Anweisungen wiederum sind, vor allem wenn sie nicht übertrieben eingesetzt werden, so unauffällig, daß sie zwar zu einer guten Geschichte beitragen, aber kaum bewußt werden (z. B. der Wechsel von kurzen und langen Sätzen).

3. Wie wird eine Meinung eher akzeptiert? („Genau formulieren"; „Prägnantes und begründetes Sprechen im Dreischritt")

3.1 Genau formulieren

Die Übung fördert neben Kreativität, Phantasie und Spontaneität vor allem das genaue Formulieren als wichtige Voraussetzung zur kompetenten Gesprächsführung. Ferner verdeutlicht sie einige Mechanismen von geglückter oder mißglückter Argumentation. Sie benötigt nur kurze Erklärungen und kann jederzeit abgebrochen werden, so daß sie gut für Anfangsphasen („warming ups") geeignet ist.

Auch hier sitzen alle im Kreis; wieder wird zunächst um die Nennung eines Wortes gebeten. Genannt werden z. B. „Fahrrad", „schreien" oder „klug". Nun braucht man für die vorgeschlagenen Wörter entsprechende „Gegenbegriffe". Diese können je nach Niveau der Gruppe möglichst ähnliche (z. B. „Mofa", „rufen", „weise") oder auch relativ entgegengesetzte Bedeutung haben (z. B. „Fisch", „lesen" oder „gelb"). Dann einigt man sich auf ein Begriffspaar. Im Spiel geht es nun darum, möglichst viele *Unterschiede* dieses Begriffspaars zu formulieren. Manche fallen dabei schnell ein (z. B. größer – kleiner), andere eher selten (z. B. die Zahl der Buchstaben). Die Argumentationskompetenz fördert es, wenn diese Unterschiede möglichst unangreifbar formuliert werden sollen. Wird diese Regel eingeführt, so müssen – gegen die Brainstorming-Regel – kritische Einwände zugelassen werden. Ein akzeptiertes Gegenbeispiel reicht ja schon, um eine Aussage zu korrigieren. Unangreifbar werden Argumente normalerweise dann, wenn sie nicht absolut, sondern relativiert oder präzisiert vorgebracht werden. Die Aussage „Ein Mofa ist teurer als ein Fahrrad" stimmt eben nicht immer; nötig wäre z. B. die Einfügung eines „meistens" oder „im Kaufhaus XY". Wer bei Aussagen mit persönlichen Erfahrungen formuliert, riskiert ebenfalls kaum Widerspruch. Was soll man auch z. B. gegen den Satz sagen „Mein erstes Mofa war viel teurer als mein erstes Fahrrad"?

Selbstverständlich kann das Thema auch von der Lehrkraft vorgegeben werden, z. B. im Rahmen von Wiederholungsstunden. Bei Prüfungsvorbereitungen sind auf den Lernstoff abgestimmte Variationen denkbar! Wieviele Unterschiede fallen z. B. zwischen Pädagogik und Didaktik ein, zwischen Dali und Picasso, zwischen Heinrich und Thomas Mann, zwischen Säuren und Basen, zwischen Reck und Barren?

3.2 Prägnantes und begründetes Sprechen im Dreischritt

Viele Gesprächsbeiträge oder Redeteile sind in mehreren Punkten verbesserungswürdig. Entweder sind sie zu kurz oder zu lang, zu wenig begründet oder auf Grund eines ungünstigen Aufbaus nur eingeschränkt wirksam. Die hier vorgestellte Übung soll Abhilfe schaffen. Es geht um das gemeinsame exemplarische Erarbeiten von wirksamen und kurzen Gesprächsbeiträgen. Als Material erhalten zunächst alle ein Blatt Papier (DIN A4 oder DIN A5); einen Stift haben hoffentlich alle. Erste Bitte: Alle sollen das Blatt mit zwei Linien so unterteilen, daß es übereinander drei ungefähr gleich große Felder gibt. Der erste Schritt übt das prägnante Formulieren einer Aussage. Dazu sollte sich jede teilnehmende Person eine Forderung oder eine These ausdenken. Grundsätzlich ist dazu jede Idee geeignet, die nicht allen klar oder zu banal ist. Einige Beispiele für im Übungssinne sinnvolle Sätze: „Die letzte Seminarsitzung sollten wir im Café abhalten", „Schokolade muß im Sommer im Kühlschrank gelagert werden", „Schuluniformen sind gut". Nicht so sinnvoll wären Aussagen wie: „Sprecherziehung gefällt mir" (Geht fast allen so!), „2 x 2 ist 4" (Wurde so vereinbart!), „Schokolade schmeckt gut" (Über Geschmack soll man nicht streiten!). Die gefundene Aussage sollte nun ohne Begründung, dafür möglichst prägnant zunächst gedanklich in einem Satz formuliert werden. Höchstens 10 Wörter – sonst wird der Satz zu lang! Und möglichst mündlich, also nicht zu kompliziert konstruiert! Wenn die Formulierung paßt, dann sollte sie auf das untere Drittel des Blattes geschrieben werden. Falls die Übung größeren spielerischen Reiz erhalten soll, muß so deutlich geschrieben werden, daß auch andere den Satz lesen können. Anschließend können nämlich alle Blätter eingesammelt, gemischt und neu verteilt werden.

Im zweiten Schritt geht es um das sinnvolle Begründen. Für die auf dem Blatt stehende Aussage sollte ein gutes Argument gefunden werden. Für unsere gerade genannten Beispiele könnte man folgende Begründungen nennen: „Wichtig für ein gutes Seminar ist ein harmonischer Abschluß." „Geschmolzene Schokolade macht häßliche Flecken." „Viele Kids geben in der Schule mit ihren Klamotten an!" Die gefundene Begründung sollte nun auf das mittlere Drittel des Blattes geschrieben werden. Bei der spielerischen Variation können erneut alle Blätter eingesammelt, gemischt und neu verteilt werden.

Der dritte Schritt versucht eine motivierende Einleitung. Für die auf dem Blatt stehende begründete Aussage sollte ein erster Satz gefunden werden, der neugierig macht, in das Thema einführt oder die Begründung mit einem plausiblen Gedanken eröffnet. Auch hier drei Beispiele für unsere Themen: „Wir haben in den letzten Sitzungen viel gelernt." „Im Italienurlaub habe ich mir mal ein teures Hemd versaut ..." „Ich möchte etwas zum Thema Kinderkleidung sagen". Die Einleitung wird nun auf das obere Drittel des Blattes geschrieben. Damit ist der Text fertig, und er kann präsentiert werden: jetzt natürlich von oben nach unten in der Reihenfolge Einleitung – Begründung – Aussage. In der Regel sind die entstandenen Beiträge relativ prägnant formuliert und einleuchtend begründet. Bei Ausnahmen hilft konstruktives Feedback.

Mögliche Variationen der Übung sind statt freigewählter Themen vorgegebene, statt einem Argument zwei oder drei (vgl. Fünfschritt-Methode), statt ausführlicher Schritt-für-Schritt-Vorgabe nur die Bitte, in drei Sätzen einen überzeugenden Beitrag zu gestalten, statt Akzeptanz der Thesen begründete „Gegenreden" und eventuell auch vermittelnde Beiträge.

4. Wie informiere ich verständlich und anschaulich?

Oft stellt sich in Gesprächen die Aufgabe, Informationen möglichst verständlich und richtig weiterzugeben. Es geht also gleichzeitig um aufmerksames Zuhören und um gutes Sprechen. Die Grundidee gehört zu den bewährten rhetorischen Standardübungen. Somit können Sie sich meist mit einer kurzen Beschreibung begnügen.

Alle Teilnehmenden verlassen – mit einer Ausnahme – den Raum. Diese „Ausnahme" bekommt einen kurzen Text in die Hand gedrückt oder vorgelesen. Notizen dürfen nicht angelegt werden; Rückfragen sind ebenfalls untersagt. Dann kommt ein weiterer Teilnehmer in den Raum; ihm wird der Inhalt des Textes mündlich weitererzählt. Er wiederum erzählt ihn der dritten hereinkommenden Teilnehmerin usw., bis alle wieder im Raum versammelt sind. Der folgende Text eignet sich gut für diese Übung. Er stand am 11. Dezember 1983 in der Kölner Zeitung „Express" auf Seite 3; einige offenkundige Unrichtigkeiten sind korrigiert:

Heisere Stimmen sind ja so sexy!
Warum das so ist, haben Forscher herausgefunden.

Jetzt steht fest, weshalb die tiefe Stimme eines Mannes mancher Frau wohlige Schauer über den Rücken jagt – und eine heisere Frauenstimme manchen Mann weich wie Wachs werden läßt: Die Sexualhormone sind's, die tief im Unterbewußtsein einen Mechanismus in Gang setzen, der oft genug direkt im Bett endet.

So fanden US-Wissenschaftler heraus, daß es nicht immer darauf ankommt, mit welchen Worten ein Mann um eine Frau wirbt, sondern in welcher Stimmlage er zu ihr spricht.

Hat er zum Beispiel das Glück, mit einer Baß-Stimme gesegnet zu sein, hat er bei vielen Frauen schon gewonnen: An ihr ist das männliche Sexualhormon Testosteron stark beteiligt – was wiederum das weibliche Geschlecht – unterschwellig – sehr wohl registriert.

Im englischen Wissenschaftsblatt „New Scientist" zogen die Forscher Bilanz: Danach wirkt eine männliche Stimme um so erotischer, je tiefer sie ist. Weniger sexy sind Tenorstimmen. Ein großer Teil der über 3400 befragten Frauen (69 Prozent) gaben denn auch an, beim Klang eines Basses „weiche Knie" zu bekommen.

Dr. Howard Giles, ein britischer Stimmenforscher wiederum ist überzeugt, daß nicht nur die Tiefe der Stimme auf das Gegenüber wirkt. So fand er bei Untersuchungen heraus: Eine heisere Frauenstimme kurbelt beim Mann fast blitzartig die Produktion bestimmter Sexualhormone an.

Daß die Nacherzählungen immer kürzer werden, ist normal. Wenn nur noch ein Satz wiederholt werden kann, sollte der Text erneut in der Originalversion eingeführt werden. Erfahrungsgemäß lohnt es sich, die Übung mit Video- oder Tonband aufzuzeichnen, damit die zu erwartenden positiven und negativen Faktoren in der Auswertung angesprochen werden können. Wundern Sie sich nicht, wenn bei Texten wie dem obigen schon nach wenigen Wiederholungen lustige Mißverständnisse auftreten, z. B. „Rauchende Frauen haben 69% mehr Testeron".

In größeren Gruppen sollte die Übung parallel in mehreren Räumen ablaufen, da sonst Monotonie zu befürchten ist. Der Schwierigkeitsgrad wird erheblich höher, wenn komplizierte, wissenschaftliche Texte nacherzählt werden sollen. Eine dritte, ebenfalls bereits getestete Variation arbeitet mit zwei Textfassungen des gleichen Inhalts: eine optimal verständliche und eine ziemlich komplizierte. Die Überschrift des oben zitierten Textes könnte dann für Fremdwort-Fans z. B. lauten: „Dysphonische Realisationen der vox humana agieren als potentielle Sexualappetenz-Signale".

Bei der Auswertung der Übung könnten folgende Fragen mit der ganzen Gruppe geklärt werden: Wo fiel das Merken und Nacherzählen leicht? Welche Beiträge haben zu viele Informationen gebracht? Welche Mittel hätten mehr Verständlichkeit gebracht? Empfehlungen verdienen vor allem die Methoden „Überblick am Anfang", „Kurze Sätze", „Konkrete Beispiele", „Wiederholung" und „Zusammenfassung am Schluß".

5. Wie fördere ich Kreativität, Empathie und Argumentationskompetenz?

Bei der „Drei hoch drei"-Übung („Drei Personen versuchen in drei Übungen drei Ziele zu erreichen") geht es um drei ganz wichtige Aufgaben beim Sprechen, nämlich: den eigenen Wortschatz assoziativ und möglichst kreativ einsetzen zu können, gut erzählen und zuhören zu können, und sich in einer Diskussion passende Argumente einfallen zu lassen. Die Übung selbst läuft relativ schnell und ist in der Regel nicht besonders stressig, deshalb kann sie in fast allen Phasen von rhetorischen Veranstaltungen eingesetzt werden.

Zunächst die Voraussetzungen: Für die Übung brauchen wir Teams zu je drei Personen. In jeder Gruppe sollte mindestens eine Uhr mit Sekundenangabe vorhanden sein. Eine Aufteilungsmethode von vielen denkbaren ist die „Orgelpfeifen-Aufstellung" (der Größe nach), wonach jeweils drei mit annähernd gleicher Körperlänge ein Team bilden. Begründen kann man das mit dem Argument, daß niemand von oben herab reden soll. Von Vorteil wäre es, wenn sich die jeweiligen Untergruppen nicht zu gut kennen würden (sonst fällt es schwer, in der Erzähl- und Zuhörübung wirklich neue Informationen zu liefern). Probleme könnte es ferner geben, wenn bei der Übung zu unterschiedliche Talente zusammenkommen, z. B. eine extrem sprechgewandte und eine extrem schüchterne Person. Sollte jemand bei der Aufteilung übrigbleiben, können auch Vierergruppen gebildet werden, bei denen jeweils zwei Personen beobachten. In diesem Fall kann dann eine mehr auf das Sprechverhalten der Aktiven, die andere mehr auf die Einhaltung der Spielregeln achten.

Eine Grundregel gilt für die gesamte Übung: Die jeweils amtierende Schiedsperson entscheidet in allen Zweifelsfällen; sie hat immer recht (wie beim Fußball!). Wichtige Streitpunkte können nach Spielende ins Plenum gebracht werden. Das Verständnis der Übung klappt besser, wenn sie nicht nur theoretisch erklärt, sondern mit Beispielen vorgemacht wird. Werden dabei absichtlich Fehler eingebaut, kann gleichzeitig die Rolle der Schiedsperson demonstriert werden. Mögliche Fehler: unpassende Sätze, falsches Wiederholen, sinnlose Behauptungen („Das ist eben so") statt guter Argumente.

Eine „Drei hoch drei"-Übung umfaßt drei Runden, die ohne größere Pausen in der folgenden Reihenfolge ablaufen. Erste Runde (Kreativitäts- und Formulierungstraining): Zu einem von der Schiedsperson gegebenen Stichwort müssen die beiden anderen abwechselnd (wie beim „Ping-Pong") passende Assoziationen in sinnvollen Sätzen formulieren. Schiedsperson ist, wer als erste das Stichwort nennt. Verloren hat, wem keine passende Assoziation nach vorgegebener Bedenkzeit (z. B. 5 Sekunden) mehr einfällt. Beim Stand von 5:5 oder 10:10 wird mit einem „unentschieden" abgebrochen. Danach Rollenwechsel: Wer von den beiden „Aktiven" das nächste Stichwort bringt, ist jetzt Schiedsperson. Wenn alle drei einmal Schiedsperson waren, geht es in die zweiten Runde.

Zweite Runde (Gesprächsfähigkeitserfahrung): Es geht um die Frage, wie verständlich gesprochen und wie gut zugehört werden kann. In der gleichen Reihenfolge wie bei der ersten Runde informiert eine Person eine andere über ihr bisher Unbekanntes. Nach einer festgelegten Zeit (z. B. einer Minute) muß die zuhörende Person sinngemäß das Gehörte wiederholen. Die Schiedsperson darf mitschreiben und zusammen mit der erzählenden Person korrigieren. Fehler können übrigens vom schwerverständlichen Sprechen und vom mangelhaften Zuhören kommen. Wenn viel Zeit vorhanden ist, kann die Sprechzeit bzw. der Schwierigkeitsgrad (z. B. durch besonders komplizierte Sätze) gesteigert werden. Alle sollten mindestens einmal erzählen und einmal wiederholen können. Beispiele für Erzählthemen: Urlaubsfahrten, Ferienarbeiten, Referatthemen, Verwandtschaftsbeschreibungen …

Dritte Runde (Argumentieren): Zu einem von der Schiedsperson gegebenen Thema müssen die anderen beiden abwechselnd (wie bei der ersten Runde) passende Pro- bzw. Kontraaussagen formulieren. Schiedsperson ist, wer als erste ein Thema nennt. Verloren hat, wem kein passendes Argument nach vorgegebener Bedenkzeit (z. B. 5 Sekunden) mehr einfällt. Beim Stand von 5:5 wird mit einem „unentschieden" abgebrochen. Danach Rollenwechsel: wer von den beiden „Aktiven" das nächste Thema bringt, ist jetzt Schiedsperson. Wenn alle einmal Schiedsperson waren, geht es zur Auswertung. Falls die anderen Gruppen langsamer waren, kann ein neues (schwierigeres) Thema ausprobiert werden.

Als Variation können statt freigewählter Themen (fast immer vereinbaren die Gruppen nämlich ziemlich leichte) Zettel mit den jeweiligen Aufgaben vorbereitet werden. Damit wird es möglich, anspruchsvollere Themen, Erzählaufgaben und Streitfragen zu üben.

Bei der Auswertung ist gegenseitiges Feedback der Mitspielenden sinnvoll, soweit dazu Zeit vorhanden ist. Alle Auffälligkeiten können natürlich auch von der Übungsleitung nach den üblichen Feedback-Regeln angesprochen werden.

6. Wie lassen sich andere im Gespräch beeinflussen

6.1. „Konstruktiv und effektiv Probleme ansprechen"

Für viele ist eine Gesprächssituation besonders problematisch: Sie spüren ein Problem bzw. ein Ärgernis und wollen dies nicht still schlucken, sondern möglichst gut an- und besprechen. Wie dies konstruktiv und effektiv geschehen kann, soll eine hier vorzustellende Variation eines seit Jahrzehnten bewährten und auf Richard Wittsack zurückgehenden Modells demonstrieren. Es geht um die Erprobung eines einleitenden Gesprächsbeitrags unter möglichst realistischen Bedingungen. Damit sichergestellt ist, daß alle individuell von der Übung profitieren können, sollten die gewählten Themen keine imaginären, sondern echte („authentische") Probleme behandeln. Ein paar Hilfsfragen bieten sich an; begonnen werden sollte mit der naheliegendsten und somit besten Themenwahl: Wer könnte ein Problem aus unserem Kreis, aus unserer Veranstaltung ansprechen? Die zweitbeste Thematik wären Probleme aus der Hochschule bzw. dem gemeinsamen Arbeitsplatz, da hier meist alle mitreden können. Dritte Frage: Viele kennen Ärgernisse aus der Gemeinde, Stadt bzw. Region, also sollten diese nun angesprochen werden. Schließlich könnten bei einer vierten Frage private Probleme im weitesten Sinne berücksichtigt werden, z. B. mit der Vermieterin oder Mitbewohnern. Eine unter Umständen sehr interessante Variante wäre die „Selbstüberzeugung", bei der eine eigene Schwäche vorgestellt und besprochen wird. Je nach Thema sind entweder die für die Veranstaltung Verantwortlichen bzw. die Teilnehmenden direkt anzusprechen, oder nicht anwesende, evtl. den meisten fremde Personen sollen in Rollenspielform beeinflußt werden. Unter allen Umständen soll zu Beginn jedes neuen Themas kurz über den situativen Rahmen informiert werden: Wer soll unter welchen Umständen angesprochen werden? Nur so ist ein realistischer Eindruck möglich. Bei manchen Themen empfiehlt sich zusätzlich, mit Hilfe einiger vorhandener Gegenstände und mit etwas Umstellung des Mobiliars die Szene für die Betrachter anschaulicher und für die Akteure vertrauter werden zu lassen.

Eine Redezeitbegrenzung müßte je nach Gruppengröße und vorhandener Gesamtzeit vereinbart werden. Realistisch ist ein Zeitrahmen von 2 bis 5 Minuten pro Beitrag, dazu kann eine oft ausführliche Diskussion kommen. Die Übung kann mit oder ohne individuelle Vorbereitungszeit laufen, jedoch führen mehr als fünf Minuten Planung häufig zu vorgelesenen Aufsätzen. Vor der ersten Beitragspräsentation oder auch erst bei der Auswertung sollte auf das „MISLA"-Modell (eine Möglichkeit zur Strukturierung) hingewiesen werden (Wagner 1996a, 112). „MISLA" ist ein Akronym für Motivation – Ist-Zustand – Soll-Zustand – Lösungen – Appell. Das Gleiche in Frageform formuliert: Warum spreche ich? Was ist bzw. war das Problem? Wie sollte es sein? Wie könnte dies erreicht werden? Was muß dazu getan werden? (Selbstverständlich sind manchmal auch Variationen dieser Vorgehensweise sinnvoll; z. B. könnte ein allgemein akzeptabler Lösungsvorschlag als plausible Einleitung dienen.)

Die Beiträge können in der Reihenfolge der Themenvereinbarung vorgestellt werden; damit alle ähnlich lange Bedenkzeiten haben. Zusatzfragen, Widersprüche bzw. Diskussionen sind fast immer sinnvoll, da sie die Probleme verdeutlichen und dazu ein spontanes und freies Formulieren ermöglichen. Eine Aufnahme der Übung auf Tonband oder Video ermöglicht es, zunächst alle Beiträge ohne formale Kommentierung anzuhören.

Bei der Auswertung steht die Frage im Vordergrund, wie wirksam der Beitrag war bzw. sein könnte. Das MISLA-Modell fördert – wenn es richtig nachvollzogen wurde – die Klarheit und Logik der Argumentation, es erleichtert durch konstruktive Lösungsvorschläge das Überzeugen und erschwert umgekehrt destruktives und ineffektives „Motzen". Die drei anzusprechenden Hauptprobleme sind erfahrungsgemäß: zu ausführliche Problemdarstellungen, keine oder unrealistische Lösungsideen und nicht oder nur vage formulierte Appelle. Entsprechende Ergänzungsfragen („Wie könnte dein Ziel realisiert werden?", „Was sollen wir jetzt tun?") können wertvolle Impulse liefern. Eventuell müßte bei der Diskussion auf das Vorteilsprinzip hingewiesen werden: Welchen Vorteil hat die Zielperson oder Zielgruppe, wenn sie den Vorschlag akzeptiert? (Vgl. den Schritt 3 des AIDA-Modells, Wagner 1996a, 113).

Ansonsten gelten gerade hier die allgemeinen Empfehlungen für angemessenes Feedback. In vielen Fällen wird leider eine gewisse „Frustrationstoleranz" gefordert sein, da sich auch beim Einsatz brauchbarer Strukturierungen und in langen Diskussionen viele Probleme als unlösbar erweisen.

6.2 Das Überzeugungsgespräch

Die meisten erwarten von einer rhetorischen Veranstaltung Hilfestellungen, um andere besser überzeugen zu können. Wie dies fair und effektiv geschehen kann, soll die hier beschriebene Übung mit einem „Aha-Effekt" bewußt machen. Die methodische Grundidee wird im Management- und Verkaufstraining seit Jahren mit großem Erfolg eingesetzt (Birkenbihl 1992, 217-219). Es geht um die kurze Simulation eines Überzeugungsgesprächs unter möglichst guten Voraussetzungen. Damit sichergestellt ist, daß möglichst alle bei der Übung mitmachen können, brauchen wir zunächst passende Themen. Geht es um eine Urlaubsempfehlung, so können normalerweise alle mitreden. Grundsätzlich wären jedoch auch andere Themen möglich, z. B. eine Wahlempfehlung, der Kauf eines Computers oder einer Stereoanlage, ein Tip zur Freizeitgestaltung oder ein empfehlenswertes Seminar.

Eine als Erleichterung dienende Spielregel: Wer die zu überzeugende Person spielt, darf sich beim gewählten Thema noch keine feste Meinung gebildet haben, da dann ein Überzeugungsversuch meist vergeblich sein dürfte und eher ein Streitgespräch entsteht. Für den Einstieg bietet sich folgende Frage an: „Wer weiß noch nicht, wohin es im nächsten Urlaub gehen soll?" Im besten Fall meldet sich etwa die Hälfte der Gruppe: diese „Unentschlossenen" sind also die idealen Partner für die Überzeugungsgespräche. Melden sich mehr als die Hälfte, dann können problemlos einige Unentschlossene die Rolle der überzeugenden Person übernehmen; melden sich weniger als die Hälfte, dann helfen eventuell andere Themenfragen oder einige begnügen sich mit der Beobachtungsrolle. Anschließend werden Paare gebildet, die sich möglichst nicht zu gut kennen sollten. Nun erhalten die „Überzeuger" folgende Anweisung:

„Stellt Euch vor, ihr sitzt in der Cafeteria mit einer anderen Person zusammen. Diese erwähnt, daß sie noch unschlüssig ist, wohin sie in den Urlaub fahren soll. Ihr sollt nun versuchen, sie von einem euch gut bekannten Urlaubsland zu überzeugen. Da ihr gleich zu einem wichtigen Termin müßt, habt ihr für das Gespräch nur drei Minuten Zeit."

Die „Unentschlossenen" werden gebeten, sich möglichst normal und echt zu verhalten, also kein Widerspruch um jeden Preis, aber auch keine naive Kritiklosigkeit.

Bei dieser Übung ist die Aufzeichnung der Beiträge mit Tonband oder Video besonders interessant. Um die anderen Paare nicht zu beeinflussen, dürfen nur die zwei jeweils Gesprächsführenden im Aufnahmeraum bleiben; nach drei Minuten ist „Schichtwechsel". Vor dem Gespräch sollten die Beteiligten keine Gelegenheit zur Vorab-Diskussion erhalten, damit das Gespräch spontan bleibt. Dieses Verfahren hat zudem den Vorteil, daß die für die meisten eher unangenehme Situation einer Videoaufnahme weniger stressig verläuft. Bei größeren Gruppen kann die Wartezeit auf dem Gang mit kleinen, unterhaltsamen Sprechspielen verkürzt werden.

Fast alle „Überzeuger" werden vermutlich nach klassischem Vorbild lange Überzeugungsreden formulieren und damit mehr überreden als überzeugen. Häufig entsteht auch eine mehr oder weniger heftige Diskussion über strittige Argumente, z. B. ob es im Urlaubsland wirklich „zu heiß" oder „zu teuer" ist. Gelegentlich finden sich interessante Beispiele für klassische Verkaufsrhetorik, z. B. die auf die Partner hin formulierten „Vorteilsargumente" („*Du kannst da ...*", „*Du sparst so ...*").

Im Vordergrund der Auswertung sollte jedoch die Frage der Überzeugungsstrategie stehen. Nur dann besteht ja in der Regel eine Chance, wenn man die Interessen der anderen Person kennt und berücksichtigt. Also sollten erst diese Interessen herausgefunden werden, und das bedeutet: erst fragen! Manche vielleicht etwas indiskreten Fragen können trotzdem gestellt werden, wenn sie gut begründet sind (z. B. „*Damit ich weiß, in welche Richtung ich Dir ein paar gute Tips geben kann, müßte ich erfahren, wieviel Du ungefähr für den Urlaub anlegen willst ...*"). Danach könnten die gehörten Informationen zur Sicherheit kurz zusammengefaßt werden. Kurz nachgedacht, ob überhaupt eine Chance zur Überzeugung besteht (zumindest teilweise übereinstimmende Interessen? Realisierbarkeit?), dann können ökonomisch und effektiv nur diejenigen Argumente gebracht werden, die für die andere Person wirklich wichtig sind. Falls die Voraussetzungen für eine echte Überzeugung nicht gegeben sind, sollte das Gespräch nett und freundlich beendet werden. Es ist ja keine Schande, im Gegenteil: Es fördert die Glaubwürdigkeit und schafft eine gute Basis für ein eventuell bei anderer Gelegenheit stattfindendes Gespräch zu einem neuen Thema.

Auf ein „Manipulationsrisiko" sollte die Gruppe während der Auswertung hingewiesen werden: Wer als scheinbar Unbetroffene(r) andere aufmerksam beim Argumentieren beobachtet und sich nicht selbst angesprochen fühlt, läßt sich besonders leicht von guten Argumenten beeinflussen. Es wäre also kein Wunder, wenn ein scheinbar erfolgloses Überzeugungsgespräch einige Monate später bei anderen doch noch die zunächst bei dieser Person gar nicht erstrebte Wirkung zeigt.

Alle im Beitrag vorgestellten Beispiele können übliche sprecherzieherische Angebote nicht ersetzen, sondern höchstens ergänzen. Zahlreiche weitere Vorschläge sowie Hinweise auf grundlegende und weiterführende Literatur finden sich in den „Übungen zur mündlichen Kommunikation" (Wagner 1996b). Doch wäre es illusorisch, allein auf Trainingsmethoden zu vertrauen. Zusätzlich müßte stets die „sprechende Praxis" außerhalb der Seminar(schon)räume angeregt werden – schließlich geht es um möglichst mündige Menschen, die argumentativ und gewaltfrei unterschiedliche Interessen klären sollen!

Literatur

Birkenbihl, M. (1992): Train The Trainer. Arbeitshandbuch für Ausbilder und Dozenten mit 21 Rollenspielen und Fallstudien. 10. (überarbeitete) Auflage. Landsberg am Lech
Raudsepp, E. (1985): Kreativitätsspiele. München
Wagner, R. W. (1996a): Grundlagen der mündlichen Kommunikation. Sprechpädagogische Informationsbausteine für alle, die viel und gut reden müssen. 7., erweiterte Auflage. Regensburg
– (1996b): Übungen zur mündlichen Kommunikation. Bausteine für rhetorische Lehrveranstaltungen. Regensburg
Wittsack, R. (1935): Lerne reden! Ein Weg zum Erfolg. Praktische Redelehre. Leipzig

SIEGWART BERTHOLD

Gesprächsrhetorische Wettspiele

In diesem Beitrag beschreibe ich einige Teile aus meinen gesprächsrhetorischen Übungen. Ich habe hier Übungsbeispiele mit Wettspielelementen ausgewählt, um sie zur Diskussion zu stellen.

Wettspiele als Unterrichtsmethode sind umstritten. Eine Wettspielform, bei der z. B. diejenigen Schülerinnen und Schüler, die eine richtige Antwort gewußt haben, sich setzen dürfen, bis diejenigen übrigbleiben, die keine richtige Antwort gewußt haben, ist sicherlich abzulehnen, weil sie die „Verlierer" diskriminiert und entmutigt. Andererseits habe ich z. B. bei rhetorischen Übungen durchaus gute Erfahrungen damit gemacht, die Übungsgruppe, nachdem alle geredet haben, aufzufordern, die ihrer Ansicht nach beste Übungsrede – außer der eigenen – zu nennen. Die Diskriminierung ist sehr begrenzt, denn eine Rangordnung der nicht genannten Reden wird nicht hergestellt. Aus der Modellwirkung der gewählten Rede und aus dem Gespräch über die Gründe der Wahl können sich positive Lerneffekte ergeben (Berthold 1997, 130).

Die folgenden Übungsbeispiele stehen im Zusammenhang einer längeren Übungsfolge, bei der – eine notwendige Voraussetzung für Übungen mit spielerischer Konkurrenz – bereits ein gutes Kursklima entstanden ist.

1. Um die Wette zuhören – nichts über sich sagen

Diese Übung beginnt damit, daß zwei Übungsteilnehmerinnen sich vor der Übungsgruppe auf zwei Stühlen gegenübersitzen und sich über ein beliebiges Thema unterhalten. Sie können beide schon zu Beginn Anweisungskarten mit dem Text bekommen:

> Ich will sprechen, und ich möchte, daß du mir zuhörst.

Nach einiger Zeit bekommt eine von ihnen eine Karte mit der Anweisung:

> Ich will nichts von mir sagen, sondern etwas von dir hören. Ich möchte, daß *du* sprichst.

Nach einigen Minuten werden die Zuhörerinnen aufgefordert, zu raten, was auf der neuen Karte stehen könnte. Nachdem das erörtert und geklärt ist, wird das Gespräch der beiden Protagonistinnen fortgesetzt. Nach kurzer Zeit bekommt dann auch die Partnerin eine neue Karte mit der gleichen Anweisung wie die andere. Nach einigen Minuten wird dieses Gespräch abgebrochen und wieder geklärt, was auf der neuen Karte gestanden haben könnte. Dann werden die Taktiken zusammengestellt, die von den beiden angewandt wurden, um nichts über sich zu sagen, z. B.:

– Fragen nicht beantworten
– Paraphrasieren
– Gegenfragen
– Fragen hinterfragen: „Warum interessiert dich das?"
– Unterstellungen, z. B.: „Das interessiert dich sicher, weil du selbst gern Sport treibst!"
– Suggestives Sprechen: „Du läufst also oft und gern Ski!"
– Für die Partnerin besonders interessante Themen ansprechen, usw.

Dann kann ein weiteres Gespräch mit neuen Partnerinnen geführt werden. Beide erhalten die Anweisungskarten:

> Ich sage nichts von mir. Ich möchte etwas von dir über dich hören, ob du es mir sagen willst oder nicht.

Nach einigen Minuten wird das Gespräch abgebrochen und untersucht, wer der anderen die meisten Informationen über sich selbst abgerungen hat. Auch sollten noch etwaige neue Gesprächstechniken herausgestellt werden, die zu diesem Erfolg geführt haben. – Auch diese Übung kann in ein Wettspiel übergehen: Die Partnerin, die der anderen die meisten Informationen über sich selbst entlockt hat, bleibt sitzen und bekommt eine neue „Gegnerin". Zum Abschluß können alle Teilnehmerinnen zugleich paarweise Gespräche auf die gleiche Art führen und dann auswerten. Die Übung zeigt, daß man auch „gegeneinander" partnerzentriert sprechen kann. Die Teilnehmerinnen üben Gesprächswendungen, mit denen man Gesprächspartner dazu anregen kann, etwas über sich selbst zu sagen. Zugleich trainieren sie Möglichkeiten, unerwünschte persönliche Fragen abzuwehren.

2. Jemanden verabschieden/jemanden aufhalten

Es ist nicht immer leicht, Gespräche zu beenden, z. B. wenn Gesprächspartnerinnen ein starkes Kontakt- und Redebedürfnis entfalten. Auch im Berufsleben müssen Gespräche häufig effizient zu Ende gebracht werden: Die Zeit von Ärztinnen, Anwältinnen oder Geschäftsleuten ist meist knapp und durch Termine begrenzt. Besonders Radio- und Fernsehmoderatorinnen müssen ihre Interviews in enge Zeitrahmen einpassen und auf die Minute oder sogar Sekunde genau beenden können.

Zur Einführung des Themas kann folgende Übung dienen: Die Übungsgruppe sitzt im Halbkreis. Zwei Teilnehmerinnen werden gebeten, sich vor der Gruppe auf zwei Stühle zu setzen und sich über beliebige Themen zu unterhalten. Wenn die beiden Teilnehmerinnen sich einige Minuten unterhalten haben, gibt die Übungsleiterin einer der beiden eine Karte mit der Anweisung:

> Ich will das Gespräch freundlich beenden, und ich möchte, daß du dem zustimmst.

Nachdem diese Teilnehmerin das Gespräch freundlich beendet und ihren Stuhl verlassen hat, fragt die Leiterin: „Was hat wohl auf der letzten Karte gestanden?" Es wird geklärt, daß es darum ging, das Gespräch freundlich zu beenden.

Es folgt die Frage: „Welche einzelnen Verhaltensweisen haben dazu beigetragen, daß es gelungen ist, sich mit Zustimmung der Gesprächspartnerin zu verabschieden?" Die Teilnehmerinnen sammeln einige der angewandten Techniken der freundlichen Gesprächsbeendigung.

Die Übung wird noch einige Male mit anderen Teilnehmerinnen wiederholt. Jeweils nach den vorgeführten Gesprächsbeendigungen stellen die Beobachterinnen, aber auch die Spielerinnen und die Leiterin zusätzliche beobachtete Techniken der freundlichen Verabschiedung heraus. Schließlich kann die Leiterin die Teilnehmerinnen dazu auffordern, auch von eigenen Erfahrungen mit Verabschiedungen zu erzählen.

Es könnte sich etwa folgende Sammlung von Techniken der freundlichen Verabschiedung ergeben:

– Zusammenfassende (resümierende) Äußerungen: „Dann hattest du ja einen sehr schönen Urlaub." „Das hat mir ein gutes Stück weitergeholfen." „Das Wesentliche haben wir jetzt besprochen!"
– Resümierende Äußerungen der Partnerin anregen: „Wo und wann sollen wir uns also treffen?" – „Gibt es sonst noch etwas Wichtiges?", wenn die begründete Hoffnung besteht, daß die Antwort „Nein" lautet.
– Freude über das Gespräch und die Gesprächspartnerin, ggf. Dank äußern: „Es war nett, mit dir zu sprechen!" „Danke für den guten Rat!"
– Gedanken der Partnerin auf die Zeit nach dem Gesprächsende lenken: „Was machst du denn jetzt noch?" „Du hast sicher auch (!) noch viel vor!"
– Abschied mit Rücksicht auf die Gesprächspartnerin: „Ich will dich nicht länger aufhalten!" Dies ist eine besonders auch für die Beendigung von Ge-

sprächen mit Statushöheren zu empfehlende Methode, z. B.: „Ich möchte Ihre Zeit nicht länger in Anspruch nehmen!"
– Grund für die Gesprächsbeendigung angeben: „Ich muß jetzt zum Bus!" „Ich muß noch arbeiten!" „Ich gehe jetzt einkaufen!" Mit Begründung wirkt die Verabschiedung im allgemeinen freundlicher.
– Man kann sich ohne Begründung verabschieden: „Ich muß jetzt gehen." Man kann die Begründung auch vage halten: „Bitte entschuldigen Sie mich jetzt bitte, ich habe eine Verabredung!" Auf die Frage: „Was denn für eine Verabredung?" könnte die Antwort lauten: „Es ist eine private/geschäftliche/dienstliche Angelegenheit!" Auf weitere Nachfrage kann man antworten, daß man das nicht mitteilen wolle, könne oder dürfe.
– Nächstes Treffen ansprechen: „Wir sehen uns nächsten Donnerstag!" „Wir sehen uns sicher bald mal wieder!" Terminvereinbarung für das nächste Gespräch. Einladung. (Hinweis: Die Äußerung „Kommen Sie mich doch mal besuchen!" ist oft nicht ernst gemeint!)
– Passender Abschiedsgruß, wenn passend mit herzlichem Händedruck oder sonstiger körperlicher Berührung bis zur Umarmung: „Auf Wiedersehen!" „Tschüs!" „Mach's gut!" „Bis dann!" „Viel Spaß!" „Schönen Abend noch!" „Alles Gute für ..." „Gute Besserung!" „Schöne Grüße an ..."

In die Sammlung der Gesprächsverhaltensweisen fügt die Leiterin an passender Stelle einen Impuls zum Gespräch über emotionale Aspekte der Situation ein: „Welche Gefühle der Partnerin und welche eigenen könnten es schwierig machen, ein Gespräch zu beenden?"

Gefühle auf der Seite der Gesprächspartnerin:
– Die Partnerin könnte frustriert sein, weil sie sich noch weiter unterhalten wollte, und sich deshalb jetzt oder später aggressiv verhalten.
– Sie könnte sich als Person in Frage gestellt sehen: Ist sie keine interessante Gesprächspartnerin?
– Sie könnte sich in ihrem sozialen Status verletzt fühlen; sie meint vielleicht, es stehe ihr zu, die Gesprächsdauer zu bestimmen und die Gesprächsbeendigung zu initiieren.

Durch freundliche und anerkennende Äußerungen im Verlauf des Gesprächs, vor allem aber auch in der Abschlußphase kann man dem Entstehen solcher Gefühle bei der Partnerin entgegenwirken.

Gefühle auf der eigenen Seite:
– Angst, die Partnerin zu verletzen;
– Angst, daß aus einer Frustration der Partnerin aggressives Verhalten resultieren könnte;
– Angst vor einer Störung oder gar dem Verlust der Beziehung, letztlich also vielleicht (unbewußte) Angst vor eigenem Liebesverlust.

Die Angst vor einer möglichen Frustration und Aggression der Partnerin ist nicht immer realistisch. Eine unbefangene, sichere und harmonische Verabschiedung wird der Partnerin im allgemeinen den Eindruck vermitteln, daß es gute Gründe für die Gesprächsbeendigung gibt und daß keine herabsetzende Absicht damit verbunden ist; sie wird dann die Verabschiedung akzeptieren.

Die Gesprächspartnerin sollte anerkennen, daß *beide* Gesprächsteilnehmerinnen das Recht haben, den Zeitpunkt für das Ende des Gesprächs mitzubestimmen; denn jede kann für sich entscheiden, ob sie sich überhaupt auf ein Gespräch einlassen will; das folgt aus dem Recht auf freie Entfaltung der Persönlichkeit (Art. 2 GG). Im allgemeinen dürfte es auf die Dauer günstiger für beide Seiten sein, Gespräche nicht für eine Seite unerträglich lang werden zu lassen; sonst besteht die Gefahr, daß diese Seite künftig den Gesprächskontakt überhaupt aktiv vermeidet.

Man kann die Dauer von Gesprächen zum Gesprächsthema machen und eine Verständigung darüber herbeiführen. Darin liegt eine wichtige und wirkungsvolle Möglichkeit zur Prävention von Gesprächsbeendigungsschwierigkeiten. Man kann die Gesprächsdauer von vornherein festlegen, entweder einseitig: „Ich habe leider nur zehn Minuten Zeit!" „Um zwei muß ich weg!", oder besser noch einvernehmlich, mit expliziter Zustimmung der Gesprächspartnerin: „Wieviel Zeit sollen wir für dieses Gespräch vorsehen?" So kann man schon bei der Verabredung eines Gesprächs auf die gewünschte Gesprächsdauer hinwirken. Auch im Verlauf des Gesprächs kann man seine Dauer noch „aushandeln": „Wann ungefähr sollten wir unser Gespräch beenden?" „Wie lange haben Sie noch Zeit?" „Ich habe leider nur noch bis … Zeit!"

Wenn sich nun aber die Partnerin doch durch die Gesprächsbeendigung verletzt fühlt? Das braucht kein Grund zu sein, wider Willen das Gespräch fortzusetzen. Jemanden durch eine Gesprächsbeendigung zu frustrieren kann besser sein, als bei einer unerwünschten Fortsetzung des Gesprächs selbst Aggressionen zu entwickeln und Zeit zu verlieren, in der man Besseres und Wichtigeres hätte tun können. Ist man von der Gesprächspartnerin abhängig, handelt es sich also z. B. um ein Gespräch mit der Chefin, kann es allerdings auch vorzuziehen sein, deren Vorstellungen von der angemessenen Gesprächsdauer hinzunehmen und die eigene Frustrationstoleranz zu erhöhen, um ihr Wohlwollen nicht aufs Spiel zu setzen und die freie Entfaltung der eigenen Persönlichkeit mit unverhältnismäßig großen Nachteilen bezahlen zu müssen.

Die Übung zur freundlichen Gesprächsbeendigung kann „verschärft" fortgesetzt werden. Es handelt sich jetzt darum, das Gespräch auch gegen den Willen der Gesprächspartnerin zu beenden.

Zwei Teilnehmerinnen werden aufgefordert, sich vor der Gruppe zu unterhalten. Dann bekommt die eine die Anweisungskarte:

> „Ich will sprechen und mich nicht unterbrechen lassen, ob du mir zuhören willst oder nicht."

Die andere bekommt eine Karte mit dem Text:

> „Ich will das Gespräch unverzüglich beenden, ob du das willst oder nicht."

Die Zuschauerinnen raten nach dem ersten solchen Übungsgespräch, was auf den Karten gestanden haben könnte; die Anweisungstexte werden vorgelesen. Anschließend fragt die Leiterin wieder nach den angewandten Verabschiedungstechniken. Im Gespräch können etwa folgende zusätzliche Techniken für nicht-einvernehmliche Gesprächsbeendigungen herausgearbeitet werden:

– Nachdrückliche, explizite Beendigung: „Wir müssen jetzt Schluß machen!" – „Das war ein schönes Schlußwort!"- „Ich muß jetzt gehen!"
– „Ich hab's eilig!"
– Wenn das die Partnerin nicht beeindruckt, wiederholen: „Ich hab's wirklich eilig!" „Ich kann keine Sekunde mehr bleiben!"
– Auch wenn die Partnerin noch Neues sagt, nur noch nicken, nicht mehr darauf eingehen.
– Etwaige körperliche Festhalteversuche der anderen sofort möglichst spielerisch-beiläufig vermeiden oder lösen.
– Mit einem freundlichen Abschiedsgruß, z. B. einem „Tschüs" oder Winken, den Blickkontakt aufgeben, den Blick in die Laufrichtung richten und zielbewußt und zügig gehen oder sogar (gespielt scherzhaft) laufen, auch wenn die Partnerin weiterreden sollte. Nicht zurückblicken!

Das nicht-einvernehmliche Sich-Verabschieden kann auch paarweise simultan geübt werden: Die Gruppe wird in Paare aufgeteilt. Jedes Paar legt fest, wer es übernimmt, sich auf ein Zeichen der Leiterin hin zu verabschieden. Zunächst unterhalten sich die Paare. Nach kurzer Gesprächszeit gibt die Leiterin ein Zeichen zur Verabschiedung. Die Übung wird einmal wiederholt: Neue „Paarungen", jeweils eine Partnerin, die sich verabschiedet hat, mit einer, die das noch nicht getan hat. Jetzt soll sich jeweils die Teilnehmerin verabschieden, die es beim ersten Mal noch nicht getan hat.

In einem anschließenden Gespräch können weitere Taktiken zur Gesprächsbeendigung, insbesondere auch gegen den Wunsch der Partnerin, besprochen werden. Weitere Möglichkeiten:

– Nonverbale Signale: Unruhe zeigen, auf die Uhr sehen, Getränk austrinken, Unterlagen weglegen oder einpacken...
– „Bevor ich gehe..." oder: „Bevor Sie gehen..."

– „Sie möchten jetzt sicher gehen!"
– „Ich muß jetzt leider Schluß machen!"
– Die Hand geben und nachdrücklich Abschied nehmen.
– „Ich muß dich leider jetzt rausschmeißen!"
– Gespielte Bitte um Mitleid: „Lassen Sie es für heute genug sein!"
– „Ich muß Sie jetzt brutal abwürgen, die Zeit ist zu Ende!" (Rundfunkmoderator).
– Aggressiver Witz: „Möchtest du mir einen Gefallen tun? Dann laß mich jetzt allein!" (Aus einer Fernsehserie; könnte im wirklichen Leben weniger erheiternd wirken.)
– Ausdrückliche Aufforderung, zu gehen: „Bitte gehen Sie jetzt!" „Verlassen Sie meine Wohnung!"
– Drohung mit der Staatsgewalt: „Wenn Sie nicht gehen, muß ich die Polizei rufen!" – Hier könnte ein kurzes Gespräch über hartnäckige Anmache auf der Straße eingeschoben werden. Ratschläge: Nicht unpassend freundlich bleiben; laut werden, wenn nötig mit der Polizei drohen.

Möglichkeiten der Gesprächebeendigung, die bei den hier beschriebenen Übungen weniger in den Blick kommen, weil dabei nur zwei Partnerinnen miteinander sprechen:

– Bei mehreren anwesenden möglichen Gesprächspartnerinnen kann man sich einer anderen Partnerin zuwenden.
– Man kann auch eine nicht mehr erwünschte Gesprächspartnerin mit jemand anderem ins Gespräch bringen und sich dann entfernen.

Diese Übungen und Gespräche können die Vorbereitung für folgendes Wettspiel darstellen: Zwei Teilnehmerinnen stehen vor der Gruppe und unterhalten sich. Nach kurzer Zeit erhalten sie zwei Anweisungskarten:

---

1. Deine Aufgabe: Du verabschiedest dich freundlich, höflich, aber sehr bestimmt. Das Wichtigste: Du mußt das Gespräch unbedingt vor Ablauf von 2 (zwei!) Minuten beenden.

---

2. Deine Aufgabe: Du bewegst deinen Partner oder deine Partnerin freundlich, höflich, aber sehr bestimmt dazu, das Gespräch noch 2 (zwei!) Minuten fortzusetzen.

Bei dieser Übung können auch Techniken herausgestellt und geübt werden, mit denen man die Gesprächspartnerin aufzuhalten versuchen kann:

- weiterreden
- ein für die Partnerin interessantes und/oder wichtiges Thema ansprechen,
- lebhafte Mimik und Gestik, Körperkontakt, z. B. Hand auf den Arm legen.
- ausdrückliche Bitte um noch etwas Zeit,
- Frage nach einem „letzten" Detail,
- sich etwas, z. B. eine Adresse oder Telefonnummer, aufschreiben lassen, sich eine Skizze (Wegbeschreibung) anfertigen lassen.

In erster Linie geht es jedoch um die Mitspielerin, die das Gespräch beenden soll: Sie übt, entschlossen und zügig, aber doch möglichst freundlich wegzugehen, ohne sich durch die Taktiken der Gesprächspartnerin aufhalten zu lassen.

3. Sich um die Wette Komplimente machen

In schulischen Zusammenhängen empfehle ich Komplimenteübungen: Sie sind ein möglicherweise wirkungsvolleres Mittel gegen aggressiven Umgang von Schülern miteinander als Warnungen vor Aggressivität (Berthold 1996, 1998). In gesprächsrhetorischen Übungen bewirken Komplimenteübungen nach meiner Erfahrung regelmäßig eine gute Stimmung in der Übungsgruppe.

Eine Komplimenteübung als Wettspiel hat Helma Behme (1987, 84) unter der Bezeichnung „Lobeshymne als Wechselrede" beschrieben: „Zwei Personen führen miteinander ein Gespräch, wobei jeder Beteiligte in Form eines Einzelsatzes nur etwas Freundliches (bzw. etwas Positives, Angenehmes, Charmantes, Lobendes) zum Gespräch beiträgt. Derjenige hat verloren, dem hierbei nichts Nettes mehr einfällt – und ein neuer Zwei-Personen-Dialog beginnt." – Jegliche Kundgabe einer Bewertung eines anderen ist eine höchst sensible Angelegenheit in psychologischer, sozialpsychologischer und ggf. auch interkultureller Hinsicht. Das Thema „Komplimente" kann und muß differenziert durchdacht und erörtert werden. Komplimenteübungen und insbesondere Komplimente-Wettspiele können als Einstieg in eine vertiefte Behandlung des Themas dienen. Vor allem lenken sie immerhin die Aufmerksamkeit der Teilnehmerinnen auf die Möglichkeit, den Mitmenschen überhaupt etwas Nettes zu sagen.

Literatur

Behme, Helma (1987/1992): Miteinander reden lernen. Sprechspiele im Unterricht. 2. Aufl., 4. Aufl. München
Berthold, Siegwart (1994): Gespräche beenden lernen. Bausteine für gesprächsrhetorische Kurse. In: Sprechen, 12. Jg., H. 1, S. 19-25
– (1996): Ein gutes Wort zur rechten Zeit. Komplimenteübungen. Schulmagazin 5-10, 11. Jg., H. 1, S. 17 f.
– (1998): Gesprächsrhetorik im Deutschunterricht der Sekundarstufe I: Beleidigungen und Komplimente. In: Rhetorik. Ein internationales Jahrbuch. Bd. 17, S. 89-105

– (1997): Reden lernen im Deutschunterricht. Übungen für die Sekundarstufe I und II.
    Essen: Neue Deutsche Schule
Bliesener, Thomas (1980): Wie kann man als Patient in der Visite zu Wort kommen? In:
    Tschander, G./Weigand, E. (Hg.): Perspektive Textintern. Akten des 14. Linguistischen
    Kolloquiums Bochum 1979, Bd. 2. Tübingen, S. 27-36
Bliesener, Thomas (1982): Die Visite – ein verhinderter Dialog. Initiativen von Patienten
    und Abweisungen durch das Personal. Tübingen: Narr
Dahmer, Hella/Dahmer, Jürgen (1982): Gesprächsführung. Stuttgart. S. 44f.
Haferland, Harald/ Paul, Ingwer (Hg.) (1996): Höflichkeit. Oldenburg. = Osnabrücker
    Beiträge zur Sprachtheorie 52
Jäger, Karl-Heinz: Zur Beendigung von Dialogen. In: Berens, Franz-Josef u. a. (Hg.)
    (1976): Projekt Dialogstrukturen. München. S. 105-135
Petermann, Ulrike (1986): Training mit sozial unsicheren Kindern. München, Weinheim:
    2. erg. Aufl.
Schegloff, Emanuel A./ Sacks, Harvey (1973): Opening up closings. In: Semiotica 8, S. 289-
    327
Schwäbisch, Lutz/ Siems, Martin (1974): Anleitung zum sozialen Lernen für Paare, Grup-
    pen und Erzieher. Kommunikations- und Verhaltenstraining. Reinbek
Ullrich de Muynck, R./Ullrich, R. (1989): Das Assertiveness-Training-Programm ATP:
    Einübung von Selbstvertrauen und sozialer Kompetenz. München (1976) 5. Aufl.

III Innovative Profile für Rhetorikseminare – zielgruppenspezifisch

ABRAHAM ROELOFSEN

Homiletik zwischen Tradition und Innovation

1. Die Ausgangslage

Wenn ich im folgenden die Rhetorik als ein innovatives Element in der neueren Homiletik bezeichne, mit der eine Tradition überwunden wird, so ist das nicht ganz richtig, denn die Rhetorik gehörte immer schon zu den wesentlichen Bestandteilen der Homiletik. Sie ist weithin nichts anderes „als eine dem spezifischen Gegenstand der gottesdienstlichen Rede angemessene Form der Rhetorik" (Schütz 1981, 26). Dennoch war es notwendig, diesen Aspekt der Homiletik wiederzuentdecken. Mit Beginn der 70er Jahre ist die Rhetorik wieder in die Homiletik zurückgekehrt. Damit ist eine Sichtweise der Predigt überwunden, die die Kanzel als „Grab aller Menschenworte sehen wollte, denn auf ihr geht es um Auferstehung um Gott. Darum erste Regel: Keine Beredsamkeit!"(Thurneysen 1921) Ein besonderer Widerpart gegen die Rhetorik auf der Kanzel findet sich in der Dialektischen Theologie von Karl Barth. Er versteht die Predigt so, daß sie vom Berg des Wortes hinunter den Menschen betrifft, aber ohne daß dem Lebensraum des Menschen eine eigene Bedeutung in diesem Geschehen zukommt (Barth 1935). Es kommt dies der Sichtweise Franz Steinmeyers sehr nahe, der Ende des letzten Jahrhunderts formulierte: „Durch Betrachten und Reflexion wird das Bibelwort wie ein Kristall zum Aufleuchten gebracht, immer neue Seiten werden an ihm entdeckt, immer neue Schwierigkeiten ins Licht gerückt. Zeitfragen spielen dabei keine Rolle, von jeder Form der Konkretion, von allen Beziehungen auf das wirkliche Leben, auf Umstände und Verhältnisse und die Situation des Hörers wird abgesehen"(Schütz 1921, 202). Hintergrund dieser Denkweise ist die Vorstellung, daß es zwischen dem Wort Gottes und dem Menschenwort einen unüberwindlichen Graben gibt, dem sich der Mensch nur zu nähern vermag, ohne ihn jemals zu überwinden. In dieser Aussage wird jede Möglichkeit einer Verbindung zwischen der Rede von Gott und der Rede vom Menschen verneint. Vergessen wird bei dieser Vorstellung, daß die Gottesrede der Propheten eine andere Sichtweise zuläßt und in Jesus, dem menschgewordenen Wort Gottes, dieser vermeintliche Graben endgültig überwunden ist.

2. Die Wiederentdeckung der Rhetorik

Ende der 60er, Anfang der 70er Jahre veröffentlichen Manfred Josuttis und Gert Otto unabhängig von einander Aufsätze zum Verhältnis von Rhetorik und

Predigt. Damit wird zunächst das Verständnis aus der dialektischen Theologie überwunden, daß zwischen Gotteswort und Menschenwort ein unüberwindbarer Graben besteht. Der Prediger kommt als Teilnehmer eines komplexen Kommunikationgeschehens in den Blick. „Seine Predigt, die er für »objektiv« halten mag, für allein am Wort Gottes orientiert, ist in Wahrheit vielfältig durch seine Person und durch die Situation bedingt."(Otto 1987, 31) Manfred Jusottis legt die Aufmerksamkeit auf den Predigtvollzug als Akt öffentlicher Rede und macht auf den unauflösbaren Zusammenhang von Inhalt und Form aufmerksam. „Predigt als Sprache im Akt öffentlicher Rede zielt in sich selbst auf die Kongruenz von Inhalt und Form. Und nur, weil es in diesem Akt öffentlicher Rede um die Verkündigung des Wortes Gottes an den Menschen geht, verdient auch der Hörer bei der Gestaltung der Predigt Beachtung." (1985, 19) Dies heißt, daß Predigt immer als ein Geschehen zu verstehen ist, das den Kommunikationsbedingungen jeder öffentlichen Redesituation unterworfen ist. Mit der Einbeziehung der Hörer – und Hörerinnen – macht Josuttis auf einen wesentlichen Aspekt aufmerksam, der, wie die Berücksichtigung von Inhalt und Form, im Gegensatz zur oben zitierten Tradition steht. Wenn diese Einbindung in der Weise geschieht, daß die Hörer und Hörerinnen mit ihren Fragen und Widerständen ernst genommen werden und ihre Freiheit der Entscheidung akzeptiert wird, sprechen wir von einer kooperativen Rhetorik. (Bartsch 1994) Mit dieser Einbeziehung der Hörenden und ihrer Situation in das Verkündigungsgeschehen ist zusammen mit der Bedeutung der sprachlichen Form der Predigt ein Paradigmenwechsel vollzogen. Es ist eben nicht „Predigt im luftleeren Raum, die sich mit großem Eifer in den Raum des Menschen begibt und vertieft" (Barth 1935), sondern es ist der belebte Raum des Menschen, der bewußt wahrgenommen und in den hinein die Botschaft verkündet wird und wirken soll.

3. Die Folgen für das Predigtverständnis

Mit der Wiederentdeckung der Rhetorik und ihrem Verständnis als kooperatives Geschehen verändert sich auch das Verständnis von Predigt. Ottmar Fuchs versteht sie als persuasive Rede, in der es darum geht, sich gegenseitig hinsichtlich der angestrebten Ziele und Wertvorstellungen zu beeinflussen. Diese gegenseitige Beeinflussung ist sprachlich vermittelt und argumentativ bestimmt. (Fuchs 1978). Es geht also nicht mehr darum, fest gefügte Glaubenssätze als unabänderliche Wahrheiten mit der Forderung nach gehorsamer Annahme auszusprechen, sondern die „Wahrheit" muß argumentativ entwickelt werden. Hans van der Geest kommt in der Untersuchung der Wirkung der Predigt auf einen ähnlichen Aspekt zu sprechen, wenn er feststellt, daß die Gemeinde neben der Erfahrung von Geborgenheit und Hilfestellungen für den Glaubensalltag von der Predigt auch einen Erkenntniszuwachs erwartet, der

argumentativ vermittelt ist (Geest 1975). Die Einbeziehung der Wirklichkeit
der Hörer wird für Rolf Zerfaß ein zentrales Element in der Predigtausbildung.
Er versteht die Predigt als Intervention in einen konkreten Lebenszusammen-
hang der Hörerinnen und Hörer. „Wer am Sonntag die Schrift auslegt, waltet
seines Amtes nur, wenn er nicht für die Gemeinde und vor ihr, sondern in ihr und
mit ihr predigt, d. h. in dem Bewußtsein, daß er ja nur innerhalb eines Prozesses
interveniert, der längst vor ihm in Gang gekommen ist und neben und nach der
Predigt auf vielen Wegen weiterdrängt." (Zerfaß 1992, 33) Die mit der Wider-
entdeckung der Rhetorik einhergehende Änderung des Predigtverständnisses
ist von einer gegenseitigen Achtung und Verantwortung gegenüber der eigenen
Person als Predigerin und Prediger, gegenüber den Hörenden und gegenüber
dem Schrifttext getragen. In diesem Schrifttext wird eine eigene Wirkmächtigkeit wahrgenommen, der ich mit meiner Rede Raum gebe, ohne sie manipulativ
und suggerierend den anderen überzustülpen. Es geht also nicht um ein instru-
mentelles Rhetorikverständnis, in dem alles erlaubt ist was nützt, sondern um das
Finden von Wahrheit, die unmittelbar werden soll für die Zeitgenossen.

„Nur wenn der Adressat als einer gedacht ist, der, so sehr ich ihn überzeugen will, dennoch das Recht zur Einrede hat, bis zum Nein, weil auch das zum Finden der Wahrheit
führen kann – nur dann bleibt Rhetorik frei von den Gefahren, die in ihrer instrumentellen Verkürzung liegen. Nur dann bleibt Rhetorik die menschliche, die menschenwür-
dige Basis allen Redens, allen Predigens." (Otto 1986, 5)

4. Konsequenzen für die Vorbereitung der Predigt

Mit der Entdeckung der Bedeutung der Rhetorik für das Predigthandeln stellt
sich sogleich auch die Frage, was sich damit für den Predigtvollzug ändert. Die
wesentliche Veränderung ist die Ablehnung des ausformulierten Redemanu-
skripts und die Forderung nach der frei gesprochenen Predigt. „Die Predigt ist
das öffentliche Zeugnis der Botschaft Jesu Christi. Zur Verkündigungskompe-
tenz gehört die Fähigkeit, die Botschaft Jesu Christi frei und überzeugend auszusprechen, daß die Hörerinnen und Hörer sie ohne Schwierigkeiten aufnehmen können." (Damblon 1991, 25) Mit der Vorgabe, den Predigtvollzug als frei-
gesprochene Rede zu konzipieren, ändert sich naturgemäß auch die Art und
Weise der Vorbereitung. Mit dem Einzug der Rhetorik in die Homiletik geht
die Ausbildung in die Form der sprechenden Vorbereitung der Predigt über.
Am Ende einer Predigtvorbereitung stehen dann nicht mehr eine Unzahl von
geschriebenen und verschriebenen Blättern, sondern einige Sprechdenkversu-
che und ein Stichwortkonzept als Hilfestellung für die dialogisch ausgerichtete
Verkündigung von Ambo und Kanzel. Auch steht zu Beginn der Auslegung
eines Bibeltextes nicht mehr die intensive exegetisch-fachwissenschaftliche
Auseinandersetzung, sondern mein persönliches Erleben im Kontakt mit der
Schriftstelle und mit meiner Gemeinde.

5. Die Arbeitsschritte in der Predigtvorbereitung

In dieser sprechenden Vorgehensweise steht nicht mehr die wissenschaftliche Auseinandersetzung mit dem Predigttext am Anfang der Predigtvorbereitung, sondern das Sich-einlassen auf den Text und die Frage: Was will mir der Text heute sagen? Wo trifft mich der Text in meiner derzeitigen konkreten Situation? Mit diesem Vorgehen versuche ich, wie die Leute im Gottesdienst zu hören und die Bilder und Gefühle in mir aufsteigen zu lassen, die der Text der Perikope in mir auslöst (Zerfaß 1992).

Die Vorbereitung läßt sich in drei Phasen gliedern, in denen unterschiedliche Arbeitsschritte zu absolvieren sind. Die erste Phase ist die der Stoffsammlung. Hier wird alles das zusammengetragen, was in der späteren Predigt Verwendung finden kann. Hier finden zwei Assoziationsschritte statt, in denen mir der Stoff zuwächst, der später in der Predigt verarbeitet wird. Im ersten Assoziationsschritt sammle ich alle Einfälle, die mir zu meinem Text in den Sinn kommen. Der Assoziationsschritt endet mit einem ersten Sprechdenkversuch. Darin entsteht sprechend das Predigtziel, der Zielsatz, und die Predigtbotschaft, die Message. Ich mache mir dieses Ziel und die Botschaft bewußt und formuliere mit meinem bisherigen Material einen ersten Predigtentwurf. Bis zu diesem Schritt habe ich nur mich selbst und meine Bilder, Gefühle und Gedanken im Blick und noch nicht die meiner potentiellen Hörerinnen und Hörer. Dieses Defizit soll durch den zweiten Assoziationsschritt, die Bisoziation, ausgeglichen werden. In diesem Arbeitsschritt identifiziere ich mich im Sinne eines Perspektivenwechsels mit einem konkreten Hörer oder einer Hörerin und gebe neuen Einfällen aus dieser Perspektive in mir Raum. Es ist die Konfrontation mit den zu erwartenden konkreten Hörerinnen und Hörern (Zerfaß 1988, 73). Nun werden die Ergebnisse aus beiden Assoziationsschritten in einem dritten Sprechdenkversuch zusammengeführt und das Predigtziel, die Botschaft und die Widerstände erarbeitet, zu denen mich der Schrifttext führt – oder auch verführt. An dieser Stelle zeigt sich auch, ob mein Predigtziel und meine Botschaft die Hörer wohl erreichen wird, oder ob ich mein Ziel noch einmal überdenken und vielleicht ändern muß. An dieser Stelle kommt als ein weiterer Arbeitsschritt die Fachliteratur zur Geltung. Ich muß nun klären, ob meine Auslegung den Anforderungen der biblischen Exegese gerecht wird. Hier ist der Ort, an dem ich fachliche Unterstützung für meine These heranziehe. Ich kann mich aber auch gegen die traditionelle Auslegung stellen, muß es aber begründen. In dem nun folgenden vierten Sprechdenkversuch werden die Ergebnisse der Fachwissenschaft in meine Rede eingearbeitet. (Arbeitsblatt S. 163)

So wichtig die Vorgehensweise über die Assoziationsschritte sowohl für das eigene Textverstehen als auch für meine Vermittlungsfähigkeit an die Gemeinde ist, so bringt sie doch einige Gefahren mit sich, die nun näher betrachtet werden sollen.

6. Die Assoziationsfalle

Die Begegnung mit einem Schrifttext über die Assoziation führt dazu, daß meine konkrete Situation und die Erfahrungen, die ich selbst mit dem Text und seiner Auslegungsgeschichte habe, offengelegt werden. Dies geschieht nicht nur bezogen auf die bewußten Zusammenhänge zwischen dem, was im Text erzählt und berichtet wird, sondern es kommen auch unbekannte biographische Zusammenhänge an die Oberfläche oder ich werde verführt, den Text auf „mein Thema" hin zu verbiegen. Dabei ist es nicht immer gewährleistet, daß ich diese Zusammenhänge erkenne. Ich möchte hier vier mögliche Problembereiche aufzeigen.

1. Ich erkenne einen situativen Zusammenhang und bin blockiert
Es kann vorkommen, daß ich in der Begegnung mit einem Text eine Situation vorfinde, die mich so stark an die Problembereiche meines konkreten Alltags heranführt, daß ich nicht mehr frei bin, mich dem Text zu stellen, weil es

STOFFSAMMLUNG UND SORTIERUNG

Thema/Schrifttext

Arbeitsschritte	Zwischenablage
1. Was mich besonders an dem Thema / an dem Schrifttext interessiert: Kernsatz	*Was mir so ein – und auffällt*
2. Freie Assoziationen zum Thema **Sprechdenkversuch 1**	*Alles unzensiert sammeln* *Zielsatz I*
3. Zielsatz I: Ich will meine Hörerinnen und Hörer ... Zwecksatz I / Botschaft: weil ... **Sprechdenkversuch 2**	*Botschaft I* *alles unzensiert sammeln*
4. Persepektivenübernahme / Bisoziation Einfälle aus der Persepektive der Hörer und Hörerinnen zum *Thema / zum Text* Widerstände ? **Sprechdenkversuch 3**	*siehe oben*
5. Überprüfen von Zielsatz I und Botschaft I Zielsatz II [wenn nötig] Botschaft II [wenn nötig] 6. Einarbeitung von zusätzlichem Fachwissen **Sprechdenkversuch 4**	
7. *Aufbau des Stichwortkonzeptes* Material aus der Zwischenablage	

Abb. 1: Arbeitsblatt zur Predigtvorbereitung

zugleich eine Auseinandersetzung mit der eigenen traumatischen Situation bedeutet.

Beispiel: In einem Wochenkurs zur Predigtausbildung erhalten die Teilnehmenden die Aufgabe, sich einen Schrifttext auszusuchen und darüber einen ersten Sprechdenkversuch nach der Assoziationsphase vorzustellen. Eine Teilnehmerin berichtet, daß sie bei diesem ersten Arbeitsschritt so sehr mit ihren konkreten Schwierigkeiten am Arbeitsplatz konfrontiert war, daß sie keinen Sprechdenkversuch vorstellen kann. Auf meine Rückfrage, ob sie sich nicht einen anderen Text aussuchen könnte, meint sie, daß sie den Eindruck habe, es würde ihr bei jedem Text so ergehen. Ich schlage ihr vor, sich genau anzuschauen, worin diese Blockade besteht, welcher Aspekt am Text diese ihrer Meinung nach auslöst. Es vergeht eine kurze Zeit, und sie beginnt zu weinen.

In der anschließenden Besprechung sagt sie, daß ihr etwas klar geworden sei. Auch sei es das erste Mal gewesen, daß sie über diese Situation hätte weinen können. Ich weiß nicht, um welchen Schrifttext es sich gehandelt hat. Wichtig für das Geschehen war, daß sie über die Beschäftigung mit dem Text Kontakt zu ihrer Trauer und vielleicht auch Wut bekommen hat und durch die Einladung – oder auch Aufforderung – sich zu stellen, diese zulassen konnte. Den zweiten Sprechdenkversuch innerhalb der Ausbildungswoche absolvierte sie ohne Schwierigkeiten.

Hier zeigt sich die Bedeutung, die eine Gruppe oder auch nur das Gespräch mit guten Freundinnen und Freunden für den Prozeß der Predigtvorbereitung haben können.

2. Ich predige mir selbst

Daß jede Predigt auch immer eine Rede zu mir selbst und meinen Fragen und Anfragen ist, kann als gesicherte Erkenntnis gelten. So kann es geschehen, daß ich nur aus meiner Perspektive und nur zu mir und eventuell auch von mir spreche.

Beispiel: Im gleichen Kurs legt ein junger Mann die Erschaffung des Menschen aus Gen 2,18 aus und plädiert für die Notwendigkeit, daß die Menschen unbedingt heiraten müßten, nur so würden sie dem Schöpfungsauftrag gerecht. Zur Unterstützung zitiert er noch Kohelet/Prediger 4,11. „Außerdem: wenn zwei zusammen schlafen, wärmt einer den anderen, einer allein – wie soll er warm werden?"

In der Besprechung zeigt sich, daß der Prediger mit seiner Rede den Zorn der Gruppe auf sich gezogen hat. Er hatte nicht im Blick, daß unter seinen Hörerinnen und Hörern eine geschiedene Frau saß, eine Frau, die sich bewußt für das Alleinleben entschieden hatte und andere, die noch keinen Partner oder keine Partnerin gefunden hatten. In der Gruppe von zehn Personen gab es nur drei, die verheiratet waren – und ihn, der kurz vor seiner eigenen Hochzeit stand. Allen Beteiligten war deutlich, daß er von seiner bevorstehenden Hochzeit gesprochen hatte und nur davon.

Eine wirkliche Perspektivenübernahme im Arbeitsschritt der Bisoziation hätte ihn von dieser Einseitigkeit bewahren können. Hier lag offensichtlich die Schwierigkeit darin, wirklich zu einem Perspektivenwechsel und einer erneuten Assoziation zum Schrifttext zu kommen.

Ein zweites zeigt sich in diesem Beispiel. Der Prediger wirft nicht noch einmal einen genauen Blick auf den Schrifttext. Er geht von seinem Verständnis aus. Das heißt in diesem Falle auch, er geht von dem aus, wie ihm die Texte in ihrer Rezeptionsgeschichte bekannt sind. Der Kohelettext wird häufig im Kontext von Hochzeiten gelesen, obwohl es da um das Sozialgefüge geht, wie Vers 10 zeigt: „Denn wenn sie hinfallen, richtet einer den anderen auf. Doch wehe dem, der allein ist, wenn er hinfällt, ohne daß einer bei ihm ist, der ihn aufrichtet."

Der genaue Blick auf seine Hörerinnen und Hörer hätte es ihm ermöglicht, nicht nur die Ehepaare im Auge zu haben und den Blick nicht einseitig auf die gemischtgeschlechtliche Paarbeziehung zu legen.

3. Ich predige meine Biographie

Dieses Phänomen ist dem ersten Beispiel nicht unähnlich. Das Besondere ist hier, daß es um unbewußte, verschüttete Erlebnisse aus der eigenen Vergangenheit geht.

Beispiel: Eine Predigerin stellt ihren ersten Sprechdenkversuch nach dem Text von Exodus 15,20 vor. Dort heißt es: „Die Prophetin Mirjam, die Schwester Aarons, nahm ihre Pauke in die Hand, und alle Frauen zogen mit Paukenschlag und Tanz hinter ihr her." Die Predigerin plädiert in ihrer Rede dafür, daß in den Gottesdiensten wieder mehr Lebendigkeit und Bewegung, mehr Körperlichkeit und Leibhaftigkeit Raum finden müßten. Sie steht bei dieser Überzeugungsrede völlig verspannt, ohne Gestik und keinerlei körperlichem Ausdrucksmittel vor der Gruppe. Sie beendet ihren Sprechdenkversuch mit der Aufforderung an die Gruppe, einen kurzen Kreistanz zu tanzen. Die Gruppe macht mit und erst in der dritten Wiederholung – die Grundfigur besteht aus 12 Takten die beliebig wiederholt werden können – lockert sie sich ein wenig, und es wird etwas von der inneren Bewegung und Lebendigkeit deutlich, die sie in ihrer Rede eingeklagt hatte.

In der Besprechung wird deutlich, daß die verschüttete und unterdrückte Lebendigkeit im Körperausdruck ihr Thema ist, das ihr auch in anderen Lebenszusammenhängen begegnet. Dieser Zusammenhang wird ihr jedoch erst in der Besprechung bewußt. Sie hat sich in der Vorbereitung nicht der Frage gestellt: was hat das mit mir zu tun? Es kommt allerdings auch vor, daß die Predigerin oder der Prediger sehr genau weiß, was das jeweilige Thema mit ihm selbst und seiner Biographie zu tun hat und trotzdem darüber predigt. Hier kann der Perspektivenwechsel und die Bearbeitung der Widerstände helfen, aus der biographischen Assoziationsfalle heraus zu finden und sich nicht zu sehr dem eigenen Gefühlserleben im Predigtvollzug auszusetzen.

4. Ich predige „mein Thema"

Diese Form der Assoziationsfalle findet sich bei den Männern und Frauen, denen man jeden Text vorlegen kann, und in kürzester Zeit sind sie bei ihrem immer gleichen Anliegen.

Beispiel: Wiederum in einem Wochenkurs stellt ein Prediger einen Predigtentwurf zu einem Abschnitt aus dem Matthäusevangelium vor. Dort wird berichtet, daß Jesus mit Zöllnern und Sündern beim Essen sitzt (Mt 9,8b-13). Die Pharisäer empören sich über dieses Verhalten Jesu, und dieser erwidert ihnen: „Nicht die Gesunden brauchen den Arzt, sondern die Kranken (V12). Der Prediger macht daraus eine Rede, in der er zu einer veränderten Eßkultur aufruft. Jesus habe sich immer wieder Zeit zum Essen genommen. Dabei sei es zu vielen intensiven Begegnungen gekommen. Auch wir sollten uns mehr Zeit zum gemeinsamen und einem beziehungsreichen Essen nehmen, uns eine „Auszeit" in unserem Alltag gönnen. Der Begriff der Auszeit war zuvor in einem Sprechdenkversuch zu Lk 8,1-3 bereits gefallen. Dort setzte der Prediger das „Wandern von Dorf zu Dorf und von Stadt zu Stadt" (V1) mit „eine Auszeit nehmen" gleich. Auf die Rückfrage, wie er zu dem Matthäustext gekommen sei, ob er vom Text ausgegangen sei und daran sein Thema entwickelt habe, sagt er, daß er zuerst sein Thema hatte und dann einen passenden Text suchte. Das Stichwort war hier das Essen.

Diese Form der Assoziationsfalle beruht darauf, daß er in beiden Fällen nicht zu der Geschichte oder einem bestimmten Ereignisstrang seine Gedanken spielen ließ, sondern sich auf einen Begriff beschränkt hat. Bei Matthäus war es das Essen und bei dem Lukastext das Wandern.

Fazit: In der Assoziationsphase kann mein konkreter Alltag oder meine Biographie mich in eine bestimmte Richtung führen, die meinem Verkündigungsauftrag im Wege steht. Eine weitere Fußangel in dieser Phase liegt in der Tendenz, die Assoziation nur zu bestimmten Begriffen und hier nur in der Identifikation durchzuführen. Obwohl die Theorie der Redevorbereitung hier mit dem Angebot der Bisoziation eine Hilfestellung anbietet, scheint es nicht immer zu gelingen, aus diesen Verstrickungen wieder herauszufinden. Vermeiden lassen sich diese Verstrickungen innerhalb der Redevorbereitung nicht, denn das Ergebnis der Assoziationsphase ist der hermeneutische Schlüssel für die mir angemessene Auslegung des jeweiligen Schrifttextes.

7. Die Bisoziation – ein Schutz für mein Selbst und eine weitere Falle

Zerfaß macht in seinem Grundkurs darauf aufmerksam, daß die Bisoziation mir hilft, darüber zu sprechen, was den Hörern wichtig ist. „Ich versuche, meinen Horizont mit dem Horizont der Hörer zu verschmelzen, versuche den Spruch aus der Perspektive der Hörer zu sehen."(Zerfaß 1989,72) Die Verschmelzung von Horizonten macht allerdings nur Sinn, wenn zuvor zwei voneinander unterscheidbare Horizonte sichtbar waren. Wenn ich mich in der Bisoziation lediglich in die Position eines guten Bekannten, eines Freundes oder eines Kollegen versetze, der ähnlich denkt wie ich oder ähnliche Erfahrungen gemacht hat wie ich, dann ist dieser Perspektivenwechsel keine wirkliche Veränderung der Blick- und Hörrichtung, mit der ich dem Text begegne. Bei der Rückfrage an die Predigenden stellt sich häufig heraus, daß sie sich für die Bisoziation gute Freunde oder Gemeindemitglieder, die sie gut kennen – d. h. die auf ihrer Wellenlänge liegen – aussuchen. Auch die Anregung innerhalb eines Wochenkurses, mit anderen über den Text zu sprechen, bringt für den Perspektivenwechsel keinen Gewinn, weil das Gespräch zur positiven Unterstützung und nicht zum kritischen Hinterfragen genutzt wird.

Ein zweites muß zur Praxis der Bisoziation angemerkt werden. Wenn dieser Perspektivenwechsel nahezu unmittelbar nach der Assoziationsphase und dem ersten Sprechdenkversuch durchgeführt wird, besteht die Gefahr, daß die neuen Gedanken nicht auf den Schrifttext bezogen sind, sondern auf das, was ich mir bereits zu dem Text habe einfallen lassen. Das heißt, wir haben es mit einer Bisoziation zum bereits existierenden ersten Predigtentwurf zu tun und nicht um eine Assoziation zum Schrifttext, um den es geht. Nur so, indem ich mir sehr konkret einen Menschen vorstelle, der nicht so ist wie ich, und wenn ich mir die Mühe mache, als dieser andere mich noch einmal neu auf den Schrifttext einzulassen, nur dann kann die Aufgabe der Perspektivenübernahme gelingen. So entsteht ein Material, das mir hilft, aus dem Material der ersten Assoziationsphase meinen Verstrickungen auf die Spur zu kommen. Und es kann auch sein, daß ich erlebe, daß andere ähnliche Erfahrungen gemacht haben wie ich. Diese Erkenntnis kann mir im Predigtvollzug helfen, denn sie erlaubt mir, mich hinter ihrem Erleben zurückzuziehen. Dies hat nichts mit Feigheit oder Unehrlichkeit zu tun, sondern es hilft mir, mich in der konkreten Redesituation nicht zu sehr auszuliefern.

Die Forderung nach dem Perspektivenwechsel in der Redevorbereitung muß demnach in zwei Richtungen präzisiert werden: 1. Ich muß mir die Mühe machen, mir wirklich einen Hörer oder eine Hörerin vorzustellen, die nicht auf meiner Wellenlänge liegt. 2. Ich muß darauf achten, daß diese zweite Assoziationsphase wirklich zum zugrunde liegenden Schrifttext erfolgt und nicht zu den bereits gesammelten Einfällen und meiner entsprechenden emotionalen Einfärbung.

8. Der Umgang mit dem Text in den Assoziationsschritten

Die Anleitung zur Assoziation beinhaltet oft die Aufforderung, zunächst einmal festzustellen, wo, an welcher Stelle im Text und/oder an welchem Wort ich hängen geblieben bin. So richtig dieser Zugang zunächst ist, birgt er die Gefahr, daß ich an einzelnen Begriffen oder Schlagworten hängen bleibe und nicht mehr die Gesamtheit des Geschehens, den Prozeß, das Ereignishafte im Blick habe. Die Geschichte, die der Text erzählt, wird nicht wahrgenommen, sondern es werden nur einzelne Elemente aus der Geschichte mit eigenen Konnotationen verknüpft. Dies führt leicht dazu, daß ich über einzelne Begriffe predige und nicht mehr über ein komplexes Geschehen. Der genaue Blick in den Text kann mich vor unheilvollen Verstrickungen bewahren, die mit der Beschränkung auf die Konnotation von Begriffen leicht verbunden ist. Das genaue Hinsehen auf das Ganze kann meine biographische Sicht um ein paar entscheidende Randschärfen erweitern. So geht es in Gen 2,18 zunächst nur um die Suche nach einer Hilfe für den Menschen. Daß dies zu einem Text über die Ehe wird, ist erst in zweiter Linie relevant. (In der Verbindung von beiden Elementen liegt allerdings eine entsprechend verheerende Wirkungsgeschichte, nämlich die Unterdrückung der Frau.) Auch der Vers aus Kohelet, „wenn zwei zusammen schlafen, wärmt einer den anderen" (4,11), spricht nicht von der Ehe – Männer und Frauen schlafen im Orient getrennt – sondern von der Männergesellschaft, die sich gegenseitig unterstützt.

Der Prediger, der in Anlehnung an Mt 9,8b-13 über das Essen spricht, benutzt den Text für sein eigenes Anliegen ohne zu fragen, ob dieser Schrifttext dazu geeignet ist. Hier geschieht die Assoziation in besonders krasser Weise nur zu einem Begriff und dies in einer sehr bedeutungslosen Konnotierung. – Es wäre hier möglich gewesen, die Bedeutung der Unreinheit, der Jesus sich mit seinem Handeln – dem Essen mit den Sündern – aussetzt, zu thematisieren. Dies bedeutet, daß in den Assoziationsphasen nicht nur die Orientierung auf den Text wesentlich ist, sondern auch die verschärfte Sicht auf das Geschehen, um das es im Text geht: weg von den Begriffen, die uns zunächst gefangen halten, hin zu den Ereignissen, die sich darin widerspiegeln.

9. Das Stichwortkonzept

Häufig gehen die Vorbereitungsstruktur und das Stichwortkonzept eine ungesunde Verbindung ein. In der ersten Phase der Vorbereitung gehe ich zunächst von meinen eigenen Einfällen, meiner persönlichen Auseinandersetzung mit dem Schrifttext aus. Ich formuliere mein Ziel, das heißt, das, was die „Geschichte" mit mir gemacht hat. Und ich setze mich der Botschaft aus, die über das Predigtziel an mich herangetragen wurde. Erst nach dieser sehr intensiven persönlichen Begegnung kommt in der Vorbereitungsarbeit die hörende Gemeinde in der Bisoziation in den Blick.

Nun läßt sich feststellen, daß sich dieser Ablauf in vielen Predigten wiederfindet. Zunächst erzählt der Prediger und die Predigerin von dem, wie es ihm und ihr mit dem Schriftwort ergangen ist. Häufig kommen dabei auch schon erste Widerstände zu Wort, die auch sachgerecht bearbeitet werden. Nur die, zu denen gesprochen wird, mit denen ich ja „eigentlich" in einem Dialog stehe, kommen noch nicht vor. Sie werden erst angesprochen, wenn die Hälfte der Predigt vorbei ist und alle Bescheid wissen, wie der Prediger und die Predigerin mit dem Anspruch des Wortes Gottes umgegangen sind. Im günstigsten Falle können sich die Frauen und Männer der Gemeinde mit diesen identifizieren, aber es ist ein Angesprochen werden aus zweiter Hand. Die Predigenden predigen in diesen Situationen zunächst zu sich selbst. Dies aber ist jetzt nicht ihre Aufgabe. Sie haben, im Rahmen der Vorbereitung, ihre Predigt schon gehabt. Deswegen gilt: die Hörerinnen und Hörer müssen spätestens nach dem Einstieg und der Motivationsphase in der Predigt vorkommen. Die Ergebnisse der Bisoziation fließen durchgängig in den Predigtduktus ein.

Das gleiche gilt für das zusätzlich erarbeitete Fachwissen. Auch wenn dieses in der Vorbereitung sehr spät angesetzt ist, fließt es doch an der Stelle in das Stichwortkonzept ein, an der es zur Erhellung eines Sachverhaltes notwendig ist. Dies bedeutet in der Praxis, daß ich wichtige zeitgeschichtliche Bezüge, z. B. bestimmte Schwierigkeiten in der Gemeinde, für die der Evangelist schreibt, schon zu Beginn erwähne, um die eigene Gemeinde mit der Situation vertraut zu machen. In der Vorbereitung habe ich mich mit dieser Fragestellung aber erst gegen Ende der Erarbeitung beschäftigt. Die späte Einbeziehung der Hörenden geschieht besonders oft dann, wenn ich mich im Rahmen der Assoziation mit einer biblischen Person identifiziert habe und dies auch in der Predigt als Stilmittel einsetze.

Dieser Verbindung von Vorbereitungsstruktur und Predigtaufbau kann ich entgegenwirken, wenn ich mir bewußt mache, daß der ersten sehr ausführlichen Phase in der Predigtvorbereitung zwei ebenso wichtige, aber kürzere Phasen folgen. Dies ist zum einen die Phase, in der ich den Aufbau meiner Predigt erarbeite, und die dritte Phase, in der ich das Stichwortkonzept erstelle. Unabhängig davon, daß Elemente zum Aufbau der Predigt bereits in der ersten Phase einfließen, ist es m. E. notwendig, dem Aufbau der endgültigen Predigt einen eigenen Arbeitsgang zu widmen. Das gleiche gilt für das Stichwortkonzept. Hier gibt es zwar die unterschiedlichen Empfehlungen, wie er auszusehen hat, aber letztendlich muß jeder hier seinen persönlichen Stil finden.

10. Schlußfolgerung

Die Wiederentdeckung der Rhetorik in der Homiletik führte zu einer dialogisch- und kontaktorientierten Predigtarbeit. Das assoziative Vorgehen in der Vorbereitung führt zu „Fallen", die einerseits einen heuristischen Wert in der Vorbereitung haben, anderseits aber für den Predigtvollzug hinderlich sind. Der hier formulierte Vorschlag sieht folgende Differenzierungen für den Prozeß der Predigtvorbereitung vor:

1. Sich der Assoziation überlassen und nach dem Sammeln der Einfälle fragen, was diese mit der eigenen Situation und/oder Geschichte zu tun haben. Diese Bewußtwerdung ist der hermeneutische Schlüssel für meine Auslegung.
2. In der Bisoziation wirklich einen Perspektivenwechsel vornehmen, d. h. sich jemanden vorstellen, der meinem eigenen Denken fremd ist, und diese Assoziationsphase zum Schrifttext und nicht zum bereits existierenden ersten Predigtentwurf durchführen. Auch wenn in dieser Bisoziation – trotz des Perspektivenwechsels – die nur eigenen Gedanken über den anderen zu Tage treten, hilft sie mir, in eine gewisse Distanz zu meinen Ideen zu kommen und dem Gegenüber einen Raum in meinem Denken zu verschaffen.
3. Die Ergebnisse dieser Bisoziation nutzen, um den eigenen biographischen Verstrickungen zu entgehen. Das heißt nicht, daß ich als Person völlig in den Hintergrund trete. Sondern daß ich mich klar mit meinem Glaubenszeugnis einbringe, ohne mich durch unbewußte biographische Verbindungen zu dem Schrifttext einer Eigendynamik auszuliefern.
4. Den Aufbau und das Stichwortkonzept von Anfang an adressatenorientiert ausrichten. Dabei kann und muß das eigene Denken und Fühlen mit zur Sprache kommen. Dennoch bleibt mein Anliegen, mit den Hörerinnen und Hörern in einen dialogischen Prozeß einzutreten, in dem es auf ihr Denken, Fühlen und Verstehen ankommt.

Die Wiedereinführung der Rhetorik in die Predigtarbeit hat an die Stelle der Belehrung über die Wahrheit des Glaubens ein gemeinsames Suchen nach der Wahrheit im Glauben treten lassen. Die Predigerin und der Prediger sind die, die in ihrer Rede zu dieser Wahrheitssuche einladen. Dies gelingt nur, indem sie von sich und ihrer eigenen Suche Zeugnis geben. Damit setzen sie sich den Fragen und der Kritik ihrer Hörerinnen und Hörer aus. Hier gilt es, die Balance zu finden zwischen dem Sich-Aussetzen und dem Sich-Einsetzen, zwischen meiner Sicht und der Sicht der Hörenden, zwischen dem eigenen Zeugnis und der Freiheit der Hörerinnen und Hörer, ihr Zeugnis zu formulieren. In diesem Sinne ist die Predigt die Einladung zu einem kooperativen Handeln.

Literatur

Barth, Karl (1935): Die Gemeindemäßigkeit der Predigt, in: Hummel, Gert, (Hrsg.), Aufgabe der Predigt, Darmstadt, 1971, 165-178
Bartsch, Elmar(1994): Didactical steps in the rhetorik of bilateral negotiation, in Püschel Heiner (Ed.) Intercultural Communication, Frankfurt/M, 121
Damblon, Albert (1991): Frei predigen, Ein Lehr- und Übungsbuch, Düsseldorf
Fuchs, Ottmar (1978): Die lebendige Predigt, München
Geest, Hans, van der (1978): Du hast mich angesprochen, Die Wirkung von Gottesdienst und Predigt, Zürich
Josuttis, Manfred (1985): Rhetorik und Theologie in der Predigtarbeit, München

Otto, Gert(1986): Zur Kritik am rhetorischen Predigtverständnis, in: Dyck, Jachim, Jens, Walter u. a. (Hrsg.): Rhetorik, Bd.5, Rhetorik und Theologie, Tübingen
- (1987): Predigt als rhetorische Aufgabe, Neukirchen
Schütz, Werner (1981): Probleme der Predigt, Göttingen
- (1972): Die Geschichte der christlichen Predigt, Berlin
Thurneysen, Eduard (1921): Die Aufgabe der Predigt, in: Hummel, Gert, (Hrsg.), Aufgabe der Predigt, Darmstadt, 1971, 105-118
Zerfaß, Rolf (1989), Grundkurs Predigt 1, Spruchpredigt, Düsseldorf
- (1992): Grundkurs Predigt 2, Textpredigt, Düsseldorf

MICHAEL THIELE

Predigt nach der Wende

Tendenzen der Homiletik

Der Titel ist eine Falle. Wohl jedermann in der Bundesrepublik wird die Wende im politischen Sinne als Umkehrpunkt von der Teilung zur Vereinigung Ost- und Westdeutschlands verstehen. Aber hier ist eine ganz andere Wende gemeint.

Beginnen wir *ab ovo*. Wenn wir das Verhältnis von Rhetorik und Predigt oder Homiletik, also christlicher Rede(lehre), betrachten, so finden wir die ersten drei nachchristlichen Jahrhunderte geprägt von einer christlichen Ablehnung der Rhetorik. Was – so sagen die altkirchlichen Lehrer – hat die Bibel, hat das Wort Gottes die Beredsamkeit nötig? Die Heilige Schrift wirkt durch sich selbst, sie benötigt für ihre Durchsetzung nicht die antike heidnische Redekunst, sie bezieht ihre Stärke aus sich selber, aus ihrer *simplicitas*, die sie dem redeverzierenden Pomp entgegenstellt.

Den aufgeklärteren christlichen Köpfen wird die Schwäche dieser Position nur allzu bewußt. Im Nachgang zum Toleranzedikt von Mailand aus dem Jahre 313, im Zuge der durch Kaiser Konstantin garantierten Religionsfreiheit und im Gefolge der Inthronisation christlichen Glaubens als Staatsreligion im Jahre 381 unter Theodosius lockerte sich das Verdikt gegen die Rhetorik. Sie wurde aufgenommen in den Kreis christlicher Hilfsmittel, ja wurde christlich vereinnahmt. Warum, so Augustinus (354–430), soll die christliche Lehre der heidnischen Rhetorik von Lüge und Irrlehre und ihren Rhetoren unbewaffnet gegenübertreten (doctr. IV, 2, 3):

quis audeat dicere, adversus mendacium in defensoribus suis inermem debere consistere veritatem [...]? illi fallacibus argumentis veritatem oppugnent, asserant falsitatem; isti nec vera defendere, nec falsa valeant refutare? illi animos audientium in errorem moventes impellentesque dicendo terreant, contristent, exhilarent, exhortentur ardenter; isti pro veritate, lenti frigidique dormitent? Quis ita desipiat, ut hoc sapiat?
Übersetzung: Wer wagte zu behaupten, die Verteidiger der Wahrheit müßten bei ihrem Kampf gegen die Lüge ohne Waffen bleiben? [...] Jene sollen durch trügerische Beweismittel die Wahrheit bekämpfen und der Falschheit Geltung verschaffen dürfen, während diese weder das Wahre verteidigen noch das Falsche widerlegen könnten? Jene sollen die Zuhörer, um ihre Herzen in den Irrtum zu führen, mit Beredsamkeit einschüchtern, betrüben, erheitern oder heftig anfeuern dürfen – die Kämpfer für die Wahrheit aber schleppend und schlaff und einschläfernd reden? Wer wäre so dumm, so etwas gut zu finden?

Also gilt es auch, das christliche Wort zu bewaffnen. Die Bibel rüstet sich mit den Armaturen heidnisch-antiker Rhetorik. Und sie findet antik durchaus die richtigen Waffen (= die richtigen Begründungen). Der einfache Stil, der *stilus simplex*, *stilus subtilis*, *stilus tenuis*, welcher der christlichen Botschaft besonders angemessen ist, ihr genuines Aptum ausmacht, da Christus sich demütig unters Kreuz gebeugt hat und somit diesen *stilus humilis* sozusagen christlich-moralisch-ethisch erstbegründet, entspricht ja dem ersten der drei *genera dicendi*, wobei die Waffen dieses *genus humile* (in dem Fall gleichzeitig die Tugenden, die *virtutes*) seine Verständlichkeit (perspicuitas), Deutlichkeit (luciditas), Klarheit (claritas), Unverblümtheit (planitas), seine Genauigkeit (locutio emendata), seine Reinheit und Unschuld (puritas), seine allgemeine Tauglichkeit (utilitas), aber auch seine Spitzen, seine Schärfe, sein Scharfsinn (acumen) sind.

Die christliche Glaubenslehre gibt sich demnach bei Augustinus kriegerisch. Sie greift zu den Waffen. Augustinus greift zur Metapher von der bewaffneten Rede, einem alten rhetorisch-poetischen Bild. Eine äußerst schöne Ausprägung findet diese Metapher in einer mittelalterlichen Personifikation der Rhetorik. Sie erscheint persönlich im fünften der neun Bücher über „Die Hochzeit der Philologie mit dem Merkur" von Martianus Capella. Das Werk, dessen ganzes V. Buch der Rhetorik gewidmet ist – es trägt den Titel „De Rhetorica" -, entstand zwischen den Jahren 410 und 439. Die Braut Philologie erhält ein Hochzeitsgeschenk, die sieben *artes liberales* nämlich, welche als Frauengestalten tatsächlich auftreten. Ihr äußeres Erscheinungsbild läßt auf ihren Charakter schließen. So ist die Rhetorik eine zugleich gebieterische wie wunderschöne Frau, armiert mit Waffen, geschmückt mit Redefiguren, die an ihrem Kleid glänzen (Mart. Cap. 5, 426):

ecce quaedam sublimissimi corporis ac fiduciae grandioris, uultus etiam decore luculenta femina insignis ingreditur, cui galeatus uertex ac regali caput maiestate sertatum, arma in manibus, quibus se uel communire solita uel aduersarios uulnerare, fulminea quadam coruscatione renidebant. subarmalis autem uestis illi peplo quodam circa humeros inuoluto Latiariter tegebatur, quod omnium figurarum lumine uariatum cunctorum schemata praeferebat, pectus autem exquisitissimis gemmarum coloribus subbalteatum.

Übersetzung: Schau, da schritt eine auffallende Frau einher, alle Blicke auf sich ziehend durch den Liebreiz ihres großen ranken und schlanken Körpers und ihres noch größeren Selbstvertrauens und ihres Mienenspiels. Der Scheitel behelmt und das Haupt von königlicher Majestät umkränzt, Waffen in der Hand, mit welchen sie gewöhnlich sich entweder verschanzt oder die Feinde verletzt, erglänzte sie in blitzendem Leuchten. Ein Überwurf, den sie sich über die Schultern gelegt hatte, bedeckte das Gewand unter den Waffen nach römischer Mode. Auf ihm, bestickt mit allen schmückenden Redewendungen, fanden sich die Muster sämtlicher rhetorischen Figuren. Die Brust war gegürtet mit Edelsteinen in erlesenen Farben.

In der Geschichte der Homiletik wechseln Phasen von Ablehnung und Rhetorikvergessenheit mit Phasen der Zustimmung und Vergewisserung von Rhetorik. Höhepunkt der Rhetorik innerhalb der Homiletik dürfte das Barockzeitalter gewesen sein. Zum Ende des 19. und zu Beginn des 20. Jahrhunderts hat die – zu großen Teilen falsche – Rhetorik die bürgerliche Alltagspraxis in einem Maße erfaßt, daß als Gegenbewegung das ,Keine Beredsamkeit!' Eduard Thurneysens aus der Dialektischen Theologie geradezu zwangsläufig erscheinen mag. Das Wort Gottes, so das antirhetorische Votum, habe aus sich selbst zu wirken, habe die menschliche Mitwirkung gar nicht nötig (1921). Es ist dies eine – allerdings durch schlechte rhetorische Praxis provozierte – Wiederaufnahme der Rhetorikverachtung der ersten Jahrhunderte.

Erst Ende der 60er, Anfang der 70er Jahre wagte sich wieder die Gegenbewegung hervor. Manfred Josuttis (1968) und Gert Otto (1970) setzten die ein halbes Jahrhundert lang innerhalb der Homiletik in Vergessenheit geratene Rhetorik wieder in ihre angestammten Rechte ein. Rolf Zerfaß kritisierte 1970 auf dem 83. Deutschen Katholikentag in Trier die autoritäre Struktur der Predigt ausdrücklich von der modernen demokratischen Redezivilisation her (401, 403). Im Gefolge dieser Restitution ist die Stellung der Rhetorik innerhalb der Homiletik und speziell der Predigerausbildung (Zerfaß 1987 u. 1992) heute unbestritten. Das zeigen auch die bedeutenden Homiletiken von Gerd Theißen (1994) und Klaus Müller (1994) sowie das Interesse der Homiletik an praktischen sprecherzieherischen Fragen der verbalen (Damblon 1991) wie der nonverbalen Kommunikation (Wenz 1998). Die Homiletik nimmt heutzutage regen Anteil an sprechwissenschaftlichen Phänomenen. Das hängt entscheidend zusammen mit dem Paradigmenwechsel in der Theologie. Weg von der Gottzentriertheit konzentriert sich das jüngste Engagement der Theologie stark auf die humanen Implikate und Züge des Glaubens und der Verkündigung. Dies erscheint schon deshalb sinnvoll, weil Gott letztlich immer nur menschlich aussagbar ist. Der Wechsel des Paradigmas – die *anthropologische Wende der Theologie* – besagt: „Vom Menschen reden heißt von Gott reden." (Feifel 1992, 6) Nicht mehr die kirchliche Lehre ist der Ausgangspunkt verantwortlichen praktisch-theologischen Handelns, sondern die Wahrnehmung der Wirklichkeit in ihrer ganzen Differenziertheit. Diese anthropologische oder auch *humanwissenschaftliche Wende, sozialwissenschaftliche Wende* oder *empirische Wende* – in den Mittelpunkt rückt die Realitätserfahrung – mündet demzufolge gegenwärtig in einer Kunst und Theologie der Wahrnehmung in Form einer Erweiterung der Wahrnehmungsfelder (Grözinger 1995, 60, 65), ist Wahrnehmungslehre und Wahrnehmungsschulung zugleich. Methodisch mündet sie in der Tendenz der Homiletik, umfassende Anleihen bei der Kommunikationswissenschaft und -psychologie, der Psychoanalyse und Tiefenpsychologie (Heimbrock 1993), der Literatur und Literaturwissenschaft (Garhammer 1997), der Metaphorologie (Luksch 1998), in der Linguistik, speziell der Semiotik (Engemann 1993) und der Sprechakttheorie (de Pater 1971, 109-177; Müller 1994, 90-100), Sprachkritik und analytischen Philosophie (Ramsey 1957 u. 1983; Bejerholm, Hornig 1966; de Pater 1971; Just 1975; Track 1977), der Bildenden Kunst (Grözinger 1995) und Architektur (Muck 1992; Grözinger 1995, 99-129) sowie beim Film (Zwick 1998, Grözinger 1995, 16-30) zu machen. Groß in den Blick gerät zudem die Verkündigung in den öffentlich-rechtlichen und öffentlich-privaten Medien (Petkewitz 1991). Unhintergehbar erscheinen heute in der Homiletik als Resultat der Rhetorikrestitution das Postulat von der Untrennbarkeit von Form und Inhalt und das Postulat von der Unabdingbarkeit des Konsenses. Dem entspricht eine Predigt des Gesprächs (von Kriegstein 1979), Predigt als (virtueller) Dialog.

Es nimmt mich wunder, wenn die Verfügbarkeit von Wahrheit trotzdem noch 1979 ernsthaft vertreten wird. Ulrich von den Steinen hält tatsächlich fest, dem Prediger, der sich ja im Besitz der Wahrheit befinde, solle, diese Wahrheit durchzudrücken, jedes rhetorische Mittel recht sein: *„Rhetorik als Instrument der Predigt"* und „Diktat der Wahrheit" hätten dann ihre Mission erfüllt, wenn sie diese Wahrheit mit allen nur erdenklichen Methoden an den Mann oder die Frau brächten, „wo nötig und möglich auch mit Hilfe agitatorischer Redeformen" (126f). Daß dieses vormittelalterliche Missionsverständnis weit hinter die Steinzeit zurückfällt, dürfte jedem außer von den Steinen klar sein.

Von den Steinen redet einem instrumentellen Verständnis von Rhetorik das Wort, so als ließe sich mit rhetorischen Mitteln jeder beliebige Inhalt vermitteln. Unter Rhetorik ist allerdings der Vorgang angemessener Vermittlung von Inhalten an ein Auditorium zu verstehen, gleichlaufend jedoch der Prozeß der Wahrheitsfindung. Form und Inhalt, Vermittlungsprozeß und Findungsprozeß sind nicht zu trennen. Die Beliebigkeit des Redens wird aufgehoben durch die kritische Instanz der Zuhörerschaft. Nur behauptete Wahrheit ist keine Wahrheit. Nur rhetorisch vermittelte Wahrheit ist Wahrheit. Das besagt: Sie wird dadurch zur Wahrheit, daß sie sich der Prüfung durch die anderen im Konsensdialog unterwirft und dort ihre Bestätigung findet. Somit sei hier einem hermeneutischen und kritischen Rhetorikverständnis die Stimme gegeben. Zugleich sei der Auffassung von M. Josuttis widersprochen, der noch einer Trennung von Form und Inhalt verhaftet ist: „Kommunikationswissenschaft kann die Effektivität kirchlicher Verkündigung steigern, aber sie kann der Verbreitung wahrer wie falscher Sätze dienen, weil die Frage nach der Wahrheit in ihrem Bereich nicht zu entscheiden ist." (1972, 9f) Mit solchen falschen Sätzen erliegt er einem verkehrten augustinischen Verständnis von Rhetorik (wenn man einmal unterstellt, daß Rhetorik die alte Form der Kommunikationswissenschaft ist). Denn man muß festhalten, daß Augustinus die Rhetorik insofern instrumentell verfügt, als er sie für potent hält, sowohl das Wahre (vera, recta) als auch das Falsche (falsa, prava) anzuempfehlen (doctr. IV, 2, 3). Diese Lehre der Trennung von Form und Inhalt dürfte ein Ausfluß der Sentenz aus der verlorengegangenen Rhetorik des älteren Cato sein, welcher Augustin verpflichtet ist: rem tene, verba sequentur. Sie leistet einem einseitig inhaltlich ausgerichteten Verständnis von Rhetorik Vorschub, das dann mit der Philosophie des selbstwirksamen Wortes Gottes innerhalb der Dialektischen Theologie noch in unserem Jahrhundert homiletisch wirksam wird.

Dennoch kann auch Augustinus letztlich nicht umhin, die Untrennbarkeit von Form und Inhalt anzuerkennen. Die Praxis spricht nämlich gegen seine Theorie. Augustinus war vor seiner Taufe im Jahre 387 Redelehrer gewesen, schon als Zwanzigjähriger in seiner Vaterstadt Thagaste (Numidien), mit 21 in Karthago. Er kam, als Heide, nach Mailand zum Kirchenlehrer Ambrosius, erklärtermaßen in der Absicht, von dessen berühmter Rhetorik zu lernen, ohne seine Inhalte zu beachten. Aber sein Vorhaben scheitert kläglich: „Denn während ich ohne alles Verlangen war, mir anzueignen, was er sprach, und nur hören wollte, wie er sprach […], kam in meinen Geist zugleich mit der Sprache, die ich liebte, auch die Sache, die für mich doch das Geringste dabei war; beides voneinander zu trennen war mir nicht möglich. Ich hielt mein Herz nur aufgetan, um zu hören, wie beredt er sprach, indessen trat zugleich die Erkenntnis ein, wie wahr er sprach – allerdings nur Schritt um Schritt." (Conf. V, 14, 24)

So wie Augustinus hier punktuell scheitert, ist generell ein Scheitern ähnlicher Unternehmungen zu konstatieren. Form und Inhalt lassen sich nicht auseinanderdividieren. Rhetorik wehrt sich qua Selbstverständnis gegen jede instrumentelle Einvernahme. Eine Rhetorik, die ihre Form allen nur möglichen Inhalten verleiht, ist nicht denkbar resp. depraviert. Wahrheit ist nicht von selber wahr, sondern nur in der Auseinandersetzung mit denen, für die ich sie formuliere; und damit ist sie nicht zu trennen von der Weise, wie ich sie anderen mitteile. Und Wahrheit ist nur möglich, wenn der andere Ja sagt zu den rhetorisch übermittelten Inhalten. Das spiegelt sich in dem schönen Brauch bayerischer Gemeinden, daß die versammelten Kirchenglieder die Predigt mit einem „Vergelt's Gott" bestätigten (Garhammer 1997, 7). Die Gemeinde sagt „Amen" („So sei es!") zur Predigt. Es ist konstitutiv für die Predigt, daß „auf die Verkündigung die Amen-Antwort durch die Hörenden erfolgt", daß „das Amen gesagt werden kann und muß, damit rechte Gemeinde sei", daß „Ausweis für die Mündigkeit des Christenmenschen ist, daß er Amen sagen kann", daß das Amen „die Antwort auf die Verkündigung Christi mitten in der Gemeinde" ist (Hammelsbeck 1947, 159f, 166). Nur durch das Amen wird die Wahrheit der Predigt gültig.

Die alten Griechen unterschieden streng zwischen dem Umgang untereinander und dem Umgang mit Barbaren, Fremden. Fremde, Nichtgriechen waren zu *unterwerfen* mit körperlicher Gewalt, mit der Gewalt der Waffen, Zwang, Macht. Griechen waren zu *überreden* oder zu *überzeugen* mit Worten, mit Rhetorik. Und Rhetorik heißt: der Zuhörer muß dem zustimmen, was ich sage (Blumenberg 1981, 111, 113). Insofern halte ich die Unterscheidung des Deutschen, die zum Übersetzen von lat. *persuadere* zwischen Überzeugen und Überreden differenziert, nur heuristisch von Wert. In einem Punkte ist es gleichgültig, ob ich (mit Argumenten) überzeugen oder (mit Tricks) überreden will: Immer bin ich abhängig von der Zustimmung des anderen. Und immer kann er mir die Zustimmung verweigern.

Bei der 68er Inszenierung des Viet Nam Diskurses von Peter Weiss durch Wolfgang Schwiedrzik und Peter Stein im Werkraum der Münchner Kammerspiele erwogen (!) die Theatermacher, nach der Vorstellung die Türen des Zuschauerraumes so lange zugesperrt zu lassen und die Zuschauer nicht eher aus dem Theater zu entlassen, bis sie für den Vietcong gespendet hätten. Dieses Ansinnen ist ein treffliches Paradigma der Demarkation von Rhetorik. Wenn das Publikum die Zustimmung verweigert, hilft nur noch Gewalt. Das aber heißt Inhumanität und bezeichnet das Ende des Rhetorischen.

Rhetorik bedeutet, so K. Müller in seiner Homiletik, Verzicht auf Manipulation und Überwältigung (1997, 53). Manipulation ließe ich mir ja noch gefallen, gegen die kann ich mich wehren. Nur zur Gegenwehr gegen (körperliche) Überwältigung bin ich zu schwach. Hier findet Rhetorik ihre Grenze.

Wissenschaftliche Wahrheit wird nur dadurch zur Wahrheit, daß andere ihr beipflichten, daß sie sich beweist im wissenschaftlichen Dialog der Experten. Und genauso ist jede rhetorische wie homiletische Wahrheit angewiesen auf das Amen des *consensus*.

Die Notwendigkeit dieses Konsenses apostrophiert G. Theißen, wenn er – und das gilt für jede Predigt und jede Rede – die Unverfügbarkeit des Hörerwillens herausstellt. Predigt und Rede sind planbar, sicher, aber sie sind planbar nur für das Unplanbare. Ob die Predigt und die Rede gelingen, ist abhängig von der nicht verfügbaren konsensuellen Zustimmung der Hörer. Zwar postuliert Theißen einen neuen Primat; der Exegese (mit regulativer Funktion für die Homilie!) und wirkt dabei erfrischend konservativ; aber es ist dies wirklich ein *neuer* exegetischer Primat; denn in gleichem Atemzug verweist er darauf, daß es sich sowohl bei den auszulegenden Bibeltexten als auch bei den Predigttexten um offene Texte handelt. Diese Texte schaffen Raum für „aktives Hören" (1994, 74, 82f, 48f, 153). Solche prinzipielle Offenheit von Texten macht A. Grözinger gleichermaßen in der bildenden Kunst aus; das Weiße im Bild (exemplifiziert an Cézannes Aquarell „Toits de L'Estaque" aus dem Jahre 1882) fordert den Betrachter zum Dazudenken auf, zum Hinzutun, zum Vollenden und wird so zum neuen Paradigma der Wahrnehmung (Grözinger 1995, 154): Predigt als prinzipiell unabschließbarer Prozeß, Predigt als offene Kunst. Die weiße Leerstelle verkörpert das System der unbeendbaren Vollendung. Der große Minimal-Gitarrist Keith Richards von den Rolling Stones, der seine Musik ohne Schnörkel auf die Essenz reduziert, hat dieses Phänomen folgendermaßen beschrieben und auf die Musik übertragen: „Meine Basistheorie ist: Wenn du ein Maler bist, ist das Wichtigste deine weiße Leinwand. Ein guter Maler wird nie alles vollschmieren – sondern stets ein wenig Platz lassen. Meine Leinwand ist die Stille. Wenn du diese Stille zu sehr ausfüllst, fangen die Probleme an, und am Ende steht nur noch alles dumm im Weg herum." (1998, 167) Besser kann man es nicht ausdrücken. Der weißen Leinwand entspricht in der Kinematographie der Schwarzfilm. Der österreichische Filmemacher Michael Haneke baut in seine Werke lange schwarze Abschnitte ein, die mythische Leerräume eröffnen, in die hinein der Zuschauer Bilder transzendieren kann. (Zwick 1998, 90) Die Rezeptionsästhetik kann so den Weg weisen zur Deautomatisierung von Wahrnehmung. Gefragt ist die einmalige persönliche Wahrnehmung des Homileten und Homilierezipienten (Garhammer 1998, 26). Die Wahrnehmung des Predigers sollte dabei allerdings nicht im Privaten verharren, sondern Anspruch erheben können auf Generalisierbarkeit resp. aufgehen – auch im Sinne von ‚erblühen' – in einem der Allgemeinheit zu vermittelnden Konzept oder System. Denn mit einer nur singulären und nur kontingenten Aussage ist uns nicht gedient, es sei denn, sie erfüllt sich in einem größeren Ganzen.

Im vernünftigen Rezeptionsprozeß sind die Zutaten des Zuhörers trotz seiner „Interpretationshoheit" alles andere als zufällig oder willkürlich (Garhammer/Schöttler 1998, 7, 10). Die Interpretation ist kein Freispiel. Sie hat, um wiederum vermittelbar zu sein, sich regelhaft, regelgeleitet zu verhalten. Sie ist „vorgespurt" (Zwick 1998, 86), von Rezeptionsvorgaben vorgeprägt, mit denen sie sich auseinanderzusetzen hat. Sie braucht ihnen zwar nicht blind zu folgen, sollte aber legitimieren können, wenn sie diese ignoriert oder unterläuft. Dem aufgeschlossenen Zuhörer sind die Räume aufgeschlossen. Nur der reinen Willkür bleiben sie versperrt. Für den wahrhaft Suchenden aber gilt: In der Predigt nach der Wende sind die Grenzen offen.

Literatur

Augustinus (1966): Confessiones/Bekenntnisse. Lat.-dt. Übers. J. Bernhart. 3. Aufl. Kösel, München

Augustinus: De doctrina christiana libri quatuor. PL 34, 16-122

Bejerholm, L., Hornig, G. (1966): Wort und Handlung. Untersuchungen zur analytischen Religionsphilosophie. Gütersloher Verlagshaus, Gütersloh

Blumenberg, H. (1981): Anthropologische Annäherung an die Aktualität der Rhetorik. In: Blumenberg, H.: Wirklichkeiten, in denen wir leben. Aufsätze und eine Rede. Universal-Bibliothek 7715. Philipp Reclam jun., Stuttgart, 104-136

Capella, Martianvs (1978): De nvptiis Philologiae et Mercvrii libri VIIII. In: Martianvs Capella. Ed. A. Dick. Bibliotheca scriptorvm Graecorvm et Romanorvm Tevbneriana. B. G. Teubner, Stuttgart

Damblon, A. (1991): Frei predigen. Ein Lehr- und Übungsbuch. Patmos, Düsseldorf

Engemann, W. (1993): Semiotische Homiletik. Prämissen – Analysen – Konsequenzen. THLI Textwissenschaft, Theologie, Hermeneutik, Linguistik, Literaturanalyse, Informatik 5. A. Francke, Tübingen/Basel

Feifel, E. (1992): Auftrag und Anspruch einer Theologischen Fakultät. Festvortrag am 5. Oktober 1992 bei der akademischen Feier anläßlich der Erhebung der Philosophisch-Theologischen Hochschule der Salesianer Don Boscos in Benediktbeuern zur Theologischen Fakultät. Benediktbeurer Hochschulschriften 4. Don Bosco, München

Garhammer, E. (1997): Verkündigung als Last und Lust. Eine praktische Homiletik. Friedrich Pustet, Regensburg

– (1998): „Boomt jetzt die Ästhetik?" Homiletik und Rezeptionsästhetik. In: Garhammer, E., Schöttler, H.-G. (Hrsg.): Predigt als offenes Kunstwerk. Homiletik und Rezeptionsästhetik. Don Bosco, München, 13-27

Garhammer, E., Schöttler, H.-G. (1998): Vorwort. Zu: Garhammer, E., Schöttler, H.-G. (Hrsg.): Predigt als offenes Kunstwerk. Homiletik und Rezeptionsästhetik. Don Bosco, München, 7-10

Grözinger, A. (1995): Praktische Theologie als Kunst der Wahrnehmung. Chr. Kaiser/Gütersloher Verlagshaus, Gütersloh

Hammelsbeck, O. (1947): Der kirchliche Unterricht. Aufgabe – Umfang – Einheit. 2. Aufl. Chr. Kaiser, München

Heimbrock, H.-G. (1993): Empirische Hermeneutik in der Praktischen Theologie. In: van der Ven, J. A., Ziebertz, H.-G. (Hrsg.): Paradigmenentwicklung in der Praktischen Theologie. Theologie & Empirie 13. J. H. Kok Publishing House/Deutscher Studien Verlag, Kampen (Niederlande)/Weinheim, 49-67

Josuttis, M. (1968): Homiletik und Rhetorik. Pastoraltheologie 57, 511-527

– (1972): Verkündigung als kommunikatives und kreatorisches Geschehen. Evangelische Theologie 32, 3-19

Just, W.-D. (1975): Religiöse Sprache und analytische Philosophie. Sinn und Unsinn religiöser Aussagen. W. Kohlhammer, Stuttgart/Berlin/Köln/Mainz

Kriegstein, M. von (1979): Predigt als Gespräch. Pastoralpsychologische und didaktische Reflexion von Predigten und Gesprächsgottesdiensten. Urban-Taschenbücher T-Reihe 645. W. Kohlhammer, Stuttgart/Berlin/Köln/Mainz

Lausberg, H. (1960): Handbuch der literarischen Rhetorik. Eine Grundlegung der Literaturwissenschaft. 2 Bde. Max Hueber, München

Luksch, T. (1998): Predigt als metaphorische Gott-Rede. Zum Ertrag der Metaphernforschung für die Homiletik. Studien zur Theologie und Praxis der Seelsorge 35. Echter, Würzburg

Muck, H. (1992): Umwertungen im Raumgefüge „Kirche". In: Engemann, W., Volp, R. (Hrsg.): Gib mir ein Zeichen. Zur Bedeutung der Semiotik für theologische Praxis- und Denkmodelle. Arbeiten zur Praktischen Theologie 1. Walter de Gruyter, Berlin/New York, 233-245

Müller, K. (1994): Homiletik. Ein Handbuch für kritische Zeiten. Friedrich Pustet, Regensburg

Otto, G. (1970): Thesen zur Problematik der Predigt in der Gegenwart. In: Cornehl, P., Bahr, H.-E. (Hrsg.): Gottesdienst und Öffentlichkeit. Zur Theorie und Didaktik neuer Kommunikation. Fs. H.-R. Müller-Schwefe. Konkretionen – Beiträge zur Lehre von der handelnden Kirche 8. Furche, Hamburg, 34-43

Pater, W. A. de (1971): Theologische Sprachlogik. Übers. H. Hollenbach, J. Kohn, W. A. de Pater. Kösel, München

Petkewitz, W. R. (1991): Verkündigung in der Mediengesellschaft. Neue Informations- und Kommunikationstechniken in der kirchlichen Praxis. Gütersloher Verlagshaus Gerd Mohn, Gütersloh

Ramsey, I. T. (1957): Religious Language. An Empirical Placing of Theological Phrases. The Library of Philosophy and Theology. SCM Press, London

– (1983): Modelle und Qualifikatoren. Übers. R. M. Gassen, D. B. M. Mülhausen. In: Kaempfert, M. (Hrsg.): Probleme der religiösen Sprache. Wege der Forschung 442. Wissenschaftliche Buchgesellschaft, Darmstadt, 152-183

Richards, K., [Hüetlin, T., Dallach, C.] (1998): „Meine Leinwand ist die Stille". Spiegel-Gespräch. Der Spiegel, Nr. 45, 167-170

Steinen, U. von den (1979): Rhetorik – Instrument oder Fundament christlicher Rede? Ein Beitrag zu Gert Ottos rhetorisch-homiletischem Denkansatz. Evangelische Theologie 39, 101-127

Theißen, G. (1994): Zeichensprache des Glaubens. Chancen der Predigt heute. Chr. Kaiser/Gütersloher Verlagshaus, Gütersloh

Thurneysen, E. (1921): Die Aufgabe der Predigt. Pastoralblätter 63, 209-219

Track, J. (1977): Sprachkritische Untersuchungen zum Reden von Gott. Forschungen zur systematischen und ökumenischen Theologie 37. Vandenhoeck & Ruprecht, Göttingen

Ueding, G., Steinbrink, B. (1994): Grundriß der Rhetorik. Geschichte, Technik, Methode. 3. Aufl. Metzler, Stuttgart/Weimar

Wenz, H. (1998): Körpersprache im Gottesdienst. Theorie und Praxis der Kinesik für Theologie und Kirche. 3. Aufl. Evangelische Verlagsanstalt, Leipzig

Zerfaß, R. (1970): Predigt und Gemeinde. In: Zentralkomitee der deutschen Katholiken (Hrsg.): Gemeinde des Herrn. 83. Deutscher Katholikentag vom 9. September bis 13. September 1970 in Trier. Verlag Bonifacius-Druckerei, Paderborn, 400-423

– (1987): Grundkurs Predigt 1. Spruchpredigt. Unter Mitarbeit v. K. Roos. Patmos, Düsseldorf

– (1992): Grundkurs Predigt 2. Textpredigt. Patmos, Düsseldorf

Zwick, R. (1998): Weshalb ein Prediger bisweilen ins Kino gehen sollte. Rezeptionsästhetische Anmerkungen zum Film. In: Garhammer, E., Schöttler, H.-G. (Hrsg.): Predigt als offenes Kunstwerk. Homiletik und Rezeptionsästhetik. Don Bosco, München, 82-96

KERSTIN KÖHLER, MARTIN KUHLMANN und
CÄCILIE SKORUPINSKI

Workshop: Wirtschaft – Ethik – Rhetorik

Mit diesen drei Begriffen ist ein schier unerschöpflicher Themenrahmen gesetzt, der in einem Workshop oder einem Artikel für einen Sammelband nicht annähernd gefüllt werden kann. Für diese sensibel zu behandelnde Vielschichtigkeit ist vor allem der Begriff „Ethik" verantwortlich. Auch wenn Sprechwissenschaftler/innen und Sprecherzieher/innen über diesen Begriff assoziieren, wird der Begriffsgehalt nicht unbedingt eindeutiger. Es kristallisieren sich dabei vor allem zwei ganz unterschiedliche Bedeutungsfelder heraus. Auf der einen Seite motiviert der Begriff das Nachdenken über Ethik im Sinne eines *metaethischen Diskurses*. Gänzlich verschieden, aber immer noch ausgelöst durch den Begriff Ethik, treten daneben *Beschreibungen des guten Handelns* ins Bewußtsein. Im Falle von Sprecherzieher/innen können das beispielsweise Satzergänzungen zu: „Von guten Sprecherzieher/innen erwarte ich mir …" sein.

In diesem Artikel wollen wir uns dem zweiten Bedeutungsfeld von „Ethik" zuwenden. Um nicht in Konflikt mit dem breiteren Bedeutungsspektrum zu geraten, konzentrieren sich die folgenden Kapitel auf den eindeutigeren Begriff „handlungsleitende Werte" anstatt ‚Ethik'.

Im Gegensatz zu einem erfahrungsorientierten Workshop können in diesem Artikel keine Übungen im Sinne von Erfahrungsangeboten vorgestellt werden. Folgerichtig kann es hier auch keinen Erfahrungsaustausch unter Fachkollegen geben mit dem Ziel, ‚Theorie für die Praxis' zu erarbeiten. Lediglich die Eingangsreferate, die zu den Übungen hinführen, können hier abgedruckt werden.

Das erste Kapitel des Artikels wird sich mit *Werteorientierung als Thema von Kommunikationsseminaren* beschäftigen. Dabei geht es u. a. um drei Fragen:

– Welche Funktion haben handlungsleitende Werte für den Einzelnen?
– Kann rhetorische Kommunikation Werte überhaupt beeinflussen?
– Welche Methoden können für die Sprecherziehung Innovation bedeuten?

Das zweite Kapitel beschäftigt sich mit einem Thema, das von der sprecherzieherischen Praxis auf den ersten Blick weit entfernt erscheint. Es geht um Unternehmensethik bzw. um die *handlungsleitenden Werte in Unternehmen*. Ein Thema, das immer häufiger in Kommunikationsseminaren im Bereich der Wirtschaft diskutiert wird. Deshalb sollten auch Sprechwissenschaftler/innen und Sprecherzieher/innen diese Facette von ‚handlungsleitenden Werten' zur Kenntnis nehmen. In diesem Kapitel geht es u. a. um folgende Leitfragen:

– Wie können Werte im Zeitalter fehlende verbindlicher Wertesysteme (z. B. kirchl./christl. Werte) gefunden werden?
– Wie kann ein Prozeß der Wertebildung in einem Unternehmen aussehen?
– Welche Chancen eröffnet eine solcher Prozeß?

Von Seiten der Autoren ist eine weitere Auseinandersetzung mit dem Thema handlungsleitender Werte sehr gewünscht. Sei es als Feedback, als theoretischer Diskurs in Seminaren oder Tagungen oder auch als Austausch praktischer Erfahrung aus Arbeitssituationen, so daß es vielleicht auch zu ‚Praxis für die Theorie' kommen könnte.

Wertorientierung als Thema von Kommunikationsseminaren

Mein Zugang zum Thema Ethik. Als Theologe (ein Seminarteilnehmer:»Aha, Sie haben also Ethik studiert.«) habe ich mich viel mit Ethik, genauer ‚Sozialethik' aueinandergesetzt. Also Ethik immer schon verstanden als *Funktion*, Wertorientierung anzubieten für das *Zusammenleben der Menschen* auch in den institutionellen oder staatlichen Erscheinungsformen. Meine DGSS-Abschlußarbeit setzt sich mit *ethischen Grundlagen der Sprechwissenschaft* und besonders mit *Hellmut Geissners Entwurf einer dialogischen Ethik* auseinander.

In diesem Referat geht es um eine sprecherzieherisch interessante Facette praktischer Ethik: *Wertorientierung als Thema von Kommunikationsseminaren.* Und zwar nur in einer von vielen möglichen Perspektiven:

Es soll dabei um Wege gehen, wie Wertorientierungen in einem Seminarkontext zum Thema werden können. Und zwar *nicht* nur als kognitive Auseinandersetzung über Werte. Und ebensowenig in der Form des Appells: Sei X! (X = spontan/ gut/ demokratisch/ kooperativ/ gesprächsfähig/ glaubwürdig → ∞)

Ethik als ein sich aufdrängendes Seminarthema begegnete mir vor ein paar Jahren in einer VHS im mittelhessischen Hinterland. Ein Manager eines internationalen Brauseherstellers forderte von mir rhetorische Hilfe für folgende Absicht:»Ein Mitbewerber soll kapieren, daß er entweder mit uns zusammenarbeiten kann oder als Eigenständiger vom Markt verschwindet. Das soll er kapieren und nicht sauer sein.«

Rhetorik, verstanden als eine erfolgreiche Vermittlungstechnik von Inhalten, wird hier sicherlich in voller Partnerorientierung, Perspektivenübernahme und in Anwendung des Geissnerschen Situationsmodells die geeigneten 5-Sätze für diesen Zweck finden. Und schon scheint allen geholfen zu sein. Aber damit wäre nicht die Wertedimension beachtet, die durch die benannte Absicht berührt wird. Also bringt die Orientierung an den Faktoren der Kommunikationssituation allein, so genau man sie auch vollführen mag, noch keinen Kontakt zur Werteorientierung.

Aber ist es nicht das Ziel von *rhetorischer Kommunikation*, ethisch verantwortliche Sprechhandlungen zu vollziehen? Bzw. ist es nicht das Ziel rhetorischer Kommunikation als *sprecherzieherische Pädagogik*, ethisch verantwortliche Sprechhandlungen zu motivieren? Dafür müssen die Einstellungen und Überzeugungen der Menschen in den sprecherzieherischen Blick genommen werden – die Einstellungen zu den Dingen, zu anderen Menschen und sich selber gegenüber.

Wie entstehen diese Einstellungen? Auch ohne jetzt die Tiefen der Sozialwissenschaften auszuloten, können Einstellungen beschrieben werden als jeweiliges mentales Zwischenergebnis der ständigen Auseinandersetzung zwischen System und Umwelt. D. h. auch, daß Einstellungen und Überzeugungen immer systemstabilisierende Funktion haben und nicht durch Appell oder kognitive Überlegung aufgegeben werden können.

So war das auch beim mittelhessischen Manager. Er war z. B. nicht in der Lage, eine andere seiner Aussagen(„Egal was er tut, er fliegt sowieso vom Markt.") für sich zu hinterfragen. ,Hinterfragen' als Handlungsmöglichkeit in Bezug auf diesen Satz schien ein ,blinder Fleck' zu sein. Ohne diese Überzeugung ging es wohl für ihn nicht.

Nun bringen nachweislich Appelle von Werten oder die kognitive Auseinandersetzung über Werte keine ethisch verantwortete Handlung hervor. Wie kann angesichts dieser Tatsache die Bedingung der Möglichkeit aussehen, die Ebene der Werte tatsächlich anzusprechen? Wohl gemerkt, es soll nicht um die Implementierung bestimmter Werte gehen, sondern um die Voraussetzung dafür, daß Veränderung von Werten überhaupt angebahnt werden können.

Schnorrenberg hat mehrfach Wege der Veränderungsarbeit in sprechwissenschaftlichen Publikationen aufgezeigt (z. B. Schnorrenberg (1995), (1996)). Er sieht die Voraussetzung für die Veränderung von Glaubenssätzen und Überzeugungen in der verantwortbaren Labilisierung der systemischen Stabilität. D. h. Glaubenssätze und mithin auch handlungsleitende Werte können sich erst dann ändern, wenn sie das System, das sie stabilisieren sollen, nicht mehr stützen (können). Konkret wird die Veränderung dann, wenn der systemische ,Wunsch nach Stabilität' des labilisierten Systems neue stabilisierende Werte schafft, die zu der veränderten Situation passen können. So verstanden wird auch deutlich, daß diese Art, mit Überzeugungen und Werten umzugehen, nicht selber bestimmte Werte organisiert. Über die verantwortbare Labilisierung wird ein Weg eröffnet, wie Systeme ,für sich selber' zu Veränderungen auf der Ebene der Werte und Überzeugungen gelangen können. Geeignete Methoden, die diese Form der Veränderung ermöglichen können, sieht Schnorrenberg in verschiedenen psychotherapeutischen Verfahren, z. B. dem NLP.

Ebenso sind erfahrungsorientierte Arbeitsformen wie die Erlebnispädagogik geeignet, um Labilisierungen von Glaubenssätzen und damit auch die Chance neuer Wertorientierung wirksam anzustoßen. Für die Situation von

Kommunikationsseminaren ist es sicherlich notwendig, auch indoor-Varianten dieser Pädagogik zu erarbeiten.

Fazit und Ausblick: Wenn es um die Wertorientierung in der Sprechwissenschaft geht, dann braucht dieses Fach nicht nur eine Diskussion über den Begriff einer sprechwissenschaftlichen Ethik. Weil es immer wieder um Wertorientierung als konkretes Thema in sprecherzieherischer Praxis geht, brauchen wir ebenso eine innovative Diskussion über die Vermittelbarkeit dieses Themas. Dafür braucht die sprecherzieherische Praxis methodische Kompetenzen – und das ist das Überzeugende an dem Ansatz von Schnorrenberg –, die auf der Höhe der Zeit und sachgemäß sind. Dafür braucht es die Überzeugung, über die traditionellen Methoden von Sprecherziehung hinauszugehen, um in den verschiedenen Therapieformen Methoden zu entdecken, die für die sprecherzieherische Arbeit nutzbar gemacht werden können. Das ist eine der zentralen Aufgaben der Rhetorik im Spannungsfeld zwischen Tradition und Innovation.

Wozu Unternehmensethik?

In diesem Referat wird Ethik in der Wirtschaft verstanden als *Wertorientierung für wirtschaftliches Handeln*. Dabei gilt der Anspruch, daß dieses Handeln sowohl *sachgerecht* als auch *menschengerecht* sein soll.

Unsere Gesellschaft befindet sich im Wandel und damit auch unser Verständnis von Wirtschaft. Gewinnerzielung und materielle Bedürfnisbefriedigung als Funktionen von Wirtschaft sind für ihre Legitimation nicht mehr ausreichend. Unternehmen müssen gesellschaftliche Akzeptanz und Legitimation immer neu erwerben. Man erkennt das daran, daß Handlungen und Entscheidungen immer mehr in der öffentlichen Kritik stehen. Die Wirtschaft ist zum Machtfaktor Nr. 1 unserer Gesellschaft geworden. Wirtschaftliches Kalkül steht über politischen Entscheidungen. Deshalb sind Regulierungen unbedingt notwendig; sowohl durch die Öffentlichkeit als auch durch die Unternehmen selbst.

Da es keine gesamtgesellschaftlich normgebenden Instanzen mehr gibt – weder Kirche noch revolutionäre Ideologien sind gesamtgesellschaftlich relevant – kann die Wirtschaft als mächtigste Kraft in der Gesellschaft wertesetzend und wertebildend wirken. Das wird dadurch deutlich, daß das Selbst- und Fremdbild des Menschen zunehmend über die Arbeit/Stellung etc. gebildet wird. Die Wirtschaft wird somit zum Prometheus, sich Menschen schaffend nach ihrem Bilde. Vor diesem Hintergrund bekommt die Unternehmensethik immer mehr die Funktion, Orientierungshilfen zur Lösung von Entscheidungsproblemen zu geben.

Zusammengefaßt kann man sagen, daß es eine Wechselwirkung, eine gegenseitige Beeinflussung von Wirtschaft und Ethik gibt. Viele Dinge beeinflussen die handlungsleitenden Werte in der Wirtschaft:

– Der Prometheuscharakter der Wirtschaft,
– das Leitbild des Sharholder Value, das Aktionärsinteressen über Mitarbeiter-interessen setzt;
– Total Quality Management, um nur einige Momente anzuführen.

Vice versa beeinflußt die Ethik auch die Wirtschaft:

– Gewachsenes Umweltbewußtsein,
– stärkeres Selbstverständnis der Mitarbeiter als wertiger Bestandteil des Unternehmens,
– erhöhte Ansprüche der Öffentlichkeit an das Unternehmen zur Legitimation in der Gesellschaft. So betrachtet die Öffentlichkeit den Machtfaktor Wirtschaft zunehmend kritisch.

Entscheidend ist es in diesem gesellschaftlichen Prozeß, daß möglichst nur sach- und menschengerechte Werte Eingang in die Unternehmensleitlinien finden. Die Steuerung dieses Prozesses ist eine besondere Herausforderung für die Unternehmenskommunikation.

Wie läßt sich dieser Prozeß anbahnen?

Der erste Schritt ist eine Sensibilisierung. Vor allem Führungskräften muß bewußt gemacht werden, daß ihre Aktivitäten ethisch relevante Auswirkungen haben. Erfreulicherweise ist dieses Bewußtsein bei über der Hälfte der Manager etabliert. Dies ergab eine empirische Befragung des Institutes für Wirtschaftsethik der Hochschule St. Gallen von 1990. Es ist sinnvoll, einen solchen Prozeß *top down* zu beginnen, damit die Führung eines Unternehmens zum Motor dieser Entwicklung wird. Erst anschließend kann sich ein Unternehmen als Ganzes mit einer neuen Wertebildung beschäftigen.

Wie ist eine solche Wertebildung vorstellbar? Wie kann ein Unternehmen zu Werten gelangen, die sowohl menschen- als auch sachgerecht sind?

Diese Wertebildung ist ein umfassender Prozeß, der von allen Mitarbeitern eines Unternehmens getragen und gestaltet werden muß. Deshalb geht es darum, Mitarbeiter an diesem Prozeß zu beteiligen. Diese Beteiligung kann in drei aufeinander folgenden Befragungen geschehen. Alle Befragungen werden sinnvollerweise anonym durchgeführt.

1. Zuerst geht es darum herauszufinden, welche *handlungsleitenden Werte* sich Mitarbeiter als sach- und menschengerecht *für ihr Unternehmen ‚wünschen‘.*
2. Als zweites ist danach zu fragen, welche *Werte* Mitarbeiter in ihrem Unternehmen *als tatsächlich handlungsleitend wahrnehmen.*
3. Die dritte wichtige Information für diesen Prozeß ist die *Werteorientierung* der Mitarbeiter für *das eigene Handeln.*

Diese Informationen werden wie folgt bearbeitet: Von den für das Unternehmen gewünschten Werten (1.) werden diejenigen für eine nachfolgende unternehmensweite Diskussion ausgesondert, die mit den individuellen handlungsleitenden Werten (3.) übereinstimmen. Diese Diskussion dreht sich dann um diejenigen Werte, die am stärksten in den Befragungen repräsentiert sind (z. B. die Top 5).

In dieser Diskussion mit allen Mitarbeitern geht es darum, die zukünftig geltenden Unternehmenswerte zu finden und im Konsens zu formulieren. Diese konsensualen handlungsleitenden Werte können im gelungenen Fall zu den zukünftigen Unternehmensleitlinien gezählt werden.

Ergibt sich aber eine Diskrepanz zwischen den konsensualen und den im Unternehmen wahrgenommenen (2.) Werten, müssen letztere systemisch ‚labilisiert' werden. Erst dann können neue Unternehmenswerte tatsächlich handlungsleitend werden. Wie das auf der Ebene ganzer Unternehmen geschehen kann, kann an dieser Stelle nicht erschöpfend behandelt werden.

Um auf Grund dieser weiterentwickelten Unternehmenswerte ethisch-vernünftige Entscheidungen zu treffen, muß ein besonderer Verfahrensweg eingehalten werden. Es gibt einen traditionellen Weg, wie in Unternehmen Entscheidungen getroffen werden: durch Macht/ bzw. Vorgabe durch die Führungskräfte; also als personalautonome Entscheidung. Personalautonome Entscheidungen haben den Vorteil, daß sie schnell und spontan getroffen werden können. Der Nachteil: Es entsteht eine Verlegung von Bestimmungen ethisch legitimer Ziele und Mittel in den privaten, am persönlichen Gewissen orientierten Bereich. Dies sollte nur in Einzelfällen bzw. in Ausnahmesituationen der Fall sein.

Für Unternehmensentscheidungen, die den weiter entwickelten Unternehmenswerten genügen, braucht es dementsprechend eine weiter entwickelte Form der Kommunikation. Ethisch-vernünftige Entscheidungen über Ziele und Mittel, die auch betriebswirtschaftlichen Ansprüchen genügen (sachgerecht), müssen im Konsens der Gruppe gefaßt werden. Zu einer so bestimmten Gruppe gehören alle von einer Entscheidung Betroffenen.

Wir möchten versuchen, für Unternehmen diesen Kommunikationsrahmen zu institutionalisieren. So kann es zu einer bewußten Auseinandersetzung mit den gemeinsamen Werten kommen. Damit ist auch die notwendige Bedingung der Möglichkeit gegeben, zukünftige Unternehmensstrategien dem neu entwickelten übergeordneten Wertesystem unterzuordnen.

Fazit und Ausblick: Durch eine Etablierung von Unternehmenswerten, wie bisher dargestellt, kann sich die Zufriedenheit der Mitarbeiter erhöhen, weil sich die Mitarbeiter in ihren Unternehmenswerten wiederfinden. Deswegen ist die Entwicklung der Werte aus dem Mitarbeiterpotential ein unbedingtes Muß.

Herrscht Einigkeit in grundlegenden Dingen, im ethischen Basisverständnis, werden längerfristig Verstöße gegen Unternehmenswerte verhindert, Sabotage wird vorgebeugt. Unternehmensethik wird tatsächlich zur gemeinsamen Leitlinie. Das Wissen um eine gemeinsame Basis unterstützt gegenseitiges Vertrauen und Zusammenarbeit. Deshalb ist Produktivitätserhöhung ein durchaus realistisches Resultat.

Als ethisch vernünftig können Handlungen beurteilt werden, wenn:

„Zwecke und Mittel von allen Betroffenen auf Grund der eigenen Einsicht in deren Richtigkeit und Triftigkeit geteilt werden. Die ethische Herausforderung besteht in diesem Zusammenhang in der vorbehaltlosen Prüfung einer Handlung auf ihre Legitimität. Diese ist dann gegeben, wenn auf friedlichem Weg, ohne Überredungs-, Belohnungs- oder Bestrafungsstrategien, ein Konsens über Ziele und Mittel des Handlungsprogrammes unter allen Beteiligten erzielt werden kann." (Wittmann 1994)

Literatur

Bartsch, Elmar (1990): Grundlinien einer kooperativen Rhetorik. In: Geißner, H. (Hrsg.): Ermunterung zur Freiheit. Festschrift für Ilse Schweinsberg. Sprache und Sprechen Bd 23/ 24, Frankfurt, S. 37-49

Dilts, Robert (1989): Strukturen subjektiver Erfahrung. Ihre Erforschung und Veränderung durch NLP, Paderborn

Geißner, Hellmut (1973): Rhetorik und politische Bildung, Dokumente und Schriften der europäischen Akademie Otzenhausen, Saarbrücken, Nr. 18/ 1973, 3. Aufl. Frankfurt

– (1982b): Zwischen Geschwätzigkeit und Sprachlosigkeit. Zur Ethik mündlicher Kommunikation. In: Lotzmann, G. (Hrsg.): Mündliche Kommunikation in Studium und Ausbildung, Sprache und Sprechen Bd. 9, Königstein, S. 9-32

– (1988): Communicare est participare. In: Gutenberg, N.(Hrsg.): Kann man Kommunikation lehren (Sprache und Sprechen Bd. 19), Frankfurt/ M.

– (1990): Das Dialogische in der Klemme: In LiLi, 20. Jg., H. 79, S. 88-109

– (1995a): Über dialogische Ethik, in Rhetorica, Vol. XIII/ Nr. 4, S. 443-453

– (1995b): Vom Gespräch zur Rede. Zur Didaktik der rhetorischen Kommunikation. In: Herbig, A. F. (Hrsg.): Konzepte rhetorischer Kommunikation, St. Ingbert, S. 11-24

König, Rainer (1991): Ethik, Kommunikation und wirtschaftliches Handeln. In: Lüschow, F., Pabst-Weinschenk, M. (1991): Mündliche Kommunikation als kooperativer Prozeß. Festschrift für Elmar Bartsch, Frankfurt/ M., S. 112-134

Lay, Rupert (1989): Ethik für Manager, Düsseldorf

Luhmann, Niklas (1987): Soziale Systeme – Grundriß einer allgemeinen Theorie, Frankfurt/ Main

– (1989): Paradigm lost: Über die ethische Reflexion der Moral, Frankfurt/ Main

Schnorrenberg, Jo E. (1995): Rhetorische Kommunikation als Gegenstand von Erwachsenenbildung: Erwartungen und Versprechungen in illusionärer Komplementarität. In: Herbig, A. F. (Hrsg.): Konzepte rhetorischer Kommunikation, St. Ingbert, S. 131-142

– (1996): Anmerkungen zum Verhältnis von Kreativität und Effektivität sprecherzieherischen Handelns. In: Lemke, S., Thiel, S. (Hrsg.): Sprechen Reden Mitteilen, München/Basel, S. 43-49

Staffelbach, B. (1994): Management-Ethik, Bern

Wittmann, S. (1994): Praxisorientierte Managementethik, Münster/Hamburg

ANNETTE LEPSCHY

Wider die Sinnlosigkeit von Besprechungen!

Besprechungsziele und ihre kommunikativen Bearbeitungsmöglichkeiten

In Unternehmen, Verwaltungen und Institutionen sind Besprechungen ein wesentlicher Bestandteil der täglichen Arbeit. Es handelt sich um Zusammenkünfte mehrerer Personen, die im Gespräch etwas miteinander klären, abstimmen, beraten oder regeln müssen. Besprechungen sind im Unterschied zu anderen Gesprächsformen (wie z. B. small talk) in besonderer Weise auf Ziele und Ergebnisse ausgerichtet.

Der Erfolg einer Besprechung ist von vielen Faktoren abhängig, die sowohl mit der Vorbereitung als auch der Durchführung verknüpft sind (vgl. zum Folgenden ausführlich Lepschy 1998).

Die Unzufriedenheit von Besprechungsteilnehmern und -teilnehmerinnen resultiert unter anderem daraus, daß in Besprechungen zwar viel und hitzig diskutiert, aber wenig erreicht wird bzw. die erreichten Ergebnisse häufig in keinem Verhältnis zum erbrachten Zeit- und Energieaufwand stehen. Diese inhaltlich-strukturellen Schwächen lassen sich auf drei Ebenen beschreiben:

a) Funktionale Ebene: Auf der übergeordneten Ebene gesellschaftlicher Arbeitsfelder bzw. Organisationseinheiten sind die Funktionen von Besprechungen häufig nicht bzw. nicht mehr deutlich.

b) Thematische Ebene: Auf der Ebene der Besprechung selbst fehlen den einzelnen Gesprächsgegenständen klare Zielstrukturen, so daß häufig am Thema vorbei „diskutiert" wird und dadurch Zeit und Energie verloren gehen.

c) Methodische Ebene: Selbst wenn das Ziel klar ist, ist nicht immer klar, in welchen Schritten, mit welchem Verfahren oder auf welchem Weg dieses Ziel erreicht werden soll.

Ich möchte im folgenden auf diese Aspekte eingehen und Lösungsansätze vorstellen.

1. Die funktionale Ebene von Besprechungen

Besprechungen sollen im Kontext einer übergeordneten Tätigkeit bestimmte Aufgaben erfüllen (vgl. auch Schwarz 1985, 43). In der Arbeitsrealität gibt es Kurzbesprechungen, die den betrieblichen bzw. institutionellen Arbeitsablauf sicherstellen sollen. Gesprächsgegenstände sind hier Alltagsprobleme, die die Zusammenarbeit, die Arbeitsorganisation oder aktuelle bereichsspezifische

Fragen betreffen. Außerdem sollen sie für den notwendigen regelmäßigen Informationsaustausch innerhalb einer Arbeitsorganisation sorgen und den Kommunikationsbedarf für solche Fälle abdecken, die nicht „zwischen Tür und Angel" besprochen werden können. Daneben finden Gremienbesprechungen statt, die sich über die Personen, die hier zusammenkommen, definieren lassen. Die Teilnehmer können politische, soziale, gewerkschaftliche, verwaltungs- oder unternehmensspezifische Interessen repräsentieren. Die Personen nehmen stellvertretend für eine bestimmte gesellschaftliche Gruppe an der Zusammenkunft teil. Hierzu können z. B. Vorstandssitzungen, Abteilungsleiterbesprechungen, Tagungen von Gewerkschaftsgruppierungen, Ausschüsse oder Betriebsratssitzungen gehören.

Wir finden weiterhin eher themen- bzw. aufgabenbezogene Besprechungen. Hier kommen bestimmte Personen ausschließlich zur Besprechung bestimmter Themen und Probleme zusammen. Die Teilnehmer und Teilnehmerinnen solcher Besprechungen sind in der Regel Experten oder Betroffene. Diese Besprechungen sind zeitlich begrenzt und werden nur solange fortgeführt, wie es das Thema notwendig macht. Hierzu können Arbeitsgruppen, Problemlösegruppen, Workshops oder Projektgruppen gehören.

Die jeweiligen Inhalte und Ziele der Besprechungen ergeben sich aus den gesellschaftlichen Organisationsstrukturen und ihren jeweiligen Subsystemen, innerhalb derer die Besprechungen angesiedelt sind (vgl. Lepschy 1995, 65).

In all diesen Formen von Besprechungen kommt es vor, daß nicht allen Teilnehmern die Funktion der Besprechung klar ist oder daß Funktionen traditioneller Besprechungen nicht mehr dem Bedarf bzw. den Bedürfnissen einer sich ändernden Organisation entsprechen. In solchen Fällen sollte die Funktion einer Besprechung geklärt und neu definiert werden. Dazu können die folgenden Fragen herangezogen werden, die z. Zt. allerdings eher noch „Werkstattcharakter" besitzen und von mir noch nicht weiter systematisiert worden sind:

– Welche internen Besprechungen führen wir durch?
– An welchen externen Besprechungen nehme ich/nehmen wir teil?
– Welche Themen werden auf diesen internen/externen Besprechungen besprochen?
– Wie oft finden die Besprechungen statt?
– Wie lange dauern diese Besprechungen?
– Welchen Nutzen hat die jeweilige Besprechung für mich/für unser Team/unsere Abteilung?
– Welche Besprechungen empfinde ich/empfinden wir als überflüssig/zu häufig und warum?
– Was würde passieren, wenn wir die Besprechung wegfallen ließen? (Weglaßprobe)
– Wo fehlen uns Besprechungen und warum?

– Wo gibt es in unserer Abteilung/in unserem Team o. ä. Probleme mit dem Informationsfluß?

– Sind die Probleme, die wir durch eine oder mehrere Besprechungen versuchen zu lösen, nicht auch auf anderem Wege zu bewältigen? (Gibt es alternative, schnellere, kostengünstigere Verfahren, auf die wir zurückgreifen könnten?)

– Mit welcher Entscheidungsbefugnis ist die jeweilige Besprechungsrunde ausgestattet? Unter welchen Rahmenbedingungen bearbeitet eine Besprechungsrunde bestimmte Themen?

Auf der Grundlage dieser Fragen lassen sich dann entsprechende Handlungskonsequenzen wie z. B. Veränderungen in der personellen Zusammensetzung, der zeitlichen Begrenzung oder der inhaltlichen Struktur ziehen.

2. Die thematische Ebene von Besprechungen

Ein Besprechungsthema definiere ich als Korrelation eines Inhaltes (im Folgenden auch Gegenstand genannt) mit einem kommunikativen Handlungsziel. Zur Erreichung dieses Ziels muß der Inhalt auf eine bestimmte Art und Weise bearbeitet werden. Das Wie der Bearbeitung wird durch verschiedene kommunikative Bearbeitungsmethoden realisiert.

Auf dieser Definitionsgrundlage läßt sich nun die zweite inhaltlich-strukturelle Schwäche von Besprechungen näher beschreiben. Die Besprechungspraxis zeigt, daß für Tagesordnungspunkte häufig keine klaren kommunikativen Handlungsziele formuliert werden; man findet in Tagesordnungen lediglich Auflistungen von Besprechungsinhalten wie die folgende fiktive, aber durchaus realistische Tagesordnung zeigt:

– Büroablage
– Anschaffung einer neuen Telefonanlage
– Werbekampagne für das Produkt xyz
– Urlaubsvertretungsplan in der Abteilung Verkauf
– Betriebsfest 1999

Die hier aufgelisteten Inhalte können mit verschiedenen kommunikativen Zielen versehen werden. Mögliche Besprechungsziele für die aufgelisteten Themen könnten z. B. sein:

Der Tagesordnungspunkt „Büroablage" könnte mit dem Ziel besprochen werden, über Ursachen für die nicht funktionierende Ablage zu reflektieren. Denkbar wäre aber auch, daß nur darüber informiert wird, daß ein neues Büroablagesystem eingeführt werden soll. Wenn über die Anschaffung einer neuen Telefonanlage gesprochen wird, kann das bedeuten zu klären, ob es sinnvoll ist, eine neue Anlage anzuschaffen; ein anderes Besprechungsziel könnte aber auch sein, die Anschaffung bzw. den Einsatz der neuen Telefonanlage zu planen.

Tagesordnungspunkte lassen sich also unter verschiedenen Zielsetzungen kommunikativ bearbeiten. Hinter einem Besprechungspunkt können sich also in der Regel eine Reihe kommunikativer Handlungen verbergen, die sich durch die ihnen immanenten Ziele unterscheiden. Je unklarer das Ziel für die Besprechungsteilnehmer ist, um so größer ist die Gefahr, daß periphere Inhalte fokussiert, mehrere Ziele gleichzeitig verfolgt werden oder zwischen Zielen hin- und hergesprungen wird.

Die Arbeitsstruktur und Arbeitsmoral einer Besprechungsgruppe könnte dadurch verbessert werden, daß die kommunikativen Handlungsziele von Tagesordnungspunkten klar definiert werden.

Die Formulierung von kommunikativen Handlungszielen meint nichts anderes, als die Frage zu beantworten: Was sollen die Besprechungsteilnehmer mit dem Thema tun? Die Ermittlung solcher Handlungsziele für Besprechungsgegenstände ist in erster Linie eine Vorbereitungsaufgabe, die im Vorfeld der Besprechung vorgenommen werden sollte.

3. Methodische Ebene von Besprechungen

Um kommunikative Ziele angemessen bearbeiten zu können, sind entsprechende Bearbeitungsmethoden notwendig. Hier ist also die Frage zu beantworten: Wie sollen die Besprechungsteilnehmer das Thema bearbeiten?

Bearbeitungsmethoden sind kommunikative Verfahren, die den Weg zur Erreichung des kommunikativen Handlungsziels vorgeben. Sie können durch Visualisierungstechniken unterstützt werden, mit denen Prozesse, Ergebnisse und Überlegungen bildhaft dargestellt werden (vgl. Seifert 1995b, 14). Optisch unterstützte Themenbearbeitungen bieten den Vorteil, alle Besprechungsteilnehmer zu beteiligen sowie den Verlauf des Gesprächsprozesses und die erreichten Besprechungsergebnisse für alle transparent zu machen.

4. Kommunikative Handlungsziele und ihre Bearbeitungsmethoden

Im folgenden möchte ich einen Katalog von möglichen Handlungszielen und Bearbeitungsmethoden vorstellen, den ich im Rahmen einer Auftragsstudie für eine Organisation entwickelt habe. Dieser befindet sich zwar noch in der Weiterentwicklung, kann aber bereits im jetzigen Bearbeitungszustand zur Vorbereitung von Besprechungen hilfreich sein. Da es mir an dieser Stelle primär um die „immanent methodische" (Klafki 1980, 35) Struktur von Besprechungsthemen geht, werde ich im folgenden auf eine Darstellung der Visualisierungstechniken verzichten. Ich verweise an dieser Stelle auf die einschlägige Literatur.

4.1 Handlungsziel: Information

In fast jeder Besprechung gibt es Besprechungsthemen, die auf die Darstellung von Sachverhalten oder Fakten zielen. Solche Tagesordnungspunkte haben die Funktion, alle Besprechungsteilnehmer auf den gleichen Informationsstand zu bringen. Unterscheiden lassen sich formalisierte von themen- bzw. anlaßbezogenen Informationen.

Formalisierte Informationen sind häufig fest installierte Tagesordnungspunkte wie z. B. „Berichte aus dem Vorstand", „Verschiedenes" etc. Um solche Informationen nicht ausufern zu lassen, bietet es sich an, einen Kriterienkatalog zu erarbeiten, nach dem die Informationen strukturiert bearbeitet werden können. Solche Kriterien könnten beispielsweise lauten:

Aufträge und Anfragen in dieser Woche
Technische Veränderungen/Probleme
Aktueller Stand des Projekts xyz
Personalia u. ä.

Eine solche strukturierte Informationsabgabe führt zu einer Straffung solcher Berichtspunkte, die ansonsten schnell zu „Plauderstündchen" mutieren.

Themen- bzw. anlaßbezogene Informationen können Sachstandsberichte, Projektbeschreibungen, Produktinformationen, Arbeitsanalysen, Expertenreferate u. a. sein. Hier ergibt sich in Besprechungen häufig die Frage, wie man mit der Information weiterarbeiten kann. Sinnvoll ist das folgende Bearbeitungsverfahren:

Im Anschluß an die Information sollten Verständnisfragen geklärt und die Kerngedanken nochmals zusammengefasst werden. Im Anschluß daran sollte die Besprechungsrunde klären und sammeln, welche Konsequenzen/Einschätzungen sich aus der Information ergeben. Dann können sich themenspezifisch weitere Bearbeitungsschritte anschließen (s. u.).

4.2 Handlungsziel: Ideensammlung

Ein mögliches Handlungsziel in Besprechungen können Ideensammlungen sein. Ideensammlungen sind offene, kreative Prozesse, die in konkretere Planungen und Maßnahmenvereinbarungen münden können. Ideensammlungen haben in der Regel eine Leitfrage wie z. B.:

– Wie können wir die Produktqualität verbessern?
– Wie wird unsere Teeküche ordentlicher?
– Welche Möglichkeiten haben wir, mehr Vereinsmitglieder zu werben?
– Wie soll unser nächstes Betriebsfest gestaltet werden?

Um dieses Handlungsziel deutlich von anderen Zielen abzugrenzen, sollten folgende methodische Verfahrensprinzipien eingehalten werden.

Klärung von Rahmenbedingungen

Besonders dann, wenn eine Besprechungsgruppe Lösungsvorschläge für Probleme, gestalterische Ideen oder Umsetzungsvorschläge für Projekte etc. erarbeiten soll, müssen die Rahmenbedingungen geklärt werden, innerhalb derer die Besprechungsgruppe kreative Spielräume zur Verfügung hat. Dazu gehören personelle, finanzielle, zeitliche, technische, örtliche oder organisatorische Faktoren, die festgelegt sind. Es führt schnell zu Unzufriedenheit, wenn sich eine Besprechungsgruppe Gedanken z. B. zur Gestaltung des Betriebsfestes macht und sich im nachhinein herausstellt, daß der finanzielle Rahmen gesprengt wird. Die Klärung dieser Rahmenbedingungen sollte unbedingt in der Vorbereitung erfolgen, bevor Ideen in konkretere Planungen umgesetzt werden.

Spielregeln

Das Zusammentragen von Ideen, Problemursachen, Vorschlägen etc. ist für viele Problembearbeitungen von zentraler Bedeutung. Das freie Assoziieren schafft Raum für kreative Prozesse, die nur dann möglich sind, wenn während einer solchen Sammlungsphase keine Diskussion in Form von Be- oder sogar Abwertungen einzelner Ideen stattfinden. Jede genannte Idee muß kommentarlos registriert werden. Frühzeitiges Bewerten von Ideen führt dazu, daß Vorschläge hinauskatapultiert werden, die sich später vielleicht doch als praktikabel oder nützlich erweisen könnten. Es kann aber auch zur Folge haben, daß Ideen überhaupt nicht verbalisiert werden. Das strikte Einhalten dieses Prinzips stellt auch eine größtmögliche Beteiligung der Besprechungsgruppe sicher. Ansonsten werden sich eher schüchterne und zurückhaltende Besprechungsteilnehmer schnell aus dem Besprechungsprozeß zurückziehen.

4.3 Handlungsziel: Reflexion/Analyse

Tagesordnungspunkte können auch mit dem Ziel bearbeitet werden, eine Reflexion eines bereits zurückliegenden Ereignisses, Projektes, einer Aktivität, eines Problems oder eines gegenwartsbezogenen Ist-Zustandes vorzunehmen (z. B. die Entwicklung von Mitgliederzahlen in einem Verein, „Manöverkritik" zu einer Veranstaltung, Ursachenanalyse für ein aufgetretenes Problem).

Reflexion bedeutet in diesem Kontext, eine Bewertung und Einschätzung vorzunehmen, um später daraus Rückschlüsse bzw. Konsequenzen für zukünftige Aktivitäten zu ziehen. Reflexionen sollten methodisch immer durch Fragen strukturiert werden. Solche Reflexionsfragen können z. B. sein:

– Was ist gut gelaufen?
– Was ist weniger gut gelaufen?
– Welche Kritik/Anregungen gab es durch die Veranstaltungsteilnehmer?
– Welche Ursachen sind dafür verantwortlich, daß unsere Büroablage nicht funktioniert?
– Welche Erfahrungen haben wir in den letzten Wochen mit der Umstellung auf EDV gemacht?
– Welche Vorteile/Nachteile hat uns die Einführung des Euro gebracht?
– Welche Veränderungen ergeben sich für unsere Arbeit durch die Steuerreform?

4.4 Handlungsziel: Meinungsbild

Weiterhin lassen sich Besprechungsthemen identifizieren, die die Klärung bzw. den Austausch von Argumenten und Meinungen zum Ziel haben. Das Ergebnis einer solchen Klärung von Argumenten wird hier Meinungsbild genannt.

Die Erstellung solcher Meinungsbilder kann zur Formulierung von Stellungnahmen, zur Vereinbarung konkreter Maßnahmen oder zur Entscheidungsfindung führen.

Tagesordnungspunkte, bei denen im Mittelpunkt die Sammlung bzw. der Austausch von Argumenten und Meinungen steht, sollten kontrastiv bearbeitet werden. Eine Gegenüberstellung von Pro- und Contra-Argumenten bietet eine konstruktive Grundlage zu einer Entscheidungsfindung. Hilfreich ist auch hier ein fragegeleitetes Vorgehen (Was spricht dafür? – Was spricht dagegen? oder: Was bleibt? – Was würde sich durch die Umstellung auf eine neue Telefonanlage ändern? oder: Welche Vorteile – Welche Nachteile ergeben sich für uns aus der Einführung des Euro?)

4.5 Handlungsziel: Entscheidungsfindung

Weiterhin lassen sich Tagesordnungspunkte identifizieren, deren Ziel eine Entscheidung ist. Grundlage für eine Entscheidung sollte immer die Erstellung eines Meinungsbildes sein, also das Abwägen von Argumenten und gegebenenfalls die Ausarbeitung von Kompromissen.

Bevor eine Entscheidung gefällt wird, ist es unumgänglich, das Verfahren, nach dem die Entscheidung getroffen werden soll, festzulegen: Sollen Entscheidungen nach dem Konsensprinzip oder durch Abstimmung mit relativer, einfacher, absoluter oder qualifizierter Mehrheit gefällt werden?

Entscheidungen sollten nicht zu früh, z. B. durch Abstimmung, erzwungen werden. Gerade bei knappen Abstimmungsergebnissen kann es später, wenn es beispielsweise um die personelle Aufgabenverteilung geht, zu Widerständen kommen. Deshalb sollten diejenigen, die sich z. B. gegen einen bestimmten Vorschlag ausgesprochen haben, vor einer Abstimmung gefragt werden, ob sie eine mögliche Entscheidung mittragen können.

4.6 Handlungsziel: Planung

Planungsprozesse beziehen sich auf in der Zukunft liegende Aktivitäten. Es handelt sich um kommunikative Prozesse, in denen notwendige Aktivitäten, die Logik und Chronologie der Aktivitätsabfolge und die Aktanden, die zur Realisierung eines bestimmten Projektes notwendig sind, festgelegt und koordiniert werden. Neben relativ einfachen Planungsaktivitäten (z. B. Gestaltung einer Jubiläumsfeier für einen Kollegen, oder alltäglichen Planungen wie Anschaffung von Büromaterial etc.) gibt es Planungsprozesse, die komplexere Strukturen aufweisen, z. B. die Planung von Bauprojekten, die Umstellung einer Bank auf die Euro-Währung, die Zusammenlegung von Arbeitsbereichen etc.). Unabhängig von der Komplexitätsdichte sind mehrere Planungsstufen zur Bearbeitung notwendig (vgl. Lepschy, W. 1997, 8).:

Eine Planung muß zunächst in einzelne Handlungsschritte aufgelöst werden. Hierzu kann folgende Leitfrage herangezogen werden: Was muß getan werden, um x zu erreichen?

Im zweiten Schritt sollten die Handlungsschritte in eine logisch-chronologische Reihenfolge gebracht und auf eine Zeitachse gesetzt werden (Leitfrage: In welcher Reihenfolge müssen die festgelegten Handlungsschritte abgearbeitet werden?) Die Vollständigkeit dieses Planungsschrittes sollte mit einer Kontrollfrage überprüft werden (Führen die logisch geordneten Teilschritte lückenlos zur Erreichung des Ziels?)

Im nächsten Planungsschritt werden Verantwortliche für die einzelnen Teilschritte ermittelt.

Auf dieser Grundlage kann dann ein Tätigkeitskatalog (vgl. Klebert u. a. 1987, 29) erstellt werden. Der Tätigkeitskatalog dokumentiert das Planungsergebnis:

Maßnahme/Aktivität: Die Aktivitäten müssen möglichst konkret und überschaubar beschrieben werden (Substantive + Verben). Sehr komplexe Tätigkeiten (z. B. Gestaltung einer Broschüre) sollten in realistische Teiltätigkeiten (z. B. Entwurf einer 1. Fassung; Entwurf eines Logos etc.) aufgesplittet werden.

Wer: Es müssen die verantwortlichen Aktanden für die jeweils durchzuführenden Aktivitäten festgehalten werden. Falls die Aufgabe für jemanden vorgesehen ist, der in der Besprechung nicht anwesend ist, sondern angefragt werden muß, sollte jemand gefunden werden, der den Auftrag an die zuständige Person weiterleitet.

Mit Wem: Es müssen die Personen, Organisationen oder Institutionen festgelegt werden, die zur Realisierung von Projekten etc. herangezogen werden oder um Unterstützung gebeten werden sollen.

Bis Wann: Es müssen realistische Zeitvereinbarungen getroffen werden. Sollte ein umfangreicherer Zeitbedarf ermittelt werden, muß die Tätigkeit in kurzfristigere Ziele aufgesplittet werden.

4.7 Anwendungsbeispiele

Ein Besprechungsgegenstand kann mit mehreren Handlungszielen korreliert werden. So müssen beispielsweise zur Lösung komplexer Probleme in der Regel mehrere Bearbeitungsschritte durchlaufen werden. Der dargestellte Katalog von Handlungszielen und Bearbeitungsmethoden kann in solchen Fällen zur Strukturierung des Besprechungsthemas wie ein „Werkzeugkasten" benutzt werden. Ich möchte das an zwei Beispielen verdeutlichen.

Verschmutzte Spielplätze

Eine Stadtverwaltung steht vor der Situation, daß die Spielplätze in einem bestimmten Stadtviertel ständig verschmutzt sind. Die Mitarbeiter des zuständigen Ordnungsamtes setzen das Problem auf die Tagesordnung ihrer Besprechung. Folgende Bearbeitungsschritte sind zur Bewältigung des Problems notwendig:

Zunächst sollte der Ist-Zustand ermittelt werden (Welche Verschmutzungen liegen vor? Welche aktuellen Konsequenzen ergeben sich für die Benutzer des Spielplatzes?)

Der Ist-Zustand wird mit einem möglichen Soll-Zustand abgeglichen (z. B.: Die Spielplätze sollen für die Benutzer ohne Gefahren und Belästigungen benutzbar sein.)

In einem nächsten Schritt sollten die Ursachen analysiert werden (Reflexion), die zu diesem Problem geführt haben (Welche Ursachen sind dafür verantwortlich, daß die Spielplätze im Stadtviertel permanent verschmutzt sind?). Aus der Ursachenanalyse können Lösungsansätze erarbeitet werden (Ideensammlung: Wie kann die Benutzung der Spielplätze ohne Gesundheitsrisiken sichergestellt werden?) ohne daß eine Entscheidung für oder gegen bestimmte Lösungsvorschläge getroffen wird.

Im Anschluß daran kann das Für und Wider einzelner Lösungsvorschläge diskutiert werden (Meinungsbild: Was spricht für/gegen Lösungsvorschlag a,b,c usw.). Im Anschluß an das Meinungsbild entscheidet sich die Besprechungsgruppe für einen Lösungsvorschlag (durch Konsens oder Abstimmung). Jetzt können konkrete Planungsaktivitäten folgen, wie die Lösung umgesetzt werden kann (Tätigkeitskatalog).

Die Bearbeitungsschritte dieses Problemlösungsprozesses sehen im Überblick folgendermaßen aus (vgl. auch Lepschy 1994, 104f.):

a) Abgleich des Ist-Zustandes mit dem Soll-Zustand und Problembeschreibung
b) Analyse der Problemursachen
c) Sammlung von Lösungsvorschlägen
d) Abwägen von Argumenten für oder gegen die Lösungsvorschläge
e) Entscheidung für einen Lösungsvorschlag
f) Vereinbarung von Maßnahmen zur Umsetzung der Lösung.

Die neue EDV-Anlage

In einer Firma ist eine neue EDV-Anlage installiert worden. Nach drei Monaten soll in der Abteilungsleiterbesprechung über die Einführung der EDV-Anlage gesprochen werden. Folgende Strukturierung ist denkbar:
Es sollte zunächst eine Reflexion erfolgen (z. B.: Was funktioniert besser als vorher? Was funktioniert schlechter als vorher?)
In einem nächsten Bearbeitungsschritt könnte eine Ideensammlung zu folgenden Fragen angelegt werden: Worauf muß der Techniker bei seiner nächsten Überprüfung unbedingt achten? und: Welche Verbesserungsvorschläge gibt es für die neue Anlage?
In einem dritten Bearbeitungsschritt könnte sich eine Planung anschließen: Wer setzt in welchen Schritten die gefundenen Verbesserungsvorschläge in welchem Zeitraum um?
In diesem Fall wird der Besprechungsinhalt „EDV-Anlage" mit den kommunikativen Teilzielen Reflexion, Ideensammlung und Planung korreliert.

Besprechungen sind komplexe Verständigungshandlungen „mit dem Ziel, etwas zur gemeinsamen Sache zu machen" (Geißner 1988, 45). Dies kann nur dann erreicht werden, wenn einerseits Klarheit über die Sache und andererseits Klarheit über das Ziel vorliegt. Im Vorausgegangenen habe ich die „Grundausstattung des Werkzeugkastens" für Besprechungen vorgestellt. Ergänzungen werden folgen.

Literatur

Geißner, H. (1988): Sprechwissenschaft. Theorie der mündlichen Kommunikation, Frankfurt a. M.
Klafki, W. (1980): Die bildungstheoretische Didaktik, in: Westermanns Pädagogische Beiträge 22, S. 32-37
Klebert, K./Schrader, E./Straub, G. (1987): KurzModeration, 2. Aufl., Hamburg
Lepschy, A. (1995): Das Bewerbungsgespräch. Eine Studie zu gelingender Kommunikation aus der Perspektive von Bewerberinnen und Bewerbern, St. Ingbert

– (1998): Besprechungen – Sitzungen – Tagungen, Hannover

Lepschy, W. (1994): Kommunikation organisieren, in: Bartsch, E. (Hg.), Sprechen, Führen, Kooperieren in Betrieb und Verwaltung, München/Basel, 101-109 (= Sprache und Sprechen, Bd. 29)

– (1997): Projekte managen, Unveröffentlichtes Typoskript, Münster

Seifert, J. W. (1995): Visualisieren, Präsentieren, Moderieren, 8. Aufl., Offenbach

Schwarz, C. (1985): Bedingungen der sprachlichen Kommunikation, Berlin (Linguistische Studien, Reihe A, Arbeitsberichte 131)

CORNELIA KÖHLER

Sprachgebrauch in der Verwaltung.

**Schriftliche Kommunikation mit Bürgerinnen und Bürgern –
Ein Seminarkonzept**

„Im Hinblick darauf, daß dienstliche Belange dem nicht entgegenstehen um wohlwollende Prüfung bitten" oder „in Anbetracht einer Tatsache und unter Bezugnahme auf einen Sachverhalt etwas zur gefälligen Kenntnis nehmen":
  Wort- und Satzungetüme dieser Art sind allen vertraut, die in einer Verwaltung tätig sind. Und viele Bürgerinnen und Bürger (ich werde in diesem Aufsatz männliche und weibliche Endungen alternierend verwenden, gemeint sind immer Männer und Frauen) haben Verwaltungsschreiben erhalten, die so oder ähnlich formuliert waren. Die Reaktion auf solche Texte fällt unterschiedlich aus. Je nach Temperament reagieren die Empfänger der Texte mit Belustigung, Ärger oder Angst.

„Ärger, Ohnmacht, Wut oder Enttäuschung können durch unverständliche Verwaltungssprache, umständliche Bearbeitungsweisen und mangelnde Beteiligung der Betroffenen im Verwaltungsverfahren entstehen. Verständliche, einsehbare und vom Wohlwollen getragene Schreiben können dagegen Vertrauen der Menschen zur Behörde – und damit auch zum Staat – schaffen."

So lauten Auszüge aus dem Vorwort zum Arbeitshandbuch „Bürgernahe Verwaltungssprache", das in seiner ersten Auflage 1984 erschienen ist. Die Probleme (Unverständlichkeit und Umständlichkeit) und Gefahren (Mißtrauen der Menschen zu Behörden) sind also erkannt und benannt. Im Handbuch werden Verwaltungsbeamte darauf hingewiesen, daß ihre Sprache „keine Geheimsprache sein [darf], die nur Eingeweihte verstehen", sondern „eine wichtige Brücke zwischen den Menschen innerhalb und außerhalb der Behörde [ist]"(BBB-Arbeitshandbuch Bürgernahe Verwaltungssprache, 1994). Um den Mitarbeiterinnen in den Verwaltungen das bewußt zu machen, werden Seminare zum Thema „Sprachgebrauch in der Verwaltung" angeboten. Diese Fortbildungsveranstaltungen werden entweder behördenintern durchgeführt oder aber überregional für Mitarbeiter unterschiedlicher Behörden angeboten. Ich arbeite seit drei Jahren für eine Fortbildungsakademie, die ihre Seminare für Behörden in Nordrhein-Westfalen anbietet.

Ausgangslage

Laut Auskunft der Teilnehmerinnen nimmt das Schreiben von Texten und Briefen teilweise bis zu 100% ihrer Arbeitszeit in Anspruch. Auf meine Frage, wo sie denn das Formulieren gelernt hätten, antworten die Teilnehmer überwiegend mit der Auskunft „Learning by doing" oder „Abschreiben von der Vorgängerin". Eine systematische Ausbildung in schriftlicher Kommunikation findet in der Ausbildung für Mitarbeiter in Verwaltungen nicht statt.

Also wird die „Musterakte" in ihrem Aufbau, in ihrem Stil und in Satzbau und Wortwahl nahezu über Generationen hinweg tradiert, häufig ohne kritisch hinterfragt zu werden.

„Innerhalb der hierarchischen Verwaltungsstruktur bedeutet unreflektierte Übernahme traditioneller Sprachmuster auch Anpassung. Und zwar nicht nur Anpassung an die Sprache, sondern zugleich an das, wofür Sprache gleichzeitig steht: Anpassung an Werte und Einstellungen." (Büter/Schimke, 1993, S.11)
„Sprache ist immer Ausdruck von Einstellungen, Werten, Überzeugungen, Motivationen. Eine Reflexion des Sprachgebrauchs ist immer zugleich eine Reflexion des Selbstverständnisses von Verwaltung, wie der einzelnen Mitarbeiterinnen und Mitarbeiter." (Büter/Schimke 1993, S. 12)

Wenn Verwaltungsmitarbeiterinnen mit verschämten Grinsen zugeben, sie würden schon mal einen Text absichtlich unverständlich schreiben, damit der Adressat abgeschreckt wird und keinen Widerspruch wagt, wird deutlich, wie staatliche Macht ausgenutzt werden kann. Bei allem menschlichen Verständnis für die Mitarbeiter in der Verwaltung zeigt sich, daß der hoheitsvolle, preußisch anmutende Kanzleistil auch am Ende des 20. Jahrhunderts noch als Abschreckungsmittel funktioniert. Für eine wachsende Anzahl von Mitbürgern, deren Muttersprache nicht Deutsch ist, wird ein Brief vom Amt unter diesen Umständen völlig unverständlich. Eine Kollegin, die mit türkischen Migranten arbeitet, wies mich darauf hin, daß viele ihrer Seminarteilnehmerinnen nahezu alle deutschen Behörden mit dem Wort „Polizei" übersetzen. Dabei denken sie vermutlich nicht an den „Freund und Helfer".

Der Sprachgebrauch in Verwaltungen und Behörden ist Ausdruck herrschender Politik. „Betroffenen sprachlich verständlich mitzuteilen, was sie betrifft, stellt ein grundlegendes Demokratiegebot dar. Seine Verletzung macht Betroffene zu Objekten staatlichen Handelns." (Büter/Schimke, 1993, S.13) Die Demokratie verlangt Verständlichkeit, nicht Herrschaftswissen und Herrschaftssprache.

Häufig argumentieren Verwaltungbeamte, sie müßten aus Gründen der Rechtssicherheit Fachsprache verwenden. Sicher befinden sie sich oft in einem Spannungsfeld zwischen Justiabilität (viele Schriftsätze müssen vor Gericht Bestand haben) und Verständlichkeit. Doch die Leitlinie sollte lauten: Soviel Fachsprache wie nötig und so verständlich wie möglich.

Teilnehmerinnen und Teilnehmer des Seminars

In Seminaren eines landesweit agierenden Fortbildungsveranstalters kommen Mitarbeiter aus unterschiedlichen Behörden zusammen. Die Teilnehmerinnen eines Seminars sind alle auf einer vergleichbaren Hierarchiestufe tätig, die Seminare werden nach Dienstgraden zusammengesetzt. Da sie aber aus sogenannten übergeordneten Behörden (z. B. Ministerien) und sogenannten untergeordneten Behörden(z. B. Regierungspräsidien) kommen, wird auch die innerbehördliche Kommunikation zum Thema. So wird in jedem Seminar beklagt, daß es in der innerbehördlichen Kommunikation weder eine Anrede (Sehr geehrte Frau...) noch eine Grußformel am Ende des Briefes gibt.

Entgegen aller Vorurteile, die über Beamte kursieren, sind die meisten Teilnehmerinnen (hier kann ich natürlich nur aus meiner Seminarerfahrung sprechen) sehr aufgeschlossen und sehr veränderungswillig. Den meisten, vor allem den jüngeren Teilnehmern, ist die Unverständlichkeit der Verwaltungssprache bewußt. Sie sind – in den Grenzen, die durch Vorgesetzte teilweise eng gesetzt werden – zu Veränderungen bereit. Einige kommen mit der Selbsteinschätzung, sie schrieben bereits verständlich und sind dann sehr verblüfft, wenn sie von dieser Annahme abweichende Rückmeldungen erhalten.

Ziele des Seminars

Die Teilnehmerinnen sollen für den Sprachgebrauch in ihren Verwaltungen sensibilisiert werden. Gemeinsam soll ein alternativer Sprachgebrauch erarbeitet werden, der sich durch mehr Bürgernähe auszeichnet. Dabei setzen sich die Teilnehmerinnen zum Teil mit ihren eigenen Texten auseinander, also auch mit ihren Einstellungen zu den Adressaten ihrer Texte und mit ihrem eigenen Selbstverständnis als Vertreterinnen einer bestimmten Behörde. Es geht in den Seminaren nicht um ein „Techniktraining" oder eine „Stilübung", sondern es gilt, die bewußten und unbewußten Einstellungen, die sich hinter einer Formulierung verstecken, zu benennen und möglichst zu verändern.

Außerdem soll vermittelt werden, daß verständliche Texte auch zur Arbeitserleichterung der Verwaltungsmitarbeiterinnen beitragen. Denn Bürger, die ein verständliches Schreiben der Verwaltung erhalten, werden nicht so häufig zum Telefon greifen, um Rückfragen zu stellen. Wenn aus einem

„Unter Berücksichtigung der Tatsache, daß über Ihren Antrag noch nicht entschieden werden konnte, wird Ihnen hiermit mitgeteilt, daß folgende Unterlagen...umgehend nachzureichen sind."

ein

„Bitte senden Sie mir folgende Unterlagen zu, damit ich über Ihren Antrag entscheiden kann"

wird, hat sich nicht nur der Stil geändert. Der Text ist persönlicher, der Verfasser hat sich aus der Anonymität der Passivkonstruktion hinausbegeben, er macht seinen Arbeitsablauf für die Bürgerin transparent und begründet seine Forderung, damit der Briefempfänger nicht zum Befehlsempfänger wird.

Methoden und Aufbau des Seminars

In einer ersten Kleingruppenübung werden die Teilnehmerinnen gebeten, einen Brief zu verfassen, in dem sie ihren Vorgesetzten um die Teilnahme am Seminar „Sprache in der Verwaltung" bitten. Dabei sollen die Gruppen alle gängigen Klischees der Verwaltungssprache übertrieben benutzen.

Beispiel 1: „Antrag auf Seminarfreistellung.
Bezugnehmend auf den Fortbildungskalender 1998, 301, Abs. 3, Schlüsselnr. IB22, beantrage ich im Hinblick auf die weiterhin von mir zu erfüllenden expandierenden Verpflichtungen die Freistellung zwecks Teilnehme am o. g. Seminar."
    Beispiel 2: „Bezugnehmend auf Ihre o. a. Fortbildungsofferte beantrage ich für den im Tagungsprogramm aufgeführten Zeitraum Sonderurlaub gem. §15 LBG i. V. m. §52 Abs.1 Ziff.5 in der Fassung der Bekanntmachung BGBl. Teil I Ziff.18 vom 13.05.1987 m. d. B. u. Genehmigung bis zum 15.11.1998. Sollte mir bis zu diesem Zeitpunkt keine positive Bestätigung vorliegen, erbitte ich mir die Mitteilung der Hinderungsgründe."

Die Übung ist zunächst als „Eisbrecher" zu Beginn des Seminars zu verstehen, ein großer Lacherfolg bei der Präsentation der Ergebnisse ist meistens garantiert. Darüber hinaus werden aber auch die Motivationen der Teilnehmer, sich für dieses Seminar zu melden, thematisiert. Schließlich wird nach dem Vortrag der Texte die abschreckende Wirkung „typischer Verwaltungssprache" sehr deutlich. Die Texte dienen als erste Materialsammlung, wenn es darum geht, Konstruktionen, die Verwaltungssprache ausmachen, zu entlarven:

– Passivkonstruktionen
– Fach-und Fremdwörter
– Substantivierungen
– lange Sätze, komplizierter Satzbau
– unübersichtliche Anordnung von Paragraphen-Nennungen im Fließtext

In einer nächsten Runde können dann diese Konstruktionen bewußt „übersetzt" und damit verständlich gemacht werden. Die Erkenntnisse und Ergebnisse dieser Runden werden auf mitgebrachte Texte übertragen, die in einer „Vorher-Nachher" Version dem Plenum präsentiert werden.
    Bewährt hat sich auch die Methode der „Mündlichen Probe". Die Teilnehmerinnen werden aufgefordert, sich eine Sprechsituation vorzustellen, in der sie dem Adressaten eines Textes gegenübersitzen und den Inhalt des Briefes mündlich formulieren. Wenn diese Spielsituation mit einem Cassettenrecorder mitgeschnitten und anschließend abgespielt wird, wird deutlich, daß in der mündlichen Kommunikation automatisch auf folgende Dinge geachtet wird:

– kurze Sätze
– Beispiele
– wenig Fachvokabular
– Fachvokabular, das „übersetzt" oder erklärt wird
– wenige Abkürzungen
– wenige Paragraphen-Nennungen

Beispiel 1

GEWALT < > GESPRÄCH

gewaltiges   gespräch

verwaltungssprache

verwaltete Sprache

alte Sprache

Rache

A C H ! ?

Beispiel 2

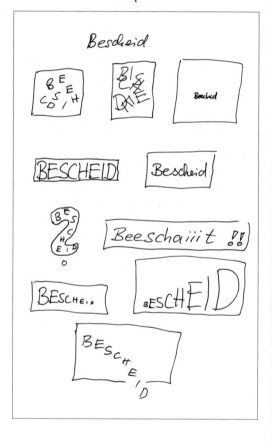

Ein weiterer wesentlicher Bestandteil des Trainings besteht darin, zu einem spielerischen Umgang mit Sprache zu animieren. Gesellschaftsspiele wie „Tabu", „Dalli-Dalli" oder das „Lexikon-Spiel" fördern einen kreativen Umgang mit Sprache und sind außerdem gute „Wachmacher" nach der Mittagspause. Arbeitsergebnisse aus einer Übung, in denen ich die Teilnehmerinnen aufgefordert habe, mit Worten aus ihrem Arbeitsalltag einmal „konkret-poetisch" umzugehen, zeigen, daß auf diese Weise auch das Thema „Verwaltungssprache" auf eine besondere Weise reflektiert werden kann. (S. 206)

Im ersten Beispiel bearbeitete ein Teilnehmer die Begriffe „Gewalt" und „Gespräch".

Im zweiten Beispiel stand der Begriff „Bescheid" im Mittelpunkt. Ein Bescheid ist eine Textsorte, die von Verwaltungsbeamten sehr oft verfaßt wird.

Modelle

Ich vermittle im Seminar zwei Modelle für den Umgang mit Texten. Zunächst das Verständlichkeitskonzept von Schulz von Thun (1999), der die Begriffe

– Einfachheit
– Gliederung, Ordnung
– Kürze, Prägnanz
– zusätzliche Anregungen

zu den Parametern der Textgestaltung macht und einen Forderungskatalog für optimal verständliche Texte formuliert.

Darüber hinaus verwende ich Hellmut Geißners Situationsmodell des Gesprächs (1982, 38-39). Indem die Teilnehmer auf die W-Fragewörter des Geißnerschen Modells antworten und dadurch ihre Situation als Verfasser schriftlicher Texte reflektieren, entwickeln sie ausgehend von einem Situationsmodell der mündlichen Kommunikation ein Situationsmodell der schriftlichen Kommunikation.

Situationsmodell der schriftlichen Kommunikation in Anlehnung an Hellmut Geißners Situationsmodell des Gesprächs:

Schreibdenken		Leseverstehen
WER	welcher Mitarbeiter, Angestellter, Beamter, in welcher hierarchischen Situation, als Vertreter welches Amtes	WER
WO	in welcher Behörde, städtisch oder ländlich, übergeordnet oder untergeordnet	WO

Schreibdenken		Leseverstehen
WANN	zu welcher Zeit, in welchem zeitlichen Rahmen, innerhalb welcher Frist	WANN
WAS	welche Textgattung, mit welcher juristischen Tragweite, welcher „Schreibakt" (Forderung, Hinweis, Bescheid, Widerspruch, Klage …)	WAS
WIE	einfach, kompliziert, verständlich, unverständlich, gegliedert, ungegliedert, kurz und prägnant, weitschweifig, mit oder ohne zusätzlichen Anregungen, passiv oder aktiv, mit langen oder kurzen Sätzen, mit hohem oder geringem Fachvokabular …	WIE
WORÜBER	den Absender oder Empfänger betreffend, welches Thema, welcher Sachverhalt	WORÜBER
WARUM	Ursache, Motivation	WARUM
WOZU	Ziel	WOZU
an WEN	welcher Bürger, in welcher Lebensrolle, mit welchem Verständnis, wie vertraut oder fremd, wie sympathisch oder unsympathisch	an WEN

Probleme

Viele Teilnehmerinnen formulieren bereits im Seminar ihre Bedenken, ob und inwieweit sie ihre Arbeitsergebnisse ins „richtige" Leben, also in ihre berufliche Realität übertragen können.

Die Teilnehmer, die aus hierarchisch höheren Dienstgraden stammen, haben mehr Handlungsspielraum als Teilnehmerinnen aus dem mittleren Dienst der Behörden. Häufig scheitern Verbesserungsvorschläge an Chefs, die wenig Interesse am Thema haben und an der schriftlichen Kommunikation zwischen Behörden und Bürgerinnen nichts verändern wollen.

Oft trauen sich aber auch die Teilnehmer nicht, Vorschläge zur Veränderung zu formulieren. Viele sind verblüfft, wie dankbar Vorgesetzte die Veränderungsideen der Mitarbeiter annehmen. Aus Rückmeldungen von Seminarteilnehmerinnen kann ich berichten, daß häufig mehr Veränderung möglich ist, als zunächst vermutet wurde.

Ein anderes Problem betrifft die Arbeit innerhalb des Seminars. Gestalten sich Feed-back-Runden im Bereich der mündlichen Kommunikation manchmal schon als problematisch, so sind Rückmeldungen bei schriftlichen Texten äußerst schwierig. Die Bereitschaft, einen Text „zu verteidigen", in den die Teilnehmer viel Arbeit investiert haben, ist sehr groß. Verbesserungsvorschläge können manchmal kaum angenommen werden. Dieses Problem konnte ich in meiner Seminarpraxis bislang noch nicht befriedigend lösen. Ein gutes Gruppenklima ist sicher ein wesentlicher Bestandteil für gelungene Rückmelderunden, aber oft nicht ausreichend.

Ausblick

Seit einiger Zeit wird auch in Behörden und Verwaltungen per Computer kommuniziert. Der Zugriff auf das Intranet (eine verwaltungsspezifische Form des Internet) ermöglicht es den Mitarbeitern, E-Mails zu senden und zu empfangen.

Laut Aussage der Seminarteilnehmerinnen werden E-Mails nicht im „typischen Verwaltungsstil" geschrieben. Sie werden knapp, konkret und direkt formuliert. Es handelt sich häufig um kurze Notizen und Mitteilungen, die keinen rechtsverbindlichen Charakter haben. E-mails sind für einen konkreten Adressaten bestimmt, der allein Zugriff auf die Information hat, ein „Umlauf im Haus" entfällt. Aus diesem Grund kann der Stil „laxer" als in offiziellen Schreiben sein, die E-Mails sind dennoch als Textsorte funktionsfähig (Pansegrau 1997, 83).

Wenn zunehmend mehr Verwaltungsmitarbeiter elektronische Medien als Kommunikationsmittel nutzen, werden Formulierungen und Stil dieser Mitteilungen in Seminaren zum Thema „Sprachgebrauch in der Verwaltung" berücksichtigt werden müssen. Eine große Chance besteht darin, den Sprachgebrauch von E-mails zu reflektieren und Ergebnisse auf andere schriftliche Textgattungen zu übertragen. Da E-mails eine relativ neue Textgattung sind, gibt es noch keine „Muster-E-Mails", auf die, wie auf die „Musterakte" und den „Musterbescheid", zurückgegriffen werden kann. E-Mails fordern die Kreativität ihrer Schreiber heraus und ermöglichen einen neuen Umgang mit Sprache. Über den „Umweg" E-Mail kann auch das Selbstverständnis der Schreiberinnen thematisiert werden. Denn solange elektronische Medien noch neu sind, sind es sicher nicht die Traditionalisten in deutschen Amtsstuben, die sich mit diesen Medien auseinandersetzen. Die neuen Medien und ihre Einflüsse auf das Kommunikationsverhalten können also ein Weg sein, Sprachgebrauch in Verwaltungen zu reflektieren und positiv zu verändern.

Literatur

Büter, Dieter, Schimke, Hans-Jürgen (1993): Anleitung zur Bescheidtechnik. Wie Verwaltungsakte verständlich geschrieben werden. Eine Lern-und Arbeitshilfe. 2. neubearbeitete und erweiterte Auflage. Walhalla, Berlin/Bonn/Regensburg

Bundesverwaltungsamt – Bundesstelle für Büroorganisation und Bürotechnik (1994): Bürgernahe Verwaltungssprache. 2. überarbeitete Auflage. Wilhelm Jüngling Verlag, Karlsfeld

Geißner, Hellmut (1982): Sprecherziehung. Didaktik und Methodik der mündlichen Kommunikation. Scriptor, Königstein/Ts.

Langer, Inghard, Schulz v. Thun, Friedemann, Tausch, Reinhard (1999): Sich verständlich ausdrücken. Anleitungstexte,, Unterrichtstexte, Vertragstexte, Amtstexte, Versicherungstexte, Wissenschaftstexte u. a. 6. Auflage. Ernst Reinhardt Verlag, München, Basel

Pansegrau, Petra (1997): Dialogizität und Degrammatikalisierung in E-mails. In: Weingarten, Rüdiger (Hg.): Sprachwandel durch Computer. Westdeutscher Verlag, Opladen, (86-104)

WOLFGANG PREISS

Ausgangslage für Kommunikationstrainings in der gewerkschaftlichen Bildungsarbeit

1. Gewerkschaften – ein Auslaufmodell?

In den letzten Jahren verzeichnen die Gewerkschaften rückläufige Mitgliederzahlen. Die hierfür genannten gesellschaftlichen Gründe sind vielfach diskutiert und sollen deshalb hier nur grob skizziert werden: Die Reduzierung der industriellen Kerne zugunsten von Dienstleistungsbereichen läßt die klassische Bezugsgruppe von Gewerkschaften schwinden. Verstärkt wird dies durch die grundsätzlich skeptischere Haltung der jüngeren Generation gegenüber traditionellen Großorganisationen (zur Wertewandel-Diskussion siehe Inglehart 1977, Befunde zum Wertewandel in der Bundesrepublik vor 1989 insbesondere Klages 1984, Noelle-Neumann/Strümpel 1984 und Rosenstiel et al. 1989). Trotz des durchaus ambivalenten Verhältnisses zwischen sozialer Differenzierung und Anpassungsdruck ist es den Gewerkschaften nicht gelungen, neue gesellschaftliche Gruppen zu binden. Die Gewerkschaften sind deshalb aus dem seit Ende der 60er Jahre einsetzenden Wertewandel in der (alten) Bundesrepublik zumindest bisher geschwächt hervorgegangen. Hinzu kommt, daß durch die Verrechtlichung von Arbeitsbeziehungen verbriefte Ansprüche und eindeutige Verfahrensregeln bestehen, die eine unmittelbare gewerkschaftliche Interessensvertretung weitgehend überflüssig zu machen scheinen. Die erfolgreiche gewerkschafliche Arbeit vergangener Jahrzehnte führte in der Bundesrepublik zur „Institutionalisierung gewerkschaftlicher Interessensvertretung" (Beck 1986, 133). Es ist, als ob der Erfolg den Gewerkschaften recht gibt – er macht Gewerkschaften aber, zumindest im Bewußtsein weiter Teile der Arbeitnehmerschaft, zu einem historischen Auslaufmodell.

1.1 Gewerkschaften als soziales Modell

Die Gewerkschaften sind deshalb besonders auf dem Terrain präsent, wo sie sich als Dienstleister für Arbeitnehmerinteressen am wirkungsvollsten zeigen können, nämlich bei der Tarif- und der Arbeitszeitpolitik. Dabei gerät jedoch allzu schnell aus dem Blickfeld, daß sie mehr sind als ein Berufsverband. Gewerkschaften waren und sind ein soziales Modell, um übergeordnete Ziele durchzusetzen: „Zu diesen Zielen zählen die Rückgewinnung von Autonomie des Einzelnen gegenüber entfremdeter, abhängiger Arbeitswirklichkeit, die Durchsetzung gerechter Lebens- und Arbeitsverhältnisse und die Sicherung und Stabilisierung einer sozial verantwortlichen Wertegemeinschaft." (Gröf 1995, 1)

Gewerkschaften werden an ihrem historischen Selbstanspruch des humanen Gegenmodells gemessen. Dies erklärt auch, warum die gewerkschaftlichen Skandale und Skandälchen den Ruf der Gewerkschaften in der Öffentlichkeit nachhaltig schädigen konnten. Wichtiger, als sich mit dem spektakulären Versagen einzelner Funktionäre zu beschäftigen, ist es jedoch der Frage nachzugehen, inwieweit die gewerkschaftlichen Organisationen ihrem nach außen getragenen Anspruch nach Humanisierung im Innenverhältnis selber gerecht werden. Die diesbezügliche Kritik an Gewerkschaften ist nicht neu und läßt sich wie folgt zusammenfassen (Kempe 1995, 205):

1. Unfähigkeit zur Veränderung überkommener Strukturen und Verhaltensmuster,
2. Abschottung der gewerkschaftlichen Milieus,
3. Ausgrenzung von Ausländern im Hauptamtlerapparat,
4. Marginalisierung von Frauen im Hauptamtlerapparat.

Wie wenig sich hier in den letzten 20 Jahren geändert hat, zeigt die in den wesentlichen Punkten deckungsgleiche Kritik von Pinl (1977) und Kempe (1995, 205). Die Geschäftsführenden Hauptvorstände werden nach wie vor von Männern dominiert, und auch auf den unteren hierarchischen Rängen (Bezirksleiter, Vorstandssekretäre, Geschäftsführer, Abteilungsleiter) sind Frauen deutlich unterrepräsentiert.

1.2 Streitkultur und organisatorischer Wandel

Trotz von Seiten des Dachverbandes DGB geführten Reformdebatten (vgl. Hoffmann et al 1990) erweisen sich die Gewerkschaften als „resistent" (Kempe 1995, 205) gegenüber Veränderungen. Dies läßt sich nur teilweise damit erklären, daß durch die Schaffung völlig neuer gewerkschaftlicher Strukturen in den neuen Bundesländer erhebliche Personal- und Sachressourcen gebunden wurden und durch den rasanten Verfall des ostdeutschen Arbeitsmarktes auch auf längere Sicht hin gebunden bleiben werden.

Viel wichtiger erscheint, daß organisatorische Reformen, besonders in Gewerkschaften als sozialem Modell, auch auf Einstellungs- und daraus resultierenden Verhaltensänderungen innerhalb des Funktionärsapparats verwiesen sind. Flexibilität, kooperativer Führungsstil und autonomes Handeln lassen sich weder von ‚Oben' per Dekret bestimmen, noch von einem Gewerkschaftstag durch Mehrheitsentscheid durchsetzen. Eine Organisationsreform wird inhaltlich scheitern, wenn nicht auf demselben analytischen Niveau auch das eigene Verhalten hinterfragt wird und die neuen Rollen geklärt, akzeptiert und gelebt werden. Organisationsentwicklung ohne Personalentwicklung, eine Binsenweisheit der Betriebswirtschaft, scheitert in der Praxis.

Jede Reform bedeutet tiefgreifende Veränderungen und birgt damit Unwägbarkeiten und Risiken für den einzelnen. Sie ist deshalb nicht nur mit Gefühlen der Hoffnung, sondern auch mit Befürchtungen und Ängsten besetzt. Hinzu kommt eine Umverteilung von Macht, die nicht von allen begrüßt wird. Eine Reformdebatte wird deshalb nur vordergründig unter rein sachlichen Gesichtspunkten geführt. Die Angst, in einer neuen Rolle den Anforderungen nicht mehr gerecht zu werden, die Verletztheit darüber, daß das, was man engagiert über Jahre hinweg betrieben hat, nun nicht mehr richtig sein soll, oder sogar die Angst vor Macht- und Privilegienverlust spielen eine nicht zu unterschätzende, aber kaum einmal offen diskutierte Rolle. Ohne Offenheit bleibt das Emotionale unreflektiert und unverarbeitet, das Rationale wird infolgedessen nicht in seiner konkret auf das eigene Ich bezogenen Handlungsrelevanz begreifbar (Bartsch 1986, 20).

Gerade die nicht reflektierten Emotionen der Beteiligten, die im gesamten Veränderungsprozeß keinen Platz finden, führen zu einer spezifischen Form der indirekten Konfliktaustragung. Dies gilt für Gewerkschaften wie für andere Organisationen. Im weiteren werde ich darüber hinausgehend versuchen ansatzweise darzulegen, daß aufgrund der für Gewerkschaften typischen Organisationsstruktur zum einen und den das Individuum prägenden Handlungsmustern der Rolle „Gewerkschaftsfunktionär" zum anderen, gerade die Fähigkeit, in einem konfliktären innerorganisatorischen Veränderungsprozeß kooperativ zu agieren, im Funktionärsapparat tendenziell eher schwach ausgeprägt ist.

Dabei ist einschränkend zu sagen, daß die von mir getroffenen Aussagen sich zwar auf eine mehrjährige Trainertätigkeit für eine der großen Industriegewerkschaften stützt, aber in keiner Weise einem qualitativ-empirischen Anspruch gerecht werden kann. Der vorliegende Text ist eher ein subjektiver Erfahrungsbericht, der im günstigen Fall Anregerfunktion für detaillierte Untersuchung haben kann.

2. Interner Konflikt als Störfaktor gewerkschaftlicher Arbeit

Konflikte werden als Pannen gesehen, die auf organisatorische und/oder individuelle Fehler zurückzuführen sind. Sie stellen deshalb unerwünschte Störfälle dar, die den reibungslosen Arbeitsablauf behindern und infolgedessen in ihrer Entstehung gehemmt oder, in den Fällen, wo ihr Auftreten nicht verhindert werden konnte, schnellstens eliminiert werden müssen. Dabei wird übersehen, daß die Bearbeitung von Konflikten die Chance bietet, unterschiedliche Auffassungen zu integrieren und zu einem gemeinsamen Handlungsziel zu finden. Insbesondere Veränderungsprozesse gehen mit notwendigen Konflikten einher (Schwarz 1990, 22ff). Der Sinn von Konflikten liegt im Erkennen ihrer komplexen Strukturen und ihrer offenen Bearbeitung. Diese positive Funktion von Konflikten ist aber nur dann sichergestellt, wenn sie konsensorientiert geführt werden. Diese Form der Konfliktbearbeitung ist einer demokratischen Organisation angemessen. Die unterschiedlichen Konfliktlösungen, die in einem Bearbeitungsprozeß angestrebt werden, zeigt die Übersicht „Konfliktaustragung" (vgl. Schwarz 1990, 141ff):

Konfliktaustragung

Flucht: Energiesparende und wenig risikoreiche Lösung. Archaisch. Allerdings kein Lernprozeß. In intensiven Beziehungen durch Ignorieren und Verdrängen der Konfliktsignale gekennzeichnet. Dann bei länger anhaltenden Konflikten in Aggression übergehend (Motivschaukel zwischen Flucht und Vernichtung).

Vernichtung: Der Gegner soll physisch ausgeschaltet werden. Archaisch. Kein Lernprozeß. Mit dem Gegner wird auch eine Handlungsalternative dauerhaft vernichtet.

Unterwerfung: Der Gegner wird zur Verfügungsmasse des Siegers. Die Machtausübung ist im modernen beruflichen Kontext kaum physisch, dafür aber psychisch. Sanktionen sind u. a.: Karrierestop, Versetzung, Abmahnung – Beschneidung von Kompetenzen, Beauftragen mit besonders langweiliger oder besonders schwieriger Arbeit, Überstunden – Abschneiden von wichtigen Informationsquellen, Schaffung von Unsicherheit – scharfe Kritik im Beisein dritter, Erwiderungsverbot: „In dieser Organisation reicht es nicht, wenn man nicht widerspricht und schweigt, wo man anderer Auffassung ist. Man muß zujubeln, sonst bekommt man das zu spüren." (ein hauptamtlicher Gewerkschaftsfunktionär während eines Seminars).

Delegation: Konflikt wird nicht von den beiden Parteien selber, sondern durch eine von ihnen akzeptierte Instanz gelöst (Schlichter, Richter, Priester, Parteiideologe etc.). Dadurch Überwindung des Sieg-Niederlage-Schemas. Objektivität, Sachlichkeit und Kompetenz spielen beim Schlichter eine herausragende Rolle. Die Konfliktkompetenz der Parteien wird nicht entwickelt. Die Identifikation mit der Lösung ist eher gering.

Kompromiß: Mehr oder weniger viele kontroverse Themen werden zur gegenseitigen Zufriedenheit bearbeitet. Teileinigung, aber auch Teilverlust – die Identifikation mit der Lösung hängt davon ab, was überwiegt. Basiert auf gegenseitige Achtung. Entwicklung einer selbständigen Konfliktkompetenz.

Konsens: Beide Parteien gehen davon aus, daß keine Seite allein recht hat. Die verschiedenen Positionen werden als die Facetten eines gemeinsamen komplexen Problems gesehen. Die Lösung findet deshalb in einem gemeinsam gestalteten Prozeß statt (Synergienutzen) unter Einbeziehung aller relevanten sachlichen und emotiven Aspekte. Man sucht nicht die Schnittstellen zwischen zwei festgefügten Positionen und macht lohnende Zugeständnisse (wie beim Kompromiß), sondern sieht in den unterschiedlichen Positionen das Ergebnis relevanter Teilanalysen, die zu einer übergeordneten Analyse, als Grundlage einer befriedigenden Lösung, verdichtet werden sollen.

2.1 Zeitdruck durch kurzfristige Verlaufszyklen

Aufgrund der sich zuspitzenden finanziellen Situation der Gewerkschaften wird die Werbung neuer Mitglieder zur zentralen Aufgabe. Die Dynamik in den neuen Bundesländern, aber auch die schlechte Arbeitsmarktsituation im Westen mit einer Fülle von Konkursen und Massenentlassungen, läßt den Gewerkschaften kaum die Luft, um in längeren Zyklen zu planen (Bundesmann-Jansen/Frerichs 1995, 36).

Dies hat zur Folge, daß grundsätzliche Diskussionen über Ziele und Ressourcenverteilung zurückgestellt werden. Kommunikation wird als zeitraubend empfunden (die Dynamik von Betriebsstillegungen richtet sich nicht nach dem Klärungsbedarf der Betroffenen). Entstehende Konflikte werden unterdrückt, weil sie zeitraubend sind. Dabei wird übersehen, daß nicht bearbeitete Konflikte zu Anti-Synergien zwischen den haupt- und ehrenamtlichen Funktionären führen: Die durch Konfliktunterdrückung anfänglich ‚gewonnene' Zeit wird zu einem späteren Zeitpunkt doppelt und dreifach wieder verloren. Nicht bearbeitete anhaltende Konflikte führen in einem Team zu einer nachhaltigen Störung der Kommunikation.

Die Teammitglieder gehen auf Distanz zueinander. Informationen werden deshalb spät oder gar nicht übermittelt, Gespräche über Sachziele können entweder nicht geführt werden oder verlaufen vielfach zeitraubend und ineffizient. Die mangelnde Abstimmung führt zum Einzelkämpfertum und zu Friktionen (unkoordinierte Doppelarbeit), selbst in kleinsten Organisationseinheiten. Der sich auch aus dieser Ineffizienz ergebende Zeitdruck dient dann wiederum als Argument, eine Konfliktbearbeitung abzulehnen. Selbst simple Koordinierungsbesprechungen (wöchentliche Bürobesprechung) werden nicht in allen Organisationseinheiten durchgeführt, auch hier meist mit der Begründung, daß sie zuviel Zeit in Anspruch nehmen und daß man sowieso nie alle Teammitglieder zusammenbekäme, weil wichtige Außentermine vorrangig sind.

2.2 Rollenverständnis von gewerkschaftlichen Führungskräften

Aufgrund dieser Ausgangslage nehmen die hauptamtlichen Führungsfunktionäre (Geschäftsführer von Verwaltungsstellen, Bezirksleiter, Mitglieder im Geschäftsführenden Hauptvorstand) eine besondere Machtposition ein. Der ‚normale' hauptamtliche Funktionär ist vom Willensbildungsprozeß weitgehend ausgeschlossen. Dieses im Kern anti-partizipative Schema rückt die Führungskraft ins Zentrum der Konfliktbearbeitung, denn bei ihr laufen die Kommunikationsfäden zusammen.

Diese hohe Funktionärsebene versteht sich in der Regel aber nicht als personalverantwortliche Führungskraft, sondern als politischer Funktionär. Dies ergibt sich auch aus den Karrierewegen von Spitzenfunktionären. Die für eine

Gewerkschaftskarriere wichtigen Fähigkeiten sind erstens eine gute politische Außenwirkung gegenüber den Mitgliedern und zweitens eine hohe Durchschlagskraft in Arbeitskämpfen. Diese Fähigkeiten sind natürlich für eine Organisation, die Arbeitnehmerrechte auch in einem sozial rauhen Klima durchsetzen (oder bewahren) will, von unschätzbarer Bedeutung und können nicht ernstlich zur Debatte gestellt werden. Problematisch wird es nur, wenn die Durchschlagskraft auch im Umgang mit den eigenen Mitarbeitern zur Dominante des Führungsstils wird. Das Konfliktverhalten von gewerkschaftlichen Führungskräften verläuft im Regelfall nach folgendem Schema:

1. Konfliktsignale werden erst spät wahrgenommen und dann heruntergespielt („Der hat wohl einen schlechten Tag erwischt.").
2. Häufen sich die Anzeichen für einen Konflikt, dann wird anfänglich eine abwartende Haltung eingenommen („Das müssen meine Mitarbeiter selber miteinander ausmachen.").
3. Erst wenn der Konflikt zu manifesten Effizienzeinbußen geführt hat, interveniert die Führungskraft, indem sie den Konflikt mit einem Machtwort zu beenden versucht („Wenn die beiden ihren Konflikt nicht beenden können, dann beende ich ihn", ein Bezirksleiter über die Probleme in seinem Team).
4. Gelingt dies nicht, dann werden Disziplinierungsmaßnahmen ergriffen (Abmahnung oder sogar Versetzung).

Die Konfliktstrategie der Führungskraft folgt der Motivschaukel Flucht-Unterwerfung. Der Spitzenfunktionär, der neben der gewerkschaftlichen Funktion auch noch andere Ämter belegt (Gremien, Kommissionen, Aufsichtsratsmandate, Parteiämter) oder diese ehrgeizig anstrebt, verbringt nur einen geringen Teil seiner Zeit im eigenen Haus. Sein Wert für die Organisation wird in erster Linie an seiner politischen Außenwirkung gemessen. Interne Konflikte werden deshalb vom ihm als Störungen erlebt. Sie zu bearbeiten fehlt ihm die Zeit, aber vor allem auch die Motivation und die soziale Kompetenz. Erst wenn die internen Reibungsverluste bereits so massiv geworden sind, daß sie auch nach außen hin sichtbar, zu deutlichen Effizienzeinbußen führen, interveniert die Führungskraft, um seine Organisation und sich selber vor Imageverlusten zu bewahren.

Die Intervention folgt dabei wiederum der Handlungslogik kurzer Verlaufszyklen. In der überwiegend von Hektik geprägten Arbeitsatmosphäre bleibt keine Zeit für sachliche Analyse und persönliche Zuwendung. Die Mitarbeiter (egal ob reine Verwaltungsangestellte oder politisch agierende Gewerkschaftsfunktionäre) werden schnell ‚auf Linie' gebracht. Der Konflikt wird damit nicht gelöst, sondern verlagert und tritt an anderer Stelle unter denselben emotionalen Vorzeichen wieder auf. Als letztes Mittel dient dann die Entfernung einer Konfliktpartei, meistens durch Versetzung.

3. Gewerkschaften als Bürokratische Organisation

In den vom Autor durchgeführten Trainings für hauptamtliche Gewerkschaftsfunktionäre wird unter anderem der Themenblock „Managementkonzepte" bearbeitet. Hier machen die Trainer durchgängig die Erfahrung, daß die Teilnehmer bei der Darstellung des idealtypischen Konzeptes einer Bürokratischen Organisation (Weber 1972) den Ist-Zustand ihrer Organisation erkennen. Ein hochrangiger Funktionär (Bezirksleiter) bezeichnete sich als „Gewerkschaftsbeamter".

Die Vorteile einer Bürokratischen Organisation liegen auf der Hand: klare Kompetenz- und Aufgabenverteilung, Orientierung an Zweckrationalität, Bindung von Entscheidungsmacht an das Amt und nicht an die Person, Schutz des Amtsträgers durch eine eindeutig definierte (überindividuelle) Rolle. Gebunden ist diese gewerkschaftlich-bürokratische Organisation an die Mitglieder, den Souverän.

Die bekannten negativen Auswirkungen einer bürokratischen Organisation sind Zentralismus, Verlust an Handlungsautonomie des einzelnen hauptamtlichen Funktionärs und Verlagerung der Entscheidungen an die Spitze der Hierarchie. Hinzu kommen gegebenenfalls noch die psychischen Schieflagen einzelner Vorgesetzter: „Du bist hier nicht zum Denken da, sondern zum Arbeiten!" (Geschäftsführer einer Verwaltungsstelle in einem fachlichen Streitgespräch mit einem ihm unterstellten hauptamtlichen Funktionär).

Aber auch ohne die psychische Komponente ist eine konsequent gehandhabte Bürokratie kommunikationshemmend und schafft durch ihre starren Rahmenbedingungen paradoxe Situationen. Ein praktisches, wenn auch satirisch anmutendes Beispiel, daß einem Seminarteilnehmer in seiner Gewerkschaft widerfahren ist:

Ein Funktionär einer Verwaltungsstelle hat erhebliche Probleme mit der Geschäftsleitung eines von ihm betreuten mittelständischen Betriebs. Im Bereich einer benachbarten Verwaltungsstelle treten identische Probleme auf. Deshalb wollen die beiden Funktionäre eine gemeinsame Strategie absprechen. Zu diesem Zweck wollen sie einen Termin für ein Arbeitsgespräch vereinbaren. Leider befinden sich die Verwaltungsstellen in unterschiedlichen Gewerkschaftsbezirken. Das Strategiegespräch wäre demnach eine bezirksübergreifende Kooperation und muß deshalb höheren Ortes ,abgesegnet' werden. Die beiden Gewerkschaftsfunktionäre fragen ihre unmittelbaren Vorgesetzten um Erlaubnis. Diese können in der Sache jedoch nicht entscheiden und verweisen deshalb an die zuständigen Bezirksleiter. Da aber das Anliegen auf Kooperation über die Bezirksgrenzen hinausreicht, sehen auch diese sich nicht in der Lage, eine Genehmigung zu erteilen und verweisen ihrerseits auf den Geschäftsführenden Hauptvorstand in der Bundeszentrale. Im zuständigen Vorstandsbereich erreichen sie zwar den ranghöchsten Funktionär (den Vorstandssekretär), der aber auch nicht entscheiden kann und deshalb in dieser Angelegenheit von scheinbar bundespolitischer Bedeutung auf das Vorstandsmitglied selber verweist. Leider ist dieses soeben im Urlaub, kommt in zwei Wochen zurück und dann müsse man sehen, wie schnell die Sache bearbeitet werden könne. Daraufhin geben die beiden Gewerkschaftsfunktionäre auf. Die beiden Verwaltungsstellen liegen übrigens wenige Autominuten voneinander entfernt.

Aus diesem Beispiel ließen sich eine Vielzahl von Problemlagen herausfiltern. Hier sei vorerst nur darauf verwiesen, daß flexible Lösungen und Arbeitsformen von einer Bürokratischen Organisation behindert werden und daß *Kommunikation hierarchisch ausgerichtet und kanalisiert* wird. Unter diesen Bedingungen können die Akteure die genannten Kommunikationsbedingungen für eine offene Konfliktbearbeitung nicht oder nur *gegen den Widerstand* der organisatorischen Strukturen herausbilden.

3.1 Kommunikationsmuster

Unter diesen Bedingungen bilden sich spezifische Kommunikationsmuster aus. Es dominiert ein taktierendes Sprechen, daß durch einen hohen Abstraktionsgrad auch bei persönlichen und organisationsinternen Problem- und Konfliktlagen gekennzeichnet ist und über das keine Klärung, geschweige denn eine offene Bearbeitung des Konfliktes möglich ist. Eine Gegenüberstellung zwischen offener und verschlossener (taktischer) Kommunikation soll dies verdeutlichen (Berkel 1992, 64):

Kommunikationsmuster	
Verschlossen	**Offen**
bewerten: loben, kritisieren, vergleichen	*beschreiben:* über beobachtetes Verhalten informieren, den anderen ersuchen, seine Beobachtungen mitzuteilen
kontrollieren: Verhalten und Einstellungen des anderen zu ändern suchen, dazu Drohung und Zwang einsetzen	*problemorientiert:* eine gemeinsame kooperative Lösung wünschen und zur Suche danach einladen
strategisch: den anderen manipulieren, die eigenen Ziele nicht preisgeben, taktieren	*spontan:* offen und täuschungsfrei die eigenen Motive und Absichten mitteilen
neutral: den anderen als Objekt betrachten, ihn als Mittel für die eigenen Ziele einspannen	*einfühlend:* die Persönlichkeit des anderen verstehen und respektieren, seine Förderung als Ziel in sich begreifen
überlegen: Macht, Position, Wissen ausspielen, dadurch seine Vorstellungen durchsetzen	*partnerschaftlich:* auf gleichberechtigter Basis zu gemeinsamen Planen und Handeln bereit sein
sicher: weiß schon die Antwort, Neuem gegenüber wenig aufgeschlossen	*vorläufig:* bereit zu experimentieren, sich vorschneller Urteile enthalten

3.2 Das gewerkschaftliche Milizsystem

Gewerkschaften bestehen aus Mitgliedern, ehrenamtlichen Funktionären und hauptamtlichen Funktionären. Den Ehrenamtlern wächst in der Gewerkschaft die Rolle einer „Miliz" (Schwarz 1996, 75ff) zu. Als besonders aktive Mitglieder erschöpft sich ihre Aufgabe jedoch nicht in der bloßen Unterstützung der Hauptamtler. Ehrenamtliche Funktionäre sind in allen wichtigen gewerkschaftlichen Gremien mehrheitlich vertreten. Letztlich entscheiden sie, wer hauptamtlich tätig wird. Ihre Aufgabe liegt in der Kontrolle der Hauptamtlichen, dem vorausschauenden Planen und im Entscheiden der grundsätzlichen Leitlinien (Schwarz 1996, 238).

Auf den ersten Blick scheint das Milizsystem durchaus im Einklang mit einer Bürokratischen Organisation zu stehen. Der bürokratisch organisierte Hauptamtlerapparat ist an die Leitlinien des Souveräns (die Mitglieder vertreten von den ehrenamtlichen Funktionären) gebunden und durch ihn legitimiert. Der bürokratische Aufbau erleichtert die Kontrolle und stellt sicher, daß die Leitlinien personenunabhängig umgesetzt werden. Das Webersche Modell erklärt idealtypisch das ‚Wie', aber nicht das ‚Wozu' und das ‚Für wen' (Mayntz 1971, 32) – die Antworten zu letzterem sind im Milizsystem zu finden.

4. Bruchstellen im gewerkschaftlichen Milizsystem

So abgeklärt das Verhältnis zwischen hauptamtlichen und ehrenamtlichen Funktionären zu sein scheint, bestehen im gewerkschaftlichen Milizsystem zwei Bruchstellen, von denen eine systemisch und eine verhaltensbedingt ist. Diese Bruchstellen wirken als Konfliktverursacher und beeinflussen gleichzeitig auch die Art und Weise der Konfliktaustragung negativ.

4.1 Die Distanz zwischen Haupt- und Ehrenamtlichen

Erstens besteht im Milizsystem eine systemimmanente Spannung zwischen den hauptamtlichen ‚Profis' und den ehrenamtlichen ‚Amateuren'. Die Hauptamtlichen erreichen durch die ausschließliche Beschäftigung mit der gewerkschaftlichen Arbeit einen hohen Grad an Professionalität. Gleichzeitig ist es für sie leichter, sich einen Informationsvorsprung vor den Ehrenamtlichen zu erarbeiten. Das kontrollierende Organ gerät somit in ein Abhängigkeitsverhältnis zum Hauptamtlerapparat, daß vom letzteren selektiv mit Informationen versorgt wird, was die Entscheidungsprozesse maßgeblich beeinflußt.

Gleichzeitig ist der hauptamtliche Funktionär dazu verpflichtet, seine Arbeit so professionell wie möglich zu verrichten, sich rechtzeitig und umfassend zu informieren. Die Auswahl von Informationen (z. B. Briefing von Ausschußmitgliedern, Halten von Fachvorträgen, Reden vor Betriebsversammlungen) wird von ihm erwartet, weil die durch Berufsausübung, betriebliche und gewerkschaftliche Ämter oftmals dreifach belasteten ehrenamtlichen Funktionäre zeitlich nicht in der Lage sind, aus dem Wust der angebotenen Daten wichtige Informationen herauszufiltern.

Der ehrenamtliche Funktionär gerät dadurch in ein Abhängigkeitsverhältnis zum Hauptamtlichen. Dieses ungleiche Verhältnis erzeugt Spannungen zwischen den beiden Funktionärsgruppen und diese wiederum Distanz. Schwarz bezeichnet diesen Umstand zutreffend als „strukturelle Verwerfungslinie": „Verbandsmitglieder sind sehr oft durch eine Art Hassliebe mit ihren Verbandsmitarbeitern ... verbunden: Man braucht die Leute, weil ohne sie nichts geht, aber man nimmt es ihnen übel, daß dem so ist, daß man von ihnen abhängig ist." (Schwarz 1996, 236)

Beim Übelnehmen bleibt es mitunter nicht. Einflußreiche ehrenamtliche Funktionäre (zumeist freigestellte Betriebsratsvorsitzende von Großbetrieben) können nicht nur aufgrund ihres Stimmenpotentials einen hauptamtlichen Funktionär abwählen, es besteht für sie in der Praxis auch die Möglichkeit, unmittelbar bei der Bezirksleitung oder dem Geschäftsführenden Hauptvorstand zu insistieren. Die Funktionsträger in Bezirk und Hauptverwaltung sind letztlich ebenso abhängig von guten persönlichen Wahlergebnissen und neigen infolgedessen dazu, sich der Auffassung des ehrenamtlichen Mandatsträgers anzuschließen.

Eine Abwahl hätte erhebliche Konsequenzen. Sie bedeutet auf jeden Fall eine Versetzung in eine andere Stadt, meistens geht dies nicht ohne Umzug. Neben den für alle Arbeitnehmer mit dem Wechsel des Arbeitsortes einhergehenden Belastungen, wie Gefährdung der Karriere, Belastung für das familiäre Umfeld, Kosten des Umzugs, kommt hier noch hinzu, daß die Versetzung immer den Makel der Bestrafung trägt. Scham und Prestigeverlust sind die Folge.

Ein Wechsel des Arbeitgebers kommt oftmals nicht in Betracht, weil die Unternehmen keine besondere Neigung zeigen, einen ehemals aktiven Gewerkschaftsfunktionär einzustellen und weil die im Rahmen der Gewerkschaftstätigkeit erworbenen Fähigkeiten zu unspezifisch sind, um auf dem derzeitigen Arbeitsmarkt erfolgreich konkurrieren zu können. Dem Gewerkschaftsfunktionär wird somit nachdrücklich seine berufliche Alternativlosigkeit aufgezeigt und sein Abhängigkeitsverhältnis zur ‚Organisation' deutlich gemacht. In der Praxis besteht also eine Gegenabhängigkeit: „Somit ist der genannte strukturelle Gegensatz einerseits als Abhängigkeit der Milizer (und der Mitglieder) vom Geschäftsbetrieb und andererseits als Machtbeziehung zwischen Mitgliedern und Management zu deuten." (Schwarz 1996, 236)

Die anzutreffende Praxis hebelt damit eine der wichtigen positiven Effekte des Bürokratischen Modells aus: den Schutz des Amtsträgers. Die (Personal-)Entscheidungswege verlaufen deshalb faktisch in einer Doppelstruktur Milizsystem-Bürokratiesystem. Verschärft wird dies noch dadurch, daß Gewerkschaften bis jetzt auf ein Personalentwicklungssystem weitgehend verzichten, so daß kaum Transparenz und wenig Struktur in der Personalarbeit anzutreffen sind. Auch höhere Führungskräfte verfügen deshalb über keine elaborierten und intersubjektiven Hilfen, um Personalentscheidungen zu fällen und plausibel zu machen. Dadurch werden die weiter oben angeführten Schwächen im (persönlichen) Führungsstil durch Mängel im Managementkonzept noch verschärft. Personalentscheidungen sind somit vielfach willkürlich und korrelieren eher mit der psychischen Disposition des jeweiligen Vorgesetzten und den gerade akut anstehenden Erfordernissen des Tagesgeschäftes (kurze Verlaufszyklen).

Die hauptamtlichen Funktionäre lernen, mit dieser Situation umzugehen. Sie sichern sich ab (Verlust an Flexibilität, Zielgruppenbezug und persönlicher Autonomie) und versuchen, einen guten Kontakt zu mächtigen ehrenamtlichen und hauptamtlichen Funktionären aufzubauen, der es ihnen ermöglicht, sich auch außerhalb des bürokratischen Dienstweges, durch den Aufbau einer personenabhängigen informellen Struktur, vor Unwägbarkeiten zu schützen (Taktieren). Mit simplem Opportunismus sollte dies nicht verwechselt werden – er spielt nur bei einzelnen eine Rolle. Der Opportunist will sich durch Einschmeichelei einen ungerechtfertigten Vorteil verschaffen, während der hauptamtliche Funktionär sich in einem intransparenten, bisweilen willkürlichen System zu behaupten hat und dabei starken negativen Emotionen ausgesetzt ist (Gefühlen der Unsicherheit, des Ausgeliefertsein). Der Trend zur verschlossenen Kommunikation im Innenverhältnis hat hier seine Ursache.

4.2 Mangelnde kommunikative Kompetenz von Führungskräften

Das Ohnmachtsgefühl wird noch dadurch verstärkt, daß zwar *über* die Betroffenen geredet wird, aber erst in einer späten Phase *mit* ihnen. Die Betroffenen werden häufig nur noch mit den Entscheidungen konfrontiert. In der Regel dürfen sie dann zwar in einem Gespräch Stellung beziehen, doch ändert dies nichts mehr an der grundsätzlichen Entscheidung, die ohnehin gefällt und bereits hierarchisch kanalisiert, weitergeleitet worden ist. Meistens ist der Gesprächspartner von Funktionären in Verwaltungsstellen der unmittelbare Vorgesetzte (Geschäftsführer der Verwaltungsstelle), während die Entscheidung jedoch vom Bezirksleiter oder auf der Hauptvorstandsebene gefällt wurde. Im gewissen Sinne kann dann sogar gesagt werden, daß mit dem Betroffenen überhaupt nicht gesprochen wird.

Geschäftsführer beklagen sich deshalb des öfteren darüber, daß sie sehr kritische Personalgespräche führen müssen, in denen sie Personalentscheidungen vertreten sollen, ohne an der Willensbildung beteiligt gewesen zu sein und zum Teil sogar, ohne über ausreichende Hintergrundinformationen zu verfügen.

Prott/Keller (1997, 237ff) weisen darauf hin, daß die kommunikativen Defizite durchaus nicht flächendeckend auftreten. Einzelne Vorgesetzte und Teams verstehen es durchaus, auch unter den gegebenen Bedingungen, ein qualitativ als ausreichend erlebtes Maß an interner Kommunikation zu entwickeln. Der Einzelne kann also nicht mit dem pauschalen Hinweis auf die systemische Verwerfungslinie aus seiner Verantwortung für seinen Kommunikationsstil entlassen werden. Die in diesem Abschnitt geschilderte Problemlage ist nicht stringent auf systemimmanente Schwachstellen zurückzuführen. Die Loyalität von Vorgesetzten gegenüber ihren Mitarbeitern, die Achtung voreinander (die sich nicht zuletzt in einer enthierarchisierten Kommunikation niederschlägt), die Fähigkeit von Führungsfunktionären, Konflikte sozial-kompetent zu bearbeiten, sind keine Systemkomponenten. Sie berühren die Einstellung der Verantwortlichen, also situationsunabhängige Persönlichkeitsmerkmale, die auch außerhalb des systemischen Zusammenhangs ihr Verhalten prägen.

4.3 Unzweckmäßigkeit des Bürokratischen Modells

Das Bürokratische Modell ist für gewerkschaftliche Arbeit eher unzweckmäßig. Eisenstadt weist bereits 1958 darauf hin, daß in Organisationen mit gesellschaftspolitischen Zielen der Betreuungsgrad der Mitglieder sehr aufwendig ist, weil im Gegensatz zu Kundenbeziehungen im Dienstleistungssektor nicht ein Produkt, sondern eine Werthaltung die Basis des Kontaktes ist. Der Tendenzbetrieb muß ständig um die Loyalität seiner Mitglieder werben. Mindestbedingung hierfür ist, daß die Hauptamtlichen über ein breites Spektrum an methodischen Fertigkeiten verfügen und eine ausgeprägte soziale Kompetenz besitzen (Eisenstadt 1958, 116), um auf die unterschiedlichen Bezugsgruppen sozial-kompetent eingehen zu können. Dieses Anforderungsprofil ist durch die Fragmentarisierung der Gesellschaft sicherlich auf ein noch höheres Anspruchsniveau geschraubt worden.

Wer methodisch vielfältig und zielgruppenorientiert arbeiten muß, wird die Zwänge einer bürokratischen Organisation als Behinderung einer erfolgreichen Arbeit erleben. Die Tätigkeit des Gewerkschaftsfunktionärs lebt von seinem Engagement, seiner Kreativität und Sensibilität im Umgang mit unterschiedlichen betrieblichen und außerbetrieblichen Zielgruppen. Die Loyalität der Mitglieder, die er sich nur auf diesem Weg erarbeiten kann, ist gleichzeitig die entscheidende Grundlage, seinen Erfolg zu messen.

Damit gerät der Funktionsträger in einen Intra-Rollenkonflikt. Er soll autonom handeln und gleichzeitig rein ausführendes Organ sein. Daß dies jedoch weder sachlich umsetzbar noch emotional gut zu verkraften ist, mag das folgende Beispiel illustrieren:

In einem Gespräch beklagt sich ein Seminarteilnehmer, Verhandlungsführer in Tarifverhandlungen seines Bezirks, darüber, daß die Bezirke weitgehend ihre

Kompetenzen in Tariffragen an den Geschäftsführenden Hauptvorstand haben abgeben müssen. Als Verhandlungsführer verlangen seine ehrenamtlichen Mitstreiter von ihm, daß er autonom und souverän mit der Arbeitgeberseite umgeht, eigene Vorschläge einbringt und den Verlauf der Verhandlung maßgeblich mitstrukturiert. Die Arbeitgeber sehen in ihm den Verhandlungspartner oder auch -gegner, mit dem sie streiten, der aber auch eindeutige und verbindliche Positionen bezieht. Um nicht aus seiner Rolle zu fallen (es droht ihm Loyalitäts- und Achtungsverlust) versucht er, den Ansprüchen seiner Bezugsgruppen gerecht zu werden. Gleichzeitig ist er aber seiner Entscheidungsbefugnisse beraubt. Er muß Autonomie vortäuschen.

Diese Ausgangslage führt dazu, daß er sich telefonisch bei seinen Vorgesetzten rückversichert, was zu Unterbrechungen im Verhandlungsrhythmus führt und ihn allmählich demontiert. Auf meine Frage hin, wie er denn die häufigen Unterbrechungen am Verhandlungstisch rechtfertigt, gab er an, gelegentlich zu Vorwänden zu greifen (andere wichtige Telefonate, Weg zur Toilette), vor allem dann, wenn er die Arbeitgeberseite nicht merken lassen will, daß sie einen heiklen Punkt thematisieren. Nachfragend, wie er sich dabei fühle, kam als Antwort: „Sehr unzufrieden. … Manchmal hilflos."

4.4 Resümee: Auswirkung auf das Konfliktverhalten

Die geschilderten strukturalen Mängel und der autoritäre Umgang mit den Folgen dieser Mängel durch Spitzenfunktionäre schafft im Bewußtsein vieler Gewerkschaftsfunktionäre ein diffuses Gefühl der Bedrohung. Sie sind deshalb sehr vorsichtig damit, organisationsintern umstrittene Positionen offen zu beziehen. Ihre Äußerungen sind eher auf einer abstrakten, dem eigenen Arbeits- und Wirkungsbereich entrückten Ebene angesiedelt.

In fast allen unseren Seminargruppen wurde die Hauptenergie der Trainer in den ersten zwei der insgesamt vier Trainingswochen darauf verwendet, eine halbwegs offene Kommunikation in den Seminargruppen zu stimulieren. Häufig wurde die Befürchtung von Seminarteilnehmern laut, daß ihre Äußerungen von einigen ihrer anwesenden Kollegen zu ihrem absichtlich herbeigeführten Schaden in der Organisation verbreitet werden könnten. Bezeichnenderweise war die Offenheit der Seminarteilnehmer gegenüber den (externen) Trainern außerhalb der plenaren Situation höher als gegenüber ihren eigenen Funktionärskollegen, wenngleich es auch hier vereinzelt vorkam, daß Teilnehmer den Trainern unterstellten, Dossiers über sie anzufertigen oder zumindest in Gesprächen mit Spitzenfunktionären Psychoprofile verbal zu übermitteln.

Gerade die Diffusion der Angst birgt eine große Gefahr. Wenn offene Kommunikation hierarchisch sowohl horizontal wie vertikal die Ausnahme bildet, entsteht ein Informations- und Autonomiedefizit. Tritt ein von Angst geprägtes Organisationsklima hinzu, dann entsteht eine für die Organisation wie für die

Individuen kritische Gemengelage: Das Informationsbedürfnis wird durch Gerüchte oder Phantasien ersatzbefriedigt, und das Ohnmachtsgefühl wird durch den Aufbau einer Scheinautonomie bekämpft.

Der Aufbau von Scheinautonomie geschieht zum einen im Kontakt mit ehrenamtlichen Funktionären und Mitgliedern. Sie zeigt sich hier am deutlichsten in stereotypen Verhaltensmustern des Funktionärs, der dem traditionellen Rollenverständnis gerecht zu werden versucht, auch wenn dies von den Mitgliedern eben nicht mehr honoriert wird. Dieses traditionelle Verständnis gibt seinem Verhalten eine Orientierung und entlastet ihn von dem Risiko, konfliktreich eigene Wege zu gehen.

Die Scheinautonomie zeigt sich auch im Kontakt mit den hauptamtlichen Kollegen. Der erfahrene Gewerkschaftsfunktionär kennt die Regeln, er ist ausgebufft, distanziert, ständig auf der Hut, dabei aber nach außen kumpelhaftjovial. Dieses ständige Taktieren verändert sich im Verlauf der Berufsausübung von einem Schutzmechanismus zum Selbstzweck. Mangels eigener Gestaltungsräume (beziehungsweise aus Angst vor den Folgen ihrer Nutzung) gibt der taktierende Umgang mit den Kollegen das Gefühl, die berufliche Situation zu kontrollieren. Das taktierende Verhalten und die dazugehörigen Kommunikationsmuster (s. o.) treten deshalb auch dann auf, wenn objektiv keine Bedrohung auszumachen ist. Aus einem Verhalten, das angesichts der organisatorischen Situation fallweise durchaus angebracht ist, wird ein Automatismus.

In einem System, in dem ein großer Teil der Funktionäre aus Angst auf Distanz geht, in dem die Führungskräfte sich ihrer Fürsorgepflicht gegenüber ihren Mitarbeitern kaum bewußt sind und nicht als stabilisierender Faktor, sondern eher als schwer ausrechenbares autoritäres Machtpotential wirken, wird offene Kommunikation erstickt. Ein gutes Beispiel hierfür ist die jährliche Hauptamtlichen-Tagung, bei der nach einem (teils verschriftlichten, teils unverschriftlichten) Ritual nicht nur die von einem erhöhten Podest aus agierenden Redner festgelegt sind, sondern auch völlig klar ist, wer sich bei der nachfolgenden Diskussion überhaupt und in welcher Form äußern darf, ohne später mit Konsequenzen rechnen zu müssen. Funktionäre, die dieses Ritual aus Unerfahrenheit oder Mut durchbrechen, erleben dann unter Umständen das, was im Gewerkschaftsjargon zynisch ‚Edeka' genannt wird: *E*nde *de*r *Ka*rriere. Das Führen kontroverser Debatten oder gar die offene Bearbeitung von Konflikten wird unter diesen Bedingungen als äußerst riskant erlebt.

Das oben Geschilderte hat hoffentlich deutlich gemacht, daß eine offene Konfliktbearbeitung nicht nur wegen der kurzfristigen Verlaufszyklen und aufgrund des im Haupamtlerapparats nach wie vor vorherrschenden tradierten Rollenverständnisses als Störung des Ablaufs empfunden wird, sondern auch als Bedrohung der eigenen Position und, bei dem sehr hohen Identifikationsgrad von gewerkschaftlichen Funktionären mit ihrer beruflichen Rolle, auch der eigenen Person.

5. Konsequenzen

Um die gewerkschaftliche Streitkultur ist es also nicht gut bestellt, und die Gründe hierfür liegen nicht nur in den Strukturen, sondern auch im Verhalten der hauptamtlichen Funktionäre. Während die Debatten über Strukturveränderungen engagiert geführt wurden (und werden), ist die Debatte über das Verhaltensprofil von gewerkschaftlichen Funktionären rückständig (Prott/Keller, 1997, 17).

Für Sprecherzieher, die trainierend für Gewerkschaften tätig sind, entsteht hieraus eine problematische Ausgangssituation. Die Kommunikationstrainings für hauptamtliche Funktionäre folgen in ihrer thematischen Ausrichtung eher einem allgemeinen Kanon, so wie er auch in Betrieben zu finden ist. Es ist aber keinesfalls verbürgt, ob die gängigen Themen auch die richtigen Themen zur richtigen Zeit sind.

Positive Seminarbewertungen sind hier kein ausreichender Indikator für den Transfererfolg von Trainings. 69,2 % der Befragten sind mit der internen Kommunikation unzufrieden (Prott/Keller 1997, 313), jedoch eine „Minderheit" (318) der Unzufriedenen vermag konkrete Vorschläge zur Abhilfe zu formulieren. Es herrscht also gewerkschaftsintern eher Ratlosigkeit vor. Gleichzeitig ist das Gros der Funktionäre (68,1 %) mehr oder weniger mit dem gewerkschaftlichen Weiterbildungsangebot unzufrieden (Prott/Keller 1997, 133).

Es darf also nicht wundern, wenn professionell durchgeführte Kommunikationstrainings eine sehr positive Resonanz bei den Teilnehmern finden, weil sie erstens bei einem der Hauptprobleme (der Kommunikation) ansetzen und zweitens ohnehin aus Sicht der Betroffenen zu wenig für die Weiterbildung getan wird. Drittes kommt hinzu, daß die Entwicklung eigener Alternativen zu den gängigen Seminarangeboten den Teilnehmern schwer fällt. Der Trainer darf bei Seminaren mit freiwilliger Beteiligung also auf ein sowohl aufgeschlossenes wie auch genügsames Publikum hoffen. Über den Erfolg des Training, gemessen am Transfer, sagt dies nichts aus.

Sprecherzieher können hier bei der Bedarfsanalyse und der Entwicklung konkreter Weiterbildungsangebote zwar beraten, jedoch fehlt ihnen, aufgrund der defizitären Forschungssituation, ein ausreichendes Fundament. Auch die Auswahl der geeigneten didaktischen Mittel gleicht auf dieser Basis eher einem permanenten Versuch-Irrtum-Verfahren. Es wird den auf dieses Feld spezialisierten Trainern dadurch erschwert, eigene eventuell vorhandene didaktische Defizite effizient zu beheben.

Abhilfe könnte hier eine genaue Tätigkeitsanalyse schaffen, wie sie beispielsweise Lüschow (1992) für Ingenieure vorstellt. Aus dieser Analyse ließe sich Klarheit über die kommunikativen Anforderungen gewinnen, Themen und Vermittlungsweisen wären transferorientiert beschreibbar.

Literatur

Bartsch, E. (1986): Zum Verhältnis von Gefühlsaussage und rationaler Begrifflichkeit im Prozeß des Redehandelns. In: Slembek, E: Miteinander sprechen und handeln. Festschrift für Hellmut Geissner, 15-25, Frankfurt/M.

Beck, U. (1986): Risikogesellschaft. Auf dem Weg in eine andere Moderne. München

Berkel, K. (1992): Konflikttraining. 3. Aufl. Heidelberg

Bundesmann-Jansen, J., Frerichs, J. (1995): Betriebspolitik und Organisationswandel – Neuansätze gewerkschaftlicher Politik zwischen Delegation und Partizipation. Münster

Eisenstadt, S. N.: The goals of bureaucratic organizations and their influence on organizational structure. In: Ders. (Ed.), Bureaucracy and bureaucratization, Current Sociology, VII, 2/1958, 116-120

Gröf, H. (1995): Konfliktbewältigung in Gewerkschaften. Bad Honnef (unveröffentlichtes Manuskript)

Lüschow, F. (1992): Sprache und Kommunikation in der technischen Arbeit. Frankfurt/M., Bern, New York, Paris

Hofmann, J., Hoffmann, R., Mückenberger, U., Lange, D. (Hrsg.) (1990): Jenseits der Beschlußlage. Gewerkschaft als Zukunftswerkstatt. Köln

Inglehart, R. (1977): The silent revolution. Changing values and political styles among western publics. Princeton, New Jersey

Kempe, M. (1995): ZukunftsArbeit. Wege aus der sozialen Krise. Frankfurt/M., Wien

Klages, H. (1984): Wertorientierungen im Wandel. Rückblick, Gegenwartsanalyse, Prognosen. Frankfurt/M.

Mayntz, R. (1971): Max Webers Idealtypus der Bürokratie und die Organisationssoziologie. In: Dies. (Hrsg.), Bürokratische Organisation, 2. Aufl., Köln, Berlin/W, 27-35

Noelle-Neumann, E., Strümpel, B. (Hrsg.) (1984): Macht Arbeit krank? Macht Arbeit glücklich? Eine aktuelle Kontroverse. München

Prott, J., Keller, A. (1997): Zerreißproben örtlicher Gewerkschaftsarbeit. Münster

Pinl, C. (1977): Das Arbeitnehmerpatriarchat. Die Frauenpolitik der Gewerkschaften. Köln

Rosenstiel, L. von, Nerdinger, F. W., Spieß, E., Stengel, M. (1989): Führungsnachwuchs im Unternehmen. Wertkonflikt zwischen Individuum und Organisation. München

Schwarz, G. (1990): Konfliktmanagement. Sechs Grundmodelle der Konfliktlösung. Wiesbaden

Schwarz, Peter (1996): Management in Nonprofit Organisationen. 2. Aufl., Stuttgart, Wien

Weber, M. (1992): Wirtschaft und Gesellschaft. 5. Aufl., Tübingen

ANNETTE MÖNNICH

Zwischen Workshop und Wissenschaft: Rhetorik für Studierende der Germanistik

„Zwischen Workshop und Wissenschaft": damit ist ein Spannungsfeld markiert. Die darin wirksamen Spannungen sind intensiver als sie zu sein scheinen und machen sich in Sprech*wissenschaft* und Sprech*erziehung* bemerkbar.

Welche Spannungen sind zu beachten und wie wirken sie sich auf die Lehrveranstaltungen ‚Rhetorik für Studierende der Germanistik' aus?

1. Produktive Spannungen: Die Entwicklung neuer Seminartypen

Die Spannung zwischen Wissenschaft und Workshop verdichtet sich im Kontext der Universität zunächst zur Frage: In welchem Verhältnis stehen Theorie und Praxis? Schon aufgrund der verschiedene Möglichkeiten, dieses Verhältnis in Rhetorikseminaren zu bestimmen, können Seminare voneinander unterschieden werden. Aber es wirken zusätzliche Spannungen ein:

1.1. Handlungsorientierung versus Verhaltensorientierung

Welche Aufgabe haben Rhetorikseminare: „Persönlichkeitsentwicklung" oder „Verhaltenstraining"? Seit den 70er Jahren spitzt sich die Diskussion immer wieder auf diese Polarisierung zu. Im Kern ist strittig: Geht es um Rhetorisches *Verhalten* oder um Rhetorisches *Handeln*? Insbesondere die Unterscheidung zwischen Verhalten als ‚unbewußt ausgeführtes Tun' und Handeln als ‚bewußtes, verantwortungsvolles Tun' (Geißner 1988) bildet die Basis für das Verständnis der *Handlungsorientierung in der Rhetorikdidaktik* und führt uns unmittelbar zum „Prototyp" von Rhetorikseminaren, dem Seminartyp A.

Typ A: Rhetorikseminare mit dem primären Ziel, die rhetorischen Fähigkeiten zu erproben, zu reflektieren und zu erweitern (Schwerpunkt: *Handlungskompetenz in Rhetorischer Kommunikation*). Das sind Seminare zur Persönlichkeitsentwicklung, die die Sensibilisierung für „kommunikative Grundeinstellungen" (Bartsch 1991) einbeziehen. In diesen Seminaren überwiegen die praktischen Übungen zur Rhetorik. Es wird nur so viel Theorie der Rhetorik herangezogen, wie es für die angestrebten Reflexions- und Handlungskompetenzen erforderlich ist. *Vorteile*: Erweitern der Handlungs- und Reflexionskompetenz, Lernen des Lernens – indem die TN lernen, eigene Lernprozesse zur Verbesserung ihrer Sprechhandlungskompetenz zu organisieren (vgl. zur individuellen Lernzielbestimmung Bartsch 1991).

Diese Handlungsorientierung nicht nur in „Seminaren", sondern auch in „Trainings" umzusetzen heißt, Handlungstrainings statt Verhaltenstrainings zu konzipieren (vgl. Typ B):

Typ B: Rhetorikseminare primär als Erproben oder Einüben neuer Sprechhandlungsweisen bis hin zum *Sprechhandlungstraining*. Die Theoriebausteine werden stark elementarisiert. Diesen Seminartyp bezeichne ich hier als „*Workshop*". *Vorteil:* Er bietet Übungsraum, um bereits erworbenes Vorwissen und Einsichten in die Sprechpraxis umzusetzen. *Nachteil:* die Gefahr, in Verhaltenstrainings abzugleiten.

Auf diese beiden Seminartypen konzentriert sich die Diskussion über Rhetorikseminare meistens. Am Lernort Universität sind aber weitere Formen für Rhetorikseminare zu unterscheiden, die durch die *Spannung zwischen Wissenschaft und Berufsbezug* erzeugt werden.

1.2 Die Spannung zwischen Wissenschaft und Berufsbezug

Handlungsorientierte Rhetorikseminare fördern Fähigkeiten, die zentral sind für Studium, Beruf und demokratische Gesellschaft. Der wachsende Anspruch an die Universtität, den Berufsbezug des Studiums zu realisieren, bestärkt Dozentinnen und Dozenten für Rhetorik, nicht nur einzelne *Sprechhandlungen* einzuüben (z.B. das Argumentieren), sondern darüber hinaus *Formen des Gesprächs und der Rede*, die im Beruf entscheidend sind (Teambesprechung u.a.).

Aber: Der Berufsbezug birgt noch eine Überraschung. Gerade die stärkere Berufsbezogenheit fordert eine höhere *Theoriefähigkeit*: Hochschulabsolventinnen und -absolventen mit dem Abschluß B.A. oder M.A. benötigen in Führungspositionen eine hohe Kommunikationskompetenz, zu der auch Hintergrundwissen über Kommunikation gehört. Lehramtskandidatinnen und -kandidaten brauchen fundiertes Hintergrundwissen über Rhetorische Kommunikation. Das gilt besonders, wenn sie das Fach Deutsch unterrichten wollen. Als Deutschlehrerinnen und -lehrer haben sie die Aufgabe, die Kommunikationsfähigkeiten ihrer Schülerinnen und Schüler professionell zu fördern, und zwar sowohl durch die Auseinandersetzung mit Rhetorik als Unterrichtsinhalt als auch durch die Gesprächserziehung mittels der gewählten Unterrichtsmethode.

Insofern ist es nur konsequent, für das Germanistikstudium eine Studienreform zu fordern, die Rhetorik nicht an den Rand rückt, sondern als prüfungsrelevanten Studieninhalt im Zentrum der Germanistik verankert. (Vgl. den Bericht über das Bildungspolitische Forum in diesem Band.) Das erfordert innerhalb der Germanistik die Zusammenarbeit von Sprechwissenschaft/ Sprecherziehung, Angewandter Linguistik, Rhetorisch interessierter Literaturwissenschaft und Fachdidaktik Deutsch.

Über diese berufspolitischen Schritte hinaus ist die erforderliche Theoriefähigkeit im Beruf ein Argument dafür, zusätzliche Seminartypen zu pflegen bzw. zu entwickeln: *theoriebezogene Seminare* (Typ C), *theoriebezogene Seminare, die zugleich sprechhandlungsorientiert* sind (Typ D) und primär *sprechhandlungsbezogene Seminare* mit *starkem Theoriebezug und der Verknüpfung mit der Fachdidaktik Deutsch* (Typ E).

Typ C: Rhetorikseminare mit dem Schwerpunkt *„Erforschung Rhetorischer Kommunikation unter systematischen oder historischen Gesichtspunkten".* Hier überwiegen kognitive Lernprozesse: wissen, erkennen, Bewußtsein erweitern, beurteilen, kritsch Stellung nehmen u.a. (Schwerpunkt: *Theorie der Rhetorischen Kommunikation*). Ich habe z. B. gemeinsam mit einer Sprachlehrforscherin ein interdisziplinäres Seminar zum Thema ‚Interkulturelle Kommunikation' durchgeführt; die Handlungsorienierung bestand hier in der Befähigung, besser mit qualitativen Forschungsmethoden umzugehen. *Vorteil*: Es besteht eine Affinität zum wissenschaftlichen Kontext. Studierende lernen hier Ergänzendes für ihre wissenschaftliche Kompetenz im Umgang mit rhetorischer Kommunikation. Durch die bewußte Gestaltung der Gesprächskultur im Seminar wurde Gesprächserziehung als Seminarprinzip wirksam. *Nachteil*: wenn die Lehrveranstaltung dem Ziel dienen soll, die eigenen rhetorischen Fähigkeiten zu erweitern, entsteht ein Zielkonflikt. Im genannten Seminar erhielten die Studierenden deshalb eine zusätzliche Beratung zu ihrer Sprechkompetenz.

Typ D: *Themengebundene Rhetorikseminare* mit den Schwerpunkten *„Theorie der Rhetorischen Kommunikation" und „Schulung rhetorischer Kompetenzen".* Entscheidend ist die *gleiche Gewichtung des Themenbezugs und der Einführung in die Rhetorik.*

Z. B. ein Blockseminar zum Thema „Rhetorische Kommunikation im interkulturellen Vergleich" mit den Zielen: die Studierenden sollen ihr Wissen über Interkulturelle Kommunikation und ihre rhetorischen Handlungsfähigkeiten erweitern. Die Studierenden erhalten in der Vorbesprechung die Aufgabe, Fragestellungen zum Thema „Interkulturelle Kommunikation" zu entwickeln. Als Vorbereitung auf das Seminar sollen sie Forschungsergebnisse zu dieser Fragestellung erarbeiten. Sie haben zudem die Aufgabe, das erworbene Wissen und Problembewußtsein den anderen Seminarteilnehmerinnen und -teilnehmern während des Seminars zu vermitteln, und zwar entweder in Form eines Vortrags mit anschließender Diskussion, oder in Form einer Unterrichtsstunde (mit der Möglichkeit zur Gruppenarbeit, praktischen Übungen u. a.). Für die Vorbereitung bekommen die Studierenden nur Hinweise auf Sekundärliteratur als Hilfestellung.

Während des Blockseminars (4 aufeinander folgende Wochentage, jeweils 9-16 Uhr) erfolgt jeweils im Anschluß an eine durchgeführte Unterrichtseinheit (45-90 Min.) eine Metakommunikation mit dem Ziel, die genutzten rhetorischen Strukturen bewußt zu machen und dem jeweils Lehrenden ein Feedback zu geben.

Vorteile: die Spezifika der *Rhetorik für Lehr-/Lernsituationen* können induktiv erarbeitet werden. Die Studierenden erweitern ihre Kompetenz, Lehrsituationen in Hochschulseminaren zu gestalten und zu reflektieren; zudem erarbeiten sie sich eine gute Basis für den Transfer in ihre Berufsfelder. (Bei der Durchführung dieses Blockseminars war die Arbeit sehr intensiv, weil sich eine kleine engagierte Gruppe bildete (11 TN, davon waren eine Japanerin und zwei Chinesinnen zu Gast) und für jeden der acht Studierenden der Germanistik, die ihre Rhetorischen Fähigkeiten weiter entwickeln wollten, ca. 3 Ustd. zur Verfügung standen.

Nachteil: Die TN-Zahl muß begrenzt werden. Die Intensität in der Schulung der rhetorischen Kompetenzen erfordert bei hoher Teilnehmerzahl eine zusätzliche intensive Betreuung durch die Dozentin/den Dozenten. In solchen Fällen investiere ich mindestens 2 Vorbesprechungen à 60 Min. und eine intensive Nachbesprechung pro Seminarsitzung, um die didaktisch-methodischen Prozesse zu begleiten. Für die Nachbesprechung ist es wichtig, Seminarteilnehmerinnen und -teilnehmer einzubeziehen, damit die Studierenden auch das Feedback ihrer Kommilitonen erhalten. (Z. B. in einem interdisziplinäres Seminar zum Thema: Sprache – Rhetorik – Bildung, das ich mit einer Erziehungswissenschaftlerin durchführen konnte.)

Typ E: Rhetorikseminare mit den Schwerpunkten *„Einführung in die praktische Rhetorik"* und *„Theorie der Rhetorik und ihrer Didaktik".* Z. B. ein Seminar zum Thema: „Rhetorik für (zukünftige) Deutschlehrerinnen und -lehrer". Ziele des Seminars: die TN sollen
– ihre eigenen rhetorischen Fähigkeiten erweitern
– sich Sachzusammenhänge zur Rhetorik erarbeiten und im Seminar vermitteln,
– Konzepte und Methoden der praktischen Rhetorik auf ihr Potential für den Deutschunterricht hin prüfen,
– in einer Unterrichtsreihe „Rhetorik" im Deutschunterricht (Berufsschule, Gesamtschule, Gymnasium oder Realschule) hospitieren,
– Unterrichtseinheiten in Rhetorik für den Deutschunterricht konzipieren.

Vorteile: die Studierenden lernen, Fachwissen, didaktisch-methodische Fachkompetenz und Handlungskompetenz als Einheit zu begreifen; es entsteht eine Verknüpfung von Studium und Beruf.
Nachteile: begrenztes Zeitbudget durch 2 SWS und eine Lerngruppe mit ca. 25 TN begrenzt die Auswahl der Inhalte und Ziele. Außerdem ist von den Stu-

dierenden, der Dozentin und den beteiligten Deutschlehrerinnen und -lehrern zusätzliche Arbeit gefordert.

2. Elektrisierende Spannungen: Sprechwissenschaft in der Germanistik

Innerhalb der Germanistik betreiben die Hauptfächer – Literaturwissenschaft, Sprachwissenschaft, Mediävistik – *Wissenschaft* und vermitteln deren Inhalte und Methoden an die Studierenden. Die Sprecherziehung hat die Aufgabe der *Erziehung zur Sprechkompetenz*, die je nach dem, wie Sprechen definiert wird, auf die Erwartung trifft, zur Hochlautung (Siebs) zu befähigen oder zum „Sprechen und Verstehen" (Humboldt) als Gesprächskompetenz (Geißner 1988) bzw. als Sprechhandlungskompetenz (Mönnich 1999). Das Profil der Sprecherziehung vereinigt beide Aspekte, weil zur Sprechhandlungskompetenz auch der Umgang mit der „akustischen Struktur" der Sprech-Kommunikation gehört (Bartsch 1991, Pawlowski/Riebensahm 1998, Mönnich 1999).

Das entscheidende Dilemma indessen ist auf einer anderen Ebene angesiedelt: Die Germanistik setzt nämlich voraus, daß die Erziehung zur Gesprächs- und Rede-Rhetorik auf wissenschaftlicher Basis geschieht, und auch ich als Didaktikerin der mündlichen Kommunikation setze das voraus und beteilige mich am Wissenschaftsdiskurs. Dennoch entsteht die kritische Nachfrage: Wo wird den Sprecherzieherinnen und Sprecherziehern an der Universität der Raum gegeben, ihre Grundlagen über Gesprächs- und Rederhetorik und deren Vermittlung wissenschaftlich zu erforschen? Das Dilemma ist: Sprecherziehung erbringt eine Dienstleistung für die Germanistik – und muß sich sogar darin behaupten, sie erbringen zu dürfen –, aber die Germanistik hat zu wenig im Blick, daß es nur konsequent wäre, auch die Sprech*wissenschaft* zu fördern.

Dennoch gibt es Hoffnungszeichen, wenn die Dienstleistung der Sprecherziehung in Instituten für Germanisitk nicht auf die Durchführung von Workshops (Seminartyp B) begrenzt wird, sondern einen Plural von Seminartypen nutzen kann. Es ist eine wichtige Zukunftaufgabe der Germanistik, auch die *wissenschaftliche Reflexion* der Schulung und Beratung in Rhetorik zu fördern.

3. Rhetorikseminare für Studierende der Germanistik: Qualitätsmerkmale und Eu-spannung

„Rhetorikseminare müssen gut sein." Dieser Aussage wird jeder zustimmen. Die Frage ist nur: was heißt in diesem Kontext „gut"? Wir könnten diese Frage in Form eines philosophischen Diskurses diskutieren (Was ist „gut"?) oder unmittelbar die Vorzüge der favorisierten Konzepte für Rheotikseminare herausstellen. Beides wäre sehr interessant.

Dennoch wähle ich statt dessen die *konkrete Praxis* als Ausgangspunkt: In Rhetorikseminaren haben die Studierenden die Möglichkeit, zu sagen, was sie ‚gut' fanden und was ‚nicht gut'. *Welche Kriterien verwenden die Studierenden?*

Als Beispiel gehe ich aus vom Seminartyp D: Ein themenorientiertes Rhetorikseminar zum Thema „Rhetorische Kommunikation im Interkulturellen Vergleich". Besonderes Merkmal dieses Seminars ist die Gleichgewichtung der Ziele: sich Wissen über Rhetorische Kommunikation aneignen (hier: Interkulturelle Kommunikation) und die Einführung in Rhetorik mit dem Ziel, die rhetorischen Kompetenzen weiter zu entwickeln. Im folgenden werte ich die abschließende Gesprächsrunde des Seminars aus. Die Äußerungen der Studierenden sind transkibiert; daher sind die Satzzeichen in Klammern gesetzt. Besondere Merkmale zur akustischen Struktur des Sprechens sind in eckige Klammern gesetzt(z.b. [schnell:]von der Universität …) Das Zeichen „|" markiert das Ende dieses prosodischen Merkmals. Besonders starke dynamische Akzente werden durch Großbuchstaben gekennzeichnet(z. B. „InterESSEN").

• *Kriterien: Seminarstil; Ich und die Gruppe, Gesprächskultur*

Zitate	Kriterien
„Der Seminarstil war locker", und es is' viel dabei rumgekommen"; „der Termin für die Vorbesprechung war zu spät" u. a.	*„Seminarstil"*
„Die Atmosphäre fand ich angenehm"; „Ich habe mich wohlgefühlt" u. a.	*„Atmosphäre"*
„Wir haben alle ständig diskutiert(,) es war *superspannend*(,) die Vorträge haben sich unheimlich unterschieden(;) es war 'ne andere Methodik(,) es war 'n anderers Thema(.) „Jeder hat versucht(,) *sich einzubringen*(,) hat sich unheimlich viel Mühe gegeben(.) Und ja(,) und daran wie heiß wir diskutiert haben(,) kann man sehen(,) daß da *echtes Interesse* vorhanden war(.)"	*Standards für Rede- und Gesrächskultur*
„Die Gruppe war sehr nett(,) also nicht so in Grüppchenbildung abgedriftet(.)"	Bildung einer *Gruppe*

• *Kriterium: Lernprozesse*

Zitate	Lernmodi
„nehme mir vor(,) die Stoffülle zu reduzieren und mehr zu strukturieren"	*Sprechhandlungskompetenz und individuelle Weiterführung des Lernprozesses*
„wichtige Erfahrung für die Schule"	Neue *Ich-Erfahrungen*
„sehr informativ"	*kognitives Lernen*
„ ich bin ein ganzes Stück weitergekommen in so 'nem vernetztem Denken"	*Schlüsselqualifikationen*
„ein Effekt dieses Seminars ist auch (,) mich wieder geweckt zu haben(.)" (D.h. eigene Interessen im Studium zu kultivieren)	*Lernen lernen*

• *Kriterien: Personenorientierung und Berufsfeldbezug*

Zitate	Lernmodi
„find das auch toll wie das funktioniert hat bei Ihnen(,) daß Sie glaub ich jEdem soviel Raum gelassen habn(.)"	*Personenorientierung* als Seminarprinzip
„eine „super Gelegenheit (…) so was zu üben(.) Denn in der Arbeitswelt kommt das wirklich häufig vor(,) daß man so was präsentieren muß […]." „wichtig für den Lehrerberuf"	*Berufsbezug* als Seminarprinzip (die Studentin argumentiert mit eigenen Berufserfahrungen)

• *Dichotomien: Spannung zum Uni-Alltag*

Die Studierenden bewerten, interpretieren, und sie vergleichen die Rhetorikseminare mit dem Uni-Alltag. Diese Dichotomien sind ein Stachel zur Veränderung des Uni-Alltags! Als Kriterien für „gute" Seminare benennen die Studierenden:

Zitate	Kriterien für gute Seminare
„Ich war überrascht bei diesem Vortreffen(,) wieviel freie HAND Sie uns eigentlich lassen(.) Ich bin das [schnell:]von der Universität mittlerweile ganz anders gewöhnt(.)|" Sie haben dann gefragt nach unseren „InterESSEN (,) em ich bin gar nich mehr gewohnt(,) nach meinen Interessen großartig zu gucken und so(.)"	*Eigenständigkeit bei der Auswahl der Lerninhalte, Ziele und Methoden*
„man konnte sich aus einem relativ großen Themenangebot etwas aussuchen und das *individuell füllen*."	*Diaktisch-methodische Kompetenzen entfalten*
„jetzt bin ich im 8. Semester und hab zum ersten Mal das Gefühl(,) ich werd gefordert und gefördert."	*Gefordert und gefördert*
in den anderen Seminaren an der Uni „will man ja nicht wie der(,) ich weiß jetzt nicht äh *wie ein* großer St/" <L ergänzt: „*Star*"> JA(.)) So – auftreten und will hier mit meinem Laptop und so 'ne (,) aber hier hat sich eben die Möglichkeit ergeben"	*Teil der Personenorientierung: Individualität entfalten können*
„So ein kleiner Kurs ... ich fand es sehr angenehm(.) Sonst referiere ich vor 50 Leuten(,) und hier *spreche ich Menschen an* ..."	*Rahmenbedingungen und Personenbezug*

- *Fazit:*

Die Qualität der Rhetorikseminare wird von Studierenden nicht nur im Hinblick auf „Unterricht in Rhetorik", sondern zugleich im Hinblick auf die „Kommunikation im Unterricht" beurteilt. Für die Konzeption von Rhetorikseminaren heißt das, die impliziten Ziele der Lehrmethoden explizit auf die Gesamtkonzeption abzustimmen.

- *Was sind „gute" Rhetorikseminare"?*

Die Äußerungen der Studierenden ließen mich aufhorchen: „Hier war es *anders* als sonst." Das war für mich der Anlaß, diese Daten auf die Qualitätsmerkmale für gute Rhetorikseminare hin zu untersuchen.

Außerdem sind die Auswertungsgespräche zugleich ein *Feedback* für Seminarleiterinnen und Seminarleiter: Aus dem Vergleich zwischen Selbst- und

Fremdeinschätzung entsteht der Impuls, sich der *handlungsleitenden didaktischen Theorie* bewußter zu werden.

Nach dem Besonderen unseres Seminaralltags zu fragen heißt, die Theorie des Rhetoriklehrens und -lernens voranzutreiben.

Die ausgewerteten Auszüge aus einem Auswertungsgespräch sind ein Beispiel. Das *Exemplarische für die Arbeit als Sprecherzieherin* sehe ich darin, daß hier die starke Handlungsorientierung der Sprecherziehung zum Ausdruck kommt und der Versuch, im Rhetorikseminar jeweils beides zu realisieren:

– Rhetorik als Persönlichkeitsbildung *und* Rhetorik als Qualifizierung für berufliches Handeln
– Personenorientierung *und* kritisch-kommunikative Orientierung (mit „Personenorientierung" meine ich die Förderung der individuellen sozialen Persönlichkeit; mit „kritisch-kommunikativer Orientierung" bezeichne ich die Fähigkeit zur kritischen Analyse institutioneller, gesellschaftlicher und kultureller Bedingungen für Rhetorik. Mönnich 1998 a, b)
– Die Pole Individuen – Lerngruppe; Studierende – Lehrende *und* die Pole Individuen – Lerninhalte; Lerngruppe – Lerninhalte gestalten. (Sozialbezug und Sachbezug)
– Führen *und* Freiraum geben (als Seminarleiterin *und* auch als Teilnehmerin)
– "Ich bringe mich als Person ein *und* will Sie persönlich fördern" (Haltung der Seminarleiterin)
– Informieren *und* Informiertwerden, Neues *und* Bekanntes hören, Feedback geben *und* empfangen, Verstehen *und* Nichtverstehen, Konsens *und* Dissens, ... (im Seminarprozeß)

• Eu-Spannung als Qualitätsmerkmal für „Rhetorik lehren"

Um mit dieser *dialektischen Grundstruktur* von Rhetorikseminaren umzugehen, sind Kompetenzen erforderlich: Fachkompetenz, Sozialkompetenz, didaktisch-methodische Kompetenz etc. Ich denke, wichtig ist darüber hinaus die Fähigkeit, aus einer Eu-spannung heraus zu agieren. Mit Eu-spannung meine ich eine Wohlspannung (wie wir sie vom körperlichen Eutonus her kennen): keine Unterspannung, keine Verspannungen, aber: eine mittlere *Spannung*, die mit *Wohlbefinden* verbunden ist. Für mich ist es nicht nur anstrengend, sondern ich freue mich auch, in Rhetorikseminaren in beruflichen Rollen *und* als Person(en) miteinander zu sprechhandeln, um Sprechhandlungskompetenzen weiter zu entwickeln. Das positive Feedback der Studierenden gibt mir – und ich hoffe, auch Ihnen – immer wieder Antrieb, den elektrisierenden Spannungen auf berufspolitischer Ebene standzuhalten und sie zu verändern.

Literatur

Bartsch, E. (1991): Rhetorik der Rede. In: Hernsteiner 1991 H. 4

Geißner, H. (1988): Sprechwissenschaft. Theorie der mündlichen Kommunikation. Königstein 2. Aufl.

Humboldt, W. [1830-35]: Über die Verschiedenheit des menschlichen Sprachbaues und ihren Einfluß auf die geistige Entwicklung des Menschengeschlechts. In: Ders. Werke in fünf Bänden. Bd. 3: Schriften zur Sprachphilosophie (hg. von A. Flitner und K. Giel), Darmstadt 7. Aufl. 1994, 368-755, 430

Mönnich, A. (1999): Kooperation in der Kommunikation – realisiert durch akustische Zeichen. In: Mönnich, A./Jaskolski, E. (Hrsg.): Kooperation in der Kommunikation (Sprache und Sprechen 35). München

Mönnich, A. (1998a): Schulung und Beratung in mündlicher, rhetorischer Kommunikation für das Handlungsfeld Pastoral – auch für die Katechese. In: Tebartz-van Elst, F.-P. (Hrsg.): Katechese im Umbruch. Positionen und Perspektiven. Für Dieter Emeis. Freiburg Basel Wien, 393-407

Mönnich, A. (1998b): Das Profil der SprechwissenschaftlerInnen im Bereich ‚Schulung und Beratung in mündlicher, rhetorischer Kommunikation'. In: Sprechen. Zeitschrift für Sprechwissenschaft, Sprechpädagogik, Sprechtherapie, Sprechkunst 16. Jg./II, 26-33

Pawlowski, K./Riebensahm, H. (1998): Konstruktiv Gespräche führen. Reinbek

Siebs (1969): Deutsche Aussprache. Reine und gemäßigte Hochlautung mit Aussprachewörterbuch, hrsg. von Helmut de Boor, Hugo Moser und Christian Winkler. 19., umgearbeitete Auflage. Berlin

CORNELIA ERTMER

Motivieren – kommunizieren – kooperieren

1. Lehrziel = Lernziel?

In der Jahresausgabe 1998 des Friedrich-Verlages (Zukunft) verbucht Hermann Gieseke, emeritierter Professor für Pädagogik, als *Stärke* der Schule: „Der Unterricht trägt den Bedürfnissen und Interessen der Schüler Rechnung wie nie zuvor. Er versucht mit erheblichem methodischem Aufwand, Schüler zu motivieren und auf ihre persönliche Verfassung Rücksicht zu nehmen." (S. 61). Eine gegensätzliche Position vertritt Marlies Hempel, Professorin für Grundschuldidaktik, wenn sie im gleichen Heft schreibt, daß es eine *Schwäche* von Schule sei, „daß es immer noch nicht oder nur sehr langsam gelingt, an den Bedürfnissen, lebensweltlichen Erfahrungen, an den realen Sorgen und Problemen, an den von Mädchen und Jungen erfahrbaren sozialen und naturwissenschaftlichen Phänomenen anzuknüpfen und die Schülerinnen tatsächlich zu Subjekten des Unterrichts werden zu lassen." Ihrer Meinung nach werde immer noch „Stoff in Heranwachsende ‚reingepresst ..."(S. 64). Dem einen geht es darum, „zur Wissensvermittlung zurückzukehren", der anderen um „die subjektorientierte Sichtweise auf modernen Unterricht" (S 64). In diesem Spannungsfeld zwischen der *Wissensvermittlung* einerseits und der *subjektorientierten Sichtweise* andererseits liegt in der Tat das Problem heutigen Unterrichts, beiden Positionen gleichermaßen gerecht zu werden, darin besteht der Anspruch modernen Unterrichts. So formulieren die Richtlinien und Lehrpläne *Deutsch* für die Sek. I, NRW:

„Für die Schülerinnen und Schüler ist das Gymnasium auf der einen Seite Stätte systematischer Wissensvermittlung und Aneignung, zugleich soll es für sie aber auch Lebensraum sein, in dem sie in ihrer jeweiligen Individualität ernst genommen und dazu befähigt werden, ihre Anlagen und Neigungen zu entdecken, zu entfalten und zunehmend selbstbestimmt mit ihnen umzugehen."(Richtlinien 1993, 12)

Hinter diesem Anspruch aber steht die Frage:
Unter welchen Bedingungen kann es gelingen, die *Lehr*ziele (der Lehrerin/des Lehrers) mit den Bedürfnissen der Kinder und Jugendlichen so in Einklang zu bringen, daß es ihre *Lern*ziele werden? Die Unterscheidung zwischen Lehrziel und Lernziel scheint insofern plausibel zu sein, als die Ziele der Lehrenden nicht identisch sein müssen mit den Zielen, die die Lernenden sich setzen. Denn jede Schülerin, jeder Schüler erfährt aus einer unterschiedlichen, jeweils individuellen Disposition heraus einen eigenen Lern- und Erkenntniszuwachs (Bartsch 1989, 23).

Da es aufgrund der Komplexität von Unterricht überhaupt kaum möglich scheint, dieser Fragestellung umfassend nachzugehen, möchte ich mich in den folgenden Überlegungen auf das Fach *Deutsch* beschränken und dabei auf einen Aspekt, die *Gesprächsfähigkeit*.

Ausgehend von Beispielen aus der Unterrichtspraxis des Faches Deutsch möchte ich Probleme umreißen, Thesen formulieren und so einige Denkanstöße geben.

– Im Mittelpunkt der Überlegungen steht ein Deutschunterricht, der die Gesprächsfähigkeit zum Ziel des „sprachlichen Lernens" hat als Voraussetzung und „wesentlichen Bestandteil sozialer Beziehungen" (Richtlinien 1993, 32).
– Es geht um einen Deutschunterricht, in dem deshalb kooperieren partnerschaftlich kommunizieren bedeutet (Bartsch 1998, 232).
– Es geht schließlich um einen Deutschunterricht, dessen Ziel es ist, durch das „sprachliche Lernen" Voraussetzungen zu schaffen „für die Mitarbeit in der demokratischen Gesellschaft" (Richtlinien 1993, 31).

Da diese Ziele eine Verhaltensänderung implizieren, lassen sie sich nur *mit*, nicht *gegen* die Schülerinnen und Schüler, und nur durch ein gemeinsames Handeln von Lehrenden und Lernenden realisieren. Voraussetzung hierfür ist, daß Lehrende wie Lernende gleichermaßen motiviert sind.

Welche Funktion und Bedeutung Motivation in der Lehr-/Lernsituation hat, möchte ich im folgenden klären. Anschließend wird zu untersuchen sein, welche Parameter Hilfestellung leisten können bei der zielgerichteten Auswahl und dem sinnvollen Einsatz von Methoden mit Blick auf eine Motivierung der Schüler. Schließlich wird zu fragen sein, welche Voraussetzungen eine Lehrerin/ein Lehrer für einen motivierenden, am Lernerfolg orientierten Unterricht mitbringen sollte.

2. Motivation, Motivierung – Funktion, Begriff, Bedeutung

Versteht man Motivation als Summe der Beweggründe, die das Handeln, bezogen auf die Schulsituation das Lernverhalten der Schülerinnen und Schüler, beeinflussen, bedeutet dies, daß Handlungsmotive für das Lernen vorhanden sein müssen:

„Warum soll ich das denn jetzt lernen?" „Wozu brauch' ich das?" „Warum soll ich das so machen? Ich kann das anders viel besser." „Ich kann das nicht." Solche und ähnliche Fragen und Bemerkungen der Schülerinnen und Schüler zu Ziel und Zweck des Lernens fordern:

– Transparenz, d. h. eine Offenlegung des Methodeneinsatzes und der Zielsetzung.

- Umreißen des gewünschten Lernerfolgs (Ergebnisse);
- Das Schaffen von Anlässen (Impulse als Handlungsmotive);
- Anreize über Lernbedingungen;
- Fremdverstärkung (Lob, Anerkennung).

2.1 Das Prinzip der Motivierung

Eine dergestalt vorgenommene Motivierung versteht sich als Prozeß (Prozeß-modell der Motivation nach Heckhausen 1974, 156), mehr noch als dialekti-sches Prinzip insofern, als über die von außen durch die Lehrperson an die Schülerinnen und Schüler herangetragenen Handlungsmotive (*extrinsische Motivation*) das Interesse, die Neugier auf den Lerngegenstand gelenkt wird, dieser durch die intensive Beschäftigung wiederum Interesse, Neugier erzeugt. Diese *Motive* wiederum schaffen neue Anlässe, sich auf die Lernhandlung ein-zulassen. So benötigen die Kinder und Jugendlichen im Idealfall immer weni-ger Anstöße von außen, bis sie schließlich selbst die Initiative ergreifen, sich aktiv selbständig den Stoff aneignen, schließlich, im Idealfall, *intrinsisch moti-viert* sind. Es gilt also die Balance herzustellen zwischen notwendigen Anstößen von außen und der angestrebten Selbständigkeit in Erarbeitung und Aneig-nung von Lerninhalten.

Da wir es in der Schule in der Regel mit größeren Lerngruppen von auch über 30 Schülerinnen und Schülern zu tun haben, scheint noch ein weiterer Faktor von Bedeutung zu sein: Soll das Prinzip der prozeßartigen Motivierung greifen, ist es sinnvoll und notwendig, das Ziel des Lernens zur *gemeinsamen Sache* zu machen. Alle Schülerinnen und Schüler sollten gleichermaßen ein Interesse am Zustandekommen des Ergebnisses haben. Ein gemeinsam errun-gener Lernerfolg stärkt nicht nur das Zusammengehörigkeitsgefühl, sondern läßt auch das *Bewußtsein einer gemeinsamen Verantwortlichkeit* entstehen, eine Voraussetzung wiederum dafür, daß die Schülerinnen und Schüler bereit sind, im Interesse der gemeinsamen Sache, Probleme auszuhandeln und miteinander zu kooperieren.

2.2. Beispiel aus einer 6. Klasse

Zu Beginn des Schuljahres 1997/98 schrieb die deutsche Märchengesellschaft in der Programmzeitschrift *Prisma* einen Märchenwettbewerb aus. Da ich mit meiner Klasse im 5. Schuljahr eine Märchenreihe durchgeführt hatte, stellte ich den Kindern das Projekt vor. Es wurde mehrheitlich abgelehnt. Ich war ein wenig enttäuscht, wollte die Sechstkläßler aber auch nicht überreden. Aller-dings ließ ich die Ausschreibungsunterlagen am Schwarzen Brett der Klasse hängen. Wochen später kamen die Schülerinnen und Schüler auf mich zu und erklärten, sie hätten es sich anders überlegt. Sie wollten doch am Wettbewerb teilnehmen. Da aber der Meldetermin schon verstrichen, eine Nachmeldung nicht möglich war, beschlossen die Klasse und ich, das Projekt in Eigenverantwortung durchzuführen. Als äußeren Anreiz schlug ich den Kindern vor, aus der Geschichte ein Buch mit Illustrationen zu gestalten und das Märchen nach der Fertigstellung einer anderen Klasse vorzulesen. Dieser Vorschlag wurde von allen akzeptiert. Wir einigten uns auch darauf, einzelne Ausschreibungsbedingungen für die Gestaltung des Märchens einzuhalten:

– Die ganze Klasse ist beteiligt.
– Die Grundstrukturen eines Volksmärchens müssen deutlich werden: Einleitung – Problemstellung – drei Lösungsversuche.

Da die Klasse aus sechs Jungen und 24 Mädchen bestand, ergab sich aus der zweiten Bedingung die Bildung von fünf Gruppen zu je sechs Schülerinnen und Schülern. Jede Gruppe arbeitete nach Absprache des Themas: *Liebe und Intrige* selbständig an ihrem Teil des Märchens.

Dieses von den Schülerinnen und Schülern gewählte Thema, so wurde mir selbst erst später richtig klar, entsprach zum einen ihren präpubertären Bedürfnissen, sich mit den Problemen von Jungen- und Mädchenfreundschaften auseinanderzusetzen, zum anderen verarbeiteten die Kinder ihre Fernseherfahrungen mit den Vorabendserien: *Gute Zeiten, Schlechte Zeiten; Marienhof; Verbotene Liebe* u. a. Meine Enttäuschung, daß sie sich nicht, wie ich mir vorgestellt hatte, eher in den Bereich des Phantastischen, des Märchenhaften begaben, also im Sinne der Ausschreibung das Thema sogar verfehlten, wich zunehmend der Neugier und der Faszination. Denn daß sich alle so schnell auf dieses Thema und die grobe Handlung – Zwei Mädchen verliebten sich in einen Jungen; die eine intrigiert gegen die andere, um den Jungen für sich zu gewinnen- einigen konnten, zeigte mir doch, wie sehr dieses Problem wohl alle Schülerinnen und Schüler beschäftigte.

Schwierigkeiten gab es deshalb weniger bei der allgemeinen Absprache, als in den Gruppen. So passierte es, daß sich die Mitglieder einer Mädchen-Gruppe völlig zerstritten, da sie sich über Details nicht einig werden konnten und jede ihren Vorschlag für den besten hielt. Daß die Mädchen es schließlich doch schafften, sich zu einigen, lag daran, daß sie ein gemeinsames Ziel vor Augen hatten: das „Märchen", für dessen Fertigstellung sie sich mit verantwortlich fühlten. So fanden sie schließlich, nachdem sie ihre Meinungsverschiedenheiten ausgetragen hatten, im Interesse der gemeinsamen Sache zu einem Kompromiß.

Als das „Märchen" fertig war, gefiel allen das Ergebnis so gut, daß sie beschlossen, die Geschichte nicht einer anderen Klasse vorzu*lesen*, sondern vorzu*spielen*. Und zwar nicht nur einer anderen Klasse, sondern auch den Eltern. Der dadurch bedingte nochmalige Arbeitseinsatz – auch nachmittags – wurde getragen von der Begeisterung der Kinder für *ihr* Stück.

Und wo bleibt der Lernzuwachs? ließe sich fragen. Es geht doch nicht nur darum, die Kinder für eine Sache zu begeistern. Sie sollen auch etwas lernen! Was die Sechstkläßler gelernt haben, sei im folgenden kurz vorgestellt.

2.3. Motivierung und Lernerfolg

Auf der instrumentellen Ebene:
1) Sie haben die Erzählstruktur begriffen (Aufgabe: „nach einem Textmuster bzw. -schema erzählen, Richtlinien 1993, 68):

– Wie schreibe ich eine Einleitung? Was muß alles schon in der Einleitung stehen?
– Wie gestalte ich die Problemstellung?
– Wie erzeuge ich Spannung?

2) Sie haben ihren Wortschatz erweitert (Aufgabe: „Wortwahl, Satzbaumuster", Richtlinien 1993, 72,73):

– Wie schreibe ich anschaulich?

3) Sie haben grundlegende Strukturen des Satzbaus angewandt (Aufgabe „Satzverbindungen, Konjunktionen", 1993, 72):

– Wie stelle ich logische Bezüge her?

Auf der handlungsorientierten Ebene, d. h., auf der Ebene des Gesprächs:
1) Sie haben sich durch den ständigen Wechsel von *Produktion* (Schreiben des Textes, Spielen einzelner Szenen) und *Reflexion* in der Handhabung verschiedener Sprach- und Sprechhandlungsmuster geübt:

– Klärungsgespräche (Wie weit sind wir? Welche Elemente fehlen uns noch?)
– Problemlösungsgespräche (Wie erreichen wir die von uns gewünschte Wirkung? Welche sprachlichen/erzählerischen Mittel haben wir zur Verfügung?)
– Konfliktlösungsgespräche (Wie gehen wir mit unterschiedlichen Vorstellungen um? Wie bewältigen wir Meinungsverschiedenheiten?)

2) Sie haben im Gespräch und durch Gespräche ihre Handlungsmotive neu geortet und so auch Phasen der Enttäuschung, der Stagnation und der Langeweile überwunden. Dieses Beispiel zeigt,

– daß die Lernbereitschaft dauerhaft erhalten werden kann, wenn die Schülerinnen und Schüler auf ein ihnen erstrebenswert erscheinendes Ziel, ein in ihren Augen lohnendes Ergebnis hinarbeiten (Lernerfolg).
– daß über die geistig-rationale Beschäftigung mit einem Stoff hinaus die *emotionale Einstellung* eine wesentliche Rolle spielt. Der Stoff, auch weniger attraktiv als die Beschäftigung mit grammatischen Phänomenen, wird nicht

nur als leidiges Übel sondern auch als notwendiges Mittel zur Erreichung eines Ziels verstanden.
– daß motivierte Schülerinnen und Schüler bereit sind zu kommunizieren und zu kooperieren.

Thesen
These 1: Motivation ist eine wichtige Grundlage für zielgerichtetes und ergebnisorientiertes Kommunizieren und Kooperieren. (Funktion)
These 2: Motivation ist nicht statisch (= gegeben) sondern dynamisch (= prozeßhaft). Sie bedarf einer ständigen Erneuerung. (Begriff)
These 3: Motivation bindet die Befriedigung geistig-rationaler *und* emotionaler Bedürfnisse der Schülerinnen und Schüler. (Bedeutung)

Nun ließe sich einwenden: Die Zielsetzung fiel glücklicherweise mit den Bedürfnissen der Kinder zusammen. Lehr- und Lernziele deckten sich. Aber nicht immer gelingt das so problemlos. Was ist mit Unterrichtsvorhaben, die nicht so attraktiv sind? Man kann ja nicht immer einen solchen Aufwand betreiben. Wenn der Aufwand an Methoden und Medien allein schon ein Garant für den Lernerfolg wäre, wenn die Methoden allein schon Gesprächsfähigkeit initiierten, könnte dieser Einwand gelten. Doch ist nicht allein der *Aufwand* an Methoden entscheidend für den Lernerfolg, sondern ihre didaktische Aufbereitung.

3. Kriterien für die Auswahl und den Einsatz motivationsfördernder Methoden

Bei der Vielzahl unterschiedlicher Methoden, wie sie in verschiedenen Lehrerheften und auch in Fortbildungsveranstaltungen immer wieder vorgestellt werden, fällt es nicht leicht, eine Auswahl zu treffen. Welche Kriterien aber habe ich, an denen ich mich in meiner Auswahl orientieren kann? Hilfreich bei der Auswahl der Methoden können drei Parameter sein:

– Situationsangemessenheit
– Intentionalität
– Hörerbezogenheit (vgl. Bartsch 1982, 263)

3.1. Situationsangemessenheit

Da Unterricht nicht im luftleeren Raum stattfindet, sondern immer situativ eingebettet ist, müssen die situativen Rahmenbedingungen, die das Unterrichtsgeschehen mit beeinflussen, bei der Auswahl der Methoden berücksichtigt werden:
    Die Größe und Ausgestaltung des Klassenraumes, das Raumangebot der Schule: Wieviel Platz z. B. benötige ich für ein Rollenspiel in Kleingruppen?

Haben die Schülerinnen und Schüler die Möglichkeit, weitere Räume des Gebäudes zu nutzen?
Die Größe der Lerngruppe: Welche Methoden erlauben es z. B., alle Schülerinnen und Schüler auch bei einer Gruppenstärke von 30 und mehr Kindern zu aktivieren?
Die zur Verfügung stehenden Medien und ihre Funktionsfähigkeit: Welche Medien stellt die Schule bereit? Benötige ich darüber hinaus weitere Medien? Funktionieren die Medien auch?
Die Lage der Stunde: Hat die Lerngruppe direkt vorher Sport gehabt? Wurde eine Arbeit geschrieben oder zurückgegeben? Habe ich die 1. oder die 6. Stunde Unterricht? etc. Dazu ein Beispiel: Wenn ich in der 6. Stunde, womöglich nach 2 Stunden Sportunterricht, Deutsch in einer 5. Klasse unterrichten soll, muß ich mir überlegen, mit welchen Methoden ich die Aufmerksamkeit der Kinder auf das gemeinsame Unterrichtsvorhaben lenken kann. Ihren Bewegungsdrang oder auch ihre Erschöpfung, ihre Lustlosigkeit in bezug auf geforderte geistige Anstrengungen beziehe ich bei der *Auswahl der Methoden* mit ein:

– Rederechtverteilung mit „Werner" („Werner" ist ein von mir ab der 5. Klasse eingesetzter Tennisball, der, mit einem Gesicht versehen, jeweils an das Kind weitergegeben wird, das einen Gesprächsbeitrag liefern will. Dadurch werden die Schülerinnen zum einen zur Interaktion angehalten, indem sie sich gegenseitig „drannehmen"; zum anderen wird die Aufmerksamkeit der übrigen auf das sprechende Kind gelenkt.)
– Kreisgespräche (auch auf dem Fußboden)
– Arbeit mit Impulsen, Provokation
– Arbeit mit Bewegung (Übungen zur Spannung/Entspannung)

Beachte ich diese situativen und institutionell bedingten Vorgaben nicht oder zu wenig, gefährde ich das angestrebte Ziel und den Lernerfolg. In letzter Konsequenz könnte das sogar bedeuten, daß Lehrende wie Lernende die Ursache für den Mißerfolg in den verwendeten Methoden suchen, statt die *Bedingungen* zu prüfen, unter denen sie eingesetzt wurden. Das wiederum kann zu einer Ablehnung durchaus wirksamer Methoden führen.

3.2. Intentionalität

Die Frage nach dem Schwerpunkt des Unterichtsvorhabens, also nach der allgemeinen Zielsetzung, steht, zunächst unabhängig vom Stoff, am Beginn einer jeden Unterrichtsplanung:

– Geht es mir darum, daß die Schülerinnen und Schüler am Ende Fakten zu einem Themenbereich kennengelernt haben und in diesem ihre Kenntnisse und ihr Wissen erweitern? Lege ich also den Schwerpunkt auf die Schulung der *kognitiven Fähigkeiten?*

– Geht es mir darum, daß die Heranwachsenden logisch denken lernen, daß sie mit einem gegebenen Stoff kritisch umgehen lernen? Lege ich also den Schwerpunkt auf *selbständiges Lernen?*

– Geht es mir darum, Zuverlässigkeit, Verantwortungsbewusstsein, Konzentrationsfähigkeit und planvolles Arbeiten der Kinder und Jugendlichen zu schulen? Lege ich also den Schwerpunkt auf *Kommunikationsfähigkeit, Kooperationsbereitschaft und Teamfähigkeit?*

– Geht es mir darum, unter Berücksichtigung der individuellen Neigungen und Bedürfnisse die Fähigkeit der Schülerinnen und Schüler zu entwickeln, neue Beziehungen zwischen den Elementen einer Situation zu entdecken, die gewohnten Denkgleise zu verlassen und ungewöhnliche Ideen und Einfälle zu produzieren? Lege ich also den Schwerpunkt auf die Förderung der *Kreativität?*

Jeder dieser Schwerpunkte kann seine Berechtigung haben, zumal eine Schwerpunktsetzung nicht bedeutet, daß die anderen Aspekte überhaupt nicht mit einbezogen werden.

Doch muß ich mir bei der Auswahl der Methoden genau über die Zielsetzung im klaren sein. So erfordert die Schulung der kognitiven Fähigkeiten und des selbständigen Lernens einen Unterricht mit Methoden wie:

– *Lehrervortrag,* indem durch Beispiele eine Brücke zwischen dem Vorwissen und dem Neuen geschlagen wird.
– *Provokation,* indem ein kognitiver Konflikt geschaffen wird, der dann die Neugier, das Interesse weckt.
– *Gespräche im Plenum,* in dem Fragen gestellt werden und der Versuch unternommen wird, diese gemeinsam zu klären (durch Schülerinnen und Schüler und durch die Lehrperson).
– *Partner- und Gruppenarbeit* mit klaren Arbeitsaufträgen, um den Stoff aufzuarbeiten und zu verarbeiten und um das soziale Lernen zu fördern.
– *Lob und Anerkennung* durch die Lehrperson für individuelle Lernfortschritte.

Um der Gefahr einer Verkopfung entgegenzuarbeiten, die gleichbedeutend wäre mit einem Verlust an Motivation (Köck 1992, 25), darf nicht vergessen werden, daß die emotionale Einstellung der Schülerinnen und Schüler immer auch ihre die Handlungsbereitschaft mit beeinflußt. Deshalb sind die beiden letztgenannten Aspekte besonders wichtig.

Kommunikationsfähigkeit, Kooperationsbereitschaft und Teamfähigkeit können gestärkt werden, indem die Kinder lernen, einander zuzuhören, aufeinander einzugehen, partnerschaftlich miteinander umzugehen. Dazu geeignet sind Methoden wie:

– Orientierungs- und Planungsgespräche je nach Vorkenntnissen und Vorerfahrungen der Lernenden (Lüschow/ Michel 1996, 80)
– Der kontrollierte Dialog (Antons 1992, 87 ff)

- Übungen zum Hörverstehen (Ertmer 1996, 86 f.)
- Gruppenarbeit, Partnerarbeit
- Gruppenwettbewerbe

Bei der Förderung der Kreativität, im Deutschunterricht die sprachliche Kreativität, tritt die Lehrperson mehr in den Hintergrund des Geschehens, während die Methoden zur Stimulanz der Kreativität selbst eine viel größere Bedeutung gewinnen, z. B.:

- Brainstorming, Cluster
- Spiele, die die sinnliche Wahrnehmung ermöglichen: Hördetektive, Tretjakov'sches Taschenspiel (nicht sichtbare Gegenstände erfühlen und aus diesem Gefühlserleben heraus spontan eine Geschichte erzählen)
- Spiele, die die sprachliche Kreativität fördern: Wortschlange, Bäumchen-wechsel-dich, Koffer-Packen
- Stimulanz durch Bilder, Texte, Musik
- Rollenspiele, darstellendes Spiel
- Phantasiereisen (Müller 1995) u. v. a.

Entscheidend bei der Auswahl der Methoden zur Förderung der Kreativität ist, daß sie im besonderen Maße das *ganzheitliche Lernen* fördern (Ertmer 1996, Kap. 4) und die Lernenden emotional ansprechen.

Noch einmal: Die Schwerpunktsetzung bedeutet nicht, daß die anderen Aspekte völlig vernachlässigt werden, sondern sie ist lediglich eine Hilfe bei der Auswahl der Methoden. So benötigen die Lernenden auch beim Schwerpunkt Kognition Flexibilität und Originalität: Fähigkeiten, die wiederum durch kreativitätsfördernde Methoden geschult werden können.

Auf keinen Fall jedoch darf eine Methode nur um ihrer selbst willen eingesetzt werden, wie eine Referendarin es plante. Sie wollte mit den Schülerinnen und Schülern einer 7. Klasse ein Rollenspiel durchführen. Begründung: Das lockert den Unterricht auf.

3.3. Hörerbezogenheit

Fragen nach den Vorkenntnissen, den Vorerfahrungen mit bestimmten Methoden und Arbeitstechniken und die Analyse der Lerngruppe hinsichtlich der Lernatmosphäre und des Lernverhaltens der Gruppe bzw. des einzelnen und hinsichtlich der Neigungen und Interessen der Schülerinnen und Schüler stehen im Mittelpunkt der Überlegungen.

So hat es z. B. keinen Sinn, gegen die Interessen der Schülerinnen und Schüler zu arbeiten, sie zu bestimmten Arbeitsweisen, zu bestimmten Methoden zwingen zu wollen. Der Zwang wirkt eher kontraproduktiv, motivationshemmend, treibt die Schülerinnen und Schüler in die Opposition. Vielmehr sollte man versuchen, das schon Erreichte (Das kann ich schon. Das weiß ich schon.) festzuhalten, um daraus neue Horizonte zu erschließen (Das möchte ich auch können. Das muss ich wissen.) Wie das funktionieren kann, soll an einem Beispiel aus dem Unterricht erläutert werden: Doppelpunktsendung, ein Unterrichtsvorhaben zur Argumentation in einer 8. Klasse. In dem Unterrichtsvorhaben sollte auf der Basis von selbst erarbeiteten Informationen kommunikatives Verhalten eingeübt werden. In der Reihe zur Argumentation ging es dabei vor allem auch um *Sprechhandlungsmuster* wie „einen Standpunkt vertreten", „eine Meinung äußern", „Einwände vorbringen", „auf Argumente des anderen eingehen" etc., die möglichst wirklichkeitsnah erprobt werden sollten. Motivierend wirkten dabei einmal die von den Schülerinnen und Schülern selbst gewählten Themen und zum anderen die als Abschluß der Reihe geplante Simulation (durch eine Videoaufzeichnung) einer bekannten Sendung: *Doppelpunkt*, ein Diskussionsforum für junge Leute. Die Diskussion wurde inhaltlich auch in Zusammenarbeit mit dem Politikunterricht vorbereitet. Das Thema lautete: *Sucht und Suchtverhalten*. Zur Sicherung der Ergebnisse reflektierte die Lerngruppe in der anschließenden Auswertung der Videoaufzeichnung noch einmal den Umgang mit dem erarbeiteten Material (Informationsgehalt) und die beobachteten Sprechhandlungen (Gesprächsfähigkeit). Darüber hinaus machten sie sich noch einmal klar, welche Methoden sie sukzessiv zu dem beobachteten Gesprächsverhalten geleitet hatten:

– Gerüchtekette
– Übungen zur nonverbalen Kommunikation
– Partnerinterview
– Feedback (Antons 1992, 98 ff)
– kontrollierter Dialog (Antons 1992, 87 ff)
– Klärungsgespräch (Geißner 1986, 99 ff)
– Streitgespräch

Wichtig für die Schülerinnen und Schüler war bei der Nachbesprechung vor allem die Sicherung der Ergebnisse. Wenig bringt es, eine Lerngruppe mit Methoden zu konfrontieren, für die die Voraussetzungen noch gar nicht gegeben sind. Nur so lassen sich Frustrationen auf beiden Seiten vermeiden.

Abschließend bleibt festzustellen, daß die Motivierung der Lernenden über die Methoden immer sowohl *sachbezogen* als auch *personenbezogen* (Bartsch 1998, 234) erfolgen muss. *Sachbezogen* im Hinblick auf den Unterrichtsstoff und das angestrebte Lehr-/Lernziel, *personenbezogen* in bezug auf die Schülerinnen und Schüler *und* auf die Interaktion zwischen Lernenden und Lehrenden.

Thesen
These 4: Die situativen und institutionellen Rahmenbedingungen nehmen Einfluß auf die Wahl der Methoden.
These 5: Der Zweck der eingesetzten Methoden definiert sich über die Zielsetzung.

These 6: Die Wirksamkeit der Methoden im Hinblick auf die Zielsetzung ist abhängig von den Voraussetzungen der Lernenden.

4. Voraussetzungen der Lehrerinnen und Lehrer

Wenn auch dem Einsatz von Methoden große Bedeutung im Hinblick auf die Motivierung der Schülerinnen und Schüler zukommt, bleiben sie doch letztlich Mittel und Medium, während die Lehrerin/der Lehrer sie initiiert und präsentiert. Denn auch sie/er hat Teil am Gesamtprozeß der Motivierung.

Häufig genug werden Lehrerinnen und Lehrer von den Schülerinnen und Schülern typisiert: „Die ist streng, aber man lernt wenigstens was bei ihr." „Die ist nett, läßt auch mal Fünfe gerade sein." „Mit dem kann man nicht diskutieren, der will immer nur eine bestimmte Antwort hören." „Bei dem macht das Lernen Spaß." usw. Hinter diesen Kategorisierungen steht jeweils ein bestimmtes Lehrerbild, aber auch eine Erwartungshaltung, ein Ideal: die kompetente, glaubwürdige, ausgewogene, engagierte und motivierte Lehrperson.

Über die Bedeutung „motivationaler und affektiver Merkmale der Schülerin bzw. des Schülers für schulische Lernprogramme" gibt es verschiedene empirische Studien (z. B. Uguroglu/Walberg 1979, nach Gruehn 1995, 532). Interessant wäre es zu untersuchen, welchen Einfluß die *Lehrerpersönlichkeit* für den Prozeß der Motivierung der Schülerinnen und Schüler hat. Wenn auch die Lehrerpersönlichkeit insgesamt wenig faßbar ist, so scheint es mir doch Merkmale zu geben, die eine Annäherung an das oben beschriebene Ideal ermöglichen.

Die Sachkompetenz
Sie wird stets vorausgesetzt und zunächst an der Universität erworben. Exemplarisches Lernen an unterschiedlichen Inhalten (Epoche, Schriftsteller, Gattung etc.) erlaubt eine spätere selbständige Fortbildung und damit Sicherung der Sachkompetenz.

Die allgemeine Methodenkompetenz
In der 1. und 2. Phase der Ausbildung lernen die zukünftigen Lehrerinnen und Lehrer Methoden kennen und anwenden, die zur Vermittlung des Stoffes und zur Erreichung bestimmter Lehr-/Lernziele beitragen sollen.

Die rhetorische Kompetenz
Sie beinhaltet zum einen Methodenkompetenz (Methoden aus dem Bereich der Rhetorik werden im oben beschriebenen Sinne verwendet), geht aber über sie hinaus, indem mit der speziellen Methodenkompetenz im rhetorischen Bereich gleichzeitig eine Bildung der Persönlichkeit verbunden ist (z. B. Gesprächsführung: Feedback, offenes Gespräch, Perspektivenübernahme etc.)

und indem sich diese Methodenkompetenz auf die Interaktion zwischen Lernenden und Lehrenden auswirkt.

Die Sprecherpersönlichkeit
Diese wird in der gesamten Ausbildung, sowohl in der 1. als auch in der 2. Phase häufig zu wenig beachtet, darf aber in ihrer Wirkung auf keinen Fall unterschätzt werden. Zur Sprecherpersönlichkeit gehören nicht nur die Stimme und die Stimmführung, sondern es gehört der gesamte nonverbale Bereich dazu. Verhaltensweisen in Körperhaltung, Mimik und Gestik laufen oft unbewußt ab, haben aber großen Einfluß auf die Lernenden. Es genügt nicht, ein Lob auszusprechen, sondern man muß es auch wirklich meinen. Inkongruentes Verhalten, Unstimmigkeiten zwischen verbaler Äußerung und nonverbalem Verhalten wirken irritierend und damit häufig demotivierend: Die Schülerinnen und Schüler wissen nicht, wie sie dran sind und verhalten sich dementsprechend.

Letztlich kann es aber nicht um den idealen Lehrertypus gehen, sondern um die Einsicht, daß die Lehrerpersönlichkeit einen Einfluß auf die Motivation der Lernenden hat und die sich daraus ergebenden Konsequenzen: die verstärkte Schulung notwendiger bzw. wünschenswerter Kompetenzen gerade im rhetorischen Bereich.

Thesen
These 7: Die Lehrerpersönlichkeit entfaltet sich auf der Grundlage methodischer Kompetenzen im rhetorischen und sprechgestaltenden Bereich.
These 8: Die Lehrperson wirkt über bestimmte Kompetenzmerkmale motivationsfördernd oder motivationshemmend.

5. Ausblick

Wenn es uns Lehrenden mit dem Anspruch ernst ist, unsere heranwachsenden Kinder und Jugendlichen zu Persönlichkeiten heranzubilden, die in der Lage sind, durch kommunikatives Handeln und kooperatives Verhalten in der demokratischen Gesellschaft mitzuarbeiten, dann müssen wir die Schülerinnen und Schüler für *unsere* Ziele gewinnen, damit diese *ihre* Ziele werden können. Das Ziel der Lehrenden kann dann nur sein, so auf die Lernenden einzuwirken, sie so zu motivieren, daß sie erfahren können, daß „Bilden … sich bilden heißt" (v. Hentig 1996, 39).

Dies zu ermöglichen, braucht es jedoch Lehrerinnen und Lehrer, die sich nicht nur als Vermittler von Wissen und Kenntnissen verstehen, sondern die selbst auch neugierig sind und die gemeinsam mit den Schülerinnen und Schülern arbeiten, neue Wege beschreiten und Fähigkeiten entdecken und entfalten wollen.

Zusammenfassend bleibt festzuhalten, daß hinter motivierenden Methoden motivierende und motivierte Lehrpersonen stehen müssen, wenn die eingangs formulierten Zielsetzungen des Unterrichts ernst genommen werden.

Literatur

Antons, Klaus (1992): Praxis der Gruppendynamik. Übungen und Techniken. 5. Aufl. Hogrefe-Verlag Göttingen

Bartsch, Elmar (1982): Zukünftige Aufgaben im Lernfeld „mündliche Kommunikation". In: Elmar Bartsch (Hrsg.): Mündliche Kommunikation in der Schule. Sprache und Sprechen Bd 8 Königstein/Ts, 263-294

Bartsch, Elmar (1989): Auswahlkriterien für Lehrziele in mündlicher Kommunikation. In: Eberhard Ockel (Hrsg.): Freisprechen und Vortragen: Christian Winkler zum Gedenken. Sprache und Sprechen Bd 20, Frankfurt am Main, 21-29

Bartsch, Elmar (1998): Kulturen der Didaktik rhetorischer Kommunikation. In: Ralph Köhnen (Hrsg.): Wege zur Kultur. Perspektiven für einen integrativen Deutschunterricht, Frankfurt a.M., 229-274

Ertmer, Cornelia (1996): Gestaltendes Sprechen in der Schule. Lit-Verlag Münster

Geißner, Hellmut (1986): Sprecherziehung. Didaktik und Methodik der mündlichen Kommunikation. 2. Aufl. Frankfurt a. M.

Gieseke, Hermann (1998): Zur Wissensvermittlung zurückkehren! In: Zukunft, Schüler '98. Friedrich-Verlag Berlin, 61-63

Gruehn, Sabine (1995): Vereinbarkeit kognitiver und nichtkognitiver Ziele im Unterricht. In: Zeitschrift für Pädagogik 4/95, 531-553

Heckhausen, H. (1974): Motivationsanalysen, Anspruchsniveau, Motivmessung, Aufgabenattraktivität und Misserfolg. Berlin

Hempel, Marlies (1998): Jugendtreff und Kulturvermittlung. In: Zukunft, Schüler '98, Friedrich-Verlag Berlin, 63-64

Hentig, Hartmut v. (1996): Bildung. München

Köck, Peter (1992): Praktische Schulpädagogik. 2. Aufl. Auer-Verlag Donauwörth

Lüschow, Frank/Michel, Gerhard (1996): Das Gespräch – ein Weg zum mündigen Lernen. Anleitung für Schule und Erwachsenenbildung. München

Müller, Elke (1985): Auf der Silberlichtstraße des Mondes. Frankfurt a. M.

Richtlinien und Lehrpläne DEUTSCH, Gymnasium Sekundarstufe I, Düsseldorf 1993

NORBERT GUTENBERG

Rhetorik – Sprechkunst – Schule

Konsequenzen der Medienentwicklung für die Sprecherziehung in der Schule

Die Bedeutung der Medien jeder Art im Kommunikationsalltag nimmt zu. Dies zweifach: Die audiovisuellen Konsummedien bieten eine immer größere Vielfalt, die immer stärker genutzt wird. Die z. T. ebenfalls schon audiovisuellen Arbeitsmedien (Computer und ihre Vernetzung) bestimmen immer stärker die Arbeitswelt (sei es im Büro, in der Produktion oder am häuslichen Arbeitsplatz). Die Verschmelzung beider Medienwelten steht bevor mit Konsequenzen, die man sich ausmalen sollte. (Beispiele dafür: Die Zeit, Nr. 23, 20. 5.1998 über Radio im Internet: ‚Jeder sein eigener Programmdirektor'! Und nun auch: „PC am Gürtel", mit denen man „telefonieren, faxen und im Internet surfen" kann (Spiegel 23/1998).

Es gibt einen Zusammenhang zwischen der Entwicklung der Medienwelt, der Tendenz zur Zwei-Drittel-Gesellschaft und der Krise des Bildungssystems: Konsummedien und der Zustand von Haupt- und Grundschulen befördern den Sekundäranalphabetismus, befördern die Gewalttendenzen bei Jugendlichen in Problemgebieten und -gruppen.

Es gibt einen Zusammenhang zwischen der Medienwelt und der Veränderung der Produktionssphäre: Die Arbeitsmedien und der Produktivitätsdruck befördern Vernetzung und Partizipation (gleichzeitig deklassieren sie unerbittlich alle, die weder die Sozialkompetenz für partizipative Arbeitsprozesse noch die Nutzungskompetenz für die Arbeitsmedien besitzen).

Es gibt einen Zusammenhang zwischen der Medienwelt, der Krise des Bildungssystems und der Bürgerbeteiligung: Die Konsummedien verstärken die Entwicklung der ‚öffentlichen Politik' hin zum ‚Showgeschäft' (Schwartzenberg 1980), die Arbeitsmedien verbessern die Chancen des Netzwerkes der Betroffenen; dieses wird umso intensiver, je stärker die Verdrossenheit über die repräsentative Politik wird. Dabei wird die Schule ihrem verfassungsmäßigen Erziehungsauftrag – ‚mündige Bürger im demokratischen Staat' – immer weniger gerecht; sie erzeugt durch ihre historisch gewachsene ‚disziplinorientierte' Organisationsform diesen Menschentypus per definitionem nicht – durch die Liberalisierung der Erziehung nach den Kulturbrüchen von 1968 und 1989 kann sie jenen alten disziplinierten ‚brauchbaren Angestellten' gar nicht mehr erzeugen: Das Resultat ist Chaos, Anomie und Gewalt. Die demokratische Sozialisierung bleibt den bürgerlichen Partikularöffentlichkeiten überlassen, die aber jenem abgehängten Drittel der Gesellschaft nicht zugänglich sind.

Gerade für dieses wäre aber eine demokratische Sozialisation besonders dringlich; darüberhinaus wird gerade hier eine intensive Medienpädagogik gebraucht mit dem Ziel einer auf die Konsummedien gerichteten Überredungskritik.

Es gibt einen Zusammenhang zwischen der Entwicklung (Verknüpfung) der Medienwelt (unter technisch-wissenschaftlichem Aspekt) und der Krise des Bildungssystems: Die bevorstehende Medienverknüpfung (Telephon-PC-TV-Integration) hat für die Kommunikationsprozesse von Arbeitswelt und häuslichem Alltag Konsequenzen und damit nur gewollte gesellschaftlich-politische Folgen; diese Folgen sind wesentlich geprägt durch Veränderungen im Verhältnis von Mündlichkeit und Schriftlichkeit, die durch technische Potentiale hervorgerufen werden. In den Konsummedien hat sich ohnehin schon eine visuell dominierte (TV) und eine sonor geprägte Auralität entwickelt: Fernsehen und Rundfunk als Hauptlieferanten von Welterfahrung und Erlebnissen auf visuellen und auditiv-musikalischem Weg ohne diskursive Verbalität: In dem Maße, wie der Hörfunk seine Wortsendungen reduziert, bzw. auf Wellen beschränkt, die nur von literarischen Eliten gehört werden, reduziert sich der Anteil der Schriftlichkeit im Alltag der Medienkonsumenten. Die Entwicklung des PC, wo er Konsummedium wird, führt ebenfalls zur Reduktion von Schreiben und Lesen, die Bedienung geht über Piktogramme und Mausklick. Wenn jetzt schon von einer sekundären Oralität die Rede ist, um wieviel mehr dann, wenn die technische Entwicklung von Sprachanalyse und -synthese einen oral-auralen Computer ermöglicht? Wenn jetzt schon die Schule vielfach versagt in der Vermittlung von Schriftlichkeit, geschweige denn Literarität, um wieviel mehr dann? Es scheint eine ganze ‚Generation in Gefahr‘ (Die Zeit, 7.5.1992).

Auch Hentig sieht die hier umrissenen Problemfelder und schlägt vor: ‚die Schule neu denken‘ (1993), Struck (1994) fordert aufgrund einer ähnlichen Analyse: ‚Neue Lehrer braucht das Land‘. Illich stritt schon vor Jahrzehnten mit strukturellen Argumenten für eine ‚Entschulung der Gesellschaft‘. Die ‚Berichte aus den Klassenzimmern‘ (Die Zeit, Nr.41, 4.10.1996) bestätigen die Befunde (vgl. Rösner/Böttcher/Brandt (Hg.)); für die ‚Schule der Zukunft‘ fordert Struck (1996) die Wandlung ‚von der Belehrungsanstalt zur Lernwerkstatt‘; Marianne Gronemeyer konstatiert ‚das Scheitern der Schule‘ (1996), Tippelt/v. Cleve die ‚verfehlte Bildung‘, Hensel die ‚Erosion der alten Schule‘.

Die Sprechkunst bzw. ästhetische Kommunikation kann medienpädagogisch ansetzen: die Konsummedien, der PC als Spielgerät, Video, CD und CD-Rom multimedial enthalten Sprache und Sprechen, mitunter musikalisch, zumindest Stimme und (Sprech-)Ausdruck, als ästhetische Elemente. Unabweisbar ist hier die Einsicht, daß ‚ästhetische Erziehung‘ nicht mehr fächermäßig eingeteilt werden kann in Literatur, bildende Kunst und Musik; dem ‚Hypertext‘ der Medien, gewoben aus Sprache, Bild und Musik, ob im Netz oder auf CD-Rom, ob als Videoclip oder Werbespot ist nur beizukommen in einer integrierten

‚ästhetischen Erziehung' als Medienpädagogik, die freilich, gerade um die Medialität der Medien zu begreifen, die ‚immedialen' Formen wie Theater, Dichtungssprechen, selber Musizieren und Malen etc. nicht vernachlässigen darf. (Als ‚immedial' wird hier dasjenige verstanden, was ohne elektronische Mittlung (Bild- und Tonträger; Bild- und Tonverbreiter) rezipiert oder auch selber produziert wird.)

Das hier implizierte Prinzip des Selber-Machens gilt nicht nur für die immediale Stufe, sondern selbstverständlich auch für die mediale: nur wer weiß, wie Medien gemacht werden, hat die Voraussetzungen für das, was ‚Überredungskritik' genannt wurde (ob unter rhetorischem oder ästhetischem Aspekt – gleichviel). Dieses ‚Wissen' ist aber nicht kognitiv zu vermitteln, sondern nur durch Erfahrung. Bei den Konsummedien ist die Aufgabe des Faches doppelt – auf der Macherseite und auf der Konsumentenseite. Die letztere ist im Fach nicht vorhanden, es sei denn in Formulierungen wie ‚Erziehung zum kritischen Hören' u.ä. Das alles ist reines Postulat. Mit Blick auf die Schule gälte es hier, anknüpfend an die anderswo betriebene Medienwirkungsforschung, sich zu kümmern um die Auswirkungen der Medienrezeption auf die politische Bildung, auf die Alltagskommunikation (Gesprächsthemen, Gesprächsmuster), auf die Alphabetisierung und Literarisierung, bzw. ihr Gegenteil.

Je mehr sich in den Medien die klassischen Unterteilungen in Information, Meinung, Unterhaltung und Werbung vermischen, umso schwieriger wird die Aufgabe einer kritischen Medienrhetorik und -ästhetik. Diese Vermischung ist zu unterscheiden vom gleichzeitigen Rückzugsgefecht der Verbalität vor der Bild- bzw. Klangdominanz in TV und Hörfunk, die ihrerseits wieder Indiz für die erdrückende Umarmung durch das permanente Entertainment sind. Dieses wiederum wirkt sich gerade im Bereich des politischen Journalismus in einer zunehmenden Personalisierung der Öffentlichkeit, bzw. Veröffentlichung des Privaten aus.

Wenn von Vermischung die Rede ist, so heißt dies nicht, daß die Unterhaltung informierender wird: Der Tendenz ist umgekehrt, der Trend heißt Infotainment. Was bedeutet dies, im Konkurrenzkampf zwischen Öffentlich-Rechtlichen und Privaten, z. B. für Nachrichten und Magazine? Wird das Fernsehen wirklich dialogischer, weil der Anteil der Talk-Shows kontinuierlich zunimmt? Was wird aus der ‚Rede in der Öffentlichkeit', wenn diese Öffentlichkeit immer mehr mediendeterminiert ist? Bleibt die medientypische Verteilung des Schriftlichen auf die informierenden, kommentierenden und erbaulichen Sendeformen (Nachrichten, Magazine, Kommentare) und des Mündlichen auf die unterhaltenden (Sport, Talk, Show) erhalten oder löst sie sich auf?

Im Problemfeld Medien gilt es für das Fach Forschungs- und Bildungsaufgaben der ästhetischen Kommunikation zu entdecken, die sich allzulange auf Dichtungssprechen, Ausbildung von Berufsschauspielern und am Rande (vereinzelt) noch auf Hörspiel konzentriert hat:

• Synchronisation von Spielfilmen, wo doch offenbar diese kulturelle Eigenart des deutschen Kino-, Video- und TV-Konsumenten auch durch den Zweikanalton im Fernsehen niemals ersetzt werden wird durch Angebot und breiten Konsum von Spielfilmen in Originalfassung. Interessante und für die Erkundung transkultureller Einflüsse bis in die Alltagssprache hinein wichtige Aufgaben warten hier für eine Theorie und Didaktik ästhetischer Kommunikation im Schnittfeld von Literatur, Film, literarischer Übertragung, Musik, Bild und (re)produzierend-figurengestaltendem Sprechen. Forschung ist hier auch Grundlage für Aus- und Fortbildungskonzepte nicht nur für Sprecher, sondern vor allem für Lektoren, Redakteure, Regisseure und Dramaturgen.

• Hörbücher auf Toncassette und neuerdings sogar CD-Rom (bald auch interaktiv?), bildschirm-schriftlich und -mündlich zugleich, nachdem die (im Fach auch vereinzelt untersuchte) Geschichte der Sprechplatte sich nur noch dadurch fortschreibt, daß die Plattenaufnahmen in den Hörbuchangeboten der Verlage nunmehr schlicht auf Toncassette kopiert werden. Wo bleibt hier eine sprechwissenschaftliche Analyse, die (für eine Erziehung zum ästhetischen Hören auch in der Schule) Kriterien liefert zur Beurteilung der Angemessenheit von Sprechstilen, vor allem unter Berücksichtigung der Rezeptionsbedingungen, die im Zeitalter von Cassetten- und CD-Autoradio und Walkman völlig anders sind als zu Zeiten der guten alten Sprechplatte.

• Stimm-, Sprach- und Sprechbildung in der Pop-Musik. Wer im Fach hat jemals nachgedacht über die Ästhetik von Stimme, Sprache und Lautung im Nicht-Oper- und Oratoriengesang? Warum sind seit Jazz, Blues und den Beatles die Stimmen in dieser Musik so ganz anders als im klassischen Fach, tendieren zu dem, was Stimmbildner medizinisch zu recht als dysphonisch bezeichnen(vgl. Lenzen 1988)? Was bedeutet kulturell der Rückzug von Melodie und Harmonie zugunsten von Beat und Percussion bezogen auf die nie aufgegebene musikalische Performance von Sprachlichem. Soll das Fach dieses Gebiet ganz und gar ignorieren, nachdem es einmal in der Stimmausbildung eine seiner Wurzeln hat, wo doch auch sprecherische Interpretationen von Texten immer wieder in einer gemeinsamen Performance von Sprechern und Musikern stattfinden?

• Randformen der ästhetischen Kommunikation wie die Literaturtelephone vieler kommunaler Kulturämter, aber auch eingetragener Vereine. Hier ist im Bereich Fortbildung nicht viel zu holen. Aber es lohnt sich die Erforschung dieses Nebenzweiges des Kulturbetriebs, der seinen Ursprung hatte in den sechziger Jahren in den USA, als auf Anrufbeantworter für Interessierte pornographische Texte zu hören waren – oder ist der Satz, den Philipp Reis durch sein erstes Experimentaltelephon sprach, der Anfang des Poesietelephons: ‚Das Pferd frißt keinen Gurkensalat.‘ – ?

• Unterhaltungsmoderation in Rundfunk und Fernsehen. Was die U-Musik angeht, überschneidet sich dieses Feld mit der gestellten Frage nach der Ästhetik von Stimme in der Popmusik. Typologisch ist hier gleichzeitig von

Medienästhetik und -rhetorik zu reden. Die Qualität des Sprechens bei der Moderation von Spiel-, Rate- und Talk-Shows, Musiksendungen und anderem ‚Bunten' bleibt bis heute dem naturgewachsenen und naturbelassenen Talent vorbehalten – und so sieht es mitunter auch aus und hört es sich an. Hier gilt es anzuknüpfen an amerikanische Untersuchungen und Konzepte zu ‚entertainment', das von einigen ‚communication departments' untersucht und gelehrt wird, ebenso an ältere Konzepte der europäischen Rhetoriktradition, die in der Sprechwissenschaft und Sprecherziehung bisher nicht aufgenommen worden sind: die ‚Kunst zu plaudern und gewandt zu unterhalten' der Konversationsrhetoriken bis zurück ins 17. Jahrhundert. Zielgruppe sind hier außer den Moderator/inn/en auch Redakteure, Dramaturgen und Regisseure.

• Das Sprechen (und Texten) in allen Formen der Werbung im Kino, Rundfunk und Fernsehen. Es gilt, in Sprechwissenschaft und Sprecherziehung ästhetische Kommunikation nicht nur als Sprechen von Dichtung, also ‚hoher Literatur' zu verstehen, sondern auch Werbung sprechkünstlerisch sub specie aestheticae in Betracht zu ziehen – was im übrigen filmkünstlerisch schon längst eine Selbstverständlichkeit ist. Natürlich gibt es auch schlecht gemachte Werbung, aber die kommt auf dem Filmfestival in Cannes nicht vor. Man bedenke: Wieviel dramatisches Talent ist erforderlich, um in den 30-Sekunden-Spots wirklich eine Fabel zu erzählen, die auf etwas hinausläuft, wieviel dichterisches Talent ist erforderlich, um einen Slogan zu prägen, eine Pointe zu erfinden, wieviel sprachliche Kreativität (früher: dichterische Sprachkraft) für die Bilder, Metaphern, Aposiopesen, Zeugmata, Climaces, Asyndeta, Kinästhesien, Hendiadyoin, Chiasmen, Paronomasien etc., für all die Spiele mit Syntax, Semantik, Morphologie, Phonetik, die einen guten Werbetext ausmachen, wieviel sprechkünstlerische Qualität ist erforderlich, um solche z. T. hoch-ver‚dichteten' Texte präzise auf Bild und Musik zu sprechen? Würde sich hier nicht sprechwissenschaftliche Forschung zu Ästhetik von Text und Sprechausdruck der Werbung lohnen, auf deren Grundlage Aus- und Fortbildungsangebote entstehen könnten nicht nur für Sprecher, sondern eben auch für Agenturmitarbeiter und Studierende in den Ausbildungsgängen ‚Kommunikationswirt' oder ‚Werbefachwirt', die überwiegend an künstlerischen (!) Hochschulen angesiedelt sind?

• Eine Form ästhetischer Kommunikation, die erst im Entstehen begriffen ist: Ich nenne sie vorläufig PC-Ästhetik. Damit ist nicht nur die im Internet entstehende elektronische Literatur gemeint, die als Hypertext Musik, Literatur und bildende Kunst verbindet. Sie erwächst aus dem immer raffinierter werdenden Computerspielen (Cyber-World), aus der CD-Rom mit ihrem interaktiven Potential (in die CD-Rom gehen die Ton- und Bildträger alten Schlages ein, vorläufig noch etwas hölzern, wie die Reclam-Heftchen auf CD-Rom des gleichnamigen Verlages, s. o.!) und aus den Möglichkeiten der online-Vernetzung und ihrem interaktiven Potential: Interaktives Fernsehen nicht nur im Sinne einer individuellen Programmkomposition, sondern auch einer Beeinflussung von Spielhandlungen, interaktive CD-Rom mit verschiedenen Möglichkeiten des Einstiegs in die und des nutzergesteuerten Fortgangs der Spielhandlung, Gruppen-Computerspiele im Internet, text- und später auch sprechgesteuerte Spiele – in all diesen Formen (und vielen anderen, die ich mir heute noch nicht ausmalen kann) wird Text und Sprechausdruck, ob bei den Verlagen oder beim Konsumenten, eine Rolle spielen. Das Fach müßte hier die Entwicklung aufmerksam beobachten, könnte außer nachbearbeitender Analyse auch echte Entwicklungsarbeit leisten, so auch mitwirken an einer künftigen Medienpädagogik, die im ‚Projekt Schule' ja keine geringe Rolle spielen wird.

Ich kann nicht einschätzen, ob der nun folgende Appell als Ausdruck einer Rückzugsposition, einer hinhaltenden Verteidigung einer eigentlich verlorenen Position, zu werten ist, oder ob seine Realisierung einlösen würde, was er beabsichtigt. Zumindest befände ich mich in guter Gesellschaft, denn auch Cornelia Ertmer (1996) scheint die Hoffnung auf eine Überwindung des passiven Medienkonsums nicht aufgegeben zu haben (19f). Insgesamt kann natürlich die Entdeckung neuer Forschungs- und Bildungsbereiche im Felde des Sprechkünstlerischen nicht heißen, daß die ‚rhapsodische' Tradition des Fachs seit Drach 1926 aufzugeben wäre. Im Gegenteil: falls der gerade angekündigte ‚Appell' noch irgendeinen Realitätsbezug hat, ist die sprechkünstlerische Forschungs- und Bildungslinie des Fachs – die schon in Vorkriegszeiten die damaligen Medien einbezog (z. B. Lebede 1930) – für die Multimediaarbeit zu revitalisieren.

Die Absicht ist, der Virtualität der Medienästhetik (z.B. der Spielwelten im Internet) bis hin zur totalen Cyberworld eine stofflich-sinnliche Empire des Ästhetischen wenigstens zur Seite zu stellen, damit eine Grundlage vorhanden ist, die Virtualität des Virtuellen auch als solche zu begreifen; bezogen auf den sprechwissenschaftlichen Gegenstand geht es hier darum, die Sprachlichkeit des Ästhetischen nicht völlig in der Visualität und Sonorität der Medien verschwinden zu lassen (obwohl hier einige der nur als Texte existierenden Spielwelten noch Anhaltspunkte bieten). Schließlich geht es darum, die ästhetische Rezeption als einen Vorgang zu erhalten, der *vom* Rezipienten aktiv gemacht wird, nicht lediglich vom Datenhandschuh *in* ihm stimuliert wird. Letztlich muß Ziel der Medienpädagogik sein, daß nur die aktiv genießende Wahrnehmung als ästhetisch gilt, nicht aber die passiv erlittene Suggestion.

Der Appell ist z.B. die Bestrebungen der Berliner Theaterpädagogen der 70er Jahre (vgl. Klewitz/Nickel 1972; Kreuzer 1985) wieder aufgreifen, Theater als Schulfach einzurichten, die darstellende der bildenden und musizierenden Kunst zur Seite zu stellen (warum übrigens dann nicht auch die anderen ‚redenden Künste' wieder in die Schule einführen?), damit die alte Verbindung zwischen Sprecherziehung und Laienspiel wiederbelebt, und die Sprecherziehung für die Berufstheaterausbildung auch für den Schul- und Amateursektor interessant wird. Seit Begründung des Fachs durch Erich Drach waren Sprecherzieher in der Laienspielbewegung aktiv bzw. kooperierten mit Vertretern dieser Bewegung. Diese Arbeit dauerte bis in die fünfziger Jahre (vgl. Tack/Gentges 1951) und hat auch heute noch Kontinuität. Gleichzeitig war und ist heute noch die Sprecherziehung in der Schauspielerausbildung ein zwar nicht quantitativ, aber qualitativ bedeutsamer Zweig des Fachs. Seit über 30 Jahren wird in der Interaktions-, Spiel- und Theaterpädagogik eine immer umfangreichere pädagogisch-praktische und theoretische Arbeit geleistet, die sich zum Teil aus dem Amateurtheater (der Nachkriegsentwicklung des Laienspiels), zum Teil aus dem Schulspiel speist, Impulse aus der Interaktions- und Kreativitätsforschung aufgenommen hat und überwiegend in der schulischen und außerschulischen musischen Bildung/ästhetischen Erziehung spiel- und theaterpädagogischen Methoden entwickelt. Trotz einiger personeller Berührungspunkte und obwohl hier Sprache, Sprechen, Atmung und Stimme im Lehrlernzielbereich und in den Methoden thematisiert werden, gibt es kaum sprecherzieherische und sprechwissenschaftliche Reflexion auf Sprechen und Spielen.

Durch Spielen und Zuschauen für die Persönlichkeits- und Sozialentwicklung profitieren zu können, setzt natürlich eine bestimmte Stufe dieser Entwicklung bereits voraus. Während das Spiel für kleinere Kinder *das* Medium der Persönlichkeits- und Sozialentwicklung ist, gilt dies für Jugendliche schon nicht mehr in demselben Ausmaß. Gerade durch Theaterspielen sich selbst und seine Sozialfähigkeit entfalten zu können, bedarf einer besonderen Anleitung. Dies wäre von vornherein die Aufgabe der Schule. Es liegt auf der Hand, daß die Schule dies nicht durch Wissensvermittlung im Unterricht, sondern ihrerseits wiederum nur durch pädagogisch angeleitetes Theaterspiel tun kann, nicht nur im konventionellen Schulspiel, sondern auch und vor allem durch Einbeziehung moderner spiel- und theaterpädagogischer Methoden in Theater-AGs und Unterricht, am besten durch Einrichtung eines Schulfaches ‚Spiel und Theater‘.

Die Entwicklung der Fähigkeit, durch Zuschauen etwas zu lernen, wäre gleichermaßen Aufgabe eines solchen Faches, könnte aber auch schon Gegenstand des Deutschunterrichts sein. Die Arbeit daran kann natürlich nur durch pädagogisch angeleitetes Sehen und Besprechen von Theateraufführungen im Profi-, Amateur- und Schultheater geleistet werden. Gleichzeitig gilt, daß Selberspielen und -darstellen auch die beste Voraussetzung ist für die Entwicklung der Fähigkeit, durch Zuschauen zu lernen.

Ästhetische Erziehung als Entwicklung der Spiel- und Wahrnehmungsfähigkeit ist Aufgabe der Schule. Es ist eine sattsam bekannte Tatsache, daß die Spielfähigkeit kleinerer Kinder, besonders beim Darstellen, bis ins Jugendalter erheblich verkümmert ist. Spielen und Sehen als ästhetische Tätigkeiten müssen erst wieder gelernt werden. Gerade dadurch, daß Schule zum Teil selber zu dieser Verkümmerung beiträgt, legitimiert sich diese Forderung, daß die Schule im Deutschunterricht, in Theater-AGs in einem Schulfach ‚Spiel und Theater' dazu beitrage, ästhetische Wahrnehmung und Spielfähigkeit zu erhalten, wiederzuerwecken, weiterzuentwickeln. Den ausdruckstötenden Beitrag der Schule hat schon Drach beklagt (1969, 1f). Mit Vergnügen lese ich, wie Ertmer 1996, 133ff die alte Fachtradition für die Schule neu entdeckt. Der Appell ist auch, den Literaturunterricht in dem Sinne zu ‚oralisieren', daß er in den unteren Klassen entwickelt wird aus den Sprach- und Sprechspielen der Kinder, also auf eine schulische Spielpädagogik aufbaut, die auch, aktiv und rezeptiv, Puppenspiel einschließt, so daß er später zwanglos (für die Dramenliteratur) in eine Theaterpädagogik mündet, für die anderen Gattungen, über eine ‚realrhapsodische' Phase intensiven spielerischen Sprechens und Hörens von Dichtung in eine zunächst auditive, dann auch visuelle Medienpädagogik (sowohl produktiv als auch rezeptiv) vom Hörspiel über Literaturcassette zu CD-Rom und Hypertext im Internet reicht, auch Videoclip, Werbung einbezieht, mit Unterricht in multimedialem ‚creative writing' und, wegen der immer engeren Verbindung visueller und musikalischer Elemente mit sprachlich-textuellen auch mit Musik- und Kunsterziehung eng verzahnt ist. All dies natürlich auch – und zunehmend – mit einer interkulturellen Dimension. Dazu sind auch die Elementarprozesse systematisch in speziellen Lehrangeboten zu entwickeln.

Medienentwicklung, interkulturelle Kommunikation und Tendenzen zu partizipativen Kommunikationsstrukturen in der Arbeitswelt bilden den Hintergrund, auf dem sich für die Schule ein Geflecht von Bildungszielen abzeichnet, auf das sie nicht nur in ihren Stoffplänen, sondern auch in ihrer eigenen Kommunikationsstruktur hinarbeiten muß. Dabei ist die Einführung in die Nutzung der Arbeitsmedien noch am ehesten einzulösen, in dem Maße wie diese in der Schule selber als Unterrichtsmedien vorkommen.

Anders ist das schon bei der Aufgabe einer Pädagogik der Konsummedien. Hier werden dringend sprecherzieherische Konzepte gebraucht, die unter dem Kriterium der Überredungskritik zu einer Nutzung der informativen und persuasiven Medienangebote anleiten. Vorstellbar ist hier, das methodische und didaktische Inventar, das das Fach für die Aus- und Fortbildung der Medienmacher bereitstellt, schulspezifisch anzuwenden: Ganz sicher ist eine kritische Mediennutzung leichter, wenn man die Produktionsbedingungen, hier bezogen auf Sprache und Sprechen im Verhältnis zu Ton und/oder Bild, durch praktische Erfahrung nachzuvollziehen gelernt hat. Das Fach seinerseits könnte Anschluß finden an die sich stürmisch etablierende Medienpädagogik, die dabei ist, Sprecherziehung endgültig aus der Schule zu verdrängen, sowohl als Unterrichtsfach als auch als Unterrichtsprinzip. Die Diskussion um Pädagogik für Medien ist nicht so spektakulär wie die um Pädagogik durch Medien. Der Skepsis Postmans gegenüber dem Computer als Bildungsträger (Die Zeit, 18.10.1996) steht eine ungeheure Euphorie gegenüber: ‚das Internet als Internat' (Spiegel 51/1995). ‚Revolution des Lernens' – ‚Kinder lernen am Computer' [...] ‚kommunizieren über Datennetze mit Gleichaltrigen in Tokio und New York' (Spiegel 9/1994). Sicher ‚schläft die Kulturbürokratie' (Spiegel 9/1994), aber ‚Schulbuchverlage und Online-Dienste wittern ihr Geschäft' (Spiegel 51/1995). Dabei bedienen sie in Hard- und Software gnadenlos die überkommende Struktur der Schule: „der Lehrer als Operator, der seine Herrschaft über das Notenwesen nun computergestützt ausüben kann" (Zeit, 27.12.1996). Für das ‚surfende Klassenzimmer' ist die „Motivation [...] groß, die Lerneffekte [...] noch unbekannt" (Zeit, 25.4.1997). „Doch auch der Unterricht am Bildschirm kann die amerikanische Bildungsmisere nicht beenden" (Die Zeit, 9.5.1997). Auch am ‚Computer als Schiefertafel' (Die Zeit, 4.7.1997) sind Lehrer immer noch ‚engagierte Dilettanten' (Die Zeit, 13.6.1997). Minister Rüttgers sah den ‚Himmel voller Bytes' (Die Zeit, 18.4.1997), ‚Multimedia' als ‚Herausforderung' (Hahn/Künzel/Wazel (Hg.)) will das ‚Lernen in Informationsnetzen' (Astleitner), um die Schüler ‚fit fürs wahre Leben' (Spiegel 10/1997) zu machen, und fordert: ‚Schulen ans Netz (Die Zeit, 19.9.1997). Erziehungsdenker Hentig aber fürchtet, der Computer könne ‚zum Schulmeister werden, (Die Zeit, 19.9.1997) – ‚Leiden an der Schule' (Menzemer 1981) auf virtueller Grundage?

Da die Medienpädagogik die Problematik einer Entwicklung der Konsummedien zu unterschätzen scheint, die gerade in der sich abzeichnenden Verbindung der Konsum- mit den (bislang noch) Arbeitsmedien auf eine Entsprachlichung hindeutet durch die zunehmende Visualisierung im Fernsehen und musikalische Sonorisierung im Hörfunk (Prototyp hier die musikunterlegten Nachrichten, dort der Videoclip), sind Sprechwissenschaft und Sprecherziehung hier besonders gefordert. Je mehr die Bilder und Klangfluten der Medien das Gespräch auf die Routinen der Alltagskommunikation reduzieren, umso mehr müßte die Schule die Chance bieten, Gespräch in mehr als seiner phatischen Dimension zu erfahren als lohnende, befriedigende Form von Begegnung und Beziehung. Sprech-, besser: *gespräch*serzieherische Medienpädagogik hätte somit nicht nur die Medien selber zum Inhalt, sondern gerade auch das, was der Medienkonsum im kindlichen Alltag zurückdrängt: Wenn der Medienkonsum das Miteinandersprechen qualitativ und quantitativ reduziert, muß es an anderer Stelle sowohl in der personalen als auch in der sachlichen Dimension kompensatorische Gesprächschancen geben. Damit ist in allererster Linie nicht der Stoffplan des Unterrichts, sondern die Unterrichtskommunikation selbst angesprochen – was wiederum zurückführt zu der oben schon angeschnittenen Frage der Persönlichkeitsbildung der Lehrer, auch zu der Frage danach, ob nicht auch der Stoffkanon der Schule, die Fächereinteilung und die stupide Gliederung des Schultags in 45-Minuten-Einheiten obsolet geworden sind. Wenn die Schule, jenseits und unterhalb des verfassungsmäßigen Erziehungsauftrags, die gesellschaftliche Funktion der Vorbereitung auf die je gültigen kulturellen Muster hat, so müßte sie sich ausrichten auf die Erfordernisse der Arbeitswelt, die mehr als die nach der herkömmlichen Struktur allfällige Disziplinierung die

Fähigkeit zur partizipativen Kooperation verlangen für die Erfordernisse einer Lebenswelt, die geprägt ist durch die Verwerfung einer plurikulturellen Zwei-drittelgesellschaft, deren unteres depraviertes Drittel von Gewaltbereitschaft geprägt ist, gleichviel ob mono- oder plurikulturell.

Jene Ausrichtung müßte einsetzen an der schulischen Lebenswelt selbst, die ja auch nur ein Spiegel der gesellschaftlichen Verhältnisse ist, in denen sie existiert, ob partizipative Kooperation, ob Gewaltbereitschaft, ob interkultureller Kontakt oder Barriere, ob Medien-Nutzung oder Medien-Abhängigkeit, ob Analphabetismus oder elaborierte Mündlichkeit, – sie finden an der Schule selbst statt, sie sind Alltag der Schulwirklichkeit. An ihnen in der Schule gilt es zu arbeiten. Dazu bedarf es einer erweiterten Kommunikationsfähigkeit und Kommunikations*steuerungs*fähigkeit der Lehrer. An ihrer Ausbildung mitzuarbeiten durch neue Lehreraus- und -fortbildungskonzepte sind Sprechwissenschaft und Sprecherziehung aufgerufen. Dabei ist auf Konzepte der Reformpädagogik, der Arbeitsschulbewegung, des polytechnischen Unterrichts und neuere nicht-stoff- und fachorientierte pädagogische Ansätze (z.B. TKM, vgl. 1996) zurückzugreifen. Auch Strömungen der bildungstheoretischen Didaktik können hier herangezogen werden. Den Rückgriff auf ältere didaktische und bildungstheoretische Konzepte führen exemplarisch vor Pehnke/Röhrs 1998.

Wenn in der Tat der Fächerkanon obsolet geworden sein sollte, dann geht es um ‚Neue Wege einer fächerübergreifenden Allgemeinbildung' (Schaefer) – ebensosehr weil die Schule mit dem Wachstum des wissenschaftlichen Wissens nicht mithalten kann, als auch weil die Fähigkeit, sich permanent Wissen anzueignen, wichtiger geworden ist, als das aktuelle Wissen selbst (Schlagwort: Lifelong-Learning), dann steht die Schule vor völlig neuen Formen der Lehrorganisation und der Kooperation zwischen den einzelnen Fachvertretern, bei denen die Kommunikationsprozesse zwischen Lehrern und Lehrern, Lehrern und Schülern, Schülern und Schülern immer wichtiger werden: Die Rhetorik der Schule wird Methode des Lernen-Lernens, statt „durch zuviel und überdies durchgekauten Stoff die Lust und Fähigkeit zu eigenem Denken zu verhindern" (Bloch, Bd. 10, 225).

Literatur

Adorno, Th. W. (1972): Erziehung zur Mündigkeit. Frankfurt/Main.

Arbeitsgruppe TKM (1986): Das Teamkleingruppenmodell. Anregung zur Realisierung sozialen Lernens. 3. Aufl. Aurich.

Astleitner, H. (1997): Lernen in Informationsnetzen. Theoretische Aspekte und empirische Analysen des Umgangs mit neuen Informationstechnologien aus erziehungswissenschaftlicher Perspektive. Frankfurt a.M., Berlin, Bern, New York, Paris, Wien.

Bloch, E. (1985): Philosophische Aufsätze zur objektiven Phantasie. Werkausgabe, Bd. 10. Frankfurt/Main.

Drach, E. (1926): Die redenden Künste. Leipzig.

Drach, E. (1969): Sprecherziehung. Die Pflege des gesprochenen Wortes in der Schule. 13. unveränderte Auflage Diesterweg, Frankfurt/Main (1.Auflage 1922).

Ertmer, C. (1996): Gestaltendes Sprechen in der Schule. (Sprechkommunikation Bd. 3) Münster.

Geißner, H. (1969): Rede in der Öffentlichkeit. Stuttgart.

Gronemeyer, M. (1996): Lernen mit beschränkter Haftung. Über das Scheitern der Schule. Darmstadt.

Hahn, M./Künzel, S./Wazel, G. (1996): Multimedia – eine neue Herausforderung für den Fremdsprachenunterricht. (Deutsch als Fremdsprache in der Diskussion, Bd.3) Frankfurt a.M., Berlin, Bern, New York, Paris, Wien.

Hensel, H. (1994): Die neuen Kinder und die Erosion der alten Schule. Eine pädagogische Streitschrift. 3. Auflage. Bönen.

Hentig, H. v. (1993): Die Schule neu denken. München, Wien.

Illich, I. (1995): Entschulung der Gesellschaft. München (4. überarb. und erw. Aufl, engl. Orginal 1971).

Klewitz, M./Nickel, H.-W. (Hg.) (1972): Kindertheater und Interaktionspädagogik. Stuttgart.

Kreutzer, K. J. (1983): Handbuch der Spielpädagogik, 4 Bände, Düsseldorf.

Lebede, H. (Hg.) (1930): Sprecherziehung, Rede, Vortragskunst. Berlin.

Lenzen, D. (1988): Stimme und Sprechen in der modernen und postmodernen Informationskultur. In: Gutenberg, N. (Hg.), (1988): Kann man Kommunikation lehren? Frankfurt am Main (Sprache und Sprechen 19), 119-128.

Menzemer, U. (1981): Leiden an der Schule. Frankfurt a.M.

Pehnke, A./Röhrs, H. (Hg.) (1998): Die Reform des Bildungswesen im Ost-West-Dialog. Geschichte, Aufgaben, Probleme. 2. erw. Aufl.

Ratzki, A.u.a., (Hg.) (1996): Team-Kleingruppen-Modell Köln-Holweide. Theorie und Praxis. Bern, Berlin, Frankfurt a.M., New York, Paris, Wien (Studien zur Bildungsreform 28).

Rösner, E./Böttcher, W./Brandt, H. (Hg.) (1996): Lehreralltag – Alltagslehrer. Authentische Berichte aus der Schulwirklichkeit. Weinheim.

Schaefer, G. (Hg.) (1997): Das Elementare im Komplexen. Neue Wege einer fächerübergreifenden Allgemeinbildung. Frankfurt a.M., Berlin, Bern, New York, Paris, Wien.

Schwartzenberg, R. (1980): Politik als Showgeschäft. Düsseldorf.

Struck, P. (1994): Neue Lehrer braucht das Land. Ein Plädoyer für eine zeitgemäße Schule. Darmstadt.

Struck, P. (1996): Die Schule der Zukunft. Von der Belehrungsanstalt zur Lernwerkstatt. Darmstadt.

Tack, P./Gentges, I. (Hg.) (1951): Sprechkunde und Sprecherziehung, Bd. 1. Emsdetten.

Tippelt, R./van Cleve, B. (1995): Verfehlte Bildung? Bildungsexpansion und Qualifikationsbedarf. Darmstadt.

RALF LANGHAMMER

Rhetorik als Unterrichtsfach in der Schule.

Bericht über ein „Pilotprojekt" im Wahlpflichtunterricht der Klassen 9 und 10

1. Hintergrund

Nutzbringend ist es, Schülerinnen und Schülern schon relativ früh rhetorische Fähigkeiten zu vermitteln. Leider kann dem Regelunterricht in dieser Hinsicht kein gutes Zeugnis ausgestellt werden. Rhetorik als Unterrichtsfach sucht man vergebens. Als kleiner Schritt in diese Richtung soll der Wahlpflichtunterricht (WPU) Rhetorik der Klassen 9 und 10 an einem Gymnasium beschrieben werden. Bereits hier möchte ich den Schülerinnen und Schülern für die produktive Zusammenarbeit danken.

Über zwei Schuljahre hinweg stand wöchentlich eine Doppelstunde zur Verfügung, um den 21 Schülerinnen und Schülern die „wunderbare Welt" der mündlichen Kommunikation nahezubringen. Didaktisch wurden den vier Halbjahren Schwerpunkte zugeordnet: Stimmliche und sprecherische Grundlagen (Kommunikative Propädeutik) – Erarbeitung eines Sprechprogramms (Gedichte, Sketche, Vorträge) – Rederhetorik – Gesprächsrhetorik. Methodisch wurden aus dem reichhaltigen Material der vorliegenden Publikationen verschiedene Übungen ausgewählt und einem Praxistest unterzogen.

Im Vortrag sollen vor allem das didaktische Konzept vorgestellt und methodische Erfahrungen erläutert werden. Letztlich wäre die Frage zu stellen, inwieweit ein Wahlpflichtunterricht Rhetorik in der gewählten Form sinnvoll ist.

Am Rande sei erwähnt, daß die Darlegungen eine Art Weiterführung der 1995 in Leipzig angestellten Überlegungen zu Rhetorik-Arbeitsgemeinschaften sind (vgl. Langhammer 1996), allerdings mit dem wichtigen Unterschied, daß jetzt der Schritt in den Regelunterricht gewagt wurde.

2. Unterrichtliche Voraussetzungen

Wahlpflichtunterricht ermöglicht den Schülerinnen und Schülern der Klassen 9 und 10, zwei Stunden ihres Pflichtunterrichtes inhaltlich selbtsgewählt festzulegen. In der Regel stehen die Fächer Biologie, Chemie, Informatik, Musik und Kunst, aber auch 3. Fremdsprachen zur Wahl. Gelegentlich werden Theater, Tanz, Darstellendes Spiel u. a. angeboten. Das Angebot ist dabei abhängig von den personellen Möglichkeiten der Schulen. Selten werden auch Nicht-Lehrer für die Durchführung eingesetzt. Die inhaltliche Wahloption, die u. U. Fächer zuläßt, für die kein schulrechtlich genehmigter Lehrplan vorliegt, eröffnet folglich auch der Rhetorik eine Chance. Unterstützend kommt hinzu, daß sich sehr viele Arbeitsbereiche der Rhetorik aus dem Lehrplan Deutsch der Mittelstufe ableiten lassen. Diese Chance wurde an einem mittelhessischen Gymnasium ergriffen und in den Schuljahren 1996/97 und 1997/98 umgesetzt.

Wahlpflichtunterricht bedeutet, daß eine Notengebung erfolgen muß. Die Noten sind versetzungsrelevant, d. h. im negativen Fall kann eine Note 5 die Versetzung verhindern, im positiven Pendant kann eine Note 2 als Ausgleich fungieren, den Schritt in die nächste Klasse ermöglichen. Ohne hier lange auf den Sinn oder Unsinn von Notengebung eingehen zu wollen, sei lediglich ausgeführt, daß zum einen versucht wurde, den bereits entwickelten Notenstufenentwurf (Langhammer 1997b) zu nutzen, und zum anderen konkret beschriebene Einzelleistungen einzufordern, demzufolge strukturelle Sicherheit und klare Kriterien die Problematik entschärfen sollte. Darüber hinaus wurde der Versuch unternommen, eine Zurücknahme auf Leitungsseite umzusetzen. Konkret bedeutete dies: Anleitungen kurz zu halten, Bereiche induktiv zu erarbeiten, Bewertungen begründet auszuführen und insgesamt quantitativ zu verringern, wenn möglich einem Schülerfeedback den Vorrang zu geben. Letztlich sollte die Lehrkraft als kommunikativ-soziales Sprech- und Verhaltensvorbild gemäß den erörterten Anforderungen wirken, was sich jedoch oft als schwierig erwies, da immer wieder einmal die „klassische" Lehrerrolle hervorbrach.

Die Resonanz der Lernenenden auf das neue Angebot war erfreulich, anstatt zunächst 15 Teilnehmern wurden insgesamt 21 aufgenommen. Auf die Frage, warum Rhetorik gewählt wurde, zeigte sich vor allem die Erwartung, etwas nützliches für den anderen Unterricht und das Berufsleben zu lernen, aber auch Spaß haben zu wollen. Nur selten standen Ängste im Hintergrund als Motivator. Die Betonung der beruflichen Verwertbarkeit weicht deutlich von den Antworten im Vorfeld der Rhetorik-AGen (Langhammer 1996, 257) ab. Ob sich hier ein Reflex auf die Lehrstellenknappheit zeigt, kann nur vermutet werden.

Eindeutig überwiegen ich-bezogene, funktionale, auch auf schulischen Leistungserfolg ausgerichtete Motive. Am Ende des WPUs durchgeführte Erhebungen lassen erkennen, daß sich eine wesentliche Umgewichtung der Motivationen nicht ergab, statt dessen eine Bestätigung, besonders der unterrichtlichen Verwertbarkeitsannahme, vorlag.

In Tabelle 1 werden die unterrichtlichen Voraussetzungen und Probleme kurz angerissen. Leider kann aus Platzgründen nicht jeder Aspekt vertiefend betrachtet werden. Lediglich auf einen Bereiche sei noch verwiesen. Der Pubertätseffekt bei den 14-16jährigen äußert sich in vielfältiger Weise: Scheu, sich zu öffnen; mangelnde Kritikfähigkeit und Kritikaufnahmebereitschaft; Imponiergehabe, Albernheit oder Coolness als Unsicherheitskaschierung u. a. Zusätzlich war zu erwarten, daß Sprechangst zumindest latent, wenn nicht sogar offen ein Problembereich werden würde, und überdies sogar verstärkt, da das Sprechen vor anderen (der aversive Reiz) als Gegenstand an sich fungierte. Deshalb wurde versucht, personale und interpersonal-unterrichtliche Gegenstrategien anzuwenden (Langhammer 1994, 25ff).

Im einzelnen bedeutete dies auf der personalen Ebene: Den einzelnen Schülerinnen und Schülern umfassende Erfahrungen zu ermöglichen, um das Vertrauen in die eigenen Fähigkeiten zu vergrößern. Eine kognitive Auseinandersetzung im Rahmen einer Unterrichtssequenz stand jedoch nicht auf dem Programm.

Auf der interpersonal-unterrichtlichen Ebene ging es vor allem darum, das Ernstnehmen und die Wertschätzung des Gegenübers herauszuheben, zum Beispiel im Rahmen des Gruppenfeedbacks. Des weiteren sollte eine partnerschaftliche Atmosphäre in einer überschaubaren, vertrauten Gruppe geschaffen werden, unterstützt durch eine Selbstzurücknahme der Leitung.

Insgesamt zeigte sich, daß die anfänglichen Hemmungen zunehmend zurücktraten. Im Regelunterricht verringerten sich diese, so die Rückmeldungen der Lerngruppen, ebenfalls. Interessant ist der Vergleich zur Sprechangstsituation in den Rhetorik-Arbeitsgemeinschaften der Klassen 8-10. Bedeutet die Benotungspflicht im WPU automatisch eine größere Sprechangst bei gleichaltrigen Lerngruppen? – Mein Eindruck ist, daß bei ähnlichem didaktisch-methodischem Vorgehen vor allem die individuellen Dispositionen relevant werden, die

Tabelle 1: Unterrichtliche Voraussetzungen und Probleme

Unterrichtliche Voraussetzungen	Probleme
– Pflichtunterricht, aber Schüler wählen das Fach selbst aus	– Klasse 9 und 10 im Pubertätsprozess (z. B. Ich-Findung)
– 36 Stunden pro Halbjahr, in zwei Jahren ca. 130 Stunden	– Schule oft nur Nebensache
– Einmal pro Woche eine Doppelstunde (Randstunden)	– Unlust, sich der Gruppe zu öffnen
	– Mangelnde Kritikfähigkeit
– Anwesenheitspflicht	– Sprechangst
– Schülerinnen und Schüler aus sechs verschiedenen Klassen	– Disziplindefizite, da kein Hauptfach (nur „Laberfach?")
– Lerngruppe besteht aus 10 Jungen und 11 Mädchen	– Unklare Vorstellungen von den Inhalten
– Benotung, die auch versetzungsrelevant ist	– Gruppengröße zu umfangreich, Praxiszeit fehlt
	– Freiwilligkeit und/oder Zwang bei Gesprächsbeiträgen

„Benotungsgefahr" keinen erheblichen, zusätzlichen Stressor bildet. Folglich erscheint mir die konkrete Ausgestaltung des Unterrichts bedeutsamer für Sprechangstinduktionen als die Frage, ob Benotung erfolgt oder nicht erfolgt.

3. Didaktische Fragen

Zwei Jahre sind sehr viel Zeit zum Unterrichten, so der erste Eindruck, der aber täuscht. Im nachhinein berechnet konnten 130 Unterrichtsstunden gehalten werden, was die Relationen schon etwas zurechtrückt und einige didaktische Träume schon platzen läßt. Welche inhaltlichen Prämissen sollten gesetzt werden? Da der WPU einen Versuch darstellt, erscheint es sinnvoll, daß möglichst viele Bereiche der Rhetorik bzw. der mündlichen Kommunikation abgedeckt werden. Zudem war es im Gegensatz zu einer Arbeitsgemeinschaft, die aufgrund der Freiwilligkeit sehr stark die Wünsche der Teilnehmer respektieren muß, möglich, auch sperrigere Themen ins Auge zu fassen, nicht ohne bei der Planung Motivationen und Wünsche der Lerngruppe gänzlich auszuschließen. Daß Lehrplanvorgaben des Faches Deutsch, auf die hier nicht gesondert eingegangen werden soll (Langhammer 1996, 258ff), einzubeziehen waren, ist evident.

In Tabelle 2 werden die didaktischen Bereiche und die didaktischen Ziele dargelegt. Dabei werden drei Prämissen deutlich: Erstens werden in jedem Halbjahr non-verbale, vokale und verbale Aspekte betrachtet. Zweitens ergibt sich eine curriculare Progression, die von einfacheren Anforderungen sich in Richtung schwierigere erweitert. Drittens werden von einer allgemeinen propädeutischen Ebene im 1. Halbjahr aus, in den weiteren Zeiträumen thematische Verengungen vorgenommen, auf der einen Seite in Richtung einer sprechkünstlerischen Orientierung, auf der anderen Seite in die Rederhetorik hinein und zuletzt wird gesprächsrhetorisches Terrain bestrichen.

Folgende Überlegungen bilden dabei den Hintergrund. Im 1. Halbjahr ist es hilfreich, Sensibilisierung und allgemeine Fähigkeitsförderung in den Vordergrund zu stellen, da in dieser Zeit die motivatorischen und handlungsbestimmenden Grundlagen für die gesamten zwei Schuljahre gelegt werden, weshalb zudem Bewertungsmaßstäbe und Feedbackregeln, quasi die Regeln des kommunikativen Miteinanders, behandelt werden. Auf dieser Basis werden die folgenden drei Abschnitte Schwerpunkten zugeordnet. Dabei bleibt das 2. Halbjahr in gewissem Sinne unspezifisch, da sich in einem Sprechprogramm sowohl rede- und gesprächsrhetorische als auch sprechkünstlerische Momente wiederfinden können. Im Vordergrund stand die Annahme, daß ein derartiges Programm der Lerngruppe Erfolgserlebnisse und Selbstverwirklichungsspielräume ermöglichen würde, was die Unterrichspraxis bestätigte, da ein regelrechter Motivationsschub zu erkennen war. Die beiden letzten Halbjahre widmen sich den klassischen rhetorischen Feldern, wobei die Reihenfolge vornehmlich der zur Verfügung stehenden Unterrichtszeit entsprang, da das 3. Halbjahr sehr kurz im Vergleich zum langen Sommerhalbjahr war. Angesichts der Erfahrungen aus der Unterrichtspraxis kann auch noch nicht festgelegt werden, ob Rede vor Gespräch bzw. Gespräch vor Rede günstiger ist. Im nächsten Schuljahr soll eine neuer WPU starten, in dem die Reihenfolge Rede- und Gesprächsrhetorik umgedreht wird. Allerdings ergibt sich für mich der erste Eindruck, daß die Reihenfolge nicht maßgebliche Relevanz beansprucht.

Tabelle 2: Didaktische Bereiche und Ziele

1. Halbjahr: Stimmliche und sprecherische Grundlagen (Kommunikative Propädeutik)	**3. Halbjahr:** Rederhetorik
– Körpersprache sensibilisieren	– Längeren Vortrag einüben
– Sprechfreude fördern	– Redemodelle ausprobieren
– Stimmoptionen erweitern	– Rhetorische Mittel anwenden
– Sprechangst reduzieren	– Konzepttechnik ausführen
– Prosodie anregen	– Konzentriertes Arbeiten fordern
– Gruppe für sich selbst öffnen	– „Sprechprodukte" erstellen
– Bewertungsmaßstäbe erarbeiten und anwenden	– Kritikfähigkeit und Bewertungen üben
2. Halbjahr: Sprechprogramm (z. T. Sprechkunst)	**4. Halbjahr:** Gesprächsrhetorik
– Theorie praktisch anwenden	– Gesprächsleitung üben
– Kreativität anregen	– Flexibilität fordern
– „Sprechprodukte" schaffen	– Aktives Zuhören anwenden
– Selbsttätigkeit fördern	– Spontanität anregen
– Zusammenarbeit ermöglichen	– Fragetechniken erlernen
– Sprechangst (produktiv) provozieren	– Reflexion fördern
– Ästhetische und rhetorische Inhalte umsetzen	– Gegenseitiges Ernstnehmen einüben

Rückblickend ergibt sich der Eindruck, daß an der grundsätzlichen Schwerpunktsetzung der Halbjahre festgehalten werden sollte. Die kommunikative Propädeutik fungiert sinnvollerweise als Basis, die weiteren Bereiche wären jedoch optional austauschbar. Eine Prüfung in der Praxis könnte hier Klärung erbringen.

4. Methodische Entscheidungen

Die methodische Ebene kann aus Platzgründen leider nur gestreift werden, deshalb seien lediglich einige wenige Ausführungen vorgebracht. Grundlegend für die Auswahl von Übungen waren folgende Gesichtspunkte (vgl. ausführlicher Langhammer 1996, 258ff): 1. Schülerorientierung, d. h. die Übungen sollten den Lerngruppen die Nutzung von eigenen Erfahrungen und einen Bezug zur Lebensumwelt ermöglichen. Des weiteren sollten die Übungsinhalte im Regelunterricht verwendbar sein, was mit der Motivationslage korrelierte. 2. Handlungsorientierung, d. h., daß theoretische Teile nur eine untergeordnete Rolle spielten, statt dessen das praktische Handeln der Lerngruppen eindeutig im Vordergrund stand. Einem „learning-by-speaking" wurde der Vorzug gegenüber einem nachvollziehenden, verkopften Lernen gegeben. 3. Produktorientierung, in dem Sinne, daß der Unterricht den Lerngruppen Chancen bieten sollte „Sprech"-Produkte zu erstellen.

Die Übungen entstammten dem Standardrepertoire der Sprecherziehung und wurden unter Umständen der Jahrgangsstufe angepaßt. Wieder zeigte es sich, daß die methodischen Ansätze der Sprecherziehung ertragreich und sinnvoll sind, auch bei 14- bis 16jährigen Schülerinnen und Schülern.

5. Leistungsbewertung

Wie bereits zu Beginn dargelegt, bestand die Verpflichtung, Noten zu vergeben. Die Zusammensetzung der Note war einerseits konventionell: Mündliche Beiträge im Unterricht wurden in einer Teilnote erfaßt. Bei der Vergabe galt der bereits vorgestellte Notenstufenentwurf (vgl. Langhammer 1997b) als Maßstab. Er wurde mit der Lerngruppe gemeinsam besprochen und zum Teil nahmen die Benoteten Selbstbewertungen vor. Einen zweiten Teil der Gesamtnote bildete die Qualität und Quantität von schriftlichen und mündlichen Hausaufgaben. Konkret handelte es sich dabei oft um die Bearbeitung eines Informationsbausteines aus Wagners Darstellung, Grundlagen der mündlichen Kommunikation (1996). Weitere Bestandteile der Bewertungsgrundlage waren mündliche Einzelleistungen, die jeweils die Halbjahresschwerpunkte verdeutlichen sollten(s. Tab. 3).

Natürlich können hier nicht sämtliche Leistungsnachweise erörtert werden, lediglich vier seien genauer betrachtet.

Das Sprechprogramm war sehr frei angelegt, was Kreativitätspotentiale weckte: Gedichte, Reden, Sketche waren vertreten, sowohl vorgebene als auch selbst entwickelte. Der Ernstcharakter der Aufführung wurde durch die Videoaufzeichnung unterstützt.

Die freie Rede im 3. Halbjahr wurde intensiv vorbereitet. Die Schüler sollten zum Thema, „Wozu ist die Schule nützlich?", eine Rede vorbereiten, die in

Tabelle 3: Leistungsnachweise

1. Halbjahr: Stimmliche und sprecherische Grundlagen	3. Halbjahr: Rederhetorik
– Zungenbrecher-Sprechen – Vortrag einer Spontanrede zu einer Karikatur – Beteiligung an einem offenen Gespräch – Allgemeine Unterrichtsbeteiligung – Schriftliche und mündliche Hausaufgaben	– Vortrag einer vorgefertigten Situationsrede (2 Versuche) – Freie Rede vor der Gruppe von einem Stichwortzettel und entsprechendes Manuskript (mit Videoaufnahme) – Allgemeine Unterrichtsbeteiligung – Schriftliche und mündliche Hausaufgaben
2. Halbjahr: Sprechprogramm (z. T. Sprechkunst)	4. Halbjahr: Gesprächsrhetorik
– Gestaltendes Vorlesen eines Textes (aus: Queneau, Stilübungen) – Beitrag zum Sprechprogramm (mit Videoaufzeichnung) – Allgemeine Unterrichtsbeteiligung – Schriftliche und mündliche Hausaufgaben	– Gesprächsleitung zu einem vorbereiteten Thema (15 Minuten) – Schriftlicher Test (1 Schulstunde) – Allgemeine Unterrichtsbeteiligung – Schriftliche und mündliche Hausaufgaben

drei Argummentationssträngen drei Fünfsätze integriert. Neben einem ausführlichen Manuskript galt es dieses unter den Gesichtspunkten Verständlichkeit, Anschaulichkeit und Hörerbezug zu überarbeiten und schließlich in Richtung von Stichwortkarten zu modifizieren (vgl. Langhammer 1997a). Die sehr ansprechenden Reden wurden auf Video aufgezeichnet. Nach dem Vortrag fand eine Selbst- und Gruppenbewertung statt. Meines Erachtens zeigte es sich, daß strukturelle Vorgaben nützlich sind und, so die Reaktionen der Schüler, auch gerne angenommen werden.

Die Gesprächsleitung richtete sich nach dem sachorientierten Klärungsgespräch (Wagner 1996, 161). Gefordert war, ein 15-minütiges Gespräch mit fünf Teilnehmern zu leiten. Schwierigkeiten bereitete oft die inhaltliche Vorstrukturierung, obwohl die Themen eng an die Lebenswelt der Schüler angeknüpft waren, z. B. „Küssen in der Schule?" oder „Ganztagsschule?". Der Leistungsnachweis war doppelt fruchtbar, da einerseits die Leiter eine Leistung erbrachten und andererseits die Diskutanten ihre rhetorischen Fähigkeiten schulen konnten.

Versuchsweise wurde im letzten Halbjahr ein schriftlicher Test gefordert. Vier Fragen standen im Raum: 1. Beschreibe Funktionen und Wirkungen der

non-verbalen Kommunikation. 2. Formuliere Grundsätze für eine Gesprächsleitung. 3. Benenne wichtige Verhaltensweisen für eine deutliche Artikulation.
4. Wie schätzt Du den Sinn von Regeln für das kommunikative Verhalten ein?
– Trotz einigem Murren, „muß das den sein?", erwies sich der Test als tragfähi-
ge Ergänzung, da die Lerngruppe die schriftliche Fixierung von rhetorischen
Aspekten ansprechend meisterte. Meines Erachtens braucht ein Fach Rhetorik
auch die schriftliche Klassenarbeit nicht zu fürchten.

Insgesamt wurde in den 2 Schuljahren ein breites Leistungsspektrum gefordert, was meiner Meinung nach zur inhaltlichen Durchdringung beitrug und die
Schülerinnen und Schüler forderte und förderte. Leistungsbewertung im Fach
Rhetorik erscheint mir, abgesehen von der schulrechtlichen Verpflichtung,
sinnvoll, besonders wenn sie durch Selbstbewertungsanteile, Kriterientranspa-
renz und eine ausdifferenzierte Anforderungsbreite unterstützt wird.

6. Folgerungen

In Tabelle 4 werden wichtige Folgerungen und Wünsche genannt. Da die Folgerungen und Wünsche weitgehend für sich sprechen, bleibt nur noch, als Fazit
herauszuheben, daß Rhetorik als Unterrichtsfach in seiner Umsetzung für die
Schülerinnen und Schüler sehr hilfreich ist, in seiner Wirkung weit über das
eigene Fach hinausstrahlt und in seinem Fehlen ein erhebliches Manko des
Schulwesens darstellt.

Tabelle 4: Folgerungen und Wünsche

Folgerungen	Wünsche
– Lehrkraftrolle latent problematisch – Schülerinnen und Schüler sehen nutzen von Rhetorik	– Reihenfolge der Schulhalbjahre austauschen (probeweise) – Beschränkung auf weniger Bereiche
– WPU Rhetorik zeitigt einen ertragreichen Einfluß auf anderen Unterricht – Viele Möglichkeiten der Leistungsbewertung – "Normalunterricht" eine Chance für Rhetorik – "Sprecherziehung als Unterrichtsfach" möglich und nötig	– Mehr Schüler-lehren-Schüler – Kleinere Gruppe (max. 12) – Bessere räumliche und technische Ausstattung – Mehr Entspannungs- und Atemübungen – Wahlpflichtunterricht Lyrik, Literarische Rhetorik oder Redeanalyse (jeweils mit Praxisanteilen)

Literatur

Langhammer, R. (1994): Sprechangst in der Schule. Problematik und Gegenstrategien. Aufgezeigt an Unterrichtsbeispielen der Sekundarstufe I und II. Unveröff. DGSS-Prüfungsarbeit. Marburg

– (1996): Rhetorik-Arbeitsgemeinschaften. Möglichkeiten und Chancen einer „Präventions"-Maßnahme in der Schule. In: Lemke, S./Thiel, W. (Hrsg.): Sprechen – Reden – Mitteilen. Prozesse allgemeiner und spezifischer Sprechkultur. München: Reinhardt (Sprache und Sprechen. 32), 256-263

– (1997a): Einführung, unterrichtliche Umsetzung und Bewertung eines Referates. In: Schulmagazin 5 bis 10, 9/97, 13-18

– (1997b): Mündliche Leistungen – Literatur, schulrechtliche Vorgaben, Notenstufenentwurf. In: Sprechen I/97, 20-39

Wagner, R. W.: (1996): Grundlagen der mündlichen Kommunikation. 7. erw. Aufl. Regensburg: bvs

ANNETTE MÖNNICH

Rhetorik für die Schule

Bericht über ein bildungspolitisches Forum

Im Rahmen der Bochumer DGSS-Fachtagung zur „Rhetorik zwischen Tradition und Innovation" fand auch ein bildungspolitisches Forum statt. Folgende
Aspekte standen zur Diskussion:

1. Rhetorik in der Schule – Bestandsaufnahme aus der Sicht der Praxis des
   Deutschunterrichts
2. Rhetorik in der Schule – Bildungspolitische Positionen und Perspektiven
3. Konsequenzen für die universitäre Ausbildung der Deutschlehrerinnen und
   Deutschlehrer

Wegen der Zukunftsbedeutung dieser Fragestellungen fasse ich die Ergebnisse
im Folgenden zusammen und beziehe auch die im Plenum erfolgte Diskussion
über die Statements der Expertinnen und Experten ein. Die Beiträge sind sinngemäß zusammengefaßt.

1. Rhetorik in der Schule – Bestandsaufnahme aus der Sicht der Praxis des Deutschunterrichts

1.1 Lernort Gymnasium

Rhetorik als Inhalt des Deutschunterrichts: Die Richtlinien z. B. für das Fach
Deutsch an Gymnasien in NRW ermöglichen es, in jeder Jahrgangsstufe Unter-
richtsreihen zum Thema ‚Rhetorik' durchzuführen. Aber die Realisierung
bringt massive Probleme mit sich (s. u.) (Ong-Brunell).

Rhetorik im Deutschunterricht durch die Gesprächserziehung. Beispiele: (a)
Einüben von *Feedbackgeben*; z. B. ‚Ich konnte nichts [mit Deinem Diskussions-
beitrag] anfangen, weil …' (b) Einüben eines kurzen *Vortrags*, zu dem ein Feedback von den Mitschülerinnen und Mitschülern erfolgt. (c) „Insgesamt arbeite
ich mit der Analogie der Lernbereiche Schriftlichkeit/Mündlichkeit. Beim
Schriftlichen wird verlangt: ‚Habt eine Zielvorstellung. Macht Euch eine Gliederung. Analog gilt für das Mündliche: daß ich mich vergewissere, wem sage ich
das und was will ich sagen.' (d) Die Schüler lernen, einander zuzuhören und
aufeinander einzugehen, weil sie merken: Der andere gibt sich Mühe, mir etwas
klar zu machen." (Ertmer)

Im Deutschunterricht Gesprächserziehung zu realisieren, stellt einige *Ansprüche an Deutschlehrerinnen und Deutschlehrer:* Wenn man es ernst nimmt, daß ab der 11. Klasse die ‚sonstige Mitarbeit‘ zu 50 % für die Note zählt, dann muß man die Schüler auch dahingehend vorbereiten. Oft habe ich von Kollegen gehört: ‚Die Schüler haben ja jetzt eine Bringschuld, das sage ich denen ja auch. Aber z. B. ist da ein Schüler, der schreibt die Klausuren immer Eins, sagt aber im Unterricht keinen Ton. Ich kenn' den schon seit der 5. Klasse: er hat eben nicht diese Fähigkeiten.‘ In diesem Satz steckt die Aussage: ‚Ich werde nichts fördern und entwickeln.‘ *Aber Rhetorik in gutem Sinne kann auch stärken, selbstbewußter im Reden zu werden, Hemmungen abzubauen.* Das Problem ist oft: *im Unterricht reden immer wieder die gleichen.* Deutlich zu machen, daß man das Reden *lernen* kann, muß einen höheren Stellenwert haben.(Ong-Brunell)

Rhetorikunterricht in AG's, außerhalb des regulären Unterrichts als Wochenendkurse (Ertmer); als Debattierclub (Neumann); als AG, geleitet von kompetenten Eltern (Pabst-Weinschenk). Probleme: die Aufgaben der Schule, insbesondere des Deutschunterrichts, werden auf die Freizeit verlagert. Aufgaben der Lehrer werden auf Eltern abgewälzt.

Rhetorik als Wahlpflichtfach – eine Utopie? „Ich konnte an einem Gymnasium (in Hessen) in den Klassen 9 und 10 Rhetorik als Wahlpflichtfach anbieten. Die Schülerinnen und Schüler haben in ihren Rückmeldungen, die sie nach den zwei Jahren anonym abgegeben haben, hervorgehoben, daß sie *für sich selber etwas mitgenommen* haben. Einige haben geschrieben, sie nehmen etwas mit fürs Leben. Das führe ich darauf zurück, daß sie sich in den zwei Jahren selber besser kennengelernt haben in ihren Möglichkeiten, aber sich auch im anderen Unterricht viel eher trauten, sich mündlich zu beteiligen. Also *Rhetorik als Zentrum mit Ausstrahlungen in alle Fächer.*" (Langhammer)

1.2 Diskrepanz zwischen Lehrplänen und Realität im Deutschunterricht am Gymnasium

Die Entwicklung rhetorischer Fähigkeiten wird von allen Richtlinien als Ziel gefordert. Aber es besteht eine deutliche Kluft zwischen Anspruch und Realität im Deutschunterricht. Zu erklären ist diese Diskrepanz aus *Problemen,* die sich der Durchführung von Übungen zur praktischen Rhetorik entgegenstellen:

– *begrenztes Stundenangebot* für das Fach Deutsch: in der 5. und 6. Klasse vier Stunden in der Woche, ab der 9. Klasse nur noch drei Wochenstunden; (Ong-Brunell)

– *Schwierigkeit der Leistungsmessung:* Deutschlehrer haben noch nicht die Möglichkeit zu sagen: Eine Klassenarbeit fällt weg, dafür akzeptiere ich einen Vortrag, den ich benote. (Ong-Brunell)

Zu bedenken ist: das gilt nur für die Sekundarstufe I. In der Oberstufe in den Grundkursen ist eine Klausur erforderlich und darüber hinaus ein besonderer Einzelleistungsnachweis. An dieser Stelle kann man schon eine Rede oder dergleichen einfügen. (Langhammer)

Die Entscheidung, nach welchen Kriterien ein Vortrag zu bewerten ist, ist schwierig. (Ong-Brunell)

Die Bewertung mündlicher Leistungen ist dann nicht problematisch, wenn man vom beobachtbaren Verhalten ausgeht und den Schülern die zugrunde gelegten Kriterien vermittelt. Aber die Voraussetzung dafür ist natürlich wieder, daß Lehrer selbst diese Kriterien – ein System der Didaktik der Rhetorik – kennengelernt haben. (Pabst-Weinschenk)

– Der Aufwand ist groß.

– Den Direktor im Gespräch zu überzeugen und sein Zutrauen zu gewinnen, auch das ist wichtig. (Langhammer)

– Die hohe Zahl der Schülerinnen und Schüler in einer Klasse: ‚wenn ich für 30 Schüler das Angebot machen wollte, jeder hält eine Rede am Ende einer Unterrichtsreihe, die nehmen wir auf und die bewerte ich, wäre das nicht umsetzbar.' (Ong-Brunell)

Defizite:

– Die Vorbereitung der Referendare in diesem Bereich ist recht mangelhaft; die Voraussetzungen der Deutschlehrer sind sehr unterschiedlich. (Ong-Brunell)

– Die Lehrkräfte, die an die Schule kommen, mußten sich in ihrer Ausbildung kaum mit kommunikativen oder rhetorischen Fähigkeiten befassen. Es entsteht ein Kreislauf: Die Schüler bekommen keine rhetorischen Fähigkeiten in der Schule vermittelt, weil die Lehrer es nicht können, die heutigen Schüler sind die Lehrer von morgen, in der Ausbildung als Lehrer haben sie es auch nicht gelernt, die können es dann wieder den Schülern der Zukunft nicht beibringen und so weiter.(Langhammer)

– starke *Überalterung der Lehrkräfte.* Die Elemente eines Studiums im Bereich Germanistik, die hier vielleicht Frucht bringen werden, waren in früheren Jahren offenbar nicht Gegenstand des Germanistikstudiums. (Steuwe)

1.3 Lernort Berufsschule

Die Berufsbildung ist berufsorientiert: Ergibt sich daraus ein anderes Profil für Rhetorik im Deutschunterricht? Auf dem bildungspolitischen Forum nahmen zwei Berufsschullehrerinnen dazu Stellung.

Sprechkompetenzförderung als Ziel des Deutschunterrichts: Unsere Schule besuchen Berufsschüler und -schülerinnen aus diversen Berufen: Industrie- und Bankkaufleute, Rechtsanwalts- und Steuerfachangestellte, Arzt- und Zahnarzthelferinnen. Für diese einzelnen Berufe gibt es unterschiedliche Richtlinien und Verordnungen zur Sprechkompetenzförderung. Diese Inhalte sollen im Fach Deutsch vermittelt werden. Für die Ausbildung der *Arzthelferinnen* umfaßt die Gesprächsrhetorik z.b. 40 Unterrichtsstunden mit dem Lernziel: ‚Die Schülerinnen sollen die Kommunikationssituation patientengerecht gestalten'. Als Lerninhalte werden besondere Kommunikationssituationen genannt, z. B.

– Telefonieren
– die Betreuung von Patientinnen und Patienten bei besonderen diagnostischen und therapeutischen Maßnahmen durch Ultraschall oder einer Magenspiegelung
– die Betreuung von bestimmten Patientengruppen (Diabetiker, Schwerkranke)
– Angst der Patienten und Angstbewältigung.

Ganz anders die *Bankkaufleute*: Sie sollen Bankkunden beraten (z. B. bei Finanzierungen, Anlagen und Haushaltsgeschäften), Reklamationsgespräche führen können u. a.

Die Motivation, daß die Berufsschüler und -schülerinnen an ihrer *Sprechkompetenz* arbeiten wollen, gelingt nur, wenn wir sie mit den konkreten Handlungssituationen aus ihrem eigenen Beruf konfrontieren. D. h., wir müssen auch wiederum als Lehrer und Lehrerinnen den beruflichen Alltag unserer Schüler kennen. Fazit: Die Sprechkompetenzförderung im Fach Deutsch in der Berufsschule ist nur möglich, wenn eine *enge Verzahnung zwischen Rhetorikschulung und beruflicher Alltagssituation* gegeben ist. (Heidotting, Sander)

Wahlpflichtkurs „Kommunikationstraining": „Wir unterrichten im Teamteaching einen Wahlpflichtkurs ‚Rhetorik' an der einjährigen Berufsfachschule Wirtschaft in Lingen (Niedersachsen). Die Schüler kommen in der Regel von der Realschule und haben noch keine Berufserfahrungen. Das ist ein Einführungskurs, der 40 Wochenstunden umfaßt.

– Wir führen Übungen durch z. B. zur Förderung der Zuhörerbereitschaft, zu verständlichem Sprechen und zum überzeugenden Sprechen in Form des Dreischrittes.
– Bewertungsprobleme haben wir nicht. Wir dürfen auch einen Vortrag der Schüler benoten. Außerdem benoten wir konstruktive Mitarbeit sowie die Hausaufgaben.

40% der ganzen Handelsschüler kommen zu uns in diesen Kurs, weil sie Handlungsbedarf sehen; denn im Beruf müssen sie Situationen mit Hilfe gesprochener Sprache meistern. Deshalb kommen sie mit der Erwartung zu uns, daß wir ihnen Hilfestellungen leisten, um sich für den Beruf zu qualifizieren. (Heidotting, Sander)

Konsequenz: Dringend erforderlich sind *Fortbildungen für Lehrer und Lehrerinnen*, in denen die Rhetorikschulung *berufsspezifisch* erfolgt.(Heidotting, Sander)

1.4 Lernort: Rhetorikseminare für Schülerinnen und Schüler mit externen Experten

Schülerinnen und Schüler nutzen unterschiedliche Möglichkeiten, sich in Rhetorik weiterzubilden. Sie nehmen an Rhetorikkursen in Volkshochschulen teil, um „mündlich besser zu werden". Auch Schülerräte organisieren Rhetorikseminare. „Ich möchte hier besonders von solchen Rhetorikseminaren für Schülerinnen und Schüler berichten, zu denen ich als externe Trainerin in Schulen eingeladen wurde: einem *Bewerbungstraining mit einer 9. Klasse* eines Gymnasiums, einem *Rede- und Präsentationstraining mit der 11. Klasse* einer Gesamtschule, um die Schülerinnen und Schüler auf ihre Präsentation am Ende des Projektunterrichts vorzubereiten, und einer *Fortbildung der* gesamten Schülerinnenverwaltung eines Gymnasiums: Alle *Klassensprecherinnen* von der 5 bis zur 13 trafen sich an den sogenannten SV-Tagen; wir arbeiteten einen Tag zum Thema Kommunikation.

Die Erfahrungen, die ich gemacht habe, waren durchweg positiv. Die Lehrerinnen und Lehrer sind in der Regel nicht dabei, und somit können auch keine Vorurteile tradiert werden. Ich gehe davon aus, daß es an Schulen normal ist, wenn es heißt ‚Ah ja, der Frank in der 5b, das ist ein ganz schlimmer'. Und das geht dann eben durch das ganze Kollegium. Mein Vorteil ist, ich weiß das einfach nicht. Ich habe die Erfahrung gemacht, daß sich einige Schülerinnen und Schüler in den Seminaren – das haben mir die Lehrer dann hinterher gesagt – sich vollkommen anders gebärden als sonst. Das ist ein gutes Argument dafür, Externe an die Schulen zu holen. Es ist für die Schülerinnen eine ganz wichtige Erfahrung, auf eine andere Art und Weise ernst genommen zu werden, als sie das aus dem Unterricht kennen. Außerdem erhalten die Schülerinnen und Schüler Expertenwissen aus erster Hand." (Köhler)

Daraus ergab sich auf dem Forum die Rückfrage an die Deutschlehrerinnen und Deutschlehrer: Warum soll die ‚Schulung und Beratung in Rhetorik' nicht generell an Externe delegiert werden? Die Diskussion zeigte: Solche Ausnahmen können nicht zur Regel werden: Es entstehen zu hohe Kosten. Außerdem fehlt die „Flächendeckung". Externe können die Aufgaben des Deutschunterrichts nicht ersetzen, aber sehr sinnvoll ergänzen.

2. Rhetorik für die Schule – Bildungspolitische Positionen und Perspektiven

Zum Stellenwert der Kommunikation in der Schule: Lernsituationen, die auf die Stärkung der Gesprächsfähigkeit der Schülerinnen und Schüler ausgerichtet sind, werden in den Schulen noch immer vernachlässigt. Die Schulpraxis darf jedoch nicht so angelegt sein, daß Kommunikation nur um der Kommunikation willen betrieben wird. Es gibt Lerngegenstände, die für offene Gesprächs- oder Kommunikationssituationen nicht so gut geeignet sind, wie man sich das manchmal wünschte. (Steuwe)

Rahmenbedingungen: Kommunikativ angelegter Unterricht ist in großen Klassen schwer zu realisieren. Das beginnt schon bei der Raumsituation: Kleingruppen zu bilden erfordert Platz. Der Geräuschpegel macht die Situation unübersehbar. Schwierig ist oft auch die Disziplin der Schülerinnen und Schüler. Es müssen also Regeln eingehalten werden als Grundvoraussetzung, und die sind in der Schule leider nicht immer gegeben. (Steuwe)

Rhetorik in Arbeitsgemeinschaften. Problem: Anrechnungsstunden für solche außerunterrichtlichen Aktivitäten sind in NRW gestrichen worden. Das schränkt die Lehrenden ein und demotiviert sie zusätzlich.

Systematische Förderung mündlicher Kommunikation im Deutschunterricht: GEW und Philologenverband stimmen darin überein, daß die systematische Förderung mündlicher Kommunikation im Deutschunterricht zu erfolgen habe. (Steuwe/ Berthold)

Welchen *Stellenwert* genießt das Fach Deutsch in der Schule, welchen Stellenwert genießen die Elemente, die die Bewertung sprechsprachlicher Leistung ausmachen? Sicherlich sind sprachliche Leistungen z. B. am Ende eines Kurses schwierig zu bewerten. Es ist ja immer eine Kombination aus Argumentation und Darstellungsweise, die in der Bewertung berücksichtigt werden muß. Es ist die Frage, inwieweit das *Fach Deutsch in seiner Substanz gestärkt werden kann.* Sicherlich nicht, indem man den Stundenrahmen einschränkt. Sicherlich nicht, indem man z. B. in der Oberstufe das Fach Deutsch substituieren kann (z. B. in Hamburg: Darstellendes Spielen). Wir plädieren dafür, das Fach Deutsch als ein wichtiges Kernfach in der Schule weiterhin zu stärken. (Steuwe)

Die Substitutionsregelung der KMK-Beschlüsse zur neuen Oberstufenverordnung geht davon aus, daß die Schüler in der Oberstufe drei Sprachen lernen sollen: Ausdrucks- und Argumentationsfähigkeit in ihrer Muttersprache, in einer Fremdsprache (vornehmlich Englisch) und in der Sprache der Naturwissenschaften. Die KMK-Beschlüsse ermöglichen es, *das Fach Deutsch auch durch einen Grundkurs Rhetorik* zu substituieren, um die muttersprachliche

Argumentationsfähigkeit zu unterstützen. Insofern bewerte ich die Substitutionsregelung positiv. (Langhammer)

Reform der Lehrerausbildung: Der Kommissionsbericht „Erziehungswissenschaftliches Studium" betont für die Lehrerausbildung den *Berufsbezug*. Eines der wichtigsten Werkzeuge der Lehrenden ist die eigene Stimme, mit der Er oder Sie auf die Schülerinnen oder Schüler einwirkt. Außerdem ist jeder Lehrer, jede Lehrerin, gleichgültig in welchem Fach, freiwillig oder unfreiwillig ein gutes oder schlechtes Vorbild in Rhetorik. Daher ist die Entwicklung der eigenen Kommunikationsfähigkeit nicht auf die Fachausbildung von Germanisten zu beschränken, sondern muß ein Grundelement in der Ausbildung *aller* Lehrerinnen und Lehrer sein, gleichgültig welcher Schulstufen und welcher Schulformen. Der Berufsbezug gilt auch für Studierende in Magister- und Diplomstudiengängen. (Neumann)

Lehrkräfte aller Fachbereiche müssen rhetorisch geschult werden. Auch die Schüler und Schülerinnen müssen in allen Fächern rhetorisch geschult werden. Da die Fächer eigene Terminologien entwickeln, muß die argumentative Schulung im Kontext der Fächer stattfinden. Im Deutschunterricht hat rhetorische Förderung systematisch stattzufinden. (Steuwe)

Die Universitäten haben in der letzten Zeit, gefördert durch das Programm „Qualität der Lehre", angefangen, Aufgaben wahrzunehmen, die über lange Zeit als unakademisch gegolten haben. Zu verweisen ist auf ·die Schreibwerkstätten, die dazu beitragen, daß Studierende beispielsweise ein Referat strukturiert aufbauen oder die Hausarbeit so gestalten können, daß sie einen vernünftigen Argumentationsverlauf enthält.

Darüber hinaus halte ich es für wichtig, in Studienordnungen für das Lehramt schon im Grundstudium eine mündliche Prüfung zu verankern. (Neumann)

3. Konsequenzen für die Lehrerausbildung

Dringend erforderlich ist eine stärkere Verankerung der Schulung in Sprechkommunikation im Lehramtsstudium der Universität, insbesondere in das Studium der Germanistik.

3.1 Konsequenzen für das Lehramtsstudium an der Universität

Stimmeignungsprüfungen für Lehramtsstudierende: Wer Architektur studieren will, muß vorher eine Mappe einreichen, wer Friseurin werden möchte, muß einen Test machen, ob die Haut dazu in der Lage ist, diesem Beruf standzuhalten – hier sind Eignungsprüfungen selbstverständlich. Es ist für mich überhaupt nicht einsichtig, warum wir die Studierenden erst während des Studiums beraten können – wenn überhaupt –, und warum wir nicht, wie es in der DDR möglich war, *Stimmeignungsprüfungen für Lehramtsstudierende* haben können. Eine belastbare Stimme und eine deutliche Artikulation sind Grundvoraussetzungen für den Lehrberuf. Aber etwa 50% der Studierenden haben massive Probleme mit der Stimme bzw. der Artikulation; das kann ich aufgrund meiner Arbeit als Sprechwissenschaftlerin an der Universität Marburg bestätigen. Leider ist die *Stimmeignungsprüfung* im Gebiet der ehemaligen DDR abgeschafft worden – nach der Einheit – und es hätte genau umgekehrt sein müssen. (Heilmann)

Einwand: Eingangsprüfungen für Lehrer sehe ich kritisch. Die Berufswahl untersteht der Selbstverantwortung. Daher sollten Eingangspüfungen nicht verpflichtend sein, sondern die Studienberatung sollte intensiviert werden. (Steuwe)

Lehrangebote und Beratungsangebote zur Sprecherziehung für alle Lehramtsstudierenden und die Kooperation mit der Schulpädagogik wären optimal.

Bereitstellung von Lehrkräften, Stundendeputaten: Die Hochschulen müssen ihre Rolle als berufliche Ausbildungsstätte ernst nehmen, damit die Universität eine Berufsausbildung durchführt und nicht nur den wissenschaftlichen Nachwuchs hervorbringt. Eine Neuregelung der Zielvereinbarungen wäre eine Chance, hier zu einem Fortschritt zu kommen. Eine Zielvereinbarung zwischen dem Ministerium und der konkreten Hochschule über die Bereitstellung von Lehrkräften, Stundendeputaten usw. zur Ausbildung von Lehrern. Dann müssen sich die Hochschulen Gedanken darüber machen, wie sie die vereinbarten Leistungen erbringen. Das bedeutet auch, daß der Abnehmer sagt, was er haben will, z.B.: *Wir brauchen Kommunikationsfähigkeit.* Bitte weist uns nach, wie Ihr das bei den Studierenden entwickeln wollt. (Neumann)

3.2 Konsequenzen für das Germanistikstudium: Ein umfassendes Konzept zur Entwicklung der Kommunikationsfähigkeiten der Studierenden

3.2.1 Rhetorik im Germanistikstudium – Bestandsaufnahmen

Rahmenbedingungen an der Universität:
– Rhetorikseminare für Studierende der Germanistik sind oft überfüllt (bis zu 100 Studierende in einem Seminar zur Praktischen Rhetorik) und finden dann auch noch in viel zu kleinen Räumen statt. (Pabst-Weinschenk) Nur selten ist der Standard zu realisieren, der in Erwachsenenbildung und Wirtschaft normal ist – daß die Lerngruppen nur ca. 7-12 TN umfassen. (Mönnich)
– Stellen in Sprecherziehung wurden in NRW in den letzten Jahren anders definiert, Planstellen wurden in Lehraufträge umgewandelt.

– Lehrbeauftragte haben wenig Möglichkeiten, Mittel für ihren Bereich einzuwerben (Pabst-Weinschenk).

Die Voraussetzungen der Studierenden:
– Bei etwa 50% der Studierenden sind Stimm- und Sprechauffälligkeiten zu beobachten. Die mangelhaften Rahmenbedingungen an der Universität verhindern aber, daß die Studierenden die notwendige Stimm- oder Sprechtherapie erhalten. (Pabst-Weinschenk)
– Aus der Sicht der *Fachdidaktik Deutsch*: Die Studierenden haben in ihrem Lehramtsstudium die Aufgabe, ein Fachpraktikum Deutsch zu absolvieren und in ihrem Praktikumsbericht auch einen Unterrichtsentwurf vorzulegen. Die meisten Studierenden behandeln literaturwissenschaftliche Themen, wählen also Literaturdidaktik, an zweiter Stelle steht Sprachdidaktik. Es ist ganz selten, daß Studierende von Rhetorikunterricht berichten oder daß sie selbst Gelegenheit hatten, eine Unterrichtsstunde zum Thema Rhetorik zu konzipieren. Nur ungefähr 3% behandeln Rhetorik als Unterrichtsinhalt. Auffallend an diesen Stundenentwürfen ist, daß die Studierenden massive Probleme mit der Sachanalyse haben. Die Studierenden wissen nicht, welche Sekundärliteratur sie nutzen sollten; deshalb geben die Studierenden oft nur ihr Alltagswissen weiter oder greifen zum nächsten Rhetorikbestseller. Was tun die Universitäten, um Studierenden der Germanistik ein Grundwissen in Rhetorik zu vermitteln? (Mönnich)

3.2.2 Konzeption zur Entwicklung der Kommunikationsfähigkeit im Germanistikstudium

Neue Standards für die Studienberatung im ersten Semester: Sie sollte auch die Beratung zur Stimmeignung (Hinweise auf Möglichkeiten zur Stimm- und Sprechtherapie) umfassen. „Es gibt immer wieder Lehramtsstudierende mit Sprech- oder Stimmstörungen, die erst im 5., 6. Semester in die Lehrveranstaltung zur Sprecherziehung kommen. Für diese Studierenden müßten sprech- und stimmtherapeutische Maßnahmen eingeleitet werden, damit die Lehrfähigkeit ausgebildet wird. Es ist zu spät, wenn dies erst im Hauptstudium erfolgt." (Pabst-Weinschenk)

Breitgefächertes Lehrangebot in Sprechwissenschaft/Sprecherziehung: Nicht nur ein Einführungskurs in die Sprecherziehung, sondern ein differenziertes Lehrangebot in Rhetorischer Kommunikation, Ästhetischer Kommunikation, Grundlagen aus Sprech- und Stimmbildung u.a., damit Studierende Schwerpunkte setzen können, wird benötigt.

Dringend erforderlich ist eine bessere Ausstattung mit Stellen:

– Planstellen für Sprechwissenschaft/ Sprecherziehung
– ergänzende zusätzliche Lehraufträge
– Ich weiß, daß das Fach nie angesehen sein wird, wenn es nicht hinreichend durch *C4-Professuren* vertreten ist. Notwendig ist ein Gegengewicht an Kraft, an Ausstattung. Ich sehe die Gefahr, daß wir zu wenig wissenschaftlichen Nachwuchs haben, der dann für solche Stellen geeignet ist. Aber ich bin der festen Überzeugung: durch ein langsames Aufbauen von solchen wissenschaftlichen Stellen wäre das möglich. (Bartsch)

Reform der Studieninhalte im Germanistikstudium: Wichtig ist eine Ausbildung an der Hochschule, die sich an der Schulpraxis ausrichtet. Die Richtlinien gliedern den Deutschunterricht in die Lernbereiche *„Sprechen und Schreiben"*, *„Reflexion über Sprache"*, *„Umgang mit Texten"*. So sollten auch die *Arbeitsbereiche an der Universität* ausgerichtet sein. (Pabst-Weinschenk)
Ein erster Schritt wäre, die Prüfungs- und Studienordnungen für Lehramtstudenten Deutsch Erstes Staatsexamen mit den Richtlinien zu koordinieren und „Rhetorik" als Prüfungsgegenstand zuzulassen und als zentralen Studieninhalt zu verankern. (Berthold)

Linguistik: Erforderlich ist das Gespräch mit der Linguistik (Wagner, Bartsch).

Fachdidaktik Deutsch: Die Bedeutung des Lernbereichs *Sprechen* im Deutschunterricht und die Bedeutung des Lernbereichs *Sprecherziehung* im Germanistikstudium ist innerhalb der Fachdidaktik Deutsch strittig. So wurde auf dem Symposion Deutschdidaktik im Oktober 1998 eine Sektion „Kommunikationstraining für Deutschlehrerinnen und Deutschlehrer" eingerichtet, aber einer der Fachdidaktiker bewertete diesen Bereich abschließend als „Luxoria". Das weist darauf hin, daß die Entwicklung der Sprechkompetenz zukünftiger Deutschlehrerinnen und -lehrer nicht von allen Fachdidaktikern zu den *Essentials* gezählt wird. (Pabst-Weinschenk, Mönnich)

Sprecherziehung im Germanistikstudium – §55 der LPO, NRW:
– Der Studiennachweis in Sprecherziehung ist in der Lehramtsprüfungsordnung in Nordrhein-Westfalen durch § 55 verankert. Aber der § 55 reduziert ‚germanistische Sprachpraxis' darauf, daß die Studierenden die Deutsche Standardsprache sicher artikulieren können. *In § 55 LPO müßte mehr verankert sein,* damit der Lernbereich Mündliche Kommunikation an der Universität gestärkt wird (Pabst-Weinschenk).
– In der Praxis der Lehrveranstaltungen an der Universität wird § 55 so verstanden, die Studenten zu befähigen, Gesprächs- und Redekompetenzen zu

verbessern. Wichtige Teilaufgabe der ‚Sprachpraxis' ist es, die Stimme und Artikulation von Studierenden zu überprüfen oder zu verbessern. *Sprachpraxis hat die Aufgabe der Förderung der allgemeinen Kommunikationsfähigkeiten.* (Berthold)

– *§55 LPO wird es wahrscheinlich so nicht mehr geben.* Die Reformierung der Prüfungsordung ist noch offen für Beiträge von außen, sei es von der Fachdidaktik, der Sprecherziehung oder der Medienkommunikation. Werden jedoch keine Vorschläge eingebracht, geht es u.U. so weiter wie bisher. (Neumann)

3.2.3 Berufsbezug des Germanistikstudiums

Berufsbezug statt Fachwissenschaft: Kommunikation oder Rhetorik möchte ich im Lehramtsstudium, insbesondere der Germanistik, verankert wissen. Aber es darf keine Umkehrung der Gewichtung stattfinden. *Berufsbezogenheit* darf nicht so definiert werden, daß wir Lehramtsstudierenden fachübergreifend ein Grundrüstzeug vermitteln und als „Sahnehäubchen" ein bißchen Fachwissenschaften draufsetzen. Die fachwissenschaftliche Ausbildung für Lehrkräfte ist unabdingbar. (Steuwe)

Ich kann Ihnen nicht folgen. Die Gefahr besteht nicht in mangelnder fachwissenschaftlicher Ausbildung. Ich durfte zum Examen 2000 Verse Altfranzösisch aus dem Kopf beherrschen, von denen ich ganz genau wußte, daß ich sie wirklich nie brauchen werde. An solchen Prioritäten hat sich in manchen Fächern bis heute nichts geändert. Was mir nachher fehlte, und weshalb ich aus dem Lehrerberuf 'raus gegangen bin, waren didaktische und kommunikative Fähigkeiten. Dieses Grundrüstzeug hat man uns nicht 'mal als „Sahnehäubchen", sondern als nur als „fettarme Milch" in den Kaffee gegeben. (Fischer)

Gilt der Berufsbezug nur für die Ausbildung zum Berufsschullehrer? Ich plädiere für eine schulformbezogene Ausbildung. Am *Gymnasium* qualifizieren wir durch die allgemeine Hochschulreife für ein wissenschaftliches Hochschulstudium. Das ist der *Bildungsauftrag* des Gymnasiums. Das setzt voraus, daß diejenigen, die wissenschaftpropädeutisches Lernen anregen sollen, entsprechend ausgebildet werden. Wenn wir sagen, *kommunikative Elemente im Bereich der berufsbildenden Schulen* sind wichtig, dann sind die für Berufsschulen in anderer Weise von Bedeutung als für Gymnasien. (Steuwe)

Aber die Gesellschaft stellt *neue Ansprüche an das Gymnasium*: Ein großer Prozentsatz der Schüler studiert nicht nach dem Abitur oder zumindest nicht sofort, sondern macht erst eine Lehre. Das bedeutet, daß die Schüler nicht nur die fachwissenschaftliche, sondern darüber hinaus andere Fähigkeiten und Fertigkeiten erlernen müssen, mit denen sie auch in nichtwissenschaftlichen Berufen bestehen können. Was die *Sekundarstufe I* betrifft: An unserer Schule gehen bis zu 40% der Schüler eines Jahrgangs nach der 10. Klasse ab. Das liegt daran, daß sich die Strukturen der Schule verschoben haben. Wir haben kaum noch Schüler an der Hauptschule, viele an der Realschule und noch mehr am Gymnasium. Fazit: Wir müssen unser *Lehrerbild* – auch das wir von uns selber haben – mit den sich wandelnden Ansprüchen der Gesellschaft *neu definieren.* Hier ist die Chance gerade der Sprecherziehung/der Rhetorik. Uns den neuen Ansprüchen stellen: das können wir über die Förderung der rhetorischen Kompetenz. (Ertmer)

Der Bildungsauftrag des Gymnasiums umfaßt auch Persönlichkeitsbildung. Wenn man kommunikative Fähigkeiten der Schülerinnen und Schüler weiterentwickeln will, ist das im Bereich der Persönlichkeitsbildung anzusiedeln.

3.3. Schulung der Sprechkompetenz im Referendariat

Reformen:
– Wir brauchen *Fachleiter für Sprecherziehung*: Fachleute an den Studienseminaren, möglichst in jedem Studienseminar, die sich nur mit den mündlichen Fähigkeiten der Referendare auseinanderzusetzen haben.
– Ein obligatorisches Stimmtraining für Referendare wäre ein Riesenfortschritt.
– Es sollten mehr Deutschlehrerinnen und Deutschlehrer die Zusatzausbildung in Sprechwissenschaft/ Sprecherziehung absolvieren. (Langhammer)

Ist das Referendariat der primäre Lernort für Sprechkommunikation?
– Das Referendariat ist meiner Auffassung nach der Defizitbereich Nummer Eins. (Langhammer)
– Es ist zu spät, wenn die professionelle Schulung in Mündlicher Kommunikation erst in der zweiten Ausbildungsphase erfolgt. (Pabst-Weinschenk)
– Wichtig ist ein gestaffelter Aufbau: Rhetorik bereits in der Schule einüben, im Studium fortführen und dann in der zweiten Ausbildungsphase für die Bedürfnisse des Lehrerberufs spezifizieren.

4. Fazit

Rhetorik für die Schule: „Wie können Schülerinnen und Schüler in ihrer Sprechkompetenz gefördert werden?" Die Antwort lautete: … „Dadurch, daß Lehrerinnen und Lehrer dies professionell tun." Die Entwicklung der Sprechkompetenz kann in der Schule gefördert werden:

– in allen Fächern durch die Gesprächsführung im Unterricht
– im Fach Deutsch sowohl durch die Gesprächsführung im Unterricht als auch durch die Auseinandersetzung mit Formen mündlicher Kommunikation als Unterrichtsinhalte
– außerhalb des Unterrichts durch ergänzende Lernorte für Rhetorik.

Die Öffnung des Deutschunterrichts für Gesprächs- und Rede-Rhetorik geschieht zur Zeit sehr deutlich in Berufsschulen, um den Berufsbezug des Deutschunterrichts zu realisieren. *Strittig* in der Diskussion war, welche Bedeutung der *Berufsbezug* für die Lerninhalte des gymnasialen Deutschunterrichts haben sollte. Ist es mit dem Bildungsauftrag des Gymnasiums zu vereinbaren, wegen eines stärkeren Berufsbezugs Rhetorik im Unterricht zu legitimieren und Rhetorikunterricht berufsbezogen zu konzipieren?

Weiterer *Konsens* der Diskussion:

– Die Kultusministerien und die Richtlinien insbesondere für das Fach Deutsch verankern den Lernbereich ‚Sprechen' in der Schule. Das entspricht dem Anliegen von Sprechwissenschaft/ Sprecherziehung.

– Die Förderung in Praktischer Rhetorik im schulischen Unterricht ist wegen der Rahmenbedingungen schwierig. Es gilt, diese Rahmenbedingungen zu verbessern.

– Rhetorik zu unterrichten und die Schülerinnen und Schüler gezielt in ihren mündlichen Fähigkeiten zu fördern, stellt hohe Anforderungen an die Lehrkräfte.

– Lehrkräfte sollten für diese schwierige Aufgabe entschieden besser qualifiziert werden.

– Die Qualifikation für den Lehrberuf sollte schon im Studium nicht nur fachwissenschaftlich ausgerichtet sein, sondern auch die Förderung in Sprechkompetenz umfassen.

– Studierende der Germanistik sollten darüber hinaus fachwissenschaftliche und fachdidaktische Kompetenzen im Umgang mit Rhetorik erwerben.

– Eklatant ist bei Studierenden der Beratungs- und Schulungsbedarf in Stimm- und Sprechbildung. Es muß von den Hochschulen erkannt werden, daß hier Handlungsbedarf besteht.

– Um Schülerinnen und Schüler professionell in ihrer Entwicklung der Kommunikationsfähigkeit zu unterstützen, ist es dringend geboten, den Referendaren eine fundierte Ausbildung in Mündlicher Kommunikation zu ermöglichen.

Strittig in der Diskussion über die Reform der Lehrerausbildung war

– die (Wieder-)Einführung einer Stimmeignungsprüfung für Lehramtskandidaten

– das Verhältnis von Fachwissenschaft und Qualifizierung in sprechsprachlicher Handlungskompetenz

– die Bedeutung des Berufsbezugs für die Definition der fachwissenschaftlichen Studieninhalte.

Es diskutierten als Expertinnen und Experten:

1. Aus der Sicht der Praxis des Deutschunterrichts:
– Deutschlehrerinnen und Deutschlehrer, die sich für einen Unterricht in Rhetorik engagieren: Cornelia Ertmer (StR' und Sprecherzieherin, Herzebrock-Clarholz), Margarete Ong-Brunell (StR' und Sprecherzieherin, Bochum), Ralf Langhammer (StR und Sprecherzieher, Lampertheim), Marianne Heidotting (Berufsschullehrerin, Lingen), Susanne Sander (Berufsschullehrerin, Lingen)
– für die Sprecherzieher, die als externe Referenten in Schulen Rhetorikseminare für Schülerinnen und Schüler durchführen: Cornelia Köhler, Münster

2. Vertreter der Bildungspolitik
– aus dem Ministerium für Schule und Weiterbildung, Wissenschaft und Forschung, Nordrhein-Westfalen: Dr. G. Neumann (Studienreform)
– aus Berufsverbänden: Dt. Philologenverband NRW: Rolf Steuwe, Düsseldorf, Gewerkschaft Erziehung und Wissenschaft (GEW): Dr. Siegwart Berthold, Sprecherzieher, Universität Bonn

3. Vertreterinnen der Hochschuldidaktik
– stellvertretend für Rhetorikdozenten, die an der Universität Rhetorikseminare für Studierende der Germanistik leiten: Dr. Marita Pabst-Weinschenk, Sprecherzieherin, Universitäten Essen und Düsseldorf
– stellvertretend für Dozenten der Fachdidaktik Deutsch an der Universität: Dr. Annette Mönnich, Sprecherzieherin, Universität Bochum

Für die Zusammenfassung der Diskussion im Plenum (3. Konsequenzen für die Lehrerausbildung) vgl. zudem: Prof. Dr. Elmar Bartsch (Universität Duisburg), Andreas Fischer (Stuttgart), Dr. Christa M. Heilmann (Universität Marburg), Wolfgang Lepschy (Münster), Roland Wagner (Universität Heidelberg). Moderation: Dr. Annette Mönnich

Nachwort

„Rhetorik zwischen Tradition und Innovation" lautete das Thema der Fachtagung der Deutschen Gesellschaft für Sprechwissenschaft und Sprecherziehung (DGSS) 1998 an der Ruhr-Universität Bochum. Durch die Veröffentlichung der Tagungsbeiträge wird es möglich, die Fachgespräche zu öffnen:

– Fachgespräche über die Schulung und Beratung in Rhetorik: Untersuchungen und Ideen für neue Konzepte (unter dem Aspekt „Tradition – Innovation"). In der Praxis entstehen professionelle Konzepte für die Schulung und Beratung in Rhetorik, aber es fehlt ein intensiver wissenschaftlicher Diskurs über diese Praxis. Sprechwissenschaftler und Sprecherzieher werden in Rhetorik umfassend ausgebildet, spezialisieren sich aber meistens. Ziel der Fachtagung und dieses Buches ist es daher, den wissenschaftlichen Diskurs über die Arbeit mit unterschiedlichen Zielgruppen und Schwerpunkten zu intensivieren.
– Fachgespräche über historisch-systematische Untersuchungen zur Rhetorik (unter dem Aspekt „Tradition – Innovation" Rhetorikdidaktik und Rhetorikforschung bilden in der Sprechwissenschaft/Sprecherziehung eine Einheit. Ziel der Fachtagung und dieses Buches ist es, den Austausch zwischen diesen Disziplinen zu intensivieren, so daß auch Innovationen entstehen können.
– Bildungspolitisches Engagement für Rhetorik. Außerdem geht es darum, Impulse der Sprechwissenschaft/ Sprecherziehung für die Bildungspolitik öffentlich zu machen (vgl. Das Bildungspolitische Forum).

Ich bedanke mich beim Vorstand der DGSS für die Wahl der Ruhr-Universität Bochum als Veranstaltungsort. Der Ruhr-Universität Bochum danke ich für ihre Unterstützung in der Organisation der Fachtagung! Meinen Kolleginnen und Kollegen in der Berufsvereinigung Mündliche Kommunikation (BMK) Nordrhein-Westfalen danke ich für ihr kritisches Mitdenken bei der Konzeption und Organisation – insbesondere Cornelia Ertmer, Ela Eckerlein, Cornelia Köhler. Meinem Kollegen Burkhard Schell danke ich für sein Amt als Schatzmeister dieser Fachtagung. Für ihr unermüdliches Engagement im Tagungsteam danke ich meinen Mitarbeiterinnen Marion Rostek und Susanne Hornemann. Auch den weiteren Studentinnen und Studenten, die den Dienst am Info-Tisch übernommen haben, danke ich herzlich: Ludger Breitbach, Andrea Köhler, Barbara Nordhoff, Barbara Rostek. Last but not least: ein herzliches Danke an alle Teilnehmerinnen und Teilnehmer für ihr konstruktives und kritisches Engagement; ein herzliches Wort des Dankes vor allem an alle Referentinnen und Referenten, die auf dieser Fachtagung einen Vortrag gehalten haben, einen Workshop durchgeführt oder sich am Expertengespräch beteiligt haben.

Frau Marion Rostek danke ich für ihre sorgfältige Mithilfe bei der Vorbereitung dieses Bandes für den Druck.

Bochum, im Juni 1999   Annette Mönnich

Mitarbeiterverzeichnis

Dr. Siegwart Berthold
Trierer Str. 57
D-53115 Bonn

Dr. Doerte Bischoff
Westf. Wilhelms-Universität Münster
Institut für Deutsche Philologie II
Lehrstuhl Wagner-Egelhaaf
Domplatz 20-22
D-48143 Münster

Matthias Dorn
Neumarkt 13
47119 Duisburg

Cornelia Ertmer
Thomas-Mann-Str. 10
D-33442 Herzebrock-Clarholz

Dr. Gudrun Fey
Am Roten Berg 11
D- 63607 Wächtersbach

Christine Findeis
Kurze Str. 4
D- 49080 Osnabrück

Prof. Dr. Hellmut Geissner
Ch. de la Coudrette 21
CH-1012 Lausanne

PD Dr. Bettina Gruber
Ruhr-Universität Bochum
Germanistisches Institut
D-44780 Bochum

Prof. Dr. Norbert Gutenberg
Universität des Saarlandes
Postfach 1150
D-66041 Saarbrücken

Cornelia Köhler
Ferdinandstr. 5
D-48147 Münster

Kerstin Köhler
Leinestr. 55
D-12049 Berlin

Prof. Dr. Josef Kopperschmidt
Fachhochschule Niederrhein
Abteilung Mönchengladbach
Fachbereich Sozialwesen
Rheydtstr. 232
D-41065 Mönchengladbach

Dr. Stephanie Kratz
Westf. Wilhelms-Universität Münster
Institut für Deutsche Philologie II
Lehrstuhl Wagner-Egelhaaf
Domplatz 20-22
D-48143 Münster

Martin Kuhlmann
Leinestr. 55
D-12049 Berlin

Veronika Langguth
Neusser Str. 720b
D-50737 Köln

Ralf Langhammer
Ahornweg 42
D-68623 Lampertheim

Dr. Annette Lepschy
Augustastr. 70
D-48153 Münster

Karena R. Lindner
St.-Peter-Str. 2
D- 69126 Heidelberg

Thea M. Mertz
Straßbergerstr. 40
D-80809 München

Dr. Annette Mönnich
Ruhr-Universität Bochum
Germanistisches Institut
D-44780 Bochum

Dr. Marita Pabst-Weinschenk
Beekfeldweg 35
D-46519 Alpen

Wolfgang Preiß
Körnerstr. 44
47829 Krefeld

Dr. Abraham Roelofsen
Neue Nordstr. 37
D-42105 Wuppertal

Cäcilie Skorupinski
Pannierstr. 7
D-12047 Berlin

PD Dr. Edith Slembek
Université de Lausanne
Section d'allemand, BFSH II, niv. 5
CH-1015 Lausanne

Prof. Dr. Michael Thiele
Fachhochschule Karlsruhe
Moltkestr. 30
D-76133 Karlsruhe

Roland W. Wagner
Pädagogische Hochschule Heidelberg
Fakultät II – Fachgebiet Sprecherziehung
Keplerstr. 87
D-69120 Heidelberg

Prof. Dr. Martina Wagner-Egelhaaf
Westf. Wilhelms-Universität Münster
Institut für Deutsche Philologie III
Domplatz 20-22
D-48143 Münster

Ellen Zitzmann
Beldensnyderweg 5
D-48147 Münster

Sprache und Sprechen

Herausgegeben von der Deutschen Gesellschaft für
Sprechwissenschaft und Sprecherziehung e. V. (DGSS)

BAND 26: Klaus Pawlowski (Hrsg.)
Sprechen, Hören, Sehen
1993. 277 Seiten. 27 Abb. (3-497-01291-2) kt

BAND 27: Geert Lotzmann (Hrsg.)
Körpersprache
1993. 149 Seiten. 15 Abb. (3-497-01302-1) kt

BAND 28: Carl L. Naumann, Hans-W. Royé (Hrsg.)
Aussprache
1993. 140 Seiten. 6 Abb. (3-497-01303-X)

BAND 29: Elmar Bartsch (Hrsg.)
Sprechen, Führen, Kooperieren in Betrieb und Verwaltung
1994. 392 Seiten. 50 Abb. (3-497-01338-2) kt

BAND 30: Heilmann, Christa M. (Hrsg.)
Frauensprechen – Männersprechen
1995. 137 Seiten. (3-497-01373-0) kt

BAND 31: Henner Barthel (Hrsg.)
»Lógon didónai« – Gespräch und Verantwortung
1996. 186 Seiten. (3-497-01394-3) kt

BAND 33: Marita Pabst-Weinschenk, Roland Wagner, Carl L. Naumann
(Hrsg.)
Sprecherziehung im Unterricht
1997. 180 Seiten. (3-497-01445-1) kt

BAND 34: Ingrid Jonach (Hrsg.)
Interkulturelle Kommunikation
1998. 251 Seiten. 30 Abbildungen (3-497-01470-2) kt

BAND 35: Annette Mönnich, Ernst Jaskolski (Hrsg.)
Kooperation in der Kommunikation
1999. 245 S. 9 Abb. 7 Tab. (3-497-01498-2) kt